이 책을 펴고 있는 그대를 환영합니다.

밑줄을 긋고
형광펜을 칠하고
메모를 하고
틀리고 맞고를 반복할 그대

쿵. 쿵. 쿵
알아가는 즐거움으로
심장이 벅차게 뛰기를

이 책을 펴고 있는 그대를 응원합니다.

BETTER CONTENT BETTER LIFE

통합사회 2 700제

WRITERS

서정일 이화외고 교사
신유란 인천송천고 교사
이주은 자양고 교사
이호균 창현고 교사

COPYRIGHT

인쇄일 2025년 4월 15일(1판1쇄)
발행일 2025년 4월 15일

펴낸이 신광수
펴낸곳 ㈜미래엔
등록번호 제16-67호

중고등개발본부장 하남규
중고등개발2실장 김용균
개발책임 김문희
개발 권오수, 성연경, 이환희, 정태원

디자인실장 손현지
디자인책임 김기욱
디자인 바이차이

CS본부장 장명진

ISBN 979-11-7347-392-0

기 출 분 석 문 제 집

1등급 만들기

통합사회 2
700제

Mirae N 에듀

구성과 특징

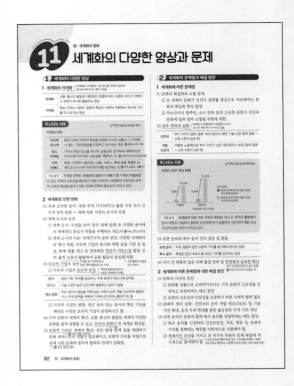

핵심 개념 정리

시험에 자주 나오는
핵심 개념 파악하기

학교 시험에 자주 나오는 개념과 자료를 일목요연하게 정리하여
핵심 개념을 빠르게 파악할 수 있도록 구성하였습니다.

 꼭 나오는 자료   시험에 자주 나오는 자료만 엄선하여 분석하였습니다.

🔗 문제로 확인   핵심 개념 및 필수 자료에 관해 이해했는지 확인할 수 있도록 해당
문제를 링크하였습니다.

1등급 만들기 4단계 문제 코스

1등급 만들기 내신 완성 4단계 문제를 풀면 1등급이 이루어집니다.

STEP 1 기본 기출 문제로 핵심 개념 파악하기

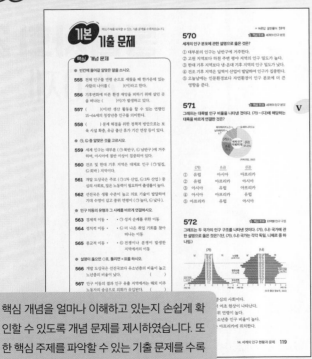

핵심 개념을 얼마나 이해하고 있는지 손쉽게 확인할 수 있도록 개념 문제를 제시하였습니다. 또한 핵심 주제를 파악할 수 있는 기출 문제를 수록하였습니다.

STEP 2 실력 기출 문제로 실전 감각 키우기

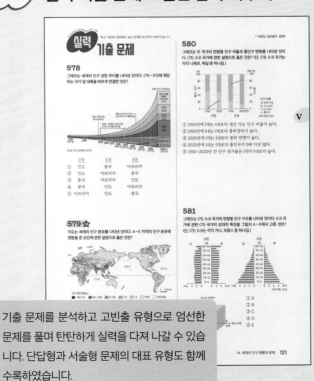

기출 문제를 분석하고 고빈출 유형으로 엄선한 문제를 풀며 탄탄하게 실력을 다져 나갈 수 있습니다. 단답형과 서술형 문제의 대표 유형도 함께 수록하였습니다.

바른답·알찬풀이

알찬풀이로
핵심 내용 다시 보기

문제에 대한 정답과 알찬풀이를 제시하였습니다.
바로잡기 코너의 자세한 오답 풀이를 통해 어려운 문제도 쉽게 이해할 수 있습니다.

 1등급 정리 노트 시험에 자주 나오는 핵심 개념을 다시 한 번 정리하였습니다.

1등급 자료 분석 까다롭고 어려운 자료에 대한 분석과 첨삭 설명을 제시하였습니다.

선택지 더 보기 시험에 출제될 수 있는 유사 선택지를 추가로 제시하였습니다.

 STEP 3 ## 적중 1등급 문제로 실력 향상시키기

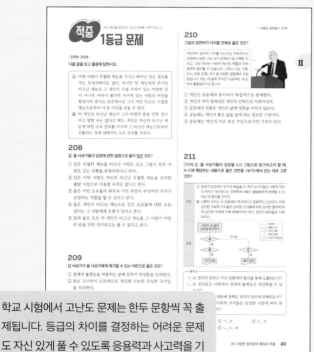

학교 시험에서 고난도 문제는 한두 문항씩 꼭 출제됩니다. 등급의 차이를 결정하는 어려운 문제도 자신 있게 풀 수 있도록 응용력과 사고력을 기를 수 있는 고난도 문제를 구성하였습니다.

STEP 4 ## 단원 마무리 문제로 최종 점검하기

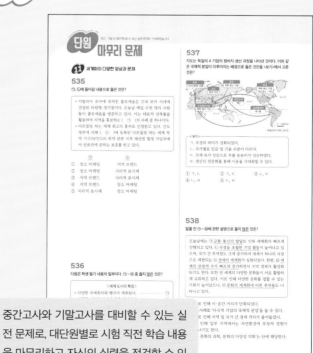

중간고사와 기말고사를 대비할 수 있는 실전 문제로, 대단원별로 시험 직전 학습 내용을 마무리하고 자신의 실력을 점검할 수 있습니다.

Contents
차례

8종 통합사회 교과서의 단원 찾기를 제공합니다.

1등급 만들기에서 교과서 단원 찾는 방법

❶ 내가 가지고 있는 교과서의 출판사명과 공부할 범위를 확인합니다.

❷ 1등급 만들기에서 해당 쪽수를 찾아 공부합니다.

   예 미래엔 통합사회 교과서의 'Ⅱ. 사회 정의와 불평등' 단원에서 '사회 정의 실현을 위한 노력' 54~61쪽 부분을 공부할 경우, 1등급 만들기의 50~55쪽을 공부하면 됩니다.

동아출판	리베르스쿨	비상교육	아침나라	지학사	창비	천재교육
10~17	10~18	8~15	8~17	12~17	8~15	8~15
18~25	19~26	16~21	18~25	18~25	16~23	16~23
26~33	27~35	24~31	26~33	26~30	24~31	24~29
40~45	40~46	36~41	40~43	40~47	38~45	36~43
46~51	47~52	42~47	44~51	48~53	46~53	44~49
52~59	53~59	48~55	52~59	54~60	54~61	50~57
66~73	64~70	60~67	66~71	70~77	68~75	64~71
74~81	71~79	68~75	72~81	78~85	76~83	72~79
82~89	80~87	76~83	82~87	86~91	84~91	80~87
90~96	88~95	84~89	88~93	92~98	92~99	88~93
104~111	100~107	96~103	98~105	108~113	106~113	100~105
112~117	108~113	104~111	106~111	114~119	114~121	108~115
118~123	114~125	112~119	112~121	120~124	122~127	116~121
130~137	130~136	124~133	126~133	134~139	134~141	126~133
138~141	137~143	134~137	134~137	140~142	142~145	134~137
142~153	144~151	138~147	138~149	143~153	146~157	138~149

01 인권의 변화와 현대 사회의 인권

1 인권의 의미와 변화 양상

1 인권의 의미와 특성

(1) 인권의 의미: 인격적 존재인 인간이 오직 인간이라는 이유만으로 자신의 존엄성을 보장받으며 행복하게 살아갈 권리

(2) 인권의 특성

보편성	인종·성별·종교·사회적 신분 등과 관계없이 인류 구성원 모두가 가지는 권리
천부성	하늘이 부여하여 태어나면서부터 가지게 되는 당연한 권리
불가침성	타인에게 양도할 수 없고 국가나 타인이 침해할 수 없는 권리
항구성	일정 기간에만 한정되는 것이 아니라 영구히 보장되는 권리

2 인권 보장의 역사

(1) 자유권, 평등권 요구   자유롭고 평등한 시민 간의 계약을 바탕으로 국가나 사회가 형성되었다고 보는 사상

① 배경: 신분에 따른 부당한 억압과 차별 → 사회 계약설, 천부 인권 사상, 계몽사상의 확산 → 자유와 권리에 대한 시민의 요구   인간이 이성의 힘으로 편견과 오류를 극복하고 사회적 모순과 부조리를 바로잡을 수 있다고 보는 사상

② 대표 사례: 영국 명예혁명, 미국 독립 혁명, 프랑스 혁명

③ 결과: 영국 권리 장전, 미국 독립 선언문, 프랑스 인간과 시민의 권리 선언 채택 → 자유권과 평등권의 보장 명시

꼭 나오는 자료   🔗 9쪽 011번 문제로 확인

인간과 시민의 권리 선언(1789)

제1조 인간은 자유롭게 그리고 평등한 권리를 누리게 태어나고 또 그렇게 생존한다. ……

제2조 모든 정치적 결사의 목적은 그 무엇도 침해할 수 없는 인간의 자연권을 보전하는 데 있다. 그 권리는 자유, 소유, 안전 및 압제에 대한 저항이다.

제16조 권리의 보장이 확보되어 있지 않고 권력의 분립이 확정되어 있지 않은 사회는 헌법을 갖고 있지 아니하다.

자료 분석 프랑스 혁명 과정에서 채택된 '인간과 시민의 권리 선언'에는 재산권, 자유권, 평등권 등의 권리뿐만 아니라 사회 계약설, 입헌주의, 국민 주권주의 등 민주주의의 기본 원리가 담겨 있다.

---

(2) 참정권 확대 운동   국민이 모든 국가 기관과 공공 단체의 공직에 취임하여 공무를 담당할 수 있는 권리

① 참정권: 정치에 참여할 권리 ⓔ 선거권, 공무 담임권 등

② 배경: 재산, 성별 등에 따라 대다수 사람의 정치 참여 제한 → 노동자, 농민, 여성, 흑인 등의 참정권 요구

③ 대표 사례: 영국 차티스트 운동, 여성 참정권 운동, 흑인 민권 운동   1832년 1차 선거법 개정에서 선거권을 얻지 못한 영국의 노동자들이 1838년 그들의 요구를 담은 인민헌장을 발표하고 1848년까지 선거권 획득을 위해 전개한 운동

④ 결과: 20세기 이후 대부분의 나라에서 보통 선거 확립

(3) 사회권의 보장   일정 연령 이상 모든 사람의 참정권을 보장

① 사회권: 최소한의 인간다운 생활의 보장을 국가에 요구할 권리 ⓔ 노동권, 교육권, 쾌적한 환경에서 생활할 권리 등

② 배경: 18세기 산업 혁명 이후 열악한 노동 환경, 과도한 빈부 격차 등의 문제 대두 → 국민의 삶의 질 저하

③ 결과: 독일 바이마르 헌법에 최초로 사회권 명시(1919)

(4) 연대권의 등장

① 연대권: 국제적 연대와 협력을 중시하는 권리 ⓔ 인종·국적과 관계없이 누구나 평등하게 대우받을 권리, 평화의 권리, 재난으로부터 구제받을 권리

② 배경: 세계 대전, 내전, 기아 등을 겪으며 인권 문제를 해결하기 위해 인류 공동의 노력이 필요하다는 공감대 형성

③ 결과: 국제 연합(UN) 총회에서 세계 인권 선언 발표(1948) → 여성 차별 철폐 협약, 아동 권리 협약 등 보편적인 인권 규정 마련   인권 보장의 국제적 기준 마련

2 현대 사회의 인권

1 주거권

의미	쾌적하고 안정적인 주거 환경에서 인간다운 주거 생활을 할 권리
배경	도시로 인구가 집중하면서 주택 부족, 각종 개발 사업이나 주거비 증가 등으로 불안정한 주거 생활
보장	주거 기본법 제정, 각종 주거 지원 제도 및 정책 시행

2 안전권

의미	각종 위험으로부터 안전을 보호받을 권리
배경	자연재해, 각종 안전사고, 감염병 대유행 등과 같은 인위적 위험의 증가
보장	헌법에 안전권 보장을 위한 국가의 재해 예방 의무 명시, 재난 및 안전 관리 기본법, 산업 안전 보건법 제정

국가와 지방 자치 단체의 재난 안전 관리에 관한 구체적인 정책 방향을 규정 └ 기업의 사업장 안전 관리 강화 및 산업 재해 감축 노력 의무를 규정

3 환경권

의미	건강하고 쾌적한 생활에 필요한 모든 조건이 충족된 환경을 누리는 권리
배경	산업화와 도시화의 진행으로 대기 오염, 수질 오염, 쓰레기 문제 등 발생, 기후변화에 따른 기상 이변이 환경 문제로 대두
보장	환경 정책 기본법을 통해 국가, 지방 자치 단체, 기업 등의 환경 보전 의무를 규정, 국제 연합(UN) 기후변화 협약 등 국제적 합의 내용을 이행하기 위해 노력

└ 지구 온난화를 막기 위해 온실가스 배출량을 규제하도록 한 국제 협약

4 문화권

의미	자유롭게 공동체의 문화생활에 참여하고 예술을 감상하며 이러한 혜택을 나누어 가질 권리 및 문화적 정체성을 유지할 권리
배경	생활 수준 향상과 여가 증가로 문화적 측면에서 인간다운 생활을 누릴 수 있어야 한다는 요구 증가
보장	헌법에 전통문화의 계승·발전과 민족 문화 창달 노력 등을 국가의 의무로 규정, 문화 기본법과 문화 예술 진흥법 및 문화 다양성의 보호와 증진에 관한 법률 제정

기본 기출 문제

핵심 주제를 파악할 수 있는 기출 문제를 수록하였습니다.

핵심 개념 문제

● 빈칸에 들어갈 알맞은 말을 쓰시오.

001 ( )은/는 인간이 오직 인간이라는 이유만으로 자신의 존엄성을 보장받으며 행복하게 살아갈 권리를 의미한다.

002 근대에 접어들어 천부 인권 사상과 계몽사상이 확산하면서 시민의 자유와 권리를 요구하는 ( )이/가 일어났다.

● 설명이 옳으면 ○표, 틀리면 ×표를 하시오.

003 영국의 명예혁명 결과 채택된 인간과 시민의 권리 선언에는 천부 인권 사상이 명시되어 있다.
( )

004 모든 국민이 최소한의 인간다운 생활을 보장받아야한다는 사회권은 독일 바이마르 헌법에 처음 명시되었다.
( )

● ㉠, ㉡ 중 알맞은 것을 고르시오.

005 근대 시민 혁명 이후 1세대 인권인 (㉠ 사회권,㉡ 자유권)이 강조되었다.

006 자유롭고 평등한 시민 간의 계약을 바탕으로 국가 권력이 형성되었다고 보는 사상은 (㉠ 계몽사상,㉡ 사회 계약설)이다.

007 20세기에 이르러 (㉠ 보통 선거, ㉡ 제한 선거) 제도를 바탕으로 한 참정권이 보편적 인권으로 자리잡게 되었다.

● 설명과 관련 있는 인권을 <보기>에서 고르시오.

008 국민이 자연재해, 각종 안전사고, 감염병 대유행 등과 같은 위험으로부터 안전을 보호받을 권리이다.
( )

009 개인이 자유롭게 공동체의 문화생활에 참여하고 예술을 감상하며 이러한 혜택을 나누어 가질 권리이자, 문화적 삶의 주체로서 자신의 문화적 정체성을 유지할 권리이다.
( )

┤ 보기 ├
ㄱ. 문화권   ㄴ. 안전권   ㄷ. 환경권

010

★핵심 주제 인권의 특성

㉠의 특성에 관한 설명으로 옳지 **않은** 것은?

> 모든 인간은 태어날 때부터 자유롭고 평등하며 존엄성을 가진 존재이다. 따라서 우리는 누구나 인간으로서 마땅히 누려야 할 기본적 권리, 즉 (㉠)을/를 보장받아야한다.

① 인간이라면 누구나 누릴 수 있다.
② 국가의 유지와 평화를 위해 존재한다.
③ 타인이나 국가가 함부로 침해할 수 없다.
④ 사회 변화에 따라 그 내용이 확장되어 왔다.
⑤ 법으로 보장되기 이전에 자연적으로 주어진다.

011

★핵심 주제 인간과 시민의 권리 선언

인간과 시민의 권리 선언의 내용 중 일부이다. 이에 관한 설명으로 옳은 것은?

> 제1조 인간은 자유롭게 그리고 평등한 권리를 가지고 태어난다. ……
> 제2조 모든 정치적 결사의 목적은 그 무엇도 침해할 수 없는 인간의 자연권을 보전하는 데 있다. 그 권리는 자유, 재산, 안전 및 압제에 관한 저항이다.
> 제3조 모든 주권의 원천은 본래 국민에게 있다. 어떤 개인이나 단체라 하더라도 국민에게서 나오지 않은 권리를 행사할 수 없다.
> 제4조 자유는 타인을 침해하지 않는 한 동등하게 보장되며, 이에 관한 제한은 법에 의해서만 가능하다.
> 제16조 권리의 보장이 확보되어 있지 않고 권력의 분립이 확정되어 있지 않은 사회는 헌법을 갖고 있다고 할 수 없다.

① 자유권과 평등권의 천부 인권성을 강조하고 있다.
② 전제 군주의 지배를 추구해야 함을 강조하고 있다.
③ 인권은 헌법에 명시되어야 보장될 수 있음을 강조하고 있다.
④ 일정 연령 이상이면 누구나 정치에 참여할 수 있음을 강조하고 있다.
⑤ 최소한의 인간다운 생활의 보장을 국가에 요구할 권리를 강조하고 있다.

 기출 문제

O12
★핵심 주제 인권 보장의 역사

밑줄 친 ⊙~㉢에 관한 설명으로 옳지 않은 것은?

> 〈인권 동아리 주제 탐구 발표회〉
> 1. 발표 주제: 인권 확장의 역사적 전개 과정
> 2. 발표 순서
>   (1) ⊙ 명예혁명
>   (2) ⓒ 세계 인권 선언
>   (3) ⓒ 바이마르 헌법
>   (4) ㉢ 차티스트 운동

① ⊙으로 입헌 군주제의 토대가 마련되었다.
② ⓒ은 평화 유지와 인권 보호를 위해 채택되었다.
③ ⓒ에서 최초로 시민의 행복 추구권을 규정하였다.
④ ㉢에서는 인민헌장을 통해 선거권 확대를 요구하였다.
⑤ ⊙－㉢－ⓒ－ⓒ의 순으로 나타났다.

O13
★핵심 주제 인권 보장의 역사

인권 보장의 역사에 관한 설명으로 가장 적절한 것은?

① 보통 선거 제도는 20세기 이후 확립되었다.
② 시민 혁명 이후 평등권, 사회권이 보장되었다.
③ 시민 혁명 이전에도 사람들은 자유권을 보장받았다.
④ 1919년 독일의 바이마르 헌법에 연대권이 처음으로 명시되었다.
⑤ 영국의 차티스트 운동에서 노동자들이 요구한 것은 2세대 인권에 해당한다.

O14
★핵심 주제 인권의 의미 변화

(가)에 들어갈 적절한 내용만을 〈보기〉에서 고른 것은?

> 근대 시민 혁명 이후 인권의 개념은 다음과 같이 확대되었다.
>
>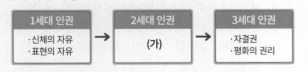

1세대 인권	2세대 인권	3세대 인권
·신체의 자유 ·표현의 자유	(가)	·자결권 ·평화의 권리

> ┤ 보기 ├
> ㄱ. 근로의 권리
> ㄴ. 발전의 권리
> ㄷ. 쾌적한 환경에서 생활할 권리
> ㄹ. 지속가능한 환경에 관한 권리

① ㄱ, ㄴ   ② ㄱ, ㄷ   ③ ㄴ, ㄷ
④ ㄴ, ㄹ   ⑤ ㄷ, ㄹ

O15
★핵심 주제 현대 사회의 인권

다음과 같은 변화에 따라 현대 사회에서 새롭게 등장한 인권으로 옳지 않은 것은?

> 세계화, 정보화, 도시화 등으로 현대 사회가 급변하고 복잡해짐에 따라 기존의 인권 개념으로는 쉽게 해결되지 않는 새롭고 다양한 문제가 등장하였다. 이러한 변화로 새로운 영역으로 인권이 확장될 필요성이 강조된다.

① 참정권   ② 주거권   ③ 환경권
④ 문화권   ⑤ 정보 인권

O16
★핵심 주제 안전권의 증진 방안

다음 헌법 조항에 나타난 권리의 증진을 위한 노력으로 옳은 것은?

> 제34조 ⑥ 국가는 재해를 예방하고 그 위험으로부터 국민을 보호하기 위하여 노력하여야 한다.

① 개인 정보를 보호한다.
② 이주민의 문화적 정체성을 존중한다.
③ 국제 연합(UN) 기후변화 협약의 내용을 준수한다.
④ 청년, 신혼부부, 고령자 등을 대상으로 매입 임대 주택을 공급한다.
⑤ 국가와 지방 자치 단체의 재난 안전 관리에 관한 구체적인 정책 방향을 규정한다.

O17
★핵심 주제 정보 인권의 등장 배경

다음 인권의 공통적인 등장 배경으로 가장 적절한 것은?

> • 정보 주체가 자신에 관한 정보가 언제 누구에게 어느 범위까지 수집·이용·제공되는지에 대해 스스로 결정할 수 있는 권리
> • 인터넷상에서 개인이 자신과 관련된 각종 정보의 소유권을 강화하고, 이에 관한 수정이나 영구적인 삭제를 요청할 수 있는 권리

① 정보 사회로의 이행
② 산업화와 도시화의 진행
③ 기후변화에 따른 기상 이변의 증가
④ 생활 수준 향상에 따른 문화적 욕구 증가
⑤ 과학기술의 발전에 따른 인위적 위험의 증가

018

㉠에 관한 설명으로 옳지 <u>않은</u> 것은?

사람은 누구나 인격적 존재로서 오직 인간이라는 이유만으로 자신의 존엄성을 보장받으며 행복하게 살아갈 권리를 지닌다. 이러한 권리를 (㉠)(이)라고 한다.

① 하늘이 부여한 권리로 태어나면서부터 갖게 된다.
② 헌법에 명시되어야만 보장될 수 있는 인간의 기본적 권리이다.
③ 타인에게 양도할 수 없고 국가나 타인이 침해할 수 없는 권리이다.
④ 일정 기간에만 한정되는 것이 아니라 항구적으로 보장되는 권리이다.
⑤ 인종·성별·종교·사회적 신분 등과 관계없이 모든 인류가 가지는 권리이다.

019

㉠~㉢에 들어갈 문서를 바르게 연결한 것은?

인권 발달의 역사에서 가장 먼저 살펴보아야 할 문서는 1215년 영국의 국왕과 귀족 간에 체결된 (㉠)이다. 이 내용은 1628년 승인된 (㉡)을 통해 다시 확인되었다. 이후 명예혁명의 결과 공포된 (㉢)은 의회의 승인 없는 법 제정과 과세 금지, 의회에서 발언의 자유, 인신의 자유 등을 강조하였다.

	㉠	㉡	㉢
①	대헌장	권리 장전	권리 청원
②	대헌장	권리 청원	권리 장전
③	권리 장전	대헌장	권리 청원
④	권리 장전	권리 청원	대헌장
⑤	권리 청원	대헌장	권리 장전

020 빈출

밑줄 친 ㉠~㉣에 관한 옳은 설명만을 <보기>에서 고른 것은?

우리는 다음과 같은 것을 자명한 진리라고 생각한다. 즉, 모든 사람은 평등하게 태어났고, ㉠조물주는 몇 개의 양도할 수 없는 권리를 부여하였으며, 그 권리 중에는 생명과 자유와 행복의 추구가 있다. ㉡이 권리를 확보하기 위하여 인류는 정부를 조직하였으며, 이 ㉢정부의 정당한 권력은 인민의 동의로부터 유래하고 있다. 또 ㉣어떠한 형태의 정부든 이러한 목적을 파괴할 때는 인민의 안전과 행복을 가장 효과적으로 가져올 수 있는 새로운 정부를 조직하는 것은 인민의 권리이다.

| 보기 |

ㄱ. ㉠에는 인권의 보편성이 나타나 있다.
ㄴ. ㉡에는 사회 계약설이 나타나 있다.
ㄷ. ㉢은 영국의 권리 장전에서도 강조하고 있다.
ㄹ. ㉣에는 저항권 사상이 나타나 있다.

① ㄱ, ㄴ   ② ㄱ, ㄷ   ③ ㄴ, ㄷ
④ ㄴ, ㄹ   ⑤ ㄷ, ㄹ

021

역사적 사건 A와 관련된 자료이다. 이에 관한 옳은 설명만을 <보기>에서 있는 대로 고른 것은?

영국의 노동자들은 1838년 (㉠)을/를 발표하고 다음과 같이 요구하였다.
• (㉡)에게 선거권을 부여할 것
• 무기명 비밀 투표를 할 것
• 의원의 재산 자격 제한을 폐지할 것
• 의원에게 보수를 지급할 것
• 인구 비례에 의한 선거구를 설정할 것

| 보기 |

ㄱ. ㉠에 들어갈 문서의 명칭은 '인민헌장'이다.
ㄴ. ㉡에 들어갈 내용은 '모든 성인'이다.
ㄷ. A는 노동자들이 경제활동 참여의 확대를 요구하며 전개하였다.

① ㄱ   ② ㄷ   ③ ㄱ, ㄴ
④ ㄴ, ㄷ   ⑤ ㄱ, ㄴ, ㄷ

022 빈출

바이마르 헌법의 내용 중 일부이다. 밑줄 친 ㉠~㉣에 관한 설명으로 옳은 것은?

제151조 ① 경제생활의 질서는 모든 사람에게 인간다운 생활을 보장할 것을 목적으로 하는 정의의 원칙에 적합하여야 한다. 각자의 ㉠경제상의 자유는 이 한계 내에서 보장된다.
제153조 ③ …… ㉡소유권의 행사는 동시에 공공의 복리에 적합하여야 한다.
제163조 ② ㉢모든 국민에게는 노동할 기회가 주어진다. 적절한 일자리를 얻지 못한 국민은 ㉣필요한 생계비를 지원받을 수 있다.

① ㉠은 근대 이전부터 폭넓게 인정되었다.
② 오늘날 ㉡은 절대적인 권리로서 보장된다.
③ ㉢은 1세대 인권에 해당하는 권리이다.
④ ㉣은 국가의 개입을 경계하는 성격의 권리이다.
⑤ ㉠, ㉡은 ㉢, ㉣보다 역사적으로 먼저 등장하였다.

023 빈출

세계 인권 선언의 내용 중 일부이다. 이에 관한 옳은 설명만을 <보기>에서 고른 것은?

제1조 모든 사람은 태어날 때부터 자유로우며 그 존엄과 권리에 있어 동등하다. 인간은 천부적으로 이성과 양심을 부여받았으며 서로 형제애의 정신으로 행동하여야 한다.
제14조 1. 모든 사람은 박해를 피하여 타국에서 피난처를 구하고 비호를 누릴 권리가 있다.
제22조 모든 사람은 사회의 일원으로서 사회 보장을 받을 권리를 가진다. ……
제27조 1. 모든 사람은 자기가 속한 사회의 문화생활에 자유롭게 참여하고 예술을 즐기며 학문적 진보와 혜택을 공유할 권리가 있다.

┤ 보기 ├
ㄱ. 제1조에는 근대 시민 혁명의 과정에서부터 강조되었던 인권이 나타나 있다.
ㄴ. 제14조에는 바이마르 헌법에서 최초로 규정했던 인권이 나타나 있다.
ㄷ. 제22조에는 2세대 인권에 해당하는 인권이 나타나 있다.
ㄹ. 제27조에는 차티스트 운동을 통해 보장받고자 했던 인권이 나타나 있다.

① ㄱ, ㄴ   ② ㄱ, ㄷ   ③ ㄴ, ㄷ
④ ㄴ, ㄹ   ⑤ ㄷ, ㄹ

024

두 역사적 사건과 공통으로 관련된 기본권에 관한 설명으로 가장 적절한 것은?

• 1838년부터 1848년까지 영국의 노동자들이 차티스트 운동을 전개하였다.
• 1960년대 미국에서는 흑인 민권 운동을 통해 흑인도 백인과 동등한 법적 권리를 보장받게 되었다.

① 부당하게 차별을 받지 않을 권리이다.
② 국가 운영에 참여할 수 있는 권리이다.
③ 최소한의 인간다운 생활을 보장받을 권리이다.
④ 국가 권력의 간섭에서 벗어나고자 하는 권리이다.
⑤ 특정 국가나 지역을 초월하여 보장되는 권리이다.

025

A~D에 관한 옳은 설명만을 <보기>에서 고른 것은?

18세기 A 이후 경제가 급속히 성장하면서 물질적으로는 풍요로워졌다. 하지만 노동자를 비롯한 사회적 약자는 열악한 노동 환경, 빈부 격차 등의 이유로 인간다운 생활조차 하기 어려운 경우가 많았다. 시민은 국가가 적극적으로 사회적 약자를 포함한 모든 사람의 기본적인 생존을 보장해 달라고 요구하였다. 이에 따라 B에 모든 국민이 최소한의 인간다운 생활을 보장받아야 한다는 C가 처음으로 명시되었다. 이후 각국 헌법에 노동의 권리, 교육받을 권리, D 등이 본격적으로 도입되었다.

┤ 보기 ├
ㄱ. 영국 명예혁명은 A의 대표적 사례이다.
ㄴ. B는 '바이마르 헌법'이다.
ㄷ. C는 2세대 인권에 해당한다.
ㄹ. D에 '평화에 관한 권리'가 들어갈 수 있다.

① ㄱ, ㄴ   ② ㄱ, ㄷ   ③ ㄴ, ㄷ
④ ㄴ, ㄹ   ⑤ ㄷ, ㄹ

026

(가)~(바)에 관한 옳은 설명만을 <보기>에서 고른 것은?

(가) 권리 장전이 승인되었다.
(나) 미국 독립 전쟁 과정에서 독립 선언문을 발표하였다.
(다) 국제 연합(UN) 총회에서 세계 인권 선언을 채택하였다.
(라) 영국 차티스트 운동 전개 과정에서 인민헌장을 발표하였다.
(마) 독일 바이마르 공화국은 처음으로 헌법에 사회권을 규정하였다.
(바) 시민이 주도한 혁명의 결과 인간과 시민의 권리 선언이 발표되었다.

┤ 보기 ├
ㄱ. (가)에서 승인된 권리 장전은 의회가 국왕의 권력을 제한하는 내용을 규정하였다.
ㄴ. (바) 혁명의 결과 노동자들이 참정권을 획득하였다.
ㄷ. 계몽사상과 사회 계약설을 배경으로 18세기 후반 (나)와 (바)가 일어났다.
ㄹ. (다)-(나)-(가)-(바)-(라)-(마)의 순으로 발생하였다.

① ㄱ, ㄴ　　　② ㄱ, ㄷ　　　③ ㄴ, ㄷ
④ ㄴ, ㄹ　　　⑤ ㄷ, ㄹ

027

(가)~(다)에 들어갈 수 있는 인권을 바르게 연결한 것은?

프랑스 법학자인 카렐 바사크는 프랑스 혁명의 세 가지 구호를 근거로 인권을 다음과 같이 1~3세대로 구분하였다.

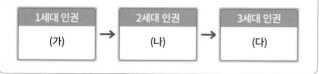

	1세대 인권	2세대 인권	3세대 인권
	(가)	(나)	(다)

	(가)	(나)	(다)
①	자결권	주거권	생명권
②	참정권	근로의 권리	집회의 자유
③	신체의 자유	문화에 관한 권리	발전의 권리
④	표현의 자유	평화에 관한 권리	햇빛을 받을 권리
⑤	교육에 관한 권리	결사의 자유	종교의 자유

028

A, B에 해당하는 인권을 보장하기 위해 제정한 법률을 바르게 연결한 것은?

• 다수를 대상으로 한 흉악 범죄가 증가하자 도시에 거주하는 시민의 A를 보장하고자 일부 지방 자치 단체에서는 안심 귀가 스카우트 제도를 운용하여 시민들이 심야 시간에 안전하게 귀가할 수 있도록 돕고 있다.
• 국토 연구원의 <2022 지역 간 삶의 질 격차 보고서>에 따르면 문화 기반 시설은 인구수가 적은 지역을 제외하면 큰 차이가 없지만, 공연이나 전시는 수도권 중심으로 운영되었다. 이에 비수도권 지역 주민들의 B를 보장해야 한다는 목소리가 커지고 있다.

	A	B
①	주거 기본법	환경 정책 기본법
②	개인 정보 보호법	주거 기본법
③	문화 예술 진흥법	개인 정보 보호법
④	산업 안전 보건법	문화 예술 진흥법
⑤	환경 정책 기본법	산업 안전 보건법

029

다음 글에 부각된 현대 사회의 인권에 관한 설명으로 옳은 것은?

배리어 프리(barrier-free)는 '장벽이 없다'는 뜻으로, 공연계에서는 장애인의 문화 접근 권리와 창조 권리를 보장한다는 의미가 있다. 국내 공연계에서는 2010년대부터 활성화되어 청각 장애인을 위한 수어 통역 및 자막, 시각 장애인을 위한 화면 해설 등을 제공하고 있다. 최근에는 장애인이 적극적인 주체로 참여하여 장애인 배우와 비장애인 배우가 함께 출연하는 공연도 활발하게 만들어지고 있다.

① 사생활 보호를 위한 바탕이 되는 인권이다.
② 권리이자 의무로서의 성격을 동시에 갖는다.
③ 시민 혁명 직후부터 오랜 기간 강조되어 온 인권이다.
④ 오늘날 정보 사회의 발달과 함께 그 중요성이 강조되고 있다.
⑤ 생활 수준이 높아지고 여가가 늘어나면서 보장에 관한 요구가 증가하고 있다.

기출 문제

030 빈출

현대 사회에서 강조되는 인권 A, B에 관한 옳은 설명만을 <보기>에서 고른 것은?

(가)에는 A가 제대로 보장되지 못한 사례가, (나)에는 B가 제대로 보장되지 못한 사례가 나타나 있습니다.

> (가) 홍콩은 좁은 면적에 많은 인구가 살다 보니 주거 여건이 좋지 않다. 쪽방을 의미하는 '닭장 집', '관짝 집'과 같은 말이 있을 정도이다.
> (나) 아프리카의 ○○에는 의류 쓰레기가 산처럼 쌓여 있다. 패스트 패션 산업으로 버려지는 옷이 많아 심각한 환경 문제가 되고 있다.

┤ 보기 ├

ㄱ. 재난 및 안전 관리 기본법은 A의 보장을 목적으로 제정되었다.
ㄴ. 급속한 도시화에 따른 인구 집중은 A의 보장을 어렵게 하는 주요 원인으로 작용한다.
ㄷ. B는 헌법이 보장하는 국민의 권리임과 동시에 의무로서의 성격도 갖고 있다.
ㄹ. 헌법에서 재해 예방을 국가의 의무로 규정하고 있는 것은 B의 보장과 관련 있다.

① ㄱ, ㄴ ② ㄱ, ㄷ ③ ㄴ, ㄷ
④ ㄴ, ㄹ ⑤ ㄷ, ㄹ

031

다음 글에 나타난 인권에 관한 옳은 설명만을 <보기>에서 고른 것은?

> 대학가 주변의 건물 임대료가 급격하게 상승하자 대학생들이 자신들의 권리 보장을 요구하면서 시위를 벌였다. 이에 정부는 대책을 고심하고 있다.

┤ 보기 ├

ㄱ. 정보 사회로 이행함에 따라 강조되는 권리이다.
ㄴ. 우리나라 헌법에서 명시적으로 보장하고 있는 권리이다.
ㄷ. 도시로 인구가 집중될수록 안정적인 보장이 용이해지는 권리이다.
ㄹ. 사생활 보장, 적절한 일조와 통풍, 기본 시설 이용에 편리한 위치 등의 조건이 갖추어져야 보장될 수 있다.

① ㄱ, ㄴ ② ㄱ, ㄷ ③ ㄴ, ㄷ
④ ㄴ, ㄹ ⑤ ㄷ, ㄹ

1등급을 향한 서답형 문제

| 032~033 |

다음 자료를 보고 물음에 답하시오.

> ⟨영국 권리 장전⟩
> 제1조 국왕이 (㉠)의 동의 없이 법의 효력을 정지하거나, 법의 집행을 정지할 수 있다는 주장은 위법이다.
> 제4조 국왕이 (㉠)의 승인 없이 국왕이 쓰기 위해 세금을 징수하는 것은 위법이다.
> 제5조 모든 신민은 국왕에게 청원할 권리가 있으며, 그러한 청원 사실을 구실로 삼아 수감하고 기소하는 조치는 위법이다.
> 제6조 국왕이 (㉠)의 동의 없이 평화 시에 국내에서 상비군을 징집하고 유지하는 조치는 위법이다.

032

㉠에 공통으로 들어갈 기관을 쓰시오.

033

위 문서의 승인이 영국 정치에 미친 영향을 서술하시오.

| 034~035 |

다음 글을 읽고 물음에 답하시오.

> 갑은 초등학교 시절 영상 공유 플랫폼에 자신의 사생활 관련 영상을 올렸었다. 최근 친구들이 해당 영상을 보게 되면서 이 영상으로 놀림을 받았다. 갑은 친구들 사이에 영상이 더 퍼지기 전에 과거 영상을 지우고 싶었지만 당시 만들었던 계정의 비밀번호를 찾을 수 없었다. 이처럼 과거에 올렸던 정보가 자신도 모르는 사이에 인터넷 등에 퍼져 고통을 호소하는 사람들이 늘어나면서 개인 정보를 삭제할 수 있는 (㉠)에 관한 논의가 대두하고 있다.

034

㉠에 들어갈 인권을 쓰시오.

035

윗글에 나타난 인권의 등장 배경을 서술하시오.

적중 1등급 문제

내신 1등급을 결정하는 고난도 문제를 수록하였습니다.

| 036~037 |

다음 자료를 보고 물음에 답하시오.

> (가) 인간과 시민의 권리 선언
>
> 제1조 인간은 자유롭게 그리고 평등한 권리를 누리게 태어나고 또 그렇게 생존한다. 사회적 차별은 오직 공공의 이익에 입각하는 때만 가능하다.
>
> 제2조 모든 정치적 결사의 목적은 자유, 소유, 안전, 압제에의 저항 등 인간의 자연적이고 침해할 수 없는 권리를 보전함에 있다.
>
> 제3조 주권은 국민에게 있다. 어떠한 단체나 개인도 국민으로부터 유래하지 않은 권리를 행사할 수 없다.
>
> 제6조 법은 일반 의지의 표현이다. 모든 시민은 직접 또는 대표를 통해서 법 제정에 참여할 수 있는 권리가 있다.
>
> (나) 미국 독립 선언문
>
> 모든 사람은 평등하게 태어났고, 조물주는 몇 개의 양도할 수 없는 권리를 부여하였으며, 그 권리 중에는 생명, 자유, 행복의 추구가 있다. ㉠이 권리를 확보하기 위해 인류는 정부를 조직하였으며, 이 정부의 권력은 인민의 동의로부터 유래한다. 이러한 목적을 파괴할 때 인민은 새로운 정부를 조직할 수 있다.

036

(가), (나)에 관한 설명으로 옳은 것은?

① 역사적으로 (가)가 (나)보다 먼저 나타났다.
② (가)는 (나)와 달리 저항권을 인정하고 있다.
③ (나)는 (가)와 달리 사회권을 인정하고 있다.
④ (가), (나) 모두 입헌 군주제를 추구하고 있다.
⑤ (가), (나) 모두에 국민 주권주의가 나타나 있다.

037

밑줄 친 ㉠에 나타난 사상에 관한 설명으로 옳은 것은?

① 국가가 자연 발생적으로 형성되었다고 본다.
② 국가를 인간의 자연권을 보장하기 위한 수단으로 본다.
③ 모든 인간은 서로 형제애의 정신으로 행동하여야 한다고 본다.
④ 모든 인간에게는 인간다운 생활을 할 권리가 부여되어 있음을 강조한다.
⑤ 왕권은 신이 부여한 것이므로 그에 대적하는 것은 신성모독이라고 본다.

038

(가)~(다) 인권에 관한 옳은 설명만을 <보기>에서 고른 것은?

> (가) 최소한의 인간다운 생활을 보장받을 권리
> (나) 국가 권력의 간섭에서 벗어나 자유롭게 생활할 수 있는 권리
> (다) 성별, 재산, 인종 등과 관계없이 일정 연령 이상이면 누구든지 정치에 참여할 수 있는 권리

| 보기 |

ㄱ. (가)는 국가의 개입을 요구하는 성격의 권리이다.
ㄴ. (나)는 국가의 개입을 경계하는 성격의 권리이다.
ㄷ. (다)는 바이마르 헌법에서 처음 보장되기 시작하였다.
ㄹ. 역사적으로 (나) - (가) - (다)의 순으로 등장하였다.

① ㄱ, ㄴ   ② ㄱ, ㄷ   ③ ㄴ, ㄷ
④ ㄴ, ㄹ   ⑤ ㄷ, ㄹ

039

우리나라 헌법 조항의 일부이다. 이에 관한 옳은 설명만을 <보기>에서 고른 것은?

> 제9조 국가는 전통문화의 계승·발전과 민족 문화의 창달에 노력하여야 한다.
>
> 제35조 ① 모든 국민은 건강하고 쾌적한 환경에서 생활할 권리를 가지며, 국가와 국민은 환경 보전을 위하여 노력하여야 한다.
>   ③ 국가는 주택 개발 정책 등을 통하여 모든 국민이 쾌적한 주거 생활을 할 수 있도록 노력하여야 한다.

| 보기 |

ㄱ. 제9조에는 1세대 인권에 해당하는 권리가 나타나 있다.
ㄴ. 제35조 ①에는 권리이자 의무로서의 성격을 함께 지니는 인권이 나타나 있다.
ㄷ. 제35조 ③에는 사생활을 보호받는 데 바탕으로 작용하는 인권이 나타나 있다.
ㄹ. 제35조 ①에 나타난 인권은 제35조 ③에 나타난 인권과 달리 정보 사회의 발달과 함께 등장하였다.

① ㄱ, ㄴ   ② ㄱ, ㄷ   ③ ㄴ, ㄷ
④ ㄴ, ㄹ   ⑤ ㄷ, ㄹ

02 인권 보장을 위한 헌법의 역할과 시민 참여

1 인권 보장을 위한 헌법의 역할

1 인권과 헌법의 관계
(1) 인권과 헌법: 국가의 최고법인 헌법에 인권을 기본권으로 규정하여 보장
(2) 입헌주의: 국민의 기본권 보장을 위해 국가의 통치 작용 및 공동체 생활이 헌법에 따라 이루어져야 한다는 원리

2 헌법에 보장된 기본권
> 모든 국민은 인간으로서의 존엄과 가치를 가지며, 행복을 추구할 권리를 가진다. 국가는 개인이 가지는 불가침의 기본적 인권을 확인하고 이를 보장할 의무를 진다.

(1) 인간의 존엄과 가치 및 행복 추구권(헌법 제10조): 헌법이 추구하는 궁극의 가치, 모든 기본권의 근거이자 국가 권력 행사의 기준
(2) 평등권(헌법 제11조)
└ 다른 기본권을 보장하기 위한 전제 조건

의미	모든 국민이 성별, 종교, 사회적 신분 등에 의해 차별받지 않고 동등하게 대우받을 권리
내용	불합리한 기준에 의한 차별 금지, 법 앞의 평등 등

(3) 자유권(헌법 제12조~제23조)
└ 가장 오래된 기본권, 소극적·방어적 권리

의미	국가 권력의 간섭을 받지 않고 자유롭게 생활할 수 있는 권리
내용	신체의 자유, 언론·출판·집회·결사의 자유, 재산권 등

(4) 참정권(헌법 제24조~제25조)
└ 능동적 권리, 적극적 권리, 정치적 기본권

의미	국가의 의사 결정에 참여할 수 있는 권리
내용	선거권, 공무 담임권, 국민 투표권 등

(5) 청구권(헌법 제26조~제30조)
└ 수단적 권리, 적극적 권리

의미	다른 기본권 침해 시 이의 구제를 요구할 수 있는 권리
내용	청원권, 재판 청구권, 국가 배상 청구권 등

(6) 사회권(헌법 제31조~제36조)
└ 현대적 권리, 적극적 권리, 생존권적 기본권

의미	국민이 국가에 인간다운 생활의 보장을 요구할 수 있는 권리
내용	교육받을 권리, 근로의 권리, 쾌적한 환경에서 살 권리 등

3 인권 보장을 위해 헌법에 규정된 제도적 장치
> 국가 권력에 의한 자의적이고 독단적인 지배를 막고 법률에 근거한 공권력 행사만을 허용함으로써 국민의 자유와 권리를 보장하고자 하는 통치 원리

권력 분립 제도	입법권, 행정권, 사법권 등 국가 권력을 국회, 정부, 법원 등 각각 다른 기관이 나누어 맡으며 상호 견제와 균형을 이루도록 하는 제도 → 권력 집중 및 남용 방지, 법치주의 실현
민주적 선거 제도	일정 나이 이상의 모든 국민에게 선거권을 부여하고 국정 운영에 직접 참여할 수 있는 공무 담임권을 규정 → 국민의 주권 행사 보장
복수 정당 제도	두 개 이상의 정당을 인정하고 정당 설립의 자유를 보장 → 자유로운 정당 활동을 통해 국민의 다양한 정치적 견해가 정책 결정에 반영될 수 있는 기회 보장
기본권 구제 제도	법원의 재판, 헌법재판소의 위헌 법률 심판 및 헌법 소원 심판 → 기본권을 침해받은 국민이 침해된 권리를 구제받을 수 있는 기회 보장

> 법원이 구체적인 사건을 재판하면서 그 재판에 적용되는 법률이 헌법에 위반되는지 여부가 재판의 전제가 될 때 법원의 제청에 따라 위헌 여부를 판단하는 심판

> 국가 권력의 행사 또는 불행사로 인해 기본권을 침해받은 국민이 청구하는 심판

꼭 나오는 자료
🔗 18쪽 055번, 20쪽 065번 문제로 확인

권력 분립 관련 헌법 조항

제40조 입법권은 국회에 속한다.
제66조 ④ 행정권은 대통령을 수반으로 하는 정부에 속한다.
제101조 ① 사법권은 법관으로 구성된 법원에 속한다.

자료 분석 대통령이 국회가 의결한 법률안에 대해 재의를 요구함으로써 정부는 국회를 견제할 수 있고, 국회가 매년 정기적으로 국정 전반을 감사함으로써 정부를 견제할 수 있다. 법률이 헌법에 위배되는지 여부가 재판의 전제가 된 경우 헌법재판소에 심판을 청구함으로써 법원은 국회를 견제할 수 있고, 대통령이 대법원장과 대법관을 임명하는 데 대해 동의권을 가짐으로써 국회는 법원을 견제할 수 있다. 대통령이 법원이 선고한 형벌을 소멸시키거나 감형, 복권을 명함으로써 정부는 법원을 견제할 수 있고, 정부가 제정한 명령이나 규칙이 헌법이나 법률에 위배되는지 여부가 재판의 전제가 된 경우 대법원이 이를 최종적으로 심사함으로써 법원은 정부를 견제할 수 있다.

2 시민의 권익 보호를 위한 시민 참여

1 시민 참여의 의미와 역할
(1) 의미: 시민이 참여 의식을 가지고 정치 과정이나 사회문제 해결에 적극적으로 개입하는 것
(2) 역할
> 선거를 통해 대표를 선출하고, 선출된 대표자가 국민을 대신하여 국가를 운영해 나가는 제도

① 공동체의 이익 증진: 모든 사회 구성원의 권익을 보호하고 인간존엄성이 보장되는 정의로운 사회 구현
② 대의 민주주의의 보완: 선출된 대표가 국민의 의사를 제대로 반영하지 못하는 문제 보완

2 시민 참여의 방법
> 국가 또는 지방 자치 단체의 기관이 일정한 사항을 결정함에 있어서 이해 관계자나 관련 권위자를 모아 놓고 공식 석상에서 의견을 듣는 제도

(1) 다양한 시민 참여의 방법
① 선거와 투표 참여: 가장 기본적인 시민 참여 방법
② 정당: 정치적 견해를 같이하는 사람들이 결성
③ 이익 집단: 공통의 이해관계를 지닌 사람들이 결성
④ 시민 단체: 공익 추구를 위해 자발적으로 결성
⑤ 공청회나 주민 간담회 참석: 정책 결정에 대한 의견 제시
⑥ 자원봉사 활동: 사회문제 해결 및 공익 실현에 동참
⑦ 입법 청원이나 주민 조례 청구: 입법 과정에 참여
(2) 시민불복종
> 국민이 국회에 특정 법률을 제정하거나 개정 혹은 폐지할 것을 요청하는 행위

> 주민이 조례를 제정·개정·폐지할 것을 청구하는 행위

① 의미: 부정의한 법이나 정책을 바로잡기 위해 의도적으로 법을 위반하는 행위
> 사회 정의를 훼손한 법이나 정책에 대한 항의

② 정당화 조건: 행위 목적의 정당성, 최후의 수단, 처벌 감수, 비폭력적인 방법
> 합법적인 방법이 실패한 경우에만 시행

기본 기출 문제

핵심 주제를 파악할 수 있는 기출 문제를 수록하였습니다.

핵심 개념 문제

● 빈칸에 들어갈 알맞은 말을 쓰시오.

040 ( )은/는 국가의 통치 조직과 운영 원리 및 국민의 기본권을 규정한 국가의 최고법이다.

041 우리나라는 두 개 이상의 정당을 인정하고 정당 설립의 자유를 보장하는 ( )을/를 두고 있다.

042 부정의한 법이나 정책을 바로잡기 위해 의도적으로 법을 위반하는 행위를 ( )(이)라고 한다.

● 설명이 옳으면 ○표, 틀리면 ×표를 하시오.

043 인간의 존엄과 가치는 인간을 목적이 아닌 수단으로 대해야 함을 의미한다. ( )

044 권력 분립 제도는 입법권, 행정권, 사법권 등 국가 권력을 국회, 정부, 법원 등 각각 다른 기관이 나누어 맡으며 상호 견제와 균형을 이루도록 하는 제도이다. ( )

045 가장 기본적인 시민 참여의 방법은 선거와 투표 참여이다. ( )

● ㉠, ㉡ 중 알맞은 것을 고르시오.

046 위헌 법률 심판과 헌법 소원 심판은 (㉠ 법원, ㉡ 헌법재판소)에서 담당한다.

047 국민의 기본권 보장을 위해 국가의 통치 작용 및 공동체 생활이 헌법에 따라 이루어져야 한다는 원리는 (㉠ 입헌주의, ㉡ 민주주의)이다.

048 공익 추구를 위해 자발적으로 결성된 사회 집단을 (㉠ 이익 집단, ㉡ 시민 단체)(이)라고 한다.

● 설명과 관련 있는 기본권을 <보기>에서 고르시오.

049 다른 기본권을 보장하기 위한 전제 조건이 되는 기본권이다. ( )

050 국민이 국가에 인간다운 생활의 보장을 요구할 수 있는 권리로서 교육받을 권리, 근로의 권리, 쾌적한 환경에서 살 권리 등을 포괄한다. ( )

┤ 보기 ├

ㄱ. 평등권　　　　ㄴ. 사회권　　　　ㄷ. 참정권

051

★핵심 주제 입헌주의의 의미

㉠~㉢에 들어갈 말을 바르게 연결한 것은?

현대 민주주의 국가는 최고법인 (㉠)을 토대로 국민의 인권을 보장하기 위한 여러 가지 제도적 장치를 마련하고 있다. (㉠)에는 국가의 권력 구조와 운영 원리 및 국민의 (㉡)이 규정되어 있어 통치자나 국가 기관이 권력을 남용하여 국민의 권리를 부당하게 침해할 수 없도록 한다. (㉢)의 원리에 따라 통치 및 공동체의 모든 생활은 (㉠)에 근거하여 이루어진다.

	㉠	㉡	㉢
①	헌법	인권	법치주의
②	헌법	기본권	입헌주의
③	행정법	인권	입헌주의
④	행정법	자연권	법치주의
⑤	정부 조직법	기본권	국민 주권주의

052

★핵심 주제 기본권의 특성

밑줄 친 ㉠~㉣에 관한 옳은 설명만을 <보기>에서 고른 것은?

우리나라 헌법은 인간의 존엄과 가치 및 행복 추구권을 바탕으로 평등권, ㉠자유권, ㉡참정권, ㉢사회권, ㉣청구권 등을 보장하고 있다.

┤ 보기 ├

ㄱ. 재산권은 ㉠에 해당하는 기본권이다.
ㄴ. ㉡은 포괄적 기본권에 해당한다.
ㄷ. ㉢은 적극적 권리의 성격을 갖는다.
ㄹ. 국민 투표권은 ㉣에 해당하는 기본권이다.

① ㄱ, ㄴ　　　　② ㄱ, ㄷ　　　　③ ㄴ, ㄷ

④ ㄴ, ㄹ　　　　⑤ ㄷ, ㄹ

053

⭐핵심 주제 기본권의 내용과 성격

다음은 학생의 형성 평가지이다. ㈀에 들어갈 점수로 옳은 것은?

※ 각 기본권의 구체적 내용과 성격을 정리하시오. (단, 구체적 내용, 성격 하나당 1점씩 총 6점임.)

유형	구체적 내용	성격
자유권	신체의 자유, 사생활의 비밀과 자유, 학문과 예술의 자유 등	적극적
참정권	선거권, 공무 담임권, 국민 투표권 등	능동적
청구권	교육받을 권리, 근로의 권리, 쾌적한 환경에서 살 권리 등	수단적
총점		㈀

① 1점 ② 2점 ③ 3점 ④ 4점 ⑤ 5점

054

⭐핵심 주제 기본권의 제한과 한계

우리나라 헌법 조항의 일부이다. 이에 관한 설명으로 옳지 않은 것은?

제37조 ② 국민의 모든 자유와 권리는 (㉠)·질서 유지 또는 공공복리를 위하여 필요한 경우에 한하여 (㉡)(으)로써 제한할 수 있으며, 제한하는 경우에도 ㉢자유와 권리의 본질적인 내용을 침해할 수 없다.

① ㉠에는 '국가 안전 보장'이 들어갈 수 있다.
② ㉡에는 '헌법'이 적절하다.
③ ㉢은 기본권 제한의 내용상 한계에 해당한다.
④ 제37조 ②는 기본권 제한의 목적과 방법을 명시하고 있다.
⑤ 제37조 ②는 국민의 자유와 권리 보장을 궁극적인 목적으로 한다.

055

⭐핵심 주제 권력 분립 제도

우리나라의 권력 분립 제도에 관한 설명으로 옳은 것은?

① 사면권을 통해 법원은 정부를 견제할 수 있다.
② 법률안 거부권을 통해 국회는 정부를 견제할 수 있다.
③ 대법원장 임명권을 통해 정부는 법원을 견제할 수 있다.
④ 명령·규칙 심사권을 통해 법원은 국회를 견제할 수 있다.
⑤ 위헌 법률 심판 제청권을 통해 국회는 법원을 견제할 수 있다.

056

⭐핵심 주제 시민 참여의 역할

㉠에 들어갈 용어로 가장 적절한 것은?

시민 참여란 시민이 참여 의식을 가지고 정치 과정이나 사회문제 해결에 적극적으로 개입하는 것이다. 현실의 문제 개선과 사회 변화를 유발함으로써 공동체의 이익을 증진하고, 시민이 사회문제의 해결에 직접 참여하여 선출된 대표가 국민의 의사를 제대로 반영하지 못하는 문제를 해결함으로써 (㉠)를 보완하는 역할을 한다.

① 법치주의   ② 입헌주의
③ 자본주의   ④ 국민 주권주의
⑤ 대의 민주주의

057

⭐핵심 주제 시민 참여의 방법

시민 참여의 방법에 관한 설명으로 옳지 않은 것은?

① 선거와 투표는 가장 기본적인 시민 참여 방법이다.
② 표현의 자유를 행사하는 집회나 시위에 참여할 수 있다.
③ 자원봉사 활동을 통해 사회문제 해결 및 공익 실현에 동참할 수 있다.
④ 주민 조례 청구를 통해 지방 자치 단체의 행정 과정에 참여할 수 있다.
⑤ 공청회나 주민 간담회 등을 통해 중요 정책 결정에 관한 의견을 제시할 수 있다.

058

⭐핵심 주제 시민불복종의 정당화 조건

㉠의 특징에 관한 옳은 설명만을 <보기>에서 고른 것은?

시민은 시민의 권익을 무시하는 특정 법률이나 권력에 관한 공공의 관심을 끌기 위해 고의로 법률을 위반하거나 권력에 관한 복종을 거부하는 (㉠)을/를 전개할 수 있다.

┤보기├
ㄱ. 목적이 정당하다면 폭력적인 방식도 허용된다.
ㄴ. 목적이 반드시 공공의 이익에 부합해야만 한다.
ㄷ. 정당한 목적을 위한 행위이므로 당연히 법적 처벌이 면제된다.
ㄹ. 합법적인 방법과 절차를 활용한 후 최후의 수단으로 사용되어야 한다.

① ㄱ, ㄴ   ② ㄱ, ㄷ   ③ ㄴ, ㄷ
④ ㄴ, ㄹ   ⑤ ㄷ, ㄹ

059 빈출

우리나라 헌법 조항의 일부이다. 이에 나타난 기본권의 공통점으로 가장 적절한 것은?

> 제12조 ① …… 누구든지 법률에 의하지 아니하고는 체포·구속·압수·수색 또는 심문을 받지 아니하며, …….
> 제17조 모든 국민은 사생활의 비밀과 자유를 침해받지 아니한다.
> 제23조 ① 모든 국민의 재산권은 보장된다.

① 국가의 의사 결정 과정에 참여할 수 있는 능동적 성격의 기본권이다.
② 다른 기본권을 보장하기 위한 전제 조건으로서의 성격을 갖는 기본권이다.
③ 다른 기본권 침해 시 그 구제를 요구할 수 있는 수단적 성격의 기본권이다.
④ 국민이 국가에 인간다운 생활의 보장을 요구할 수 있는 적극적 성격의 기본권이다.
⑤ 국가 권력의 간섭을 받지 않고 자유롭게 생활할 수 있는 소극적 성격의 기본권이다.

060

표는 기본권의 유형을 구분한 것이다. 이에 관한 옳은 설명만을 <보기>에서 고른 것은?

유형	구체적 내용
A	신체의 자유, 종교의 자유 등
B	청원권, (㉠) 등
C	교육받을 권리, 근로의 권리 등

┤ 보기 ├
ㄱ. A는 국가 권력의 간섭을 받지 않을 소극적 권리이다.
ㄴ. B는 다른 기본권이 침해되었을 때 이를 구제하기 위한 수단적 권리이다.
ㄷ. B와 C는 모두 국가가 존재하지 않아도 인간이라면 누구나 보장받는 권리이다.
ㄹ. ㉠에는 '공무 담임권'이 들어갈 수 있다.

① ㄱ, ㄴ   ② ㄱ, ㄷ   ③ ㄴ, ㄷ
④ ㄴ, ㄹ   ⑤ ㄷ, ㄹ

061

표는 기본권 A~C를 질문에 따른 응답을 기준으로 구분한 것이다. 이에 관한 옳은 설명만을 <보기>에서 고른 것은? (단, A~C는 각각 사회권, 청구권, 평등권 중 하나임.)

질문	A	B	C
다른 기본권 보장을 위한 수단적, 절차적 권리인가?	예	아니요	아니요
다른 기본권 보장의 전제 조건의 성격을 지니는가?	아니요	예	아니요
(가)	아니요	아니요	예

┤ 보기 ├
ㄱ. 재판 청구권은 A에 해당하는 기본권이다.
ㄴ. B는 자본주의 발달 과정에서 인간다운 생활을 보장하기 위해 등장하였다.
ㄷ. C는 적극적 권리의 성격을 지닌다.
ㄹ. (가)에 '역사적으로 가장 오래된 기본권인가?'가 들어갈 수 있다.

① ㄱ, ㄴ   ② ㄱ, ㄷ   ③ ㄴ, ㄷ
④ ㄴ, ㄹ   ⑤ ㄷ, ㄹ

062

우리나라 헌법 조항의 일부이다. 이에 관한 옳은 설명만을 <보기>에서 고른 것은?

> 제10조 모든 국민은 인간으로서의 존엄과 가치를 가지며, 행복을 추구할 권리를 가진다.
> 제21조 ① 모든 국민은 언론·출판의 자유와 집회·결사의 자유를 가진다.
> 제22조 ① 모든 국민은 학문과 예술의 자유를 가진다.
> 제27조 ① 모든 국민은 헌법과 법률이 정한 법관에 의하여 법률에 의한 재판을 받을 권리를 가진다.

┤ 보기 ├
ㄱ. 제10조에는 모든 기본권 보장의 궁극적인 목적이라 할 수 있는 기본권이 나타나 있다.
ㄴ. 제21조 ①에 나타난 기본권은 제22조 ①에 나타난 기본권과 달리 정신적 자유에 해당한다.
ㄷ. 제21조 ①과 제22조 ①에 나타난 기본권은 모두 소극적 권리의 성격을 지닌다.
ㄹ. 영장주의는 제27조 ①에 나타난 기본권을 구체적으로 실현하기 위한 제도적 장치이다.

① ㄱ, ㄴ   ② ㄱ, ㄷ   ③ ㄴ, ㄷ
④ ㄴ, ㄹ   ⑤ ㄷ, ㄹ

063

다음 자료에 관한 설명으로 옳은 것은?

- A는 국가의 의사를 결정하는 최고 권력인 (㉠)이/가 국민에게 있다는 것을 의미한다.
- B는 국민의 대표로 구성된 국회가 (㉡)을/를 제정하고 이에 근거하여 국가를 운영하는 것이다.
- C는 국가 권력을 입법권, 행정권, 사법권으로 나누어 서로 다른 기관이 담당하도록 함으로써 상호 독립성을 유지하면서 (㉢)을/를 이루도록 하는 것이다.

① ㉠에는 '통치권'이 들어갈 수 있다.
② ㉡에는 '헌법'이 들어갈 수 있다.
③ ㉢에는 '안정과 질서'가 들어갈 수 있다.
④ A는 선거 제도나 국민 투표 등을 통해 구현되고 있다.
⑤ B는 C와 달리 국가 권력의 남용으로부터 국민의 기본적 인권을 보호한다.

064

밑줄 친 ㉠~㉻에 관한 옳은 설명만을 <보기>에서 고른 것은?

산부인과 의사 갑은 성(性) 감별 고지 행위가 적발되어 면허 정지 6개월 처분을 받자 2005년 11월 ㉠태아의 성 감별 고지를 금지한 의료법 조항에 대해 ㉡헌법 소원을 청구하였다. 2008년 ㉢헌법재판소는 태아 성 감별 고지를 금지한 의료법 조항에 대해 "태아의 성 감별 고지를 무조건 금지한 조항은 시대의 변화에 맞지 않고 의료인의 ㉣직업 활동의 자유와 임부의 ㉤알 권리 등을 침해한다."라고 판시하면서 ㉥헌법 불합치 결정을 내렸다.

┤ 보기 ├
ㄱ. ㉡은 위헌 심사형과 권리 구제형으로 구분된다.
ㄴ. ㉢은 법원과는 독립적으로 헌법을 기준으로 분쟁을 심판한다.
ㄷ. ㉣은 ㉤과 달리 적극적인 권리이다.
ㄹ. ㉥에 따라 ㉠은 즉시 효력을 상실한다.

① ㄱ, ㄴ　　　　② ㄱ, ㄷ　　　　③ ㄴ, ㄷ
④ ㄴ, ㄹ　　　　⑤ ㄷ, ㄹ

065 빈출

우리나라 헌법 조항의 일부이다. ㉠~㉢에 관한 옳은 설명만을 <보기>에서 있는 대로 고른 것은?

제40조　입법권은 (㉠)에 속한다.
제66조　④ 행정권은 대통령을 수반으로 하는 (㉡)에 속한다.
제101조　① 사법권은 법관으로 구성된 (㉢)에 속한다.

┤ 보기 ├
ㄱ. ㉠은 탄핵 소추권을 통해 ㉡을 견제한다.
ㄴ. ㉡은 법률안 거부권을 통해 ㉢을 견제한다.
ㄷ. ㉢은 명령·규칙·처분 심사권을 통해 ㉠을 견제한다.

① ㄱ　　　　② ㄴ　　　　③ ㄱ, ㄷ
④ ㄴ, ㄷ　　　　⑤ ㄱ, ㄴ, ㄷ

066

다음 대화에 관한 옳은 설명만을 <보기>에서 고른 것은?

교사: 국민의 인권을 보장하기 위한 헌법의 역할과 제도적 장치를 주제로 말해 볼까요?
갑: 헌법에 국민의 기본적 인권을 명시하여 보장하고 있습니다.
을: 국가의 공권력 행사가 통치자의 자의에 의해 이루어지지 않도록 합니다.
병: 대법원은 위헌 법률 심판이나 헌법 소원 심판을 통해 인권을 보장합니다.
정: 국가의 모든 권력이 헌법에 따르도록 하여 국가 권력의 자의적 행사를 방지합니다.
무: 국가 인권 위원회를 두어 일상생활에서 인권 침해가 발생했을 때 이를 구제할 수 있도록 합니다.

┤ 보기 ├
ㄱ. 갑과 정의 진술은 모두 입헌주의의 원리와 관련 있다.
ㄴ. 을의 진술에 나타난 내용은 법치주의의 실현에 이바지한다.
ㄷ. 갑~무 중 두 명이 옳지 않은 내용을 진술하였다.
ㄹ. 병의 진술에는 권력 분립 제도가 나타나 있다.

① ㄱ, ㄴ　　　　② ㄱ, ㄷ　　　　③ ㄴ, ㄷ
④ ㄴ, ㄹ　　　　⑤ ㄷ, ㄹ

067

다음 자료에 관한 옳은 설명만을 <보기>에서 고른 것은?

- A는 법원에서 구체적인 사건을 재판하면서 그 재판에 적용되는 법률이 헌법에 위반되는지 문제가 될 때 (㉠)의 제청에 따라 (㉡)이/가 위헌 여부를 판단하는 심판이다.
- B는 (㉢)형과 (㉣)형이 있다. (㉢)형은 재판 당사자가 (㉠)에 A 제청 신청을 하였으나 받아들여지지 않은 경우 (㉡)에 직접 청구하는 심판이다. (㉣)형은 국가 권력의 행사 또는 불행사 때문에 기본권을 침해받은 국민이 (㉡)에 청구하는 심판이다.

┤ 보기 ├
ㄱ. ㉠에는 '법원', ㉡에는 '헌법재판소'가 들어갈 수 있다.
ㄴ. ㉢에는 '권리 구제', ㉣에는 '위헌 심사'가 들어갈 수 있다.
ㄷ. A에서 위헌 결정이 내려지면 해당 법률은 그 효력을 상실한다.
ㄹ. B는 A와 달리 국민의 기본적 인권을 보장하기 위해 마련된 제도이다.

① ㄱ, ㄴ　　　② ㄱ, ㄷ　　　③ ㄴ, ㄷ
④ ㄴ, ㄹ　　　⑤ ㄷ, ㄹ

068

기본권 제한과 관련하여 학생이 필기한 내용이다. 이에 관한 옳은 설명만을 <보기>에서 고른 것은?

〈기본권 제한〉
(1) 목적상 한계: ㉠ 국가 안전 보장, 질서 유지, 공공복리
(2) 방법상 한계: ㉡ 필요한 경우에 한하여
(3) 형식상 한계: ㉢ 법률로써 제한
(4) 내용상 한계: 본질적인 내용을 침해할 수 없다.

┤ 보기 ├
ㄱ. ㉠에 제시된 것은 예시에 해당하므로 필요한 경우 다른 목적을 추가할 수 있다.
ㄴ. ㉡은 기본권을 필요한 만큼만 제한함으로써 기본권이 최대한 보장될 수 있도록 해야 함을 의미한다.
ㄷ. ㉢은 국회가 제정한 법률만을 의미하며, 명령이나 조례를 근거로 기본권을 제한할 수 없다.
ㄹ. 기본권 제한과 관련된 내용을 헌법에 규정하고 있는 것은 기본권을 효과적으로 제한하기 위함이다.

① ㄱ, ㄴ　　　② ㄱ, ㄷ　　　③ ㄴ, ㄷ
④ ㄴ, ㄹ　　　⑤ ㄷ, ㄹ

069

(가), (나)에 관한 설명으로 옳은 것은?

(가) 우리나라의 선거　　(나) 스위스의 란츠게마인데

① 헌법을 개정할 때 국민 투표를 하는 것은 (가)보다 (나)에 가깝다.
② (나)는 (가)와 달리 민주주의의 원칙을 구현하는 수단이 된다.
③ 대의 민주주의에서 시민은 (가)가 아닌 (나)를 통해 의사 결정에 참여한다.
④ 고대 그리스의 아테네에서는 (나)가 아닌 (가)를 바탕으로 민주주의를 운용하였다.
⑤ 오늘날 대부분 민주주의 국가에서는 (가)가 아닌 (나)를 바탕으로 민주주의를 운용한다.

070

밑줄 친 ㉠~㉣에 관한 옳은 설명만을 <보기>에서 고른 것은?

갑: 만약 준수해야 할 법과 제도 자체가 불공정하거나 부당하다면 어떻게 해야 할까?
을: 그럴 때는 ㉠ 서명 운동, ㉡ 입법 청원, ㉢ 이익 집단을 통한 참여 등 헌법과 법률이 보장하고 있는 방법으로 개선을 요구하면 돼.
갑: 하지만 합법적인 수단만으로 해결이 불가능하면 어떻게 하지?
을: 그때는 ㉣ 시민불복종과 같은 방법을 선택할 수 있어.

┤ 보기 ├
ㄱ. 동물원 운영에 반대하는 의견에 동의한다는 의미로 자신의 이름을 써넣는 것은 ㉠의 사례에 해당한다.
ㄴ. 음주 운전 처벌 강화를 내용으로 하는 법률 개정을 국회에 요청하는 것은 ㉡의 사례에 해당한다.
ㄷ. 북극곰 보호를 위해 환경 단체에 가입하여 활동하는 것은 ㉢의 사례에 해당한다.
ㄹ. ㉣은 폭력적인 수단과 비폭력적인 수단을 모두 포괄한다.

① ㄱ, ㄴ　　　② ㄱ, ㄷ　　　③ ㄴ, ㄷ
④ ㄴ, ㄹ　　　⑤ ㄷ, ㄹ

 **기출 문제**

071 빈출

다음 글에 나타난 소금법 폐지 운동이 정당성을 인정받을 수 있었던 까닭으로 옳지 않은 것은?

> 1930년 인도를 식민 지배하던 영국은 인도인의 소금 제조와 판매를 금지하고 반드시 영국으로부터 소금을 구매하도록 하는 소금법을 제정하였다. 이에 따라 소금에 붙는 비싼 세금이 농민에게 큰 부담이 되자 간디는 소금법 폐지를 요구하였다. 하지만 이러한 요구는 받아들여지지 않았고 간디는 소금법 폐지를 주장하며 군중과 평화적으로 행진하였다. 행진을 시작할 때 70여 명이었던 군중은 해안가에 도착했을 때는 수천 명으로 늘어나 있었다. 군중과 직접 소금을 만들던 간디는 소금법을 어겼다는 이유로 체포되었다. 군중은 경찰의 곤봉에 맞아 쓰러졌지만 이들의 시위는 멈추지 않았다. 결국 소금법은 1931년에 폐지되었다.

① 자국민의 이익을 증진하고자 했기 때문이다.
② 폭력적 수단을 활용하지 않고 평화적으로 행진했기 때문이다.
③ 처벌이나 제재를 피하지 않고 잘못된 제도의 폐지를 요구했기 때문이다.
④ 정의롭지 못하여 사회 정의를 훼손하는 제도에 대해 항의했기 때문이다.
⑤ 영국 정부에 먼저 폐지를 요구하고 받아들여지지 않자 행진을 시작했기 때문이다.

072

다음 자료에 나타나 있는 ㉠의 특성에 관한 설명으로 옳지 않은 것은?

> (㉠)은/는 법을 어기기는 하지만 법에 관한 충실성의 한계 내에서 불복종을 나타낸다. 즉, 그 행위의 공공적이고 비폭력적인 성격을 견지하고 법적인 결과를 받아들이겠다는 의지이다. 따라서 사회적 다수에 의해 공유된 정의관이 불복종의 기준이 되어야 한다.

① 불법적 행위이다.
② 폭력적 수단의 배제를 추구한다.
③ 공공적 목적을 갖는 행위임을 알 수 있다.
④ 해당 행위로 인한 법적인 결과를 받아들이고자 한다.
⑤ 개인적인 도덕 원칙이나 개인의 이익에 근거해 이루어져야 한다.

● 바른답·알찬풀이 **6쪽**

✍ 1등급을 향한 서답형 문제

| 073~074 |

우리나라 헌법 조항의 일부이다. 이를 보고 물음에 답하시오.

> 제37조 ① 국민의 자유와 권리는 헌법에 열거되지 아니한 이유로 경시되지 아니한다.

073

위 헌법 조항에 따라 헌법에 열거되지 않았지만 보장받을 수 있는 기본권을 두 가지만 쓰시오.

074

위와 같은 조항이 헌법에 규정되어 있는 까닭을 서술하시오.

| 075~076 |

다음 글을 읽고 물음에 답하시오.

> 1955년 미국에서 흑인인 로자 파크스가 백인에게 자리를 양보하라는 버스 기사의 요구를 거부했다는 이유로 현장에서 체포되었다. 이후 마틴 루서 킹 목사를 비롯한 여러 사람들이 버스 승차 거부(버스 보이콧) 운동을 시작하였다. 이들은 피부색과 상관없이 버스에 탑승한 순서대로 자리에 앉을 것과 흑인 버스 운전기사를 고용할 것을 주장하였다. 이후 약 1년 동안 흑인들은 버스를 타지 않고 걷거나 자전거, 마차를 이용하는 등의 방식으로 운동을 지속해 나갔다. 이 운동은 (㉠)의 대표적 사례에 해당한다.

075

㉠에 들어갈 시민 참여 방법을 쓰시오.

076

윗글에 나타난 버스 승차 거부 운동이 정당성을 인정받을 수 있었던 까닭을 서술하시오.

적중 1등급 문제

내신 1등급을 결정하는 고난도 문제를 수록하였습니다.

077

다음 자료에 관한 옳은 설명만을 <보기>에서 고른 것은?

<과제>

※ 기본권 A~C 중 제시된 진술에 부합하는 것을 골라 답안에 쓰시오. (단, A~C는 각각 사회권, 자유권, 청구권 중 하나이며, 학생 답변이 맞으면 1점을, 틀리면 0점을 부여함.)

진술	학생 답안	교사 평가
다른 기본권 보장을 위한 기본권에 해당한다.	A	㉠
독일의 바이마르 헌법에서 처음으로 규정되었다.	C	㉡

| 보기 |

ㄱ. ㉠이 1점이고 ㉡이 0점이면 A는 B와 달리 적극적 권리이다.
ㄴ. ㉠이 0점이고 ㉡이 1점이면 B는 C와 달리 수단적 권리이다.
ㄷ. ㉠, ㉡ 모두 1점이면 C는 A와 달리 국가의 존재를 전제로 한다.
ㄹ. A는 자유권, B는 사회권, C는 청구권이면 ㉠, ㉡ 모두 0점이다.

① ㄱ, ㄴ　　　② ㄱ, ㄷ　　　③ ㄴ, ㄷ
④ ㄴ, ㄹ　　　⑤ ㄷ, ㄹ

078

그림에 나타난 제도에 관한 설명으로 옳은 것은?

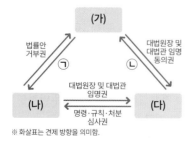

※ 화살표는 견제 방향을 의미함.

① ㉠은 국정 감사권, ㉡은 탄핵 심판권이다.
② (가)는 행정권을 담당한다.
③ (나)의 재판을 통해 국민은 침해된 권리를 구제받을 수 있다.
④ (다)의 장(長)은 국민의 직접 선거로 선출한다.
⑤ 권력이 남용되지 않도록 함으로써 국민의 인권을 보장하고자 하는 헌법상 제도적 장치를 나타낸다.

079

다음 글에 관한 옳은 설명만을 <보기>에서 고른 것은?

갑은 1, 2위에게만 국제 대회에 참가할 기회가 주어지는 전국 기능 경기 대회에서 피부 미용 부문 3위로 입상하였다. 갑은 국제 기능 올림픽 대회에 출전할 수 있는 자격을 얻기 위하여 국내 기능 경기 대회에 다시 참가하고자 하였다. 그런데 전국 기능 경기 대회 입상자는 국내 기능 경기 대회에 다시 참가할 수 없도록 한 법 때문에 국제 대회에 도전할 수가 없었다. 이에 갑은 (㉠)을/를 청구하였고 (㉡)은/는 갑의 (㉢)이/가 침해되었다며 해당 법 조항에 대해 ㉣ 헌법 불합치 결정을 내렸다.

| 보기 |

ㄱ. 법원도 ㉠을 청구할 수 있다.
ㄴ. ㉡은 기본권을 침해받은 국민을 구제하는 역할을 하는 국가 기관이다.
ㄷ. ㉢에 들어갈 권리는 '인간다운 생활을 할 권리'이다.
ㄹ. ㉣에 의해 해당 법 조항의 효력이 곧바로 상실되는 것은 아니다.

① ㄱ, ㄴ　　　② ㄱ, ㄷ　　　③ ㄴ, ㄷ
④ ㄴ, ㄹ　　　⑤ ㄷ, ㄹ

080

㉠에 관한 설명으로 옳은 것은?

미국의 헨리 데이비드 소로는 1846년 멕시코 전쟁에 반대하여 그 재원인 인두세 납부를 거부하다가 투옥되었다. 소로는 투옥 중 (㉠)(이)라는 책을 저술하였다. 노예 해방과 전쟁 반대의 신념을 밝히면서 '우리는 먼저 인간이어야 하고, 그다음에 국민이어야 한다. 법에 관한 존경심보다는 먼저 정의에 관한 존경심을 기르는 것이 바람직하지 않은가? 불의가 당신에게 다른 사람에게 불의를 행하는 하수인이 되라고 요구한다면, 그 법을 어겨라.'라고 주장하였다. 이처럼 국가나 정부 정책, 법률이 도덕적 정당성을 갖지 못한다고 판단될 때 자신의 양심에 근거하여 법률을 위반하는 행동을 (㉠)(이)라고 한다.

① 정의의 실현을 추구하는 행동이므로 처벌이 면제된다.
② 불가피한 경우 폭력적인 방법을 활용하는 것도 허용된다.
③ 개인이나 특정 집단의 권리 증진을 위해 수행되기도 한다.
④ '악법도 법'이라는 주장에 부합하는 시민 참여의 방법이다.
⑤ 합법적인 수단으로 해결 불가능한 경우에만 활용해야 한다.

03 인권 문제의 양상과 해결 방안

1 국내 인권 문제의 양상과 해결 방안

1 사회적 소수자 차별 문제

(1) 사회적 소수자 _{집단 구성원의 수와 관계없이 사회적 영향력이 작고 약자의 위치에 있다면 사회적 소수자로 볼 수 있음.}

① 의미: 한 사회에서 신체적 또는 문화적 특징 때문에 다른 구성원에게 차별을 받으며 스스로 차별받는 집단에 속해 있다는 의식을 가진 사람

② 유형: 여성, 노인, 이주 외국인, 장애인, 비정규직 근로자, 북한 이탈 주민 등

(2) 사회적 소수자의 차별 양상: 성별, 연령, 인종, 국적, 장애 등을 이유로 부당한 차별과 인권 침해를 경험 → 인간의 존엄성 침해, 사회적 갈등 유발로 사회 통합 저해

(3) 사회적 소수자 차별 문제의 해결 방안

① 인권 감수성 고양: 사회적 소수자에 대한 편견을 버리고, 그들의 고통에 공감하고 배려하며 존중하는 자세 견지

② 법과 제도 보완: 남녀 고용 평등과 일·가정 양립 지원에 관한 법률, 고용상 연령 차별 금지 및 고령자 고용 촉진에 관한 법률, 외국인 근로자의 고용 등에 관한 법률, 장애인 차별 금지 및 권리 구제 등에 관한 법률 등

_{일상생활에서 인권 문제를 인식하고 그와 관련된 행동이 미칠 영향을 성찰하며 인권 문제를 해결하려는 의식}

2 청소년 노동권 침해 문제

(1) 청소년: 경제적·사회적·신체적 약자 → 청소년의 근로는 근로 기준법, 청소년 보호법 등에서 특별히 보호

(2) 청소년 노동권의 침해 양상: 근로 계약서 미작성, 임금 체불, 최저 임금 미보장, 폭언과 부당 대우 등

(3) 청소년 노동권 침해 문제의 해결 방안

국가	법에 규정된 청소년 노동 기준이나 구제 절차 보완, 교육을 통해 청소년 노동 인권에 관한 사회적 인식 개선
사용자	준법 의식을 가지고 청소년 노동권 보장을 위해 노력, 청소년을 보호하고 배려하는 자세 견지
청소년	노동법의 정확한 숙지, 청소년 노동권에 관한 지식을 갖추고 부당한 대우를 받았을 때 적극적으로 대처하는 자세 함양

_{사용자에게 문제를 제기하거나 고용 노동부, 노동 위원회, 근로 복지 공단 등의 기관 활용}
_{근로자를 고용하는 사람}

꼭 나오는 자료

🔗 26쪽 092번 문제로 확인

18세 미만 연소 근로자의 아르바이트 시 유의 사항

• 15세 미만 근로 금지(고용 노동부 장관의 취직 인허증 소지자는 예외)
• 친권자 또는 후견인 동의서, 가족 관계 증명서 제출
• 위험한 일이나 유해 업종 고용 금지
• 야간 근로(오후 10시~오전 6시), 휴일 근로 금지
• 1일에 7시간, 1주일에 35시간 초과 근로 금지(단, 당사자 간 합의 시 1일에 1시간, 1주일에 5시간 한도로 연장 가능)
• 반드시 근로 계약서 작성(임금, 근로 시간, 근로 조건 등 명시)
• 성인과 동일한 최저 임금 적용

• 일주일간 15시간 이상 근무하고 개근하면 1일의 유급 휴일 부여
• 근로 시간이 4시간인 경우에는 30분 이상, 8시간인 경우에는 1시간 이상의 휴게 시간을 근로 시간 도중에 부여

> **자료 분석** 근로 기준법은 근로 조건의 최저 기준을 정하고 있다. 특히 연소 근로자를 보호하는 데 필요한 내용을 담고 있다.

2 세계 인권 문제의 양상과 해결 방안

1 세계 인권 문제의 양상

(1) 빈곤

① 의미: 인간의 기본적인 욕구를 충족하는 데 필요한 자원이나 소득의 결핍이 계속되는 상태

② 양상

개인적 측면	육체적·정신적 건강 상태 악화 → 최소한의 인간다운 삶을 영위하는 데 방해 요소로 작용, 생존의 위협 초래
사회적 측면	범죄 증가, 사회 불안 유발, 구성원 간 갈등 초래
주요 지표	세계 기아 지수 → 위험국은 자연재해로 식량 생산이 어렵거나 잦은 내전으로 평화 유지가 어려운 상황

_{영양 결핍 인구, 발육 부진 아동, 영유아 사망률 등을 기준으로 측정 → 예멘, 중앙아프리카 공화국, 콩고 민주 공화국 등이 '위험' 수준}

(2) 성차별

① 의미: 남녀 간 임금 격차, 고용 및 승진, 교육 수준이나 정치 참여 기회 등에서의 남녀 차별

② 주요 지표 _{상위 국가: 아이슬란드, 핀란드, 노르웨이 등}
_{하위 국가: 아프가니스탄, 파키스탄, 콩고 민주 공화국 등}

성 격차 지수	남녀의 경제 참여와 기회, 교육적 성취, 정치적 권한 등의 차이를 기준으로 측정 → 각국 여성 인권과 남성 인권의 차이 제시
유리 천장 지수	고등 교육 이수율, 여성 경제활동 참가율, 남녀 임금 격차, 여성 관리자 비율, 임금 대비 육아 비용 등 조사 → 각국 여성의 고위직 진출 방해 요소 수치화

(3) 아동 인권 침해

① 아동 인권의 의미: 아동이 부모나 사회, 국가의 적절한 보호와 배려 등을 받으면서 건전하게 성장할 권리

② 주요 지표: 국제 아동 권리 지표 → 생존권, 건강할 권리, 교육받을 권리, 보호받을 권리 등을 기준으로 측정

_{높은 국가: 스웨덴, 핀란드, 아이슬란드 등}
_{낮은 국가: 남수단, 아프가니스탄, 중앙아프리카 공화국 등}

2 세계 인권 문제의 해결

(1) 국제적 차원: 정부 간 국제기구, 국제 비정부 기구 등 다양한 행위 주체들의 적극적 노력 _{국제 사면 위원회, 국경 없는 의사회 등}

(2) 국가적 차원: 다양한 국제기구의 인권 보장 노력을 지원, 공적 개발 원조(ODA) 등의 방법으로 빈곤이나 차별 등의 문제를 겪고 있는 국가에 대한 경제적 지원

(3) 개인적 차원 _{스스로를 지구 공동체의 구성원으로 여기고 세계적 문제에 관한 책임감을 바탕으로 다양한 문화와 배경을 가진 사람들과 더불어 살아가려는 가치와 태도}

① 세계시민 의식을 가지고 자국민의 인권 보장뿐만 아니라 세계 인권 문제의 해결을 위해 노력하는 자세 확립

② 인권을 누리지 못하는 사람을 후원하거나 캠페인 동참

기본 기출 문제

핵심 주제를 파악할 수 있는 기출 문제를 수록하였습니다.

핵심 개념 문제

● 빈칸에 들어갈 알맞은 말을 쓰시오.

081 (   )은/는 신체적 또는 문화적 특징 때문에 다른 구성원에게 차별을 받으며 스스로 차별받는 집단에 속해 있다는 의식을 가진 사람이다.

082 (   )은/는 인간의 기본적인 욕구를 충족하는 데 필요한 자원이나 소득의 결핍이 계속되는 상태이다.

● 설명이 옳으면 ○표, 틀리면 ×표를 하시오.

083 사회적 소수자는 수적으로 열세에 있는 사람을 의미한다.   (   )

084 18세 미만인 연소 근로자도 성인과 동일한 최저 임금을 적용받는다.   (   )

085 유리 천장 지수는 각국 여성의 고위직 진출을 가로막는 방해 요소를 수치화하여 발표하는 지수이다.
(   )

● ㉠, ㉡ 중 알맞은 것을 고르시오.

086 고속버스에 장애인 휠체어 탑승 설비 설치를 의무화하는 것은 장애인의 (㉠ 인격권, ㉡ 이동권) 보장에 이바지한다.

087 우리나라에서는 일하는 청소년의 권리를 보장하고자 (㉠ 최저 임금법, ㉡ 근로 기준법)에 특별한 규정을 두었다.

● 설명과 관련 있는 기구나 기관을 <보기>에서 고르시오.

088 국제 인도주의 의료 구호 단체로 전쟁, 기아, 질병 등으로 위험에 빠져 의사의 구조가 필요한 사람을 구조한다.   (   )

089 노동관계에서 발생하는 노사 간의 이익 및 권리 분쟁을 판정하고 조정하는 행정 기관이다. (   )

┤ 보기 ├
ㄱ. 국제 연합(UN)   ㄴ. 국경 없는 의사회
ㄷ. 중앙 노동 위원회

090

★핵심 주제 사회적 소수자의 특징

(가), (나)에 나타난 사람들이 가지는 공통적인 특징으로 가장 적절한 것은?

> (가) 저는 시각 장애인입니다. 고혈압 약을 먹어야 하는데 약봉지에 점자 안내가 없어요. 다른 약을 먹을까 불안합니다.
> (나) 업무 전문성이 아니라 여성이라는 이유로 부서 배정에 차별을 받았습니다. 승진에서도 불이익을 받아 결국 퇴사하였습니다.

① 주류 집단에 비해 수적으로 열세에 놓여 있다.
② 주류 집단으로부터 부당한 대우를 받거나 차별을 받고 있다.
③ 문화적인 측면에서는 주류 집단과 뚜렷하게 구별되지 않는다.
④ 선천적이고 신체적인 특성에 의해 주류 집단과 명확하게 구별된다.
⑤ 사회적·경제적 영향력이 아닌 권력이라는 정치적 영향력만을 고려하여 주류 집단과 구분한다.

091

★핵심 주제 사회적 소수자 차별 문제의 해결 방안

사회적 소수자의 유형과 그와 관련된 차별 문제의 해결을 목적으로 제정된 법률을 바르게 연결한 것만을 <보기>에서 고른 것은?

┤ 보기 ├
ㄱ. 이주 외국인 – 외국인 근로자의 고용 등에 관한 법률
ㄴ. 노인 – 기간제 및 단시간 근로자 보호 등에 관한 법률
ㄷ. 장애인 – 장애인 차별 금지 및 권리 구제 등에 관한 법률
ㄹ. 여성 – 고용상 연령 차별 금지 및 고령자 고용 촉진에 관한 법률

① ㄱ, ㄴ   ② ㄱ, ㄷ   ③ ㄴ, ㄷ
④ ㄴ, ㄹ   ⑤ ㄷ, ㄹ

092

⭐핵심 주제 청소년 노동권

성인과 달리 연소 근로자에게 적용되는 내용만을 <보기>에서 고른 것은?

┤보기├
ㄱ. 1주 동안 15시간 이상 일하고 정해진 근로일을 개근한 근로자에게는 유급 휴일이 부여된다.
ㄴ. 일하다 다쳤다면 산업 재해 보상 보험법, 근로 기준법 등에 따라 치료와 보상을 받을 수 있다.
ㄷ. 오후 10시부터 오전 6시까지의 야간 근로나 휴일 근로를 하려면 고용 노동부 장관의 인가를 받아야 한다.
ㄹ. 근로자의 연령을 증명하는 가족 관계 기록 사항에 관한 증명서와 친권자 또는 후견인의 동의서를 사업장에 갖추어 두어야 한다.

① ㄱ, ㄴ　　② ㄱ, ㄷ　　③ ㄴ, ㄷ
④ ㄴ, ㄹ　　⑤ ㄷ, ㄹ

093

⭐핵심 주제 청소년 노동권

그림의 (가)에 들어갈 내용으로 적절한 것은?

주제: 청소년 노동권

청소년이 아르바이트할 때 알아야 할 내용은 무엇일까?　　(가)

① 친권자 또는 후견인이 임금 수령을 대리할 수 있어.
② 친권자 또는 후견인이 근로 계약을 대리할 수 있어.
③ 구두 계약도 유효하므로 반드시 계약서를 작성할 필요는 없어.
④ 15세 미만인 경우에도 친권자 또는 후견인이 동의하면 근로할 수 있어.
⑤ 18세 미만인 경우에도 당사자 간 합의에 따라 1일에 8시간까지는 근로할 수 있어.

094

⭐핵심 주제 세계 인권 문제의 양상

다음 글에 나타난 세계 인권 문제의 양상으로 가장 적절한 것은?

세계 보건 기구(WHO)는 에티오피아, 케냐, 소말리아, 남수단, 수단, 우간다 등 아프리카 7개국의 8천만 명 이상이 식량 불안정에 시달리고 있다고 밝혔다. 특히 약 3천 750만 명은 급성 식량 위기 상태인 것으로 분류되었다. 식량 위기는 각종 분쟁과 기후변화 등 복합적인 요인으로 발생하였으며 생명을 위협하는 *기근으로 영양실조 환자 치료, 전염병 확산 방지 활동 등이 필요한 상황이다.

* 기근: 흉년으로 먹을 양식이 모자라 굶주림.

① 기아 문제　　　　　② 난민 문제
③ 성차별 문제　　　　④ 아동 노동 문제
⑤ 인종 차별 문제

095

⭐핵심 주제 세계 인권 문제의 해결

㉠~㉢에 들어갈 용어를 바르게 연결한 것은?

세계 인권 문제의 해결을 위해서는 개별 국가를 비롯한 다양한 국제 행위 주체의 협력이 필요하다. (㉠)인 국제 연합(UN)은 인권 보장과 관련된 의제를 다루거나 해당 국가에 권고안을 제시하여 인권 문제를 해결하고자 노력한다. 국경 없는 의사회 등 (㉡)도 전쟁이나 빈곤으로 난민, 기아 등의 문제가 나타나는 국가를 지원하기 위한 홍보 활동을 하거나 기금을 조성하는 등 적극적으로 문제 해결에 동참하고 있다. 이와 같은 국제 사회의 노력 외에도 개인은 (㉢)으로서 책임 의식을 가지고 인간의 존엄성을 보장하고자 노력해야 한다.

	㉠	㉡	㉢
①	국가	국제 비정부 기구	민주시민
②	정부 간 국제기구	국가	민주시민
③	정부 간 국제기구	국제 비정부 기구	세계시민
④	국제 비정부 기구	국가	세계시민
⑤	국제 비정부 기구	정부 간 국제기구	민주시민

학교 시험에서 출제율이 높은 문제를 엄선하여 수록하였습니다.

실력 기출 문제

096

㉠과 관련된 질문에 모두 옳은 응답을 한 학생은?

(㉠)은/는 한 사회에서 신체적 또는 문화적 특징 때문에 다른 구성원에게 차별을 받으며 스스로 차별받는 집단에 속해 있다는 의식을 가진 사람이다.

질문 \ 학생	갑	을	병	정	무
여성과 달리 장애인은 ㉠에 해당하는가?	○	○	○	×	×
㉠은 수적으로 소수(少數)인 집단을 의미하는가?	○	×	×	×	×
㉠은 후천적 요소가 아닌 선천적 요소를 기준으로 규정되는가?	○	○	○	×	×
주류 집단과 신체적 또는 문화적으로 전혀 구별되지 않더라도 ㉠으로 규정될 수 있는가?	○	○	×	○	×

(○: 예, ×: 아니요)

① 갑   ② 을   ③ 병   ④ 정   ⑤ 무

097 빈출

다음 사례에 관한 옳은 설명만을 <보기>에서 고른 것은?

• 장애인은 기본적인 이동권조차도 마음대로 누리기 어려운 경우가 많다.
• 비정규직 근로자는 저임금과 열악한 근무 환경으로 많은 어려움을 겪고 있다.
• 이주 외국인은 언어 소통 문제, 문화적 차이, 차별 대우 등으로 어려움을 겪고 있다.

┤ 보기 ├

ㄱ. 장애인만 국가 인권 위원회에 도움을 요청할 수 있다.
ㄴ. 사회 적응에 어려움을 겪고 있는 북한 이탈 주민도 같은 맥락의 사례로 볼 수 있다.
ㄷ. 모두 우리나라에서 발생하고 있는 사회적 소수자에 대한 차별의 사례로 볼 수 있다.
ㄹ. 여성도 차별받고 있지만 여성은 남성보다 수가 적은 것은 아니므로 같은 맥락의 사례로 보기 어렵다.

① ㄱ, ㄴ   ② ㄱ, ㄷ   ③ ㄴ, ㄷ
④ ㄴ, ㄹ   ⑤ ㄷ, ㄹ

098 빈출

밑줄 친 ㉠~㉤에 관한 설명으로 옳은 것은?

갑은 통합사회 수업 시간에 실시한 '인권 문제 조사' 수행 평가를 위해 을(17세)과 인터뷰를 진행하였다. 다음은 그 내용 중 일부이다.

갑: 지금 하는 일은 무엇이며 근로 조건은 어떻게 되나요?
을: ㉠편의점 아르바이트이고, ㉡월~금 오전 9시부터 오후 6시까지 일하고 있어요. ㉢휴게 시간은 12시부터 1시까지이고요.
갑: 근로 계약서는 작성했나요?
을: 작년에 이 일을 시작했는데 ㉣근로 계약서를 따로 작성하지는 않고 인터넷 채용 공고를 보고 갔다가 바로 일을 시작하게 되었어요.
갑: 임금은 어떻게 받나요?
을: 매월 20일에 ㉤부모님 명의의 통장으로 월급을 받아요.

① ㉠ – 유해한 업종으로 청소년이 종사할 수 없다.
② ㉡ – 청소년에게 허용된 근로 시간을 초과하였다.
③ ㉢ – 휴게 시간이 근로 시간에 비해 적게 주어졌다.
④ ㉣ – 계약서를 작성하지 않았으므로 을은 임금을 받을 수 없다.
⑤ ㉤ – 을은 미성년자이므로 부모가 임금을 대리 수령할 수 있다.

099

다음 사례에 관한 옳은 설명만을 <보기>에서 고른 것은?

갑(16세)은 202T년 4월 한 달 동안 제과점에서 주말마다 하루에 5시간씩 일하였다. 임금은 시간당 9,000원으로 월말에 한꺼번에 받기로 하였다. (단, 202T년 최저 임금은 시간당 10,030원임.)

┤ 보기 ├

ㄱ. 갑은 고용 노동부 장관이 발급한 취직 인허증이 있어야 한다.
ㄴ. 갑이 임금을 받은 후 고용 노동부에 신고하면 최저 임금을 기준으로 부족한 임금을 받을 수 있다.
ㄷ. 갑에게 허용되는 1일 근로 시간을 초과하였다.
ㄹ. 갑의 부모라고 하더라도 갑의 근로 계약을 대리할 수는 없다.

① ㄱ, ㄴ   ② ㄱ, ㄷ   ③ ㄴ, ㄷ
④ ㄴ, ㄹ   ⑤ ㄷ, ㄹ

100

그림은 세계 기아 지수를 바탕으로 국가별 기아 수준을 나타낸 것이다. 지도에서 기아 수준이 위험한 국가의 특징만을 <보기>에서 고른 것은?

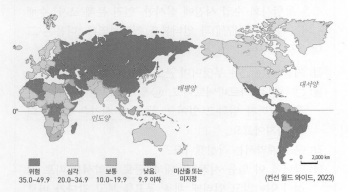

위험 35.0~49.9 | 심각 20.0~34.9 | 보통 10.0~19.9 | 낮음 9.9 이하 | 미산출 또는 미지정

(컨선 월드 와이드, 2023)

┤ 보기 ├
ㄱ. 홍수나 가뭄 등 잇따른 자연재해로 식량 생산이 어렵다.
ㄴ. 종교나 관습, 사회 구조와 편견 등에 의한 여성 차별 관행이 남아 있다.
ㄷ. 민주주의가 정착되지 못하고 잦은 내전으로 평화로운 삶이 지속되기 어렵다.
ㄹ. 이른 시기에 산업화가 진행되면서 자원 부족과 환경 오염 문제를 겪고 있다.

① ㄱ, ㄴ   ② ㄱ, ㄷ   ③ ㄴ, ㄷ
④ ㄴ, ㄹ   ⑤ ㄷ, ㄹ

101

밑줄 친 ㉠~㉢에 관한 옳은 설명만을 <보기>에서 있는 대로 고른 것은?

• ㉠국제 사면 위원회는 인권 수호 단체로서 인권 침해 행위를 조사하고 위급한 상황에 놓인 사람들을 위한 구명 활동, 인권 문제를 알리는 캠페인 활동 등을 한다.
• ㉡국제 연합 인권 이사회(UNHRC)는 ㉢이란 정부가 '히잡 의문사 사건'에 반발하는 시위대를 무력 진압하는 과정에서 인권 침해가 발생하였는지를 조사하기로 하였다.

┤ 보기 ├
ㄱ. ㉠은 개인이나 민간단체가 가입할 수 있다.
ㄴ. ㉡은 주권을 가진 국가의 가입만 가능하다.
ㄷ. ㉢은 ㉡의 결의를 따라야 할 법적 의무를 진다.

① ㄱ   ② ㄷ   ③ ㄱ, ㄴ
④ ㄴ, ㄷ   ⑤ ㄱ, ㄴ, ㄷ

✏️ 1등급을 향한 서답형 문제

| 102~103 |

다음 글을 읽고 물음에 답하시오.

(㉠)은/는 우리가 받아들이거나 이해해야 할 대상이 아니다. 우리에게는 그들을 받아들이거나 이해해 줄 권리가 없으며, 그들도 우리에게 받아들여지거나 이해되어야 할 의무가 없다. 우리가 (㉠)을/를 받아들이거나 이해해야 할 대상이라고 생각하는 것 자체가 우리가 그들보다 우위에 있다는 전제에서 비롯되는 것이다. 우리나 그들이나 단지 사회의 여러 사람 중 하나일 뿐이다. 이 사실을 깨달아야 평등한 사회가 실현될 수 있다.

102

㉠에 들어갈 사회학적 개념을 쓰시오.

103

윗글의 필자가 제시할 ㉠차별 문제의 해결 방안을 서술하시오.

| 104~105 |

다음 글을 읽고 물음에 답하시오.

(㉠)은/는 한 국가나 사회의 인권 수준을 종합적으로 나타낸 지수이다. 이 중 남녀 간 격차를 나타내는 세계 경제 포럼(WEF)이 발표한 '성 격차 지수(2022)'에서 한국은 146개국 중 99위로 하위권에 머물렀다. 반면 국제 연합 개발 계획(UNDP)이 발표한 '성 불평등 지수(2022)'에서는 191개국 중 15위를 기록하였다. 같은 성평등 통계인데 이렇게 차이가 큰 까닭은 무엇일까? 가장 큰 이유는 지표의 차이 때문이다.

104

㉠에 들어갈 말을 쓰시오.

105

윗글을 바탕으로 ㉠을 통해 특정 국가의 인권 수준을 이해할 때 유의할 사항을 서술하시오.

106

(가), (나)에 관한 옳은 설명만을 <보기>에서 고른 것은?

> (가) A국의 남성 비정규직 근로자는 직장에서는 소수자 집단의 위치에 있지만, 만일 그가 가부장적 문화가 강한 가정에서 가장의 지위를 차지하고 있다면 지배 집단으로 여겨질 수 있다.
>
> (나) 인종 차별법이 존재하던 시절의 B국은 백인이 전체 인구의 10%도 되지 않았고 흑인 인구가 거의 80%에 가까웠다. 그러나 권력을 독점한 소수의 백인이 흑인의 공직 참여 기회를 제한하였다.

┤ 보기 ├

ㄱ. (가)는 사회적 소수자가 상대적인 개념임을 보여 준다.

ㄴ. (나)는 경제적 요인 때문에 사회적 소수자가 나타남을 보여 준다.

ㄷ. (나)는 집단 구성원의 수가 사회적 소수자를 결정하는 것이 아님을 보여 준다.

ㄹ. (나)와 달리 (가)를 해결하려면 차별을 금지하는 법과 불평등을 해소하는 제도의 도입이 필요하다.

① ㄱ, ㄴ   ② ㄱ, ㄷ   ③ ㄴ, ㄷ
④ ㄴ, ㄹ   ⑤ ㄷ, ㄹ

107

다음은 인권 문제의 양상과 해결을 배운 후 작성한 수행 평가지이다. ㉠에 들어갈 점수를 고르면? (단, 항목별로 맞으면 1점, 틀리면 0점을 부여함.)

항목	구체적 내용
국내 인권 문제 양상	우리나라 인권 문제는 과거에는 주로 신체의 자유, 표현의 자유, 노동권 침해와 관련된 것이 많았다.
국내 인권 문제 해결	국가 인권 위원회에 소위원회를 두어 사회적 소수자에 대한 차별 행위를 조사하고 이를 구제하기 위해 노력한다.
세계 인권 문제 양상	국제 사회의 지속적인 노력으로 오늘날 인권 보장의 수준은 국가별·지역별로 그 격차가 사라졌다.
세계 인권 문제 해결	국제 연합(UN)과 같은 정부 간 국제기구뿐만 아니라 국제 사면 위원회와 같은 국제 비정부 기구도 인권 문제 해결에 적극적으로 나서고 있다.
총점	㉠

① 0점   ② 1점   ③ 2점   ④ 3점   ⑤ 4점

108

연소 근로자 근로 계약서의 일부이다. 밑줄 친 ㉠~㉣에 관한 옳은 설명만을 <보기>에서 있는 대로 고른 것은?

> **연소 근로자 근로 계약서**
>
> 갑(이하 "사업주"라 함.)과 을(이하 "근로자"라 함.)은 다음과 같이 근로 계약을 체결한다.
>
> 1. 계약 기간: 202T년 7월 18일부터 202T년 12월 31일까지
> 2. 근무 장소: ○○ 빵집
> 3. 업무 내용: ㉠제품 진열 및 계산, 매장 청소
> 4. 근로 시간: 9시~13시 (㉡휴게 시간: 13시~13시 30분)
> 5. 근무일 및 휴일: 매주 6일 근무, 유급 휴일 매주 수요일
> 6. 임금
>   • ㉢시급: 10,000원(202T년 시간당 최저 임금 10,030원)
>   • 임금 지급일: 매월 15일(휴일의 경우는 전일 지급)
>   • ㉣지급 방법: 해당 금액만큼의 빵 쿠폰을 을에게 직접 줌.

┤ 보기 ├

ㄱ. 갑이 ㉠ 외의 업무를 시킬 때 을은 이를 거부할 수 있다.

ㄴ. 근로 시간이 4시간인 경우 30분 이상의 휴게 시간을 주어야 하므로 ㉡과 같이 휴게 시간을 줄 수 있다.

ㄷ. 연소자의 경우 성인의 최저 임금보다 낮은 임금을 줄 수 있으므로 ㉢과 같이 임금을 정할 수 있다.

ㄹ. 갑이 ㉣과 같이 지급한 경우 을은 고용 노동부에 신고하여 도움을 받을 수 있다.

① ㄱ, ㄴ   ② ㄱ, ㄹ   ③ ㄷ, ㄹ
④ ㄱ, ㄴ, ㄷ   ⑤ ㄴ, ㄷ, ㄹ

109

세계 인권 문제와 관련 있는 국제 사회의 행위 주체 A, B에 관한 옳은 설명만을 <보기>에서 고른 것은?

> • A에 해당하는 프리덤 하우스는 세계 국가를 대상으로 세계 자유 지수를 발표한다.
> • B에 해당하는 국제 연합 개발 계획은 세계 국가를 대상으로 성 불평등 지수를 발표한다.

┤ 보기 ├

ㄱ. A는 국제 비정부 기구, B는 정부 간 국제기구에 해당한다.

ㄴ. B는 A와 달리 국가만을 가입의 주체로 삼는다.

ㄷ. 국경 없는 의사회는 A가 아닌 B의 사례에 해당한다.

ㄹ. 세계 식량 계획은 B가 아닌 A의 사례에 해당한다.

① ㄱ, ㄴ   ② ㄱ, ㄷ   ③ ㄴ, ㄷ
④ ㄴ, ㄹ   ⑤ ㄷ, ㄹ

01 인권의 변화와 현대 사회의 인권

110

⊙~©에 들어갈 인권의 특성을 바르게 연결한 것은?

사람은 누구나 인격적 존재로서 오직 인간이라는 이유만으로 자신의 존엄성을 보장받으며 행복하게 살아갈 권리를 지니는데, 이러한 권리를 인권이라고 한다. 인권은 인종·성별·종교·사회적 신분 등과 관계없이 인류 구성원 모두가 가지는 권리라는 점에서 (⊙)을 지니며, 태어나면서부터 가지게 되는 당연한 권리라는 점에서 (©)을 가진다. 인권은 남에게 양도할 수 없고 남의 권리를 빼앗을 수도 없다는 점에서 불가침성을 가지며, 일정 기간에만 한정되는 것이 아니라 영구히 보장된다는 점에서 (©)을 지닌다.

	⊙	©	©
①	보편성	천부성	항구성
②	보편성	항구성	천부성
③	천부성	보편성	항구성
④	천부성	항구성	보편성
⑤	항구성	보편성	천부성

| 111~112 |

다음 자료를 보고 물음에 답하시오.

(가) 모든 사람은 평등하게 태어났고, 조물주는 몇 개의 양도할 수 없는 권리를 부여하였으며, 그 권리 중에는 생명, 자유, 행복의 추구가 있다. 이 권리를 확보하기 위해 인류는 정부를 조직하였으며, 이 정부의 권력은 인민의 동의로부터 유래한다. 이러한 목적을 파괴할 때 인민은 새로운 정부를 조직할 수 있다.

(나) 제2조 모든 정치적 결사의 목적은 인간의 자연적이고 침해할 수 없는 권리를 보전함에 있다. 그 권리란 소유, 안전 그리고 압제에의 저항 등이다.
제3조 어떠한 단체나 개인도 국민으로부터 명시적으로 유래하지 않은 권리를 행사할 수 없다.
제4조 자유는 …… 그 제약은 법에 의해서만 규정될 수 있다.
제16조 권리의 보장이 확보되어 있지 않고, 권력의 분립이 확정되어 있지 않은 사회는 헌법을 갖고 있지 아니하다.

111

(가), (나)를 비교한 내용으로 옳은 것은?

① (가)는 (나)와 달리 사회권을 인정하고 있다.
② (가)는 (나)와 달리 입헌 군주제를 추구하고 있다.
③ (나)는 (가)와 달리 저항권을 인정하고 있다.
④ (나)는 (가)와 달리 국민 주권주의를 채택하고 있다.
⑤ (가), (나)는 모두 국가를 자연권 보장을 위한 수단으로 본다.

112

(가), (나)와 관련된 역사적 사실로 옳은 것은?

① (가) 선언의 영향으로 프랑스 시민들은 바스티유 감옥을 습격하였다.
② (가) 선언의 영향으로 미국에서는 남녀 모두에게 선거권을 부여하였다.
③ (나) 선언의 영향으로 전제 왕권이 무너지고 법치주의가 확립되었다.
④ (나) 선언의 영향으로 모든 사람은 자유롭고 평등한 대우를 받게 되었다.
⑤ (가)는 (나)에 비해 역사적으로 후대에 발표한 인권 관련 문서이다.

113

밑줄 친 ⊙~©에 관한 옳은 설명만을 <보기>에서 고른 것은?

⊙1세대 인권은 개인의 자유와 인권을 보호하기 위한 시민적·정치적 권리이다. ©2세대 인권은 사회적 약자의 인간다운 삶을 보장하기 위한 경제적·사회적·문화적 권리이다. ©3세대 인권은 차별받는 개인과 집단의 인권 보호에 주목하여 국경을 초월한 연대와 박애를 강조하는 전 지구적 차원의 권리이다.

| 보기 |

ㄱ. ⊙에는 자유로운 선거를 통해 정부에 참여할 수 있는 권리가 포함된다.
ㄴ. ©에는 재난으로부터 구제받을 권리, 지속가능한 환경에 대한 권리가 포함된다.
ㄷ. ©에는 자결권, 발전의 권리, 평화의 권리가 포함된다.
ㄹ. ⊙은 국가의 적극적인 개입을 요구하는 반면 ©은 국가의 불간섭을 요구한다.

① ㄱ, ㄴ　　　② ㄱ, ㄷ　　　③ ㄴ, ㄷ
④ ㄴ, ㄹ　　　⑤ ㄷ, ㄹ

114

밑줄 친 ㉠, ㉡에 관한 옳은 설명만을 <보기>에서 고른 것은?

> 오늘날 도시로 인구가 집중하면서 주택이 부족해지고 각종 개발 사업이나 주거비 증가 등으로 불안정한 주거 생활을 하는 사람이 많다. 이에 쾌적하고 안정적인 주거 환경에서 인간다운 주거 생활을 할 권리인 ㉠주거권이 강조되고 있다. 한편 생활 수준이 높아지고 여가가 늘어나면서 문화적 측면에서 인간다운 생활을 누릴 수 있어야 한다는 요구가 증가하고 있다. 이러한 사회 변화 속에서 ㉡문화권이 강조되고 있다.

┤ 보기 ├

ㄱ. ㉠을 보장하기 위해 우리나라에서는 사회적 취약 계층에 임대 주택을 우선 공급하는 정책을 시행하고 있다.
ㄴ. ㉡을 보장하기 위해 우리나라에서는 외국인들이 고유한 언어와 생활양식을 존중받을 수 있도록 보장하고 있다.
ㄷ. 우리나라에서는 ㉠과 달리 ㉡에 대한 보장을 헌법에 명시적으로 규정하고 있다.
ㄹ. ㉠과 ㉡은 모두 1세대 인권으로 국가의 개입을 경계하는 성격을 지닌다.

① ㄱ, ㄴ ② ㄱ, ㄷ ③ ㄴ, ㄷ
④ ㄴ, ㄹ ⑤ ㄷ, ㄹ

| 115~116 |

다음 글을 읽고 물음에 답하시오.

> 서울의 지하철 전체 역 승강장에 스크린 도어를 설치하면서 지하철역 내 사고로 인한 사망자 수가 급감한 것으로 나타났다. 2001~2009년까지 역내 자살 사고 사망자 수는 연평균 33.7명이었는데, 스크린 도어 설치가 끝난 후인 2010~2022년까지 사망자 수는 연평균 0.1명으로 줄었다. 무단출입이나 승객 끼임 등의 사망 사고 역시 감소하였다. 즉, 스크린 도어의 설치로 서울 시민의 (㉠)이/가 증진되었음을 알 수 있다.

115 🔳 단답형

㉠에 들어갈 인권을 쓰시오.

116 🖊 서술형

오늘날 ㉠이 강조되고 있는 까닭을 서술하시오.

02 인권 보장을 위한 헌법의 역할과 시민 참여

117

기본권 ㉠~㉤에 관한 설명으로 옳은 것은?

유형	관련 헌법 조항
㉠	제11조 ① 모든 국민은 법 앞에 평등하다.
㉡	제23조 ① 모든 국민의 재산권은 보장된다.
㉢	제24조 모든 국민은 법률이 정하는 바에 의하여 선거권을 가진다.
㉣	제26조 ① 모든 국민은 법률이 정하는 바에 의하여 국가 기관에 문서로 청원할 권리를 가진다.
㉤	제32조 ① 모든 국민은 근로의 권리를 가진다.

① ㉠은 국가의 의사 결정에 참여할 수 있는 능동적 권리의 성격을 갖는다.
② ㉡은 자본주의의 발달 과정에서 등장한 현대적·적극적 권리의 성격을 갖는다.
③ ㉢은 다른 기본권을 보장하는 데 전제 조건의 성격을 지니는 기본권이다.
④ ㉣은 다른 기본권 보장을 위한 수단적·절차적 권리의 성격을 갖는다.
⑤ ㉤은 가장 오래된 기본권으로서 소극적·방어적 권리의 성격을 갖는다.

118

그림은 질문에 따라 A~C를 구분한 것이다. 이에 관한 옳은 설명만을 <보기>에서 고른 것은? (단, A~C는 각각 사회권, 자유권, 참정권 중 하나임.)

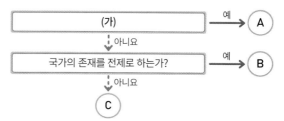

┤ 보기 ├

ㄱ. A는 C보다 역사적으로 먼저 등장하였다.
ㄴ. 재산권은 B가 아닌 C에 해당하는 기본권이다.
ㄷ. (가)에 '국가로부터의 자유에 해당하는가?'가 들어갈 수 없다.
ㄹ. (가)가 '생존권적 기본권으로서의 성격을 갖는가?'라면 A는 B와 달리 적극적 권리의 성격을 갖는다.

① ㄱ, ㄴ ② ㄱ, ㄷ ③ ㄴ, ㄷ
④ ㄴ, ㄹ ⑤ ㄷ, ㄹ

119

밑줄 친 ㉠~㉢에 관한 옳은 설명만을 <보기>에서 고른 것은?

갑은 검정고시에 합격하여 고등학교 졸업 학력을 취득하였고, 초등학교 교사가 되고자 입학시험을 준비하였다. 그러나 당시 대부분의 국립 교육 대학교 수시 모집 전형에서 고등학교 졸업자 또는 졸업 예정자로 지원 자격이 한정되어 있음을 알게 되었다. 갑은 ㉠국립 교육 대학교의 수시 요강이 합리적인 이유 없이 검정고시 출신 학생을 차별하고 균등하게 ㉡교육받을 권리를 침해한다고 주장하며 ㉢헌법 소원 심판을 청구하였다. 이에 ㉣헌법재판소는 당시 수시 모집 대부분의 지원 자격을 일률적으로 제한한 것이 실질적으로 검정고시 출신자의 대학 입학 기회의 박탈이라는 결과를 초래한다고 보아 해당 수시 요강의 내용이 ㉤헌법에 위반된다고 확인하였다.

| 보기 |
ㄱ. 갑은 ㉠이 자신의 평등권을 침해한다고 보았다.
ㄴ. ㉡은 국가에의 자유에 해당한다.
ㄷ. ㉢은 권리 구제형 헌법 소원 심판에 해당한다.
ㄹ. ㉤으로 볼 때, ㉣은 ㉠이 갑의 기본권을 침해했다고 보지 않았다.

① ㄱ, ㄴ　　　② ㄱ, ㄷ　　　③ ㄴ, ㄷ
④ ㄴ, ㄹ　　　⑤ ㄷ, ㄹ

120

시민불복종과 관련한 다음 학자의 견해에 부합하는 내용으로 가장 적절한 것은?

시민불복종은 공리주의의 입장에서 합법적인 수단이 실패했을 때 그 목적을 달성하기 위해 적합한 수단입니다. 법의 힘에 저항하지 않고, 비폭력적으로 행위하며, 자기 행위에 대한 법적인 처벌을 받아들임으로써 시민불복종을 해야 합니다.

① 시민불복종이 산출할 이익과 손해가 불복종의 기준이 된다.
② 사회적 다수에 의해 공유된 정의관이 불복종의 기준이 되어야 한다.
③ 시민불복종은 개인이나 특정 집단을 위한 목적으로 수행되기도 한다.
④ 시민불복종이 정당성을 인정받으려면 그 수단이 현행법에 위배되어서는 안 된다.
⑤ 시민불복종은 불합리한 상황이 발생했을 때 가장 우선적으로 활용할 수 있는 시민 참여의 방법이다.

121

(가)~(다)에 관한 설명으로 옳은 것은?

(가) 국민의 형사 재판 참여에 관한 법률에 따라 일반 국민이 배심원으로 형사 재판에 참여하는 제도이다. 배심원이 법정 공방을 지켜본 후 피고인의 유무죄에 관한 ㉠평결을 내리고 적정한 형을 토의한다.
(나) 지방 자치 단체 예산 편성에 주민이 직접 참여할 수 있는 제도이다. 시민 참여를 확대함으로써 재정 운영의 투명성과 공정성을 높이고 예산을 시민이 통제할 수 있게 함으로써 책임감을 높이기 위해 도입하였다.
(다) 국회가 사회에 큰 영향을 끼치는 안건이나 정책을 결정하기 전에 해당 분야의 전문가나 이해 당사자, 일반 시민 등의 ㉡의견을 듣기 위해 개최하는 회의로서 국회법에 따르면 법률 제·개정 시 반드시 이를 개최하도록 하고 있다.

① (가)는 시민이 입법 과정에 참여할 수 있는 사례이다.
② (나)는 시민이 사법 과정에 참여할 수 있는 사례이다.
③ (다)는 시민이 행정 과정에 참여할 수 있는 사례이다.
④ (가)의 ㉠은 법원을 구속하지만, (다)의 ㉡은 국회를 구속하지 않는다.
⑤ (가)~(다)는 모두 대의 민주주의의 한계를 보완하는 데 이바지한다.

| 122~123 |

그림을 보고 물음에 답하시오.

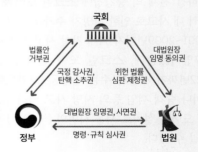

122 [단답형]

그림을 통해 알 수 있는 헌법상의 인권 보장 제도를 쓰시오.

123 [서술형]

그림과 같은 인권 보장 제도를 규정한 목적을 서술하시오.

03 인권 문제의 양상과 해결 방안

124

다음 사례에서 공통으로 도출할 수 있는 진술로 가장 적절한 것은?

> • 스리랑카 출신 이주 노동자 갑은 자국에서는 대학까지 졸업한 엘리트로 인정받았지만 한국에 와서는 한국말이 어눌하다는 이유로 직장에서 따돌림을 당하고 있다.
> • 미국에서 *히스패닉은 전체 인구의 약 15%를 차지하고 있다. 그럼에도 불구하고 약 2%에 불과한 유대인과 달리 사회적 소수자로서 차별을 당하고 있다.
> * 히스패닉: 미국에 거주하는 라틴 아메리카 출신자를 가리키는 말임.

① 사회적 소수자는 주로 후천적 요인에 의해 결정된다.
② 사회적 소수자는 수적으로 열세에 있는 사람들을 의미한다.
③ 한 사회의 사회적 소수자는 다른 사회에서도 사회적 소수자가 된다.
④ 사회적 소수자의 집단 내에서도 또 다른 사회적 소수자가 존재한다.
⑤ 사회적 소수자는 주류 집단과는 다른 특성을 보이는 사람들을 의미한다.

125

밑줄 친 ㉠~㉤에 관한 설명으로 옳은 것은?

> **연소 근로자(15세 이상 18세 미만인 자) 근로 계약서**
>
> 갑(이하 "사업주"라 함.)과 을(이하 "근로자"라 함.)은 다음과 같이 근로 계약을 체결한다.
>
> 1. 계약 기간: 202T년 7월 16일부터 202T년 9월 15일까지
> 2. 근무 장소: ㉠ ○○ 식당
> 3. 업무 내용: 서빙 및 계산 업무, 쓰레기 분리배출
> 4. 근로 시간: 15시~20시(㉡ 휴게 시간: 17시~18시)
> 5. 근무일 및 유급 휴일: 주 3일 근무, ㉢ 유급 휴일 없음.
> 6. 임금
>   • 시급: 10,500원(202T년 시간당 최저 임금 10,030원)
>   • ㉣ 임금 지급일: 매월 15일(휴일의 경우는 전일 지급)
>   • ㉤ 지급 방법: 근로자 명의의 통장에 입금

① ㉠ – 청소년에게 유해하거나 위험한 업종에 해당한다.
② ㉡ – 근로 시간에 포함되어 그에 대한 임금을 받는다.
③ ㉢ – 근로 기준법에 따르면 유급 휴일을 부여해야 한다.
④ ㉣ – 계약 기간 종료 시 일괄 지급하는 것은 허용되지 않는다.
⑤ ㉤ – 법정 대리인의 통장에 입금하는 것이 원칙이다.

126

밑줄 친 ㉠~㉤에 관한 옳은 설명만을 <보기>에서 고른 것은?

> 국제 시민 단체 ㉠ 워크프리는 카카오 강제 노동에 종사하는 아동 중에서 90%에 해당하는 약 63만 명이 하루 최대 14시간까지 일하며 위험한 노동에 투입되고 있는 것으로 추정하였다. 어린 나이에 카카오 농장으로 끌려간 아동 노동자들은 보호 장구 없이 살충제와 제초제에 노출되고 임금과 식사마저 충분히 받지 못하고 있었다. 한편 네팔은 아동 노동 문제가 심각한 국가 중 한 곳이다. 네팔의 주요 산업인 벽돌 공장이 운영되는 기간에는 아동이 벽돌 공장에서 일하며 1년에 절반 이상 학교에 나가지 않거나 심하면 학업을 중단하기도 한다. ㉡ 네팔 정부에 따르면 2021년 기준 아동 노동자는 약 107만 명을 넘는 것으로 추산되며 빈곤 문제가 심각한 지역에서는 아동 노동이 더 쉽게 발생한다. 이러한 ㉢ 아동 노동 문제는 ㉣ 국제 연합(UN) ㉤ 아동 권리 협약에 배치되는 사안으로 개선이 시급하다.

| 보기 |
ㄱ. ㉠은 개인이나 민간단체 등이 가입 주체이다.
ㄴ. ㉡은 독자성을 지닌 국제 사회의 행위 주체로 보기 어렵다.
ㄷ. ㉢은 개별 국가의 노력만으로는 해결이 어려운 문제이다.
ㄹ. ㉣은 ㉤을 위반하는 국가가 확인되면 직접 개입하여 문제를 해결한다.

① ㄱ, ㄴ ② ㄱ, ㄷ ③ ㄴ, ㄷ
④ ㄴ, ㄹ ⑤ ㄷ, ㄹ

127 ✎서술형

다음 글에 나타난 세계 인권 문제의 해결 방안을 국제적 차원에서 제시하시오.

> 오스트레일리아의 원주민 인구는 오스트레일리아 전체 인구의 3.3%에 불과하다. 그러나 교도소 수감자의 4분의 1 이상이 원주민이다. 원주민의 건강 수준이나 교육 수준은 평균보다 낮고 기대 수명이 9년 정도 짧으며 유아 사망률은 훨씬 높다. 이러한 결과는 부정적 편견에서 비롯된다. 오스트레일리아 국민 75%가 원주민을 부정적으로 인식한다. 이러한 인식이 실생활에서 차별적 행동으로 나타나 원주민의 생활 수준 저하로 이어지는 것이다.

Ⅱ 사회 정의와 불평등

04 정의의 의미와 분배적·교정적 정의

1 정의의 의미와 필요성

1 정의의 의미

(1) 일반적으로 인간이 지켜야 할 올바른 도리 또는 사회를 구성하고 유지하는 공정한 도리를 뜻함.

(2) 사회적 대우나 보상, 처벌 등에 있어 마땅히 받을 몫을 공정하게 받는 것

> **꼭 나오는 자료**　　　　　　　　🔗 37쪽 146번 문제로 확인
>
> 아리스토텔레스는 정의를 일반적 정의와 특수적 정의로 구분하였다. 일반적 정의는 공익을 지향하는 준법으로서의 정의이다. 특수적 정의는 분배적 정의와 교정적 정의로 나뉜다. 분배적 정의는 가치와 업적에 비례하여 명예나 보수 등이 분배되어야 한다는 것이다. 교정적 정의는 타인에게 해를 끼쳤으면 그만큼 보상해 주고, 이익을 주었으면 그만큼 돌려받아야 한다는 것이다.
>
> **자료 분석** 아리스토텔레스에 따르면 분배적 정의는 각자의 가치에 따라 분배하여 공정함을 실현하는 것이고, 교정적 정의는 해를 끼친 만큼 보상하고 이익을 준 만큼 받게 하여 서로 간의 동등하지 않음을 바로잡는 것이다.

2 정의의 필요성

(1) 사회생활에서 일어나는 갈등 조정: 갈등을 조정하고 사회 구성원 간의 조화를 이루어 사회 통합을 실현하는 데 도움을 줌.

(2) 모든 사회 구성원의 인간다운 삶 향유: 기본적 권리를 평등하게 보장받으며 인간다운 삶을 누릴 수 있는 사회를 만들게 함.

(3) 사회의 구성 및 유지에 필요한 핵심 덕목 → 정당한 정의의 기준을 세우고 사회의 다양한 영역에서 정의를 실현해야 함.

2 분배적 정의와 교정적 정의

1 분배적 정의와 실질적 기준

재화와 서비스, 소득, 기회, 지위 등

(1) 분배적 정의: 개인 또는 집단 사이에 <u>사회적·경제적 자원을</u> 분배하는 데 있어서의 공정함. → 각자 자신이 받아야 할 몫을 공정하게 받도록 하는 것

(2) 분배적 정의의 실질적 기준

> 잠재력 있는 학생에게 입학 자격이나 장학금을 제공하고, 전문적 자질을 갖춘 사람에게 지위를 부여하는 것 등

능력	• 어떠한 목적을 달성하는 데 필요한 전문적 지식과 자질에 따라 입학이나 취업 기회, 소득이나 사회적 지위 등이 분배됨. • 장점: 개인의 성취동기를 높이고, 개인이 지닌 잠재력을 실현하여 사회 발전에 이바지할 수 있음. • 단점: 타고난 재능, 선천적 자질, 부모의 사회적·경제적 지위 등 우연적 요소가 개입할 수 있음, 능력을 평가하는 정확한 기준을 마련하기 어려움.
업적	• 어떠한 목적 달성에 이바지한 성과와 실적 정도에 따라 소득이나 사회적 지위 등이 차별적으로 분배됨. • 기회의 평등이 실현된 상태에서 자유롭게 경쟁하여 업적에 따라 보상해야 정의롭다고 봄. ─ 사회의 모든 제도 및 사회적 위치에 접근할 수 있는 기회가 관련된 모든 사람에게 공평하게 주어지는 것

└ 공동의 목표를 이루는 데 더 많이 기여한 사람에게 더 많은 보상을 분배하는 것, 회사에서 실적에 따라 성과급을 지급하는 것 등

	• 장점: 각자가 달성한 결과를 객관화·수량화할 수 있어서 평가와 측정이 비교적 쉽고 주관적인 편견을 배제하여 공정성을 확보할 수 있음, 성취동기를 높여 생산성을 향상할 수 있음. • 단점: 서로 다른 종류의 업적을 비교하기 어려움, 타고난 재능 및 환경 등 우연적 요소가 개입할 수 있음, 사회적 약자에 대한 배려가 부족할 수 있음, 업적을 쌓기 위한 과열 경쟁으로 구성원 간 사회적 갈등이 커질 우려가 있음. ─ 형편이 어려운 학생에게 제공하는 장학금, 생계유지가 곤란한 사람에게 제공하는 다양한 복지 서비스 등
필요	• 의식주를 비롯한 인간의 기본적인 욕구를 충족하기 위한 우선순위에 따라 다양한 재화와 가치가 분배됨. • 사회적·경제적 약자를 보호하기 위해 기회의 평등을 넘어 결과의 평등을 추구해야 정의롭다고 봄. • 장점: 많은 사람이 인간다운 삶을 살아가는 데 필요한 최소한의 조건을 충족하고, 사회적 불평등을 완화함. • 단점: 사회적·경제적 자원은 한정되어 있어 모든 사람의 필요를 충족하는 것은 현실적으로 어려움, 개인의 성취동기와 생산 의욕을 저하할 수 있음. ─ 능력이나 배경 등의 사회적 조건이 불리한 사람에게 다양한 혜택을 제공하여 모든 사람이 인간다운 삶을 살 수 있게 하는 것

2 교정적 정의와 처벌의 목적

(1) 교정적 정의: 개인이나 집단에 입힌 손해에 관한 처벌과 배상의 공정함. → 불공정한 행위나 잘못된 행동을 바로잡는 것

(2) 교정적 정의에 있어 처벌의 목적

─ 칸트에 따르면 인간은 자신의 행위에 대해 책임질 수 있는 존재임.

응보	• 범죄 행위에 상응하는 해악을 처벌로 가할 때 교정적 정의를 실현할 수 있음. → 인간은 자율적 존재이므로 스스로의 의지로 타인이나 공익에 해를 가했다면 그에 상응하는 처벌을 받아야 함. • 한계: 범죄와 처벌 간의 균형을 강조하기 때문에 범죄 예방과 범죄자 교화에 상대적으로 무관심할 수 있음.
예방	• 처벌에 대한 두려움을 갖게 하여 범죄를 예방함으로써 사회 전체의 행복을 증진할 때 교정적 정의를 실현할 수 있음. → 처벌을 통한 범죄자의 행동을 통제 및 교화하고, 처벌받는 범죄자의 모습을 본보기로 보여 잠재적 범죄를 예방함. • 한계: 처벌의 예방 효과를 증명하기 어렵고, 범죄자를 범죄에 대한 경각심을 가지게 하는 수단으로 여겨 범죄자의 인간존엄성을 훼손할 수 있음.

> **꼭 나오는 자료**　　　　　　　　🔗 39쪽 155~158번 문제로 확인
>
> • 칸트: 형벌은 범죄자 자신이나 사회의 다른 선을 촉진하기 위해 가해지는 것이 아니라 오직 범죄를 저질렀기 때문에 가해지는 것이다. 또한 동등성의 원리에 따라 범죄자에게는 범죄와 동등한 형벌이 가해져야 한다. 그러므로 살인을 한 사람은 사형에 처해져야만 한다. ─ 처벌의 본질은 범죄 행위에 대한 응당한 보복임.
>
> • 베카리아: 형벌의 목적은 범죄자가 시민들에게 해악을 입힐 가능성을 방지하고 일반 시민들이 유사한 행위를 할 가능성을 억제하는 것이다. 그런데 사형을 통해 범죄 예방 효과를 기대하기는 어렵다. 사형을 대체한 종신 노역형이 범죄 예방에 더 효과적이다. 사형은 유용하지도 않고 필요하지도 않은 형벌이다. ─ 처벌은 사회적 이익을 증진하기 위한 수단임.
>
> **자료 분석** 칸트는 동등성의 원리에 따라 살인자를 사형에 처하는 것이 정당하다고 본 반면, 베카리아는 살인자에 대한 처벌은 사형보다 범죄 예방 효과가 큰 종신 노역형이 바람직하다고 보았다. ─ 영구히 가두어 노역에 종사하게 하는 형벌

기본 기출 문제

핵심 주제를 파악할 수 있는 기출 문제를 수록하였습니다.

핵심 개념 문제

● 빈칸에 들어갈 알맞은 말을 쓰시오.

128 ( )(이)란 사회적 대우나 보상, 처벌 등에 있어 마땅히 받을 몫을 공정하게 받는 것을 의미한다.

129 ( )은/는 개인 또는 집단 사이에 사회적·경제적 자원을 분배하는 데 있어서의 공정함을 의미한다.

130 ( )은/는 개인이나 집단에 입힌 손해에 관한 처벌과 배상의 공정함을 의미한다.

131 정의는 사회생활에서 일어나는 갈등을 조정하고 사회 구성원 간의 조화를 이루어 ( )을/를 실현하는 데 도움을 준다.

● 분배적 정의의 실질적 기준과 그 사례를 바르게 연결하시오.

132 능력 •

133 업적 •

134 필요 •

• ㉠ 잠재력이 있는 학생에게 제공하는 장학금이나 입학 자격, 전문적인 자질을 갖춘 사람에게 부여하는 사회적 지위 등

• ㉡ 형편이 어려운 학생에게 제공하는 장학금, 생계유지가 곤란한 사람에게 제공하는 다양한 복지 서비스 등

• ㉢ 회사에서 실적에 따라 지급하는 성과급, 더 많이 기여한 사람에게 더 많이 분배하는 보상 등

● ㉠, ㉡ 중 알맞은 것을 고르시오.

135 범죄 행위에 상응하는 해악을 처벌로 가할 때 교정적 정의가 실현된다고 보는 입장은 처벌의 목적으로 (㉠응보, ㉡예방)을/를 강조한다.

136 처벌에 대한 두려움으로 범죄를 억제하여 사회 전체의 행복을 증진할 때 교정적 정의가 실현된다고 보는 입장은 처벌의 목적으로 (㉠응보, ㉡예방)을/를 강조한다.

137 베카리아는 형벌의 목적은 범죄자가 시민들에게 해를 입힐 가능성을 막고 일반 시민들이 유사한 행위를 할 가능성을 억제하는 것이므로 (㉠사형, ㉡종신 노역형)이 범죄 예방에 더 효과적이라고 보았다.

| 138~139 |

다음 글을 읽고 물음에 답하시오.

> 동서양 사상가들은 (㉠)의 의미를 다양하게 해석해 왔다. 대체로 동양 사상가들은 (㉠)을/를 올바른 행동을 하는 것 또는 사적 이익이나 결과에 얽매이지 않는 것이라고 보았고, 서양 사상가들은 (㉠)을/를 각자에게 공정한 몫을 주는 것이나 자신이 맡은 역할을 충실히 수행하는 것이라고 보았다.

138

핵심 주제 정의의 의미

㉠에 해당하는 용어로 옳은 것은?

① 자유 　② 평등 　③ 책임 　④ 정의 　⑤ 사랑

139

핵심 주제 정의의 필요성

㉠이 필요한 까닭으로 적절하지 않은 것은?

① 사회생활에서의 갈등을 조정하기 때문이다.
② 사회 구성원들이 서로 믿고 협력하게 만들기 때문이다.
③ 힘 있는 일부 집단에 사회적 가치들이 편중되는 일을 막기 때문이다.
④ 사회 구성원의 기본적 권리를 보장하여 인간다운 삶을 살 수 있게 하기 때문이다.
⑤ 사회 통합을 실현하기 위해 다수의 의견에 따라야 한다는 분위기를 조성하기 때문이다.

140

핵심 주제 정의의 의미

(가)에 들어갈 내용으로 가장 적절한 것은?

> 각자가 합당한 몫보다 더 많이 가지거나 더 적게 가지게 되면 사람들 사이에 갈등이 발생한다. 이러한 사회는 결코 정의롭다고 할 수 없다. 그렇다면 각자가 합당한 몫, 즉 각자가 마땅히 받아야 할 몫은 어떻게 결정할까? 이에 대한 기준은 시대나 사회, 혹은 개인에 따라 다를 수 있다. 왜냐하면 　　　　　(가)　　　　　 때문이다.

① 옳고 그름에 따른 신념과 가치관은 불변하기
② 시대나 사회에 따라 적용되는 규범이 다를 수 있기
③ 사회 갈등과 사회 통합 간에는 아무런 관련성이 없기
④ 사회생활에서 이해관계에 따른 갈등은 발생하지 않기
⑤ 각자가 마땅히 받아야 할 몫은 객관적으로 정해져 있기

141

⭐핵심 주제 정의의 의미

㉠~㉢에 관한 옳은 설명만을 <보기>에서 있는 대로 고른 것은?

일반적으로 ㉠ 정의란 사회적 대우나 보상, 처벌 등에 있어 마땅히 받을 몫을 공정하게 받는 것을 의미한다. 이러한 의미에 따르면 ㉡ 사회적 이익이나 부담에 있어 받아야 할 만큼의 몫을 받을 때, 또는 ㉢ 잘못된 만큼의 처벌을 받을 때 정의가 실현될 수 있다.

┤보기├
ㄱ. ㉠에서 '마땅히 받을 몫'은 고정적으로 정해져 있다.
ㄴ. ㉡은 사회적 가치를 배분하는 것과 밀접하게 관련된다.
ㄷ. ㉢은 잘못과 처벌 사이에 적정한 균형을 유지해야 한다.

① ㄱ   ② ㄷ   ③ ㄱ, ㄴ
④ ㄴ, ㄷ   ⑤ ㄱ, ㄴ, ㄷ

142

⭐핵심 주제 분배적 정의의 실질적 기준

㉠~㉢에 관한 설명으로 옳지 않은 것은?

분배 기준	사례
㉠	○○ 기업은 생산성 향상을 위해 실적이 일정 수준에 도달한 일부 직원들에게 매년 성과급을 지급하고 있다.
㉡	◇◇ 지역에 갑작스런 폭우가 내리자 정부는 해당 지역의 재난민에게 생활 필수품이 담긴 긴급 구호 물품을 지원하였다.
㉢	□□ 음악 대학은 잠재력이 뛰어난 학생들이 지원할 수 있는 입학 전형을 마련하였고, 타고난 음감을 지닌 학생들은 이 전형을 통해 입학하였다.

① ㉠은 업적이다.
② ㉡은 필요이다.
③ ㉢은 능력이다.
④ ㉠은 ㉢에 비해 객관화·수량화가 용이한 편이다.
⑤ ㉢은 ㉡에 비해 결과의 평등을 실현하고자 한다.

143~144

다음 글을 읽고 물음에 답하시오.

(㉠)은/는 개인이나 집단에 입힌 손해에 관한 처벌과 배상의 공정함을 의미한다. 그리고 (㉡)은/는 개인 또는 집단 사이에 사회적·경제적 자원을 나누는 데 있어서의 공정함을 의미한다.

143

⭐핵심 주제 분배적 정의와 교정적 정의

㉠, ㉡에 관한 옳은 설명만을 <보기>에서 고른 것은?

┤보기├
ㄱ. ㉠은 각자의 가치에 따라 권력, 명예, 재화를 분배함으로써 실현될 수 있다.
ㄴ. ㉠에 따르면 법을 근거로 처벌하되, 잘못과 처벌 사이에 적정한 균형이 유지되어야 한다.
ㄷ. ㉡을 실현하려면 능력, 업적, 필요 등의 기준 중 한 가지만을 고려해야 한다.
ㄹ. ㉡은 재화와 서비스, 소득, 기회, 지위 등이 한정되어 있어 발생하는 갈등을 조정하는 데 도움을 준다.

① ㄱ, ㄴ   ② ㄱ, ㄹ   ③ ㄴ, ㄷ
④ ㄴ, ㄹ   ⑤ ㄷ, ㄹ

144

⭐핵심 주제 분배적 정의와 교정적 정의

㉠, ㉡과 밀접 관련이 있는 사례로 적절한 것만을 <보기>에서 있는 대로 고른 것은?

┤보기├
ㄱ. ㉠: 감염병 예방을 위한 백신 접종의 우선순위를 어떻게 정할 것인지에 대해 논의한다.
ㄴ. ㉡: 고층에서 돌을 던져 지나가던 사람이 돌에 맞아 다치게 한 소년이 10세 미만이기 때문에 책임을 물을 수 없다.
ㄷ. ㉡: 세계적인 예술 콩쿠르에서 1위를 하여 한국의 위상을 높인 예술가에게 병역 특례를 준다.

① ㄱ   ② ㄷ   ③ ㄱ, ㄴ
④ ㄴ, ㄷ   ⑤ ㄱ, ㄴ, ㄷ

학교 시험에서 출제율이 높은 문제를 엄선하여 수록하였습니다.

145

다음 글에서 알 수 있는 내용으로 옳은 것은?

정의에 관한 역사적 논의를 통해서 알 수 있는 것은 다양한 정의론은 그 이론이 나타난 시대의 정의롭지 못한 상황을 풀기 위해 등장했다는 점이다. 플라톤은 당시 상업적인 호황을 맞이하던 아테네 사회에 새로운 철학을 던져 주기 위해 자신만의 정의 이론을 발전시켰다. 벤담은 산업 사회 발달에 따른 사회적 불평등을 시정하기 위한 개혁적인 생각에서 공리주의를 발전시켰다.

① 정의가 무엇인지 정하는 방법은 시대에 관계없이 동일하다.
② 정의론은 보편적으로 적용되는 단 하나의 이론으로 존재한다.
③ 정의에 관한 고정된 원칙을 확립하고 이를 항상 추구해야 한다.
④ 정의는 사회를 구성하고 유지하는 핵심 덕목이라고 할 수 없다.
⑤ 시대에 맞는 정의의 의미와 정의 실현을 위해 어떤 노력이 필요한지 성찰하는 것이 중요하다.

146 빈출

㉠~㉢에 해당하는 용어를 바르게 연결한 것은?

아리스토텔레스는 정의를 (㉠) 정의와 (㉡) 정의로 구분하였다. (㉠) 정의는 공익을 지향하는 준법으로서의 정의이다. (㉡) 정의는 다시 가치와 업적에 비례하여 명예나 보수 등을 나누어야 한다는 (㉢) 정의와 타인에게 해를 끼쳤으면 그만큼 보상해 주고, 이익을 주었으면 그만큼 돌려받아야 한다는 (㉣) 정의로 구분된다.

	㉠	㉡	㉢	㉣
①	일반적	분배적	교정적	특수적
②	일반적	특수적	분배적	교정적
③	분배적	교정적	특수적	일반적
④	교정적	일반적	특수적	분배적
⑤	특수적	일반적	교정적	분배적

147

다음을 주장한 사상가가 긍정의 대답을 할 질문으로 옳은 것은?

사상 체계의 제1덕목을 진리라고 한다면 사회 제도의 제1덕목은 정의이다. 이론이 아무리 정교하고 간결할지라도 그것이 진리가 아니면 배척되거나 수정되어야 하듯이 법이나 제도가 아무리 효율적이고 정연할지라도 그것이 정당하지 못하면 개선되거나 폐기되어야 한다. 모든 사람은 전체 사회의 복지를 위한다는 이유로도 결코 침해될 수 없는 기본적 권리를 가진다. 정의는 타인이 갖게 될 큰 선을 위하여 소수의 자유를 빼앗는 것이 정당화될 수 없다고 본다. 정의에 의해 보장된 권리들은 어떠한 정치적 거래나 사회적 이득의 계산에도 좌우되지 않는 것이다.

① 사회 제도의 제1덕목은 진리인가?
② 사회적 이득의 계산이 최우선되어야 하는가?
③ 소수의 기본적 권리가 침해되어서는 안 되는가?
④ 정의가 전체 사회의 복지보다 중시되어서는 안 되는가?
⑤ 법이나 제도의 효율성이 최고의 가치가 되어야 하는가?

148

다음 사례를 정의의 관점에서 평가할 때, 옳은 평가만을 <보기>에서 고른 것은?

20세기 후반까지 남아프리카 공화국에서는 인종 분리 정책인 아파르트헤이트가 시행되었다. 백인 정권이 시행한 이 정책으로 인종에 따라 생활공간과 승차 공간, 공공시설 사용 공간이 구분되었다. 당시 흑인들은 가질 수 있는 직업이 제한되었으며, 백인과의 결혼이 금지되는 등 여러 측면에서 차별 대우를 받았다.

┤보기├
ㄱ. 정당한 이유 없이 차별 대우를 받는 상황이므로 정의롭지 않다.
ㄴ. 사회 구성원의 기본적 권리를 보장하지 못하므로 정의롭지 않다.
ㄷ. 구성원들이 서로 신뢰하고 협력할 수 있는 분위기를 조성하므로 정의롭다.
ㄹ. 공정한 절차와 기준이 확립되어 있어 모든 구성원이 인간답게 살아가므로 정의롭다.

① ㄱ, ㄴ   ② ㄱ, ㄹ   ③ ㄴ, ㄷ
④ ㄴ, ㄹ   ⑤ ㄷ, ㄹ

| 149~152 |

다음 글을 읽고 물음에 답하시오.

> 사회자: 올해는 장학금을 한 명만 받을 수 있다고 해요. 어떤 학생이 장학금을 받는 것이 좋을까요?
> 갑: 잠재력이 매우 뛰어난 학생에게 장학금을 주어야 한다고 생각합니다.
> 을: 각종 대회에서 수상하여 학교를 빛낸 학생이 장학금을 받아야 한다고 생각합니다.
> 병: 가정 형편이 어려워 학업에 전념하기 힘든 학생이 장학금을 받으면 좋겠습니다.

149

갑~병이 주장하는 분배적 정의의 실질적 기준을 바르게 연결한 것은?

	갑	을	병
①	능력	필요	업적
②	능력	업적	필요
③	업적	능력	필요
④	업적	필요	능력
⑤	필요	업적	능력

150

갑~병이 긍정할 사례를 바르게 연결한 것은?

> (가) 영화나 연극에 참여하는 배우나 제작진이 출연료 외에 흥행 결과에 따라 흥행 보수(러닝 개런티)를 받는 방식을 적용한다.
> (나) 대학 입학 전형 중 기회균등 특별 전형을 마련하여 기초 생활 수급자, 차상위 계층, 한 부모 가족 지원 대상자 등에게 지원자격을 부여한다.
> (다) 치주·보철과 전공의 과정 이수자 또는 치주·보철과 전문의 취득자에 대해 치과 의사 채용시 우대한다.

	갑	을	병
①	(가)	(나)	(다)
②	(가)	(다)	(나)
③	(나)	(가)	(다)
④	(다)	(가)	(나)
⑤	(다)	(나)	(가)

151

갑~병의 주장에 관한 설명으로 옳은 것은?

① 갑은 성과와 실적 정도에 따라 사회적 가치가 분배되어야 한다고 본다.
② 을은 인간의 기본적인 욕구를 충족하기 위한 우선순위에 따라 다양한 재화나 가치가 분배되어야 한다고 본다.
③ 병은 전문적 지식과 자질에 따라 사회적·경제적 자원이 분배되어야 한다고 본다.
④ 갑과 을은 개인의 성취동기를 높일 수 있는 분배적 정의의 실질적 기준을 지지한다.
⑤ 을과 병은 각자가 달성한 결과를 객관화·수량화할 수 있는 분배적 정의의 실질적 기준을 지지한다.

152

갑~병이 서로에게 제기할 수 있는 비판으로 옳은 것은?

(*→ 비판의 방향)

① 갑 → 을: 개인의 성취동기를 높이는 분배의 기준이 필요함을 간과한다.
② 을 → 갑: 환경과 같은 우연적 요소가 분배에 개입될 수 있음을 간과한다.
③ 을 → 병: 사회적·경제적 자원이 한정되어 있어 모든 필요를 충족하기 어려움을 간과한다.
④ 병 → 갑: 개인이 지닌 잠재력을 실현할 수 있는 기회를 마련해야 함을 간과한다.
⑤ 병 → 을: 달성한 결과를 객관화·수량화하여 평가 및 측정하기 쉬운 분배의 기준이 필요하다는 점을 간과한다.

153

밑줄 친 ㉠이 정의로운 까닭으로 옳은 것은?

> 처칠은 어느 날 국회 연설에 늦어 운전기사에게 과속을 지시하였고, 결국 신호 위반으로 단속되었다. 수상이 타고 있음을 밝혔으나 ㉠교통경찰은 신호 위반에 대한 범칙금을 부과하였다.

① 과속이 아닌 신호 위반으로 단속하였기 때문
② 수상의 긴급한 사정이 고려된 처분이었기 때문
③ 공정한 법 집행과 적절한 처벌이 이루어졌기 때문
④ 공무 수행 중에 발생한 사건임을 감안하지 않았기 때문
⑤ 수상이 운전기사에게 부당한 지시를 내렸다고 보았기 때문

154

밑줄 친 ㉠의 목적으로 가장 적절한 것은?

> 하나의 케이크를 가장 균등하게 나눌 수 있는 방법은 무엇일까? 그것은 ㉠ 한 사람이 케이크를 자르고, 다른 사람들이 그 사람보다 먼저 케이크를 가져가도록 하는 것이다. 이러한 방법으로 케이크를 나누면 케이크를 자르는 사람은 자신의 몫을 보장받기 위해 케이크를 균등하게 자를 것이다.

① 공정한 분배를 위한 절차를 마련하기 위함이다.
② 서로 다른 업적을 비교하고 평가하기 위함이다.
③ 긴급하게 필요한 사람이 먼저 가져가게 하기 위함이다.
④ 사람들의 처지에 따라 몫을 다르게 나누도록 하기 위함이다.
⑤ 기여를 많이 한 사람이 적절한 보상을 받도록 하기 위함이다.

| 155~158 | 빈출

다음 글을 읽고 물음에 답하시오.

> 갑: 형벌은 범죄자 자신이나 사회의 다른 선을 촉진하기 위해 가해지는 것이 아니라 오직 범죄를 저질렀기 때문에 가해지는 것이다. 또한 동등성의 원리에 따라 범죄자에게는 범죄와 동등한 형벌이 가해져야 한다.
> 을: 형벌의 목적은 범죄자가 시민들에게 해악을 입힐 가능성을 방지하고 일반 시민들이 유사한 행위를 할 가능성을 억제하는 것이다. 그런데 사형을 통해 범죄 예방 효과를 기대하기는 어렵다. 사형을 대체한 종신 노역형이 범죄 예방에 더 효과적이다.

155

갑 사상가의 입장으로 옳은 것만을 <보기>에서 있는 대로 고른 것은?

┤ 보기 ├
ㄱ. 처벌의 목적은 범죄의 예방에 있다.
ㄴ. 엄격한 보복법만이 형벌의 질과 양을 명확하게 제시할 수 있다.
ㄷ. 인간은 자율적 존재이므로 잘못에 상응하는 처벌을 받아 자신의 행동에 책임을 져야 한다.

① ㄱ   ② ㄷ   ③ ㄱ, ㄴ
④ ㄴ, ㄷ   ⑤ ㄱ, ㄴ, ㄷ

156

을 사상가의 입장으로 옳은 것만을 <보기>에서 있는 대로 고른 것은?

┤ 보기 ├
ㄱ. 처벌은 사회적 이익을 증진하기 위한 수단이다.
ㄴ. 처벌을 통해 범죄자의 행동을 통제 및 교화해야 한다.
ㄷ. 처벌받는 모습을 본보기로 보여 주는 것은 잠재적인 범죄를 억제할 수 있는 효과적인 방법이다.

① ㄱ   ② ㄷ   ③ ㄱ, ㄴ
④ ㄴ, ㄷ   ⑤ ㄱ, ㄴ, ㄷ

157

갑 사상가는 부정, 을 사상가는 긍정의 대답을 할 질문으로 옳은 것은?

① 공정한 형벌의 집행으로 교정적 정의를 실현해야 하는가?
② 형벌 집행의 정당성은 사회적 이익 증진에 근거해야 하는가?
③ 형벌의 목적은 범죄 예방보다 범죄자 처벌에 두어야 하는가?
④ 사형은 살인자가 자신의 행동에 책임을 지게 하는 형벌인가?
⑤ 처벌의 본질은 범죄 행위에 대해 응당한 보복을 하는 것인가?

158

사형에 관한 갑, 을 사상가의 입장으로 옳은 것은?

① 갑: 사형이 범죄 예방 효과가 가장 크므로 찬성한다.
② 갑: 살인에 동등한 형벌이라고 볼 수 없으므로 반대한다.
③ 을: 사형은 단기간에 강렬한 인상만 남기므로 반대한다.
④ 을: 범죄 행위를 할 가능성을 줄일 수 있으므로 찬성한다.
⑤ 을: 범죄자의 인간존엄성을 훼손할 수 있으므로 반대한다.

II

● 바른답·알찬풀이 15쪽

159

갑, 을의 입장에 관한 옳은 설명만을 <보기>에서 고른 것은?

> 갑: 범죄 행위에 상응하는 해악을 처벌로 가할 때 교정적 정의가 실현될 수 있다.
> 을: 처벌에 대한 두려움으로 범죄를 예방하여 사회 전체의 행복을 증진할 때 교정적 정의가 실현될 수 있다.

┤ 보기 ├
ㄱ. 갑은 처벌을 사회적 이익 증진을 위한 수단으로 본다.
ㄴ. 갑은 처벌의 본질은 범죄 행위에 대한 응당한 보복을 가하는 것이라고 본다.
ㄷ. 을은 처벌의 목적은 범죄자의 행동을 통제하고 교화하는 것이라고 본다.
ㄹ. 을은 갑과 달리 법에 따라 범죄 행위를 공정하게 처벌하여 정의로운 사회를 만들기 위해 노력해야 한다고 본다.

① ㄱ, ㄴ   ② ㄱ, ㄷ   ③ ㄴ, ㄷ
④ ㄴ, ㄹ   ⑤ ㄷ, ㄹ

160

다음 글의 관점에만 모두 '✔'를 표시한 학생은?

> 우리의 재능이 운명을 결정해야 하며, 그에 따른 보상을 누릴 자격이 당연히 있다고 믿어야만 할까? 이 가정에 의문을 제기할 두 가지 이유가 있다. 첫째, 내가 이러한 재능을 가지게 된 것은 내 노력이 아니라 행운의 결과이다. 행운에 따른 혜택(또는 부담)은 내게 당연히 보장된다고 할 수 없다. 둘째, 내가 나의 재능을 후하게 보상하는 사회에 산다면 그것 역시 우연이며, 내 능력에 따른 당연한 결과라고 주장할 수 없다. 이 또한 행운의 결과이기 때문이다.

관점 \ 학생	갑	을	병	정	무
능력은 분배적 정의를 실현할 수 있는 가장 바람직한 기준이다.	✔		✔		✔
행운의 결과라고 해도 능력을 발휘한 성공은 오롯이 개인의 몫이라고 할 수 있다.			✔	✔	✔
우연적 조건에서 비롯된 혜택이라면 누구도 그것을 온전히 누릴 자격을 가지지 않는다.		✔		✔	✔

① 갑   ② 을   ③ 병   ④ 정   ⑤ 무

1등급을 향한 서답형 문제

| 161~162 |
다음 글을 읽고 물음에 답하시오.

> 정의는 의미에 따라 두 가지로 나눌 수 있다. (㉠)은/는 각자가 자신이 받아야 할 몫을 공정하게 받도록 하는 것이고, (㉡)은/는 불공정한 행위나 잘못된 행동을 바로잡는 것이다.

161

㉠, ㉡에 해당하는 용어를 쓰시오.

162

㉠, ㉡이 요청되는 까닭을 서술하시오.

| 163~164 |
다음 글을 읽고 물음에 답하시오.

> ○○ 은행은 근무 연수가 늘어나면 그에 따라 급여도 올라가는 호봉제에서 성과 평가에 따라 급여를 주는 ㉠성과 연봉제로 급여 체계를 전환하는 방안을 추진 중이다. 이러한 급여 체계의 전환은 성과 평가를 통해 더 높은 성과를 낸 사람에게 더 많은 보상을 하는 것이 목적이다.

163

밑줄 친 ㉠에 적용된 분배적 정의의 실질적 기준을 쓰시오.

164

밑줄 친 ㉠에 적용된 분배적 정의의 실질적 기준이 지닌 장점과 단점에 관해 서술하시오.

적중 1등급 문제

내신 1등급을 결정하는 고난도 문제를 수록하였습니다.

165

다음은 학생이 작성한 형성 평가지이다. 옳은 대답만을 ㉠~㉢ 중에서 있는 대로 고른 것은?

〈형성 평가〉

※ 정의의 의미와 필요성에 대한 설명이 맞으면 '예', 틀리면 '아니요'에 ✔표시하시오.

[설명 1] 정의란 사회적 대우나 보상, 처벌 등에 있어 마땅히 받을 몫을 공정하게 받는 것을 의미한다.
　　　　　　　　　　　　　　　　예 ✔ 아니요 ☐ … ㉠

[설명 2] 정의는 사회생활에서 일어나는 갈등을 조정하기 위해 필요하다.
　　　　　　　　　　　　　　　　예 ☐ 아니요 ✔ … ㉡

[설명 3] 정의가 무엇인지 정하는 방법은 시대마다 다를 수 있다.
　　　　　　　　　　　　　　　　예 ☐ 아니요 ✔ … ㉢

---

① ㉠　　　　② ㉡　　　　③ ㉠, ㉡
④ ㉡, ㉢　　　⑤ ㉠, ㉡, ㉢

166

갑, 을의 입장에 관한 설명으로 옳은 것은?

갑: 사회적 재화는 업적에 따라 분배되어야 한다. 더 많은 업적을 이룬 사람에게는 많은 보상이, 더 적은 업적을 이룬 사람에게는 적은 보상이 이루어져야 공정하기 때문이다.

을: 사회적 재화는 사회 구성원들의 필요에 따라 분배되어야 한다. 의식주를 비롯한 기본적 욕구를 충족하기 어려운 사회 구성원의 인간다운 삶을 보장해야 정의로운 사회를 실현할 수 있기 때문이다.

---

① 갑은 사회적 약자를 보호하고 사회 안전망을 마련하여 불평등을 완화하는 분배 기준을 긍정한다.
② 갑은 열심히 일하려는 개인의 성취동기를 약화하여 사회 전체의 경제적 효율성을 감소시킬 수 있다는 점을 간과한다.
③ 을은 과열 경쟁을 일으켜 사회 갈등을 조장할 수 있다는 점을 간과한다.
④ 을은 개인의 성취동기를 자극하여 사회 전체의 생산성이 높아지는 분배 기준을 긍정한다.
⑤ 갑은 기회의 평등 실현을, 을은 결과의 평등 실현을 중시한다.

167

다음을 주장한 사상가의 입장으로 옳은 것은?

• 동등한 사람들이 동등하지 않은 몫을, 혹은 동등하지 않은 사람들이 동등한 몫을 분배받으면 싸움과 불평이 생겨난다. 분배는 모든 사람이 동일한 것을 가지는 것이 아니라 가치에 따라 비례적으로 이루어질 때 정의롭다.

• 어떤 사람은 때리고 다른 사람은 맞은 경우, 또 어떤 사람은 손해를 입히고 다른 사람은 손해를 입은 경우, 재판관은 그 손해의 차이에 주목하여 이익을 삭감함으로써 손해와 동등하게 만들기 위해 노력한다.

---

① 모두가 평등하게 동일한 몫을 가질 때 정의가 실현된다.
② 사회적 가치는 각 사람의 가치에 비례하여 분배해야 한다.
③ 재화, 권력, 명예 등의 배분은 교정적 정의와 관련된다.
④ 타인에게 해를 끼쳤으면 그 이상의 처벌을 받아야 한다.
⑤ 배상과 처벌에 대한 처분은 분배적 정의와 관련이 깊다.

168

갑, 을 사상가의 입장에 관한 옳은 설명만을 〈보기〉에서 있는 대로 고른 것은?

갑: 사법적 처벌이 정당화되려면 그 처벌은 오직 범죄자가 시민에게 새로운 해악을 입힐 가능성을 방지하고 타인의 범죄를 억제하기에 충분한 정도의 강도만을 가져야 한다.

을: 사법적 처벌은 범죄자 자신이나 시민 사회와 관련된 다른 선을 증진하는 수단으로 행해져서는 절대 안 되고, 어떠한 경우든 처벌을 받은 개인이 범죄를 저질렀다는 이유만으로 부과되어야 한다.

┤ 보기 ├

ㄱ. 갑은 처벌의 목적을 범죄 예방과 범죄자의 교화에 두어야 한다고 본다.
ㄴ. 을은 범죄 행위에 상응하는 해악을 처벌로 가해야 한다고 본다.
ㄷ. 갑은 을과 달리 타인의 범죄를 억제하기에 충분한 정도의 강도를 지니는 사형에 찬성한다.
ㄹ. 갑과 을은 사법적 처벌이 사회적 이익을 증진하기 위한 수단이어야 함을 강조한다.

---

① ㄱ, ㄴ　　② ㄱ, ㄷ　　③ ㄴ, ㄹ
④ ㄱ, ㄷ, ㄹ　　⑤ ㄴ, ㄷ, ㄹ

05 다양한 정의관의 특징과 적용

1 정의를 바라보는 관점

1 자유주의적 정의관

(1) 자유주의: 개인의 자유를 무엇보다 소중한 가치로 여기는 사상

(2) 자유주의의 특징

① 타인의 자유를 침해하지 않는 한에서 개인의 자유와 권리를 최대한 보장하여 사익(개인선)을 실현하는 것이 정의로움. └ 자신의 행복 추구나 자아실현 등 개인이 사적으로 누릴 수 있는 이익

② 국가나 사회는 개인의 자유와 권리를 보호하고 증진하는 수단으로서 중립적 입장에서 개인의 자유로운 삶을 최대한 허용해야 함. └ 개인은 어떠한 삶이 좋은 삶인지 스스로 결정할 수 있으므로 공동체는 개인에게 특정한 가치를 강요해서는 안 됨.

③ 자유주의적 자아관: 개인의 정체성은 공동체와 독립적으로 형성된다고 봄.

(3) 대표적인 사상가

노직	• 자유 지상주의의 입장에서 개인의 소유 권리를 배타적으로 보장하는 것을 정의로 봄. └ 개인의 자유는 최우선의 가치이므로 최대한 보장해야 한다고 주장하는 사상 • 개인의 소유 권리 보호 등 제한적 역할만 하는 최소 국가를 옹호함.
롤스	• 평등주의적 자유주의의 입장에서 모든 구성원이 평등한 자유를 누릴 수 있도록 공정성을 실현하는 것을 정의로 봄. └ 자유와 평등의 조화를 통한 공정한 분배를 중시하는 사상 • 사회적 약자를 포함한 모두의 이익을 위해 국가가 적극적 역할을 해야 한다고 봄.

꼭 나오는 자료 🔗 46쪽 194~197번 문제로 확인

• 최소 국가는 정당화될 수 있는 유일한 국가이다. …… 소유물을 취득한 자는 그 소유물에 대한 소유 권리가 있다. 그리고 소유물에 대한 소유 권리가 있는 사람으로부터 소유물을 받은 사람은 그 소유물에 대한 소유 권리가 있다. 소유물을 취득하고 이전하는 과정에서 부정의가 발생할 경우 이를 교정해야 한다.

— 노직 —

• 합의의 당사자들이 무지의 베일을 쓴 원초적 입장에서 정의의 두 원칙은 채택될 수 있다. 두 원칙에 따르면 첫째, 기본적 자유는 평등하게 보장되어야 하며, 둘째, 사회·경제적 불평등은 두 조건을 충족하는 경우에 허용될 수 있다. 하나는 최소 수혜자에게 최대 이익이 되어야 한다는 것이며, 다른 하나는 모든 사람에게 기회가 균등하게 주어져야 한다는 것이다.

— 롤스 —
└ 공정한 기회균등의 원칙 / 차등의 원칙 / 평등한 자유의 원칙

자료 분석 노직과 롤스는 공통적으로 자유주의적 정의관을 주장하였다. 하지만 노직은 정의를 소유 권리를 보장하는 문제로, 롤스는 공정성 실현의 문제로 본다는 측면에서 서로 다르다.

2 공동체주의적 정의관

(1) 공동체주의: 인간 삶에서 공동체가 갖는 의미를 중시하는 사상

(2) 공동체주의의 특징

① 개인이 속한 공동체 구성원 모두에게 유익한 공익(공동선)을 실현하는 것이 정의로움. → 공동체 구성원은 공동체적 가치를 함양하고 공동체가 공유하는 좋은 삶의 모습을 추구하는 등 공동체의 발전을 위한 의무를 지님. └ 공동의 이익 또는 공동체가 추구하는 가치나 목표

② 국가나 사회는 개인이 좋은 삶을 사는 중요한 기반임. → 국가의 중립 유지는 공동체의 목표를 포기하는 것과 같음.

③ 자유주의의 자아관 비판: 개인의 정체성은 공동체 속에서 주어지는 사회적 역할을 수행하면서 형성된다고 봄.

(3) 대표적인 사상가

└ 인간은 공동체의 전통과 역사가 담긴 이야기를 통해 자신의 정체성을 형성한다는 것을 강조하는 용어

매킨타이어	서사적 존재를 강조하면서 개인은 공동체의 전통과 역사를 바탕으로 책임감 있는 시민으로 살아야 한다고 봄.
샌델	연고적 자아를 강조하면서 개인은 공동체가 공유하는 가치와 목적을 실현해야 한다고 봄.

└ 인간은 공동선에 관한 숙고와 연대 의식을 바탕으로 공동체 구성원으로서의 정체성을 형성한다는 것을 강조하는 용어

꼭 나오는 자료 🔗 47쪽 198~199번, 48쪽 202번 문제로 확인

• 우리는 공동체 속에서 다양한 역할을 맡은 사람으로서 기대와 의무를 진다. 우리는 누군가의 아들이거나 딸이고, 누군가의 사촌이거나 삼촌이다. 우리는 이 도시 또는 저 도시의 시민이며, 이 친족에 속하고 저 부족에 속하며, 이 민족에 속한다. 우리는 자신의 가족과 도시, 민족으로부터 다양한 유산과 의무를 물려받는다.

— 매킨타이어 —

• 법과 정치는 도덕적 논쟁에 휘말리지 말아야 한다고 하지만 도덕적 중립을 지키는 것은 처음부터 불가능하다. 정의로운 사회를 만들기 위해 좋은 삶이 무엇인지 함께 고민하면서 공동체 구성원으로서 미덕을 키우고 공동선을 실현하기 위해 노력해야 한다.

— 샌델 —

• 사회적 가치는 각 공동체의 역사적이고 문화적인 소산으로, 공동체 안에는 고유한 사회적 가치들이 존재한다. 모든 사회에서 동일하게 중요하다고 인정되는 가치는 없으므로, 가치를 분배할 때는 공동체의 문화적 특수성과 차이를 고려해야 한다.

└ 서로 다른 사회적 가치는 서로 다른 이유로, 서로 다른 절차와 주체에 의해 분배되어야 한다고 봄.

— 왈처 —

자료 분석 매킨타이어, 샌델, 왈처가 주장한 공동체주의적 정의관에 따르면 개인의 좋은 삶은 공동체와 분리될 수 없으며, 개인은 공동체 속에서 의미 있는 삶을 살 수 있다.

└ 사회적 가치들은 고유한 영역을 가지며, 각각의 사회적 가치들이 고유한 영역 안에 머무를 때 다원적 평등이 실현될 수 있음.

2 다양한 정의관의 적용

1 사익과 공익, 권리와 의무의 관계
사익(개인선)은 자유주의적 정의관에서 강조하는 개인의 권리를 보장함으로써 실현할 수 있고, 공익(공동선)은 공동체주의적 정의관에서 강조하는 공동체에 대한 의무를 행함으로써 실현할 수 있음.

2 사익과 공익, 권리와 의무의 조화

(1) 권리는 의무를 전제로 하고, 의무는 권리를 전제로 함.

(2) 사익과 공익, 권리와 의무는 양자가 조화를 이룰 때 실현됨. → 개인의 권리와 사익을 보장하고, 개인은 사회적 책무를 다하며 공익을 지향하는 공동체를 만들어 가야 함.

기본 기출 문제

핵심 주제를 파악할 수 있는 기출 문제를 수록하였습니다.

핵심 개념 문제

● 빈칸에 들어갈 알맞은 말을 쓰시오.

169 (   )은/는 개인의 자유를 무엇보다 소중한 가치로 여기는 사상으로, 개인이 공동체의 전통이나 가치로부터 독립적이고 자율적인 존재임을 강조한다.

170 (   )은/는 인간의 삶에서 공동체가 가지는 의미를 중시하는 사상으로, 개인을 공동체의 영향을 받으며 소속감과 정체성을 형성하는 존재로 본다.

171 노직은 개인의 (   )을/를 배타적으로 보장하는 것을 정의라고 보았다.

172 매킨타이어는 (   )을/를 강조하면서 개인은 공동체의 전통과 역사를 바탕으로 책임감 있는 시민으로 살아야 한다고 보았다.

● 설명이 옳으면 ○표, 틀리면 ✕표를 하시오.

173 롤스는 자유 지상주의 입장에서 국가는 제한적인 역할만 해야 한다고 보았다. (   )

174 자유주의는 개인이 어떠한 삶이 좋은 삶인지 스스로 결정할 수 있으므로 공동체는 개인에게 특정한 가치를 강요해서는 안 된다고 본다. (   )

175 공동체주의는 개인의 정체성이 공동체와 독립적으로 형성된다는 추상적 자아관을 주장한다. (   )

● 다음 사상가와 관련 내용을 바르게 연결하시오.

176 샌델 •　　　　　• ㉠ 최소 국가

177 노직 •　　　　　• ㉡ 연고적 자아

178 롤스 •　　　　　• ㉢ 다원적 평등

179 왈처 •　　　　　• ㉣ 무지의 베일

● ㉠, ㉡ 중 알맞은 것을 고르시오.

180 (㉠ 자유주의, ㉡ 공동체주의)는 개인이 속한 공동체 구성원 모두에게 유익한 공익을 실현하는 것을 정의롭다고 본다.

181 자유주의는 다른 사람의 자유를 침해하지 않는 한에서 개인의 자유와 권리를 최대한 보장하고, 이를 통해 (㉠ 개인선, ㉡ 공동선)을 실현하는 것을 정의롭다고 본다.

182

★핵심 주제 자유주의적 정의관

㉠에 관한 설명으로 옳지 <u>않은</u> 것은?

> (㉠)은/는 개인의 자유를 무엇보다 소중한 가치로 여기는 사상으로, 개인이 공동체의 전통이나 가치로부터 독립적이고 자율적인 존재임을 강조한다.

① ㉠은 자유주의이다.
② ㉠은 정의가 개인의 자유와 권리 보장에 관련된다고 본다.
③ ㉠은 자신의 행복 추구나 자아실현 등 개인선의 실현을 중시한다.
④ ㉠은 공동체가 개인에게 특정한 가치를 강요해서는 안 된다고 본다.
⑤ ㉠은 다른 사람의 자유를 침해하더라도 사익을 무제한적으로 추구해야 한다고 본다.

183

★핵심 주제 자유주의적 정의관

다음을 주장한 사상가의 입장으로 옳은 것은?

> 모든 사람은 기본적으로 동등한 자유를 최대한 누려야 하며, 공정한 절차를 통해 합의된 것이라면 정의롭다. 사회적·경제적 불평등을 최소화하려는 국가 역할의 필요성을 인정해야 한다.

① 국가는 개인의 권리 보호 등 최소한의 역할만 해야 한다.
② 공정한 절차를 통해 합의된 정의의 원칙을 준수해야 한다.
③ 가능한 다수의 사람이 평등한 자유를 누릴 수 있어야 한다.
④ 사회적 약자의 처지 개선을 위한 혜택 제공은 불공정하다.
⑤ 사회적·경제적 불평등은 자연스러운 현상이므로 개선이 필요하지 않다.

184

★핵심 주제 자유주의적 정의관

다음을 주장한 사상가가 부정의 대답을 할 질문으로 옳은 것은?

> 국가는 개인의 권리와 재산을 보호하는 선에서만 행동하는 최소 국가의 역할을 수행해야 한다. 개인의 자유와 소유 권리를 최우선적으로 보장하는 것이 정의롭다.

① 사회적 약자에게 최대의 이익을 보장해야 하는가?
② 최소 국가만이 정당화될 수 있는 유일한 국가인가?
③ 국가의 권력이 개인의 자유를 제약해서는 안 되는가?
④ 공정한 절차로 인한 빈부 격차는 자연스러운 현상인가?
⑤ 개인의 자유와 소유 권리를 최우선으로 보장해야 하는가?

185

★핵심 주제 공동체주의적 정의관

다음을 주장한 사상가의 입장에 관한 옳은 설명만을 <보기>에서 고른 것은?

> 우리는 공동체 속에서 다양한 역할을 맡은 사람으로서 기대와 의무를 진다. 우리는 누군가의 아들이거나 딸이고, 누군가의 사촌이거나 삼촌이다. 우리는 이 도시 또는 저 도시의 시민이며, 이 친족에 속하고, 저 부족에 속한다.

┤ 보기 ├
ㄱ. 공동선보다 개인선을 실현하는 것이 더 정의롭다.
ㄴ. 개인은 공동체 구성원으로서의 의무를 다해야 한다.
ㄷ. 공동체와 독립적으로 존재하는 개인은 있을 수 없다.
ㄹ. 공동체는 개인의 자유를 보호하고 증진하는 수단이다.

① ㄱ, ㄴ   ② ㄱ, ㄷ   ③ ㄴ, ㄷ
④ ㄴ, ㄹ   ⑤ ㄷ, ㄹ

186

★핵심 주제 공동체주의적 정의관

다음을 주장한 사상가의 입장으로 옳은 것은?

> 법과 정치는 도덕적 논쟁에 휘말리지 말아야 한다고 하지만 도덕적 중립을 지키는 것은 처음부터 불가능하다. 정의로운 사회를 만들기 위해 좋은 삶이 무엇인지 함께 고민하면서 공동체 구성원으로서 미덕을 키우고 공동선을 실현하기 위해 노력해야 한다.

① 법과 정치는 도덕적 중립을 반드시 유지해야 한다.
② 공동체는 개인에게 특정한 가치를 강요해서는 안 된다.
③ 개인은 어떠한 삶이 좋은 삶인지 스스로 결정해야 한다.
④ 개인의 행복 추구나 자아실현 등 사익 실현을 최우선해야 한다.
⑤ 구성원은 공동체가 공유하는 좋은 삶의 모습을 추구해야 한다.

187

★핵심 주제 다양한 정의관의 적용

(가), (나)에 관한 설명으로 적절하지 않은 것은?

> (가) ○○ 의사당 중앙 홀에서 개인의 자유 보장을 외치는 시위대가 코로나바이러스감염증-19 예방을 위한 주 당국의 마스크 착용 의무화에 반대하여 시위를 벌였다.
> (나) 코로나바이러스감염증-19 예방을 위해 마스크 착용 의무화 조치가 본격적으로 시행된 첫날, 정부 기관에서는 마스크 착용을 독려하는 행사를 하였고, 대다수 시민들은 공동체의 의무 준수를 위해 마스크를 착용하였다.

① (가)의 시위대는 자유주의적 정의관에 찬성할 것이다.
② (가)의 시위대는 개인의 자유를 우선적으로 보장할 것을 주장한다.
③ (나)의 시민은 개인선보다 공동선 실현을 더 우선할 것이다.
④ (나)의 시민은 공동체의 안전을 위해 마스크 착용 의무화에 찬성할 것이다.
⑤ (가)의 시위대와 (나)의 시민들은 마스크 착용 의무가 개인의 자유를 과도하게 제한하는 조치라고 볼 것이다.

188

★핵심 주제 다양한 정의관의 적용

㉠, ㉡과 관련된 정의관과 그 까닭으로 옳은 것은?

> 지원 병역 제도 중 하나인 용병제는 지원자를 모집하여 고용 계약에 따라 일정한 봉급을 주고 연한을 정하여 군사로 복무시키는 제도이다. 용병제는 외국인도 지원할 수 있다. 다양한 정의관을 바탕으로 ㉠개인의 자유를 강조하며 용병제에 대해 찬성하는 입장과 ㉡공동체의 의무를 강조하며 용병제에 대해 반대하는 입장으로 분석해 볼 수 있다.

	구분	정의관	까닭
①	㉠	자유주의적 정의관	국방의 의무는 공동체 구성원이 제대로 수행할 수 있기 때문에
②	㉠	공동체주의적 정의관	개인과의 자유로운 계약은 국적과 상관없기 때문에
③	㉡	자유주의적 정의관	개인과의 자유로운 계약은 국적과 상관없기 때문에
④	㉡	공동체주의적 정의관	국방의 의무는 공동체 구성원이 제대로 수행할 수 있기 때문에
⑤	㉡	자유주의적 정의관	임금을 받고 복무하는 외국인도 국토방위를 할 수 있기 때문에

| 189~193 |

다음 글을 읽고 물음에 답하시오.

> 갑: 개인의 자유는 무엇보다 중요하다. 따라서 타인의 자유를 침해하지 않는 범위에서 개인의 자유가 최대한 보장되어야 모든 사람이 좋은 삶을 누릴 수 있다. 이를 위해 공동체는 개인에게 특정한 가치를 강요해서는 안 된다.
> 을: 개인의 정체성은 공동체의 영향을 받으며 형성된다. 따라서 개인이 공동체가 요구하는 책무를 이행하여 공동체 발전에 기여해야 모든 사람들이 좋은 삶을 누릴 수 있다. 이를 위해 공동체는 개인에게 공동체의 가치를 적극적으로 장려해야 한다.

189

갑의 입장으로 옳은 것만을 <보기>에서 있는 대로 고른 것은?

┤ 보기 ├
ㄱ. 개인의 자유는 무제한적으로 보장되어야 한다.
ㄴ. 개인은 어떤 삶이 좋은 삶인지 스스로 결정할 수 있다.
ㄷ. 개인이 좋은 삶을 누리는 데 공동체의 역할은 불필요하다.

① ㄱ   ② ㄴ   ③ ㄱ, ㄴ   ④ ㄴ, ㄷ   ⑤ ㄱ, ㄴ, ㄷ

190

을의 입장으로 옳은 것만을 <보기>에서 있는 대로 고른 것은?

┤ 보기 ├
ㄱ. 공동체 발전을 위해 개인에게 주어지는 의무가 있다.
ㄴ. 개인은 연대감과 같은 공동체의 가치를 내면화해야 한다.
ㄷ. 개인은 공동체의 영향을 받으며 정체성을 형성해 나간다.

① ㄱ   ② ㄴ   ③ ㄱ, ㄴ   ④ ㄴ, ㄷ   ⑤ ㄱ, ㄴ, ㄷ

191 빈출

갑은 부정, 을은 긍정의 대답을 할 질문으로 옳은 것은?

① 공동체는 개인의 자유와 권리 보장을 위한 수단인가?
② 공동체는 개인에게 특정한 가치를 강요해서는 안 되는가?
③ 공동선의 실현보다 개인선의 실현을 더 우선해야 하는가?
④ 개인은 공동체가 공유하는 가치 실현을 중시해야 하는가?
⑤ 개인은 공동체의 전통으로부터 독립적·자율적 존재인가?

192 빈출

갑, 을의 입장에서 서로에게 제기할 수 있는 비판을 다음 그림으로 표현할 때, A, B에 해당하는 내용으로 옳지 않은 것은?

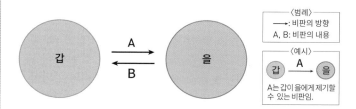

① A: 개인의 자유는 어떤 경우에도 제한될 수 없음을 간과한다.
② A: 공동체는 개인의 권리를 보장하는 수단에 불과함을 간과한다.
③ B: 개인은 공동체가 권장하는 미덕을 함양해야 함을 간과한다.
④ B: 공동체가 개인에게 공동체적 가치를 제시해야 함을 간과한다.
⑤ B: 공동체는 개인이 정체성을 형성하는 데 중요한 토대임을 간과한다.

193

밑줄 친 ㉠에 관해 갑, 을이 제시할 적절한 견해만을 <보기>에서 고른 것은?

> 우리나라의 전국 지방 선거 투표율 추이를 보면, 2018년에는 60%를 넘겼으나 2022년의 경우 절반에 가까운 유권자들이 투표를 하지 않았다. 선거의 의무는 국민의 기본적 의무이므로 이러한 문제를 해결하기 위해서 ㉠의무 투표제를 도입할 필요가 있다.

┤ 보기 ├
ㄱ. 갑: 선거의 의무는 개인의 권리보다 중요하므로 찬성한다.
ㄴ. 갑: 투표 행위는 개인의 자유의 영역에 속하므로 반대한다.
ㄷ. 을: 투표는 국민의 책무이므로 국가의 발전을 위해 찬성한다.
ㄹ. 을: 기권도 개인의 선택에 대한 일종의 의사 표현이므로 반대한다.

① ㄱ, ㄴ   ② ㄱ, ㄹ   ③ ㄴ, ㄷ
④ ㄴ, ㄹ   ⑤ ㄷ, ㄹ

| 194~197 |

다음 글을 읽고 물음에 답하시오.

> 갑: 합의의 당사자들이 무지의 베일을 쓴 원초적 입장에서 정의의 두 원칙은 채택될 수 있다. 두 원칙에 따르면 첫째, 기본적 자유는 평등하게 보장되어야 하며, 둘째, 사회·경제적 불평등은 두 조건을 충족하는 경우에 허용될 수 있다. 하나는 최소 수혜자에게 최대 이익이 되어야 한다는 것이며, 다른 하나는 모든 사람에게 기회가 균등하게 주어져야 한다는 것이다.
>
> 을: 최소 국가는 정당화될 수 있는 유일한 국가이다. 최소 국가보다 더 포괄적인 국가는 개인들의 권리를 침해한다. 소유물을 취득한 자는 그 소유물에 대한 소유 권리가 있다. 그리고 소유물에 대한 소유 권리가 있는 사람으로부터 소유물을 받은 사람은 그 소유물에 대한 소유 권리가 있다. 소유물을 취득하고 이전하는 과정에서 부정의가 발생할 경우 이를 교정해야 한다.

194

갑 사상가의 입장으로 옳지 <u>않은</u> 것은?

① 정의는 공정성을 실현하는 것과 밀접한 관련성이 있다.
② 무지의 베일을 쓴 당사자들은 편파적인 선택을 하지 않는다.
③ 정의로운 사회에는 사회·경제적 불평등이 존재하지 않는다.
④ 모든 사회 구성원은 기본적인 자유를 동등하게 누려야 한다.
⑤ 최소 수혜자에게 최대 이익이 되는 정책을 실시해야 한다.

195

을 사상가의 입장으로 옳지 <u>않은</u> 것은?

① 정의는 소유에 대한 권리 보장과 밀접하게 관련된다.
② 자신의 소유물에 대한 처분은 개인의 자유로운 선택에 달려 있다.
③ 소득 재분배 정책을 시행하는 국가는 개인의 권리를 침해한다.
④ 취득·이전 과정의 부정의는 국가가 아닌 개인이 교정해야 한다.
⑤ 정당한 절차를 거쳐서 생긴 경제적 불평등은 부정의하지 않다.

196 빈출

갑, 을 사상가 중 적어도 한 명 이상이 부정의 대답을 할 질문으로 옳은 것만을 <보기>에서 있는 대로 고른 것은?

> | 보기 |
> ㄱ. 개인은 공동체의 전통 및 가치로부터 독립적 존재인가?
> ㄴ. 개인의 소유 권리를 배타적으로 보장하는 것이 정의인가?
> ㄷ. 구성원은 공동체가 공유하는 좋은 삶의 모습을 추구해야 하는가?
> ㄹ. 국가는 사회적 약자의 처지 개선을 위해 적극적인 역할을 해야 하는가?

① ㄱ, ㄴ   ② ㄱ, ㄹ   ③ ㄷ, ㄹ
④ ㄱ, ㄴ, ㄷ   ⑤ ㄴ, ㄷ, ㄹ

197

갑, 을 사상가가 밑줄 친 ㉠에 관해 제시할 의견으로 적절한 것만을 <보기>에서 고른 것은?

> 상속세는 사망으로 그 재산이 가족이나 친족 등에게 무상으로 이전될 때 상속 재산에 대하여 부과하는 세금을 말한다. ㉠상속세를 강화하여 영구적인 부의 대물림을 막고 부의 재분배를 통해 사회적 불평등을 완화해야 한다. 부모로부터 물려받은 재산은 자신이 한 노동의 대가가 아니므로 모두 상속을 받는 것은 부당하다.

> | 보기 |
> ㄱ. 갑: 부의 재분배를 통해 공정한 사회를 실현할 수 있으므로 찬성한다.
> ㄴ. 갑: 사회 복지 제도에 대한 국민의 전체 부담이 증가할 수 있으므로 반대한다.
> ㄷ. 을: 사회적 불평등을 완화하여 실질적 평등을 실현할 수 있으므로 찬성한다.
> ㄹ. 을: 정당한 취득 및 이전 절차를 통해 발생한 개인의 소유 권리를 침해하므로 반대한다.

① ㄱ, ㄷ   ② ㄱ, ㄹ   ③ ㄴ, ㄷ
④ ㄴ, ㄹ   ⑤ ㄷ, ㄹ

| 198~199 |

다음 글을 읽고 물음에 답하시오.

> 갑: 나는 누군가의 아들이거나 딸 또는 사촌이고, 이 도시나 저 도시의 시민이다. 나는 이 친족, 저 부족, 이 나라에 속한다. 이처럼 나는 내 가족, 내 도시, 내 부족, 내 나라의 과거에서 다양한 빚과 유산을 물려받는다. 또한 조상들의 기대와 후손으로서의 의무도 물려받는다.
>
> 을: 사법과 정치는 도덕적 논쟁에 휘말리지 말아야 한다고 하지만 도덕적 중립을 지키는 것은 처음부터 불가능하다. 정의로운 사회를 만들기 위해 좋은 삶이 무엇인지 함께 고민하면서 공동체 구성원으로서 미덕을 키우고 공동선을 실현하기 위해 노력해야 한다.

198 ⭐빈출

갑, 을 사상가의 공통적인 입장으로 옳지 않은 것은?

① 개인의 자격만으로 미덕을 실현하면서 살아가기는 어렵다.
② 사회적 책임, 유대감 등의 공동체적 가치를 중시해야 한다.
③ 구성원은 공동체가 공유하는 좋은 삶을 추구하며 살아야 한다.
④ 개인은 공동체에서 책임을 다하며 소속감과 정체성을 형성한다.
⑤ 개인은 공동체에 우선하며 공동체는 개인들의 총합에 불과하다.

199

다음의 입장에 관해 갑, 을 사상가들이 공통적으로 제기할 반론으로 옳은 것은?

> 조상이 잘못한 일을 후손이 책임져야 할 필요는 없다. 배상의 책임은 잘못을 한 사람에게 있다. 지금의 미국 사람들은 노예 소유라는 잘못을 하지 않았으므로 그들에게 배상의 책임을 묻기 어렵다. 인간은 공동체의 구성원이기 이전에 자유롭고 독립된 존재이므로 자신이 선택하고 행한 것에 대해서만 책임을 지면 된다.

① 개인은 자유롭고 독립적인 존재임을 간과한다.
② 개인은 자신의 행동에 대해서만 책임이 있음을 간과한다.
③ 개인이 아닌 국가에게 배상의 책임을 물어야 함을 간과한다.
④ 구성원은 공동체의 유산과 책무를 물려받는다는 점을 간과한다.
⑤ 인간은 공동체의 구성원이기 이전에 개인으로 존재함을 간과한다.

| 200~201 |

다음 글을 읽고 물음에 답하시오.

> 갑: 개인이 자기 삶을 선택할 자유와 소유권을 최우선으로 보장하는 것이 정의이다. 정의를 실현하려면 국가는 개인의 소유권을 보호하는 최소한의 역할만 해야 한다.
>
> 을: 개인의 자유를 보장하면서도 사회적·경제적 불평등을 최소화해야 정의로운 사회를 실현할 수 있다. 이를 위해 사회는 공정한 절차를 거쳐 합의된 정의의 원칙을 마련해야 한다.
>
> 병: 개인은 누구나 공동체의 영향을 받으면서 자신의 정체성과 삶을 구성한다. 따라서 공동체의 구성원으로서 각자 역할과 의무를 다하고 공동체의 선을 실현하는 것이 정의라고 할 수 있다.

200

다음은 갑, 을 사상가의 입장에 관해 학생이 작성한 형성 평가지이다. 옳은 대답만을 ㉠~㉢ 중에서 있는 대로 고른 것은?

> 〈형성 평가〉
>
> ※ 다양한 정의관에 대한 설명이 맞으면 '예', 틀리면 '아니요'에 ✔표시하시오.
>
> [설명1] 갑은 국가의 역할을 개인의 소유권 보호에 한정해야 한다고 본다.　　　　예 ✔ 아니요 ☐ … ㉠
>
> [설명2] 을은 모든 사람이 기본적 자유를 최대한 누릴 수 있는 평등한 권리를 가져야 한다고 본다.　　　　예 ☐ 아니요 ✔ … ㉡
>
> [설명3] 갑과 을은 모두 공동체의 미덕을 개인에게 강요하지 말아야 한다고 본다.　　　　예 ☐ 아니요 ✔ … ㉢

① ㉠　　② ㉡　　③ ㉠, ㉡　　④ ㉡, ㉢　　⑤ ㉠, ㉡, ㉢

201

병 사상가가 갑, 을 사상가들에게 공통적으로 제기할 수 있는 반론으로 옳은 것은?

① 개인의 자유와 권리를 보장할 때 정의가 실현됨을 간과한다.
② 개인선을 최우선으로 추구할 때 정의가 실현됨을 간과한다.
③ 모두가 기본적 자유를 평등하게 누릴 때 정의가 실현됨을 간과한다.
④ 국가는 소유권 보호를 위한 최소한의 역할을 해야 함을 간과한다.
⑤ 공동선 증진을 위해 구성원으로서의 의무를 다해야 함을 간과한다.

● 바른답·알찬풀이 19쪽

202 빈출

다음을 주장한 사상가의 입장으로 옳은 것만을 <보기>에서 있는 대로 고른 것은?

사회적 가치는 각 공동체의 역사적이고 문화적인 소산으로, 공동체 안에는 고유한 사회적 가치들이 존재한다. 모든 사회에서 동일하게 중요하다고 인정되는 가치는 없으므로, 가치를 분배할 때는 공동체의 문화적 특수성과 차이를 고려해야 한다.

┤보기├
ㄱ. 부, 명예와 같은 사회적 가치는 공동체의 역사적 소산이다.
ㄴ. 공동체의 문화적 맥락에 따라 다양한 정의의 기준이 필요하다.
ㄷ. 편파적 선택을 하지 않도록 공정한 절차를 거쳐 보편적이고 단일한 정의의 원칙에 합의해야 한다.

① ㄱ   ② ㄴ   ③ ㄱ, ㄴ
④ ㄴ, ㄷ   ⑤ ㄱ, ㄴ, ㄷ

203

(가), (나)에 들어갈 옳은 내용만을 <보기>에서 고른 것은?

자유주의는 한 개인의 삶의 목적과 가치, 정체성은 그가 속한 공동체와 별개이며, 사회는 개인의 자율성을 최대한 존중해야 한다고 본다. 반면 공동체주의는 개인은 본질적으로 공동체와 연결되어 있기 때문에 공동체를 떠나 혼자서는 인간으로서의 좋은 삶을 성취할 수 없다고 본다. 공동선보다 개인의 권리 보장을 우선하면 ' (가) '라는 문제가 생기고, 공동선을 개인의 권리 보장보다 우선하면 ' (나) '라는 문제가 생긴다.

┤보기├
ㄱ. (가): 공동체 구성원 간의 책임의 중요성을 간과한다.
ㄴ. (가): 개인의 자유와 권리가 과도하게 제한될 수 있다.
ㄷ. (나): 공동체의 불합리한 관행과 제도를 비판하기 어렵다.
ㄹ. (나): 공동체를 개인의 자유와 권리를 보장하는 수단으로만 볼 수 있다.

① ㄱ, ㄴ   ② ㄱ, ㄷ   ③ ㄴ, ㄷ
④ ㄴ, ㄹ   ⑤ ㄷ, ㄹ

✎ **1등급을 향한 서답형 문제**

│ 204~205 │
다음 글을 읽고 물음에 답하시오.

(가) 자유주의에서는 자신의 행복 추구나 자아실현 등 개인이 사적으로 누릴 수 있는 이익인 (㉠)을/를 실현하는 것이 정의롭다고 본다. 반면 공동체주의에서는 특정 개인에게만 유익한 것이 아니라 개인이 속한 공동체 구성원 모두에게 유익한 이익인 (㉡)을/를 실현하는 것이 정의롭다고 본다.
(나) 코로나바이러스감염증-19가 널리 확산하면서 당국이 마스크 착용 의무화 조치를 시행하려는 움직임을 보이고 있다. 감염병 예방을 위해 마스크 착용을 의무화하는 것이 정당한지에 관한 첨예한 논의가 이루어지고 있다.

204

(가)의 ㉠, ㉡에 해당하는 용어를 쓰시오.

205

(나)의 감염병 예방을 위한 마스크 착용 의무화 조치에 관해 자유주의와 공동체주의의 관점에서 평가하되, ㉠, ㉡을 활용하여 서술하시오.

│ 206~207 │
다음 글을 읽고 물음에 답하시오.

자유주의적 정의관을 주장한 대표적인 사상가로는 노직과 롤스가 있다. 노직은 개인의 소유 권리를 배타적으로 보장하는 것이 정의라고 보고, 개인의 소유 권리를 보호하는 제한적 역할만 하는 (㉠)을/를 옹호하였다. 롤스는 모든 구성원이 평등한 자유를 누릴 수 있도록 공정성을 실현하는 것이 정의라고 보고, 이를 위한 ㉡국가의 역할을 강조하였다.

206

㉠에 해당하는 용어를 쓰시오.

207

밑줄 친 ㉡에 관한 롤스의 주장을 ㉠과 비교하여 서술하시오.

| 208~209 |

다음 글을 읽고 물음에 답하시오.

> 갑: 어떤 사람이 우월한 재능을 가지고 태어난 것은 정의롭
> 지도 부정의하지도 않다. 하지만 한 개인에게 주어진
> 타고난 재능은 그 개인이 누릴 자격이 있는 마땅한 것
> 이 아니다. 따라서 불리한 처지에 있는 사람의 여건을
> 향상시켜 준다는 조건에서만 그가 가진 타고난 우월한
> 재능으로부터 더 큰 이익을 얻을 수 있다.
> 을: 각 개인의 타고난 재능이 그가 마땅히 받을 만한 것이
> 라고 말할 수는 없다고 해도, 개인은 자신의 타고난 재
> 능에 대한 소유 권리를 가지며 그 타고난 재능으로부터
> 산출되는 것에 대해서도 소유 권리를 가진다.

208

갑, 을 사상가들의 입장에 관한 설명으로 옳지 <u>않은</u> 것은?

① 갑은 우월한 재능을 타고난 사람도 있고 그렇지 못한 사
람도 있는 상황을 부정의하다고 본다.
② 갑은 어떤 사람도 자신의 타고난 우월한 재능을 유리한
출발 지점으로 이용할 자격은 없다고 본다.
③ 을은 어떤 소유물의 취득과 이전 과정이 부당하면 국가가
교정하는 역할을 할 수 있다고 본다.
④ 을은 개인이 타고난 재능으로 얻은 소유물에 대한 소유
권리는 그 사람에게 오롯이 있다고 본다.
⑤ 갑과 을은 모두 각 개인이 타고난 재능을 그 사람이 마땅
히 받을 만한 것이라고는 볼 수 없다고 본다.

209

갑 사상가가 을 사상가에게 제기할 수 있는 비판으로 옳은 것은?

① 경제적 불평등을 허용하는 분배 원칙이 부당함을 간과한다.
② 최소 국가만이 도덕적으로 정당화 가능한 유일한 국가임
을 간과한다.
③ 자연적 우연성의 영향을 최소화하려는 국가의 개입은 정
당함을 간과한다.
④ 부정의한 이전 과정을 바로잡는 국가의 개입은 정당하지
않음을 간과한다.
⑤ 개인은 자신의 타고난 사회적 지위에 대한 소유 권리를
지닌다는 점을 간과한다.

210

그림의 강연자가 지지할 견해로 옳은 것은?

> 개인만이 궁극적 가치를 지닌다는 자유주의의
> 관점에서 보면, 나는 내가 존재하기로 선택한 것
> 이고, 나의 자아는 사회적·역사적 역할과 지위
> 로부터 분리될 수 있습니다. 그러나 나는 가족,
> 도시, 친족, 민족, 국가 등 다양한 공동체의 구성
> 원입니다. 이는 내 삶에 주어진 사실이며, 내 도
> 덕의 출발점이기도 합니다.

① 개인은 공동체와 분리되어 독립적으로 존재한다.
② 개인의 자아 정체성은 개인의 선택으로 이루어진다.
③ 공동체의 전통은 개인의 삶에 영향을 미치지 않는다.
④ 공동체는 개인이 좋은 삶을 살게 하는 중요한 기반이다.
⑤ 공동체는 개인의 자유 증진 수단으로서만 가치가 있다.

211

(가)의 갑, 을 사상가들의 입장을 (나) 그림으로 탐구하고자 할 때,
A~C에 해당하는 내용으로 옳은 것만을 <보기>에서 있는 대로 고른
것은?

(가)	갑: 원초적 입장에서 무지의 베일을 쓴 계약 당사자들은 사회적 약자의 처지가 개선된다는 전제하에 재화가 불평등하게 분배될 수 있다는 데 합의할 것이다. 을: 사회적 가치는 각 공동체의 역사적이고 문화적인 소산이다. 이에 상이한 사회적 가치들은 상이한 근거들에 따라 상이한 절차에 맞게 상이한 주체에 의해 분배되어야 한다. 정의의 원칙들은 다원적이다.
(나)	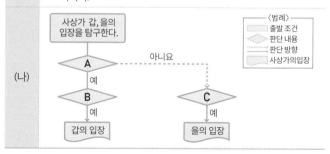

┤ 보기 ├

ㄱ. A: 정의의 원칙은 가상 상황에서 합의를 통해 도출되는가?
ㄴ. B: 정의로운 사회에서 경제적 불평등은 정당화될 수 있
는가?
ㄷ. B: 복지를 위한 재분배 정책은 정의의 원칙에 위배되는가?
ㄹ. C: 서로 다른 사회적 가치들은 동일한 기준에 따라 분
배되어야 하는가?

① ㄱ, ㄴ　　　　② ㄱ, ㄹ　　　　③ ㄷ, ㄹ
④ ㄱ, ㄴ, ㄷ　　　⑤ ㄴ, ㄷ, ㄹ

06 사회 정의 실현을 위한 노력

1 사회 및 공간 불평등 현상

1 사회 불평등 현상

(1) 의미: 희소하고 한정된 사회적 자원이 개인이나 집단에 차등적으로 분배되어 개인과 집단이 서열화되는 현상

(2) 사례

사회 계층의 양극화	· 사회 계층을 상층, 중층, 하층으로 구분할 때 중층의 비중이 줄면서 사회 계층의 양극단인 상층과 하층으로 사람들이 몰리는 현상. · 주요 원인: 재산과 소득에 따른 경제적 격차 · 경제적 격차가 교육, 취업, 건강 등 사회의 다양한 측면에 영향을 미침. → 사회 전반에 걸쳐 양극화 현상이 나타남.(예 부의 대물림) · 문제점: 계층 간 위화감을 조성하여 사회 발전의 동력을 약화하는 부작용 초래, 계층 간 이동을 어렵게 하여 계층 간 갈등 유발
사회적 약자에 대한 차별	· 사회적 약자: 성별, 나이, 신체적 조건, 출신 국가나 민족, 경제적 지위 등을 이유로 한 사회에서 불리한 위치에 있는 사람 → 사회적으로 소외되어 인간다운 삶을 영위하는 데 어려움을 겪음. 예 여성, 노인, 어린이, 장애인, 빈곤층, 이주 외국인, 북한 이탈 주민 등 · 주요 원인: 선입견과 편견, 차별을 용인하는 사회적 환경 · 문제점: 구성원의 기본적 권리를 침해한다는 점에서 정의롭지 않음.

사례 설명: 한 사회에서 사회적 자원과 기회가 차등적으로 분배되어서 비슷한 수준의 사회적 자원을 가진 사람들이 위계적인 층을 이루고 있는 것

부의 계층이 자녀에게 대물림되는 것

2 공간 불평등 현상
지역 간에 사회적 희소가치가 불균등하게 분배되어 경제적·사회적·문화적 수준의 차이가 나타나는 현상

(1) 사례: 선진국과 개발 도상국의 격차, 수도권과 비수도권의 격차, 도시와 촌락의 격차, 도시 지역 내 격차 등

(2) 우리나라의 공간 불평등 현상
정부 주도로 성장 잠재력이 높은 지역을 선정하여 집중적으로 개발하고, 그 효과가 주변 지역으로 확산되도록 하는 개발 방식

① 주요 원인: 성장 거점 개발 정책 → 빠른 경제 성장을 위해 성장 가능성이 큰 수도권과 대도시 중심으로 투자를 집중함.

② 영향: 수도권과 대도시로 인구와 자본이 유입되어 경제 성장 이룩, 그 외 지역은 인구 유출 및 경제 침체 문제 발생, 수도권과 비수도권 간 사회적·문화적 불평등 초래 등

(3) 문제점: 낙후된 지역에 사는 주민들의 삶의 질을 떨어뜨리고, 상대적으로 발전한 지역에 사는 주민들과 낙후된 지역에 사는 주민들 간의 갈등을 일으켜 사회 통합을 저해할 수 있음.

꼭 나오는 자료
🔗 53쪽 232번 문제로 확인

한국 사회의 불평등은 단순한 빈부 격차가 아니라 '다중 격차'로 나타난다. '다중 격차'란 소득, 자산, 주거, 교육, 문화, 건강 등 여러 영역에서 격차가 벌어지는 현상이다. 소득 격차가 커지면 자산의 불평등으로 연결되고, 소득과 자산의 불평등은 다시 주거 불평등의 심화로 이어진다. 소득, 자산, 주거의 격차는 다시 교육 불평등에 영향을 주고 교육 불평등은 대학 진학에 영향을 주며, 출신 대학은 또다시 소득 격차로 연결된다.

자료 분석 단순한 빈부 격차의 문제를 넘어서는 다중 격차로 인해 전반적인 생활 영역에서 불평등 현상이 나타난다면 이는 정의로운 사회 실현을 가로막는다는 점에서 큰 문제라고 할 수 있다.

2 정의로운 사회를 위한 다양한 제도와 실천 방안

1 정의로운 사회 실현을 위한 다양한 제도
사회 구성원이 기본적 욕구를 충족하고 정상적인 생활을 할 수 있도록 사회적으로 지원하는 제도

(1) 사회 복지 제도
법률이 정한 기준에 해당하는 사람은 의무 가입

사회 보험	· 국민에게 발생할 수 있는 사회적 위험을 보험 방식으로 사전에 대처하여 국민의 건강과 생활 보전을 보장함. 예 국민연금, 국민 건강 보험, 고용 보험, 산업 재해 보상 보험, 노인 장기 요양 보험 등. · 일정 수준의 소득이 있는 개인, 기업, 정부가 보험료를 분담함.
공공 부조	· 국가와 지방 자치 단체의 책임하에 생활 유지 능력이 없거나 생활이 어려운 국민의 최저 생활 보장 및 자립을 지원함. 예 국민 기초 생활 보장 제도, 기초 연금, 의료 급여 등 · 조세 부담 능력이 있는 국민이 낸 세금을 재원으로 하여 저소득 계층을 지원함. → 사회 보험보다 소득 재분배 효과가 큼.
사회 서비스	도움이 필요한 국민에게 상담, 재활, 돌봄, 정보 제공, 관련 시설 이용, 사회 참여 지원 등을 제공함. 예 노인 돌봄 서비스, 장애인 활동 지원, 가사·간병 서비스 등

사회 보험, 공공 부조와 달리 사회 서비스는 비금전적 지원을 원칙으로 함.

(2) 적극적 평등 실현 조치
국회 의원 비례 대표 후보자 추천 시 일정 비율을 여성에게 배분하는 정책

의미	실질적 평등이 보장되는 정의로운 사회를 만들기 위해 사회적 약자에게 다양한 측면에서 직·간접적 혜택을 제공하여 불평등을 바로잡으려는 제도
우리나라의 사례	여성 할당제, 장애인 의무 고용 제도, 대학 입학 전형에서 사회적 약자의 처지 개선을 위한 제도적 방안 시행 등
문제점	혜택의 정도가 과도하여 역차별 문제가 나타날 수 있으므로 이에 대한 사회적 합의가 필요함.

관공서나 기업에서 장애인을 일정 비율 이상 고용하게 하는 정책

사회적 배려 대상자 전형, 농어촌 학생 전형 등

부당하게 받는 차별을 시정하기 위해 마련한 제도나 장치가 너무 강하여 도리어 반대편이 차별받게 되는 경우를 일컬음.

(3) 지역 격차 완화 정책

① 수도권 과밀화 해소 및 국토의 균형 발전 도모: 공공 기관의 지방 이전, 기업의 지방 이전 시 세금 감면 및 각종 규제 완화 등의 혜택 제공

② 지역의 특성을 살린 지역 발전 전략 수립: 낙후 지역의 주택 재개발 사업 및 주거 환경 개선 사업 실시, 자립형 지역 발전 기반을 구축하여 지역 경제 활성화 도모 등

지역 브랜드 구축, 장소 마케팅 등이 대표적인 사례임.

2 정의로운 사회 실현을 위한 실천 방안

(1) 공동체 구성원으로서 다양한 불평등 문제에 관심을 가지고 해결책을 찾으려고 노력해야 함.

(2) 사회적 약자에 관한 선입견이나 편견을 가지고 있지 않은지 성찰하고, 사회적 약자의 고통에 공감하는 태도를 가져야 함.

이전된 공공 기관과 지역의 대학, 연구소, 산업체, 지방 자치 단체가 협력하여 지역의 새로운 성장 동력을 창출하는 기반이 되는 미래형 도시

꼭 나오는 자료
🔗 53쪽 235번 문제로 확인

2005년 정부는 국가 균형 발전을 위해 전국에 10대 혁신 도시를 지정하여 수도권에 있는 공공 기관의 지방 이전을 추진하였다. …… 1차 공공 기관 지방 이전은 2014년부터 시행되었으며 2019년까지 154개의 공공 기관이 이전하였다.

자료 분석 공공 기관 지방 이전 정책은 수도권과 대도시 중심의 성장 거점 개발로 심화된 공간 불평등 현상의 해소에 도움이 된다.

기본 기출 문제

핵심 주제를 파악할 수 있는 기출 문제를 수록하였습니다.

핵심 개념 문제

● 빈칸에 들어갈 알맞은 말을 쓰시오.

212 (   )은/는 사회적 자원이 개인이나 집단 간에 차등 분배되어 개인이나 집단이 서열화되는 현상이다.

213 사회 계층의 (   )은/는 계층 간 불평등의 심화로 중층의 비중이 감소하고 상층과 하층의 비중이 늘어나는 현상을 말한다.

214 (   )은/는 한 사회에서 불리한 위치에 있어 차별받거나 소외되는 대상으로, 노인, 어린이, 여성, 장애인 등이 이에 해당한다.

215 (   )은/는 지역 간에 사회적 희소가치가 불균등하게 분배되어 경제적·사회적·문화적 수준의 차이가 나타나는 현상을 말한다.

● 설명이 옳으면 ○표, 틀리면 ×표를 하시오.

216 사회 계층은 정치권력, 경제적 계급, 사회적 지위 등 다양한 차원에서 사회 구성원 사이에 형성된 일정한 층을 의미한다. (   )

217 경제적 격차는 부의 대물림으로 이어져 계층 이동을 어렵게 함으로써 폐쇄적인 사회 구조를 형성한다는 문제점이 있다. (   )

218 우리나라는 급속한 산업화와 도시화를 거치면서 수도권과 비수도권, 도시와 농촌 등 공간을 기준으로 불평등 현상이 나타나고 있다. (   )

● 사회 복지 제도와 그 내용을 바르게 연결하시오.

219 사회 보험 •   • ㉠ 국가 지원으로 빈곤 계층에게 최소한의 생활을 보장함.

220 공공 부조 •   • ㉡ 도움이 필요한 국민에게 상담, 돌봄 등을 제공함.

221 사회 서비스 •   • ㉢ 국민이 사회적 위험에 사전에 대비할 수 있게 함.

● ㉠, ㉡ 중 알맞은 것을 고르시오.

222 국민 기초 생활 보장 제도, 의료 급여, 기초 연금은 (㉠ 공공 부조, ㉡ 사회 보험)에 해당한다.

223 사회 구성원이 기본적 욕구를 충족하고 정상적인 생활을 하도록 사회적으로 지원하는 제도는 (㉠ 적극적 평등 실현 조치, ㉡ 사회 복지 제도)이다.

224

핵심 주제 **사회 불평등 현상**

㉠에 관한 설명으로 옳지 <u>않은</u> 것은?

(㉠)(이)란 부, 권력, 명예 등 사회적 자원이 개인이나 집단 사이에 차등적으로 분배되어 개인과 집단이 서열화되는 현상이다. 사회적 자원을 많이 가진 사람과 그렇지 못한 사람이 생기면서 개인이나 집단 간 수직적인 위계질서가 형성된다.

① ㉠은 사회 불평등 현상이다.
② ㉠에는 사회 계층의 양극화가 해당한다.
③ ㉠에는 사회적 약자에 대한 차별이 해당한다.
④ ㉠은 사회적 자원의 양이 한정되어 있어서 나타난다.
⑤ ㉠은 자연스러운 현상으로 정의 실현 문제와는 무관하다.

| 225~226 |

다음 글을 읽고 물음에 답하시오.

(㉠)(이)란 지역 간 경제적·사회적·문화적으로 자원이 불균등하게 분배되어 격차가 발생하는 현상이다. 우리 사회는 급속한 산업화와 도시화를 거치면서 (㉠)이/가 나타나고 있다.

225

핵심 주제 **공간 불평등 현상**

㉠에 관한 설명으로 옳지 <u>않은</u> 것은?

① ㉠은 공간 불평등 현상이다.
② ㉠은 도시와 농촌 간에 나타나고 있다.
③ ㉠은 수도권과 비수도권 간에 나타나고 있다.
④ ㉠은 신도심지와 구도심지 간에 나타나고 있다.
⑤ ㉠의 가장 큰 원인은 지역 격차 완화 정책이다.

226

핵심 주제 **공간 불평등 현상**

㉠의 문제점으로 옳지 <u>않은</u> 것은?

① 국토를 효율적으로 이용하지 못하게 한다.
② 지역 간 갈등을 심화하여 사회 통합을 저해한다.
③ 낙후된 공간에만 혜택이 과도하게 돌아갈 수 있다.
④ 장기적으로 안정적인 국가 발전을 이루지 못하게 된다.
⑤ 경제적 차원을 넘어 생활 환경 전반의 불평등으로 이어진다.

227

핵심 주제 사회 불평등 현상과 공간 불평등 현상

㉠, ㉡에 관한 옳은 설명만을 <보기>에서 고른 것은?

(㉠)은/는 사회적 자원이 차등적으로 분배되어 개인이나 집단이 서열화되는 것을 의미하고, (㉡)은/는 지역 간에 경제적, 사회적·문화적 수준에서 불평등이 나타나는 것을 의미한다.

┤보기├

ㄱ. ㉠에는 사회 계층의 양극화, 사회적 약자에 대한 차별이 해당한다.
ㄴ. ㉡은 도시 내에서 고소득층과 저소득층의 거주 환경 차이를 포함한다.
ㄷ. ㉠은 공간 불평등 현상, ㉡은 사회 불평등 현상이다.
ㄹ. ㉠과 ㉡은 자연스러운 현상으로 정의로운 사회 실현에 영향을 미치지 않는다.

① ㄱ, ㄴ　　　② ㄱ, ㄷ　　　③ ㄴ, ㄷ
④ ㄴ, ㄹ　　　⑤ ㄷ, ㄹ

228

핵심 주제 사회 불평등 현상

밑줄 친 ㉠에 해당하는 사례로 옳은 것만을 <보기>에서 있는 대로 고른 것은?

사회적 약자는 경제적 지위 또는 사회적 지위가 낮아 보호와 배려의 대상이 되는 개인 또는 집단을 말한다. ㉠사회적 약자에 대한 차별은 인간존엄성을 훼손한다는 점에서 부정의하다고 할 수 있다.

┤보기├

ㄱ. 열악한 노동 환경에서 저임금을 받는 이주 노동자
ㄴ. 정착 지원금과 주거 환경을 보장받는 북한 이탈 주민
ㄷ. 사회 진출이나 승진, 임금 체계 등에서 부당한 대우를 받는 여성

① ㄱ　　②ㄴ　　③ ㄱ, ㄷ
④ ㄴ, ㄷ　　⑤ ㄱ, ㄴ, ㄷ

229

핵심 주제 사회 불평등 현상

㉠~㉢에 관한 설명으로 옳지 않은 것은?

(㉠)은/는 중간 계층이 감소하고 상층과 하층의 비중이 증가하는 현상을 말한다. 대표적인 원인은 (㉡)이다. 그 외에 (㉢) 등도 그 원인이 된다. (㉠)이/가 심화되면 (㉣)와/과 같은 문제가 발생한다.

① ㉠은 사회 계층의 양극화이다.
② ㉠은 공간 불평등 현상의 일종이다.
③ ㉡은 재산과 소득에 따른 경제적 격차의 확대이다.
④ ㉢에는 교육의 기회나 학력의 격차가 들어갈 수 있다.
⑤ ㉣에는 계층 이동이 힘든 폐쇄적 사회 구조의 형성이 해당한다.

| 230~231 |

다음 글을 읽고 물음에 답하시오.

(가) 도움이 필요한 국민에게 상담, 재활, 돌봄, 복지 시설 이용 등을 제공하는 제도
(나) 생활 유지 능력이 없거나 생활이 어려운 국민에게 최소한의 삶을 보장하기 위해 국가가 전액 지원하는 제도
(다) 개인, 정부, 기업이 비용을 분담하여 국민에게 발생할 수 있는 사회적 위험에 대비하여 국민의 건강과 생활 보전을 보장하는 제도

230

핵심 주제 정의로운 사회를 위한 다양한 제도와 실천 방안

(가)~(다)에 해당하는 용어를 바르게 연결한 것은?

	(가)	(나)	(다)
①	사회 보험	공공 부조	사회 서비스
②	사회 보험	사회 서비스	공공 부조
③	공공 부조	사회 보험	사회 서비스
④	사회 서비스	공공 부조	사회 보험
⑤	사회 서비스	사회 보험	공공 부조

231

핵심 주제 정의로운 사회를 위한 다양한 제도와 실천 방안

(가)~(다)에 해당하는 구체적인 제도로 옳은 것만을 <보기>에서 있는 대로 고른 것은?

┤보기├

ㄱ. (가): 장애인 활동 지원, 가사·간병 서비스
ㄴ. (나): 노인 장기 요양 보험, 산업 재해 보상 보험
ㄷ. (다): 기초 연금, 의료 급여, 국민 기초 생활 보장 제도

① ㄱ　② ㄴ　③ ㄱ, ㄷ　④ ㄴ, ㄷ　⑤ ㄱ, ㄴ, ㄷ

실력 기출 문제
학교 시험에서 출제율이 높은 문제를 엄선하여 수록하였습니다.

232 빈출
다음 글의 화자가 지지할 견해로 옳은 것은?

> 한국 사회의 불평등은 단순한 빈부 격차가 아니라 '다중 격차'로 나타난다. 다중 격차란 소득, 자산, 주거, 교육, 문화, 건강 등 여러 영역에서 격차가 벌어지는 현상이다. 소득 격차가 커지면 자산의 불평등으로 연결되고, 소득과 자산의 불평등은 다시 주거 불평등의 심화로 이어진다. 소득, 자산, 주거의 격차는 다시 교육 불평등에 영향을 주고 교육 불평등은 대학 진학에 영향을 주며, 출신 대학은 또다시 소득 격차로 연결된다.

① 주거 불평등과 소득 격차는 무관한 현상이다.
② 다중 격차란 소득과 자산만의 불평등을 의미한다.
③ 교육 불평등은 대학 진학에 영향을 미치지 못한다.
④ 한국 사회의 불평등은 단순한 빈부 격차의 문제이다.
⑤ 소득 격차는 연쇄적으로 다양한 영역의 격차로 연결된다.

233
교사의 질문에 적절하게 답변한 학생으로 옳지 않은 것은?

○○ 불평등 현상의 다양한 양상을 소개해 볼까요?

> 〈○○ 불평등 현상〉
> 지역 간에 사회적 희소가치가 불균등하게 분배되어 경제적·사회적·문화적 수준의 차이가 나타나는 현상

① 갑: 비수도권에 인구 소멸 위험 지역이 몰려 있습니다.
② 을: 도시에 비해 농촌 지역에는 의료 시설이 적습니다.
③ 병: 재개발된 구도심에 편의 시설이 집중되어 있습니다.
④ 정: 수도권에 문화 시설, 교육 시설 등이 몰려 있습니다.
⑤ 무: 중소 도시에 지하철, 광역 버스 등 교통망이 부족합니다.

234
(가)에 해당하는 내용으로 옳지 않은 것은?

> 우리 사회에서 여성은 남성 중심적 사회 구조로 인해 차별을 받아 온 사회적 약자이다. 따라서 나는 여성에게 직간접적 혜택을 제공하는 적극적 평등 실현 조치가 필요하다고 생각한다. 그런데 어떤 사람은 여성에 대한 적극적 평등 실현 조치는 능력과 업적에 기초한 분배 원칙에 어긋난다고 주장한다. 나는 이러한 주장이 '_____(가)_____'을 간과하고 있다고 본다.

① 과거의 차별에 대한 현재의 보상이 정당함
② 사회적 약자에게 유리한 기회를 부여해야 함
③ 적극적 평등 실현 조치로 또 다른 차별이 생길 수 있음
④ 실질적 평등이 보장될 때 정의로운 사회 실현이 가능함
⑤ 여성에 대한 적극적 평등 실현 조치가 사회 정의 실현에 기여함

235 빈출
다음과 같은 노력이 달성하고자 하는 목표로 가장 적절한 것은?

> 2005년 정부는 전국에 10대 혁신 도시를 지정하여 수도권에 있는 공공 기관의 지방 이전을 추진하였다. 혁신 도시는 이전된 공공 기관과 지역의 대학, 연구소, 산업체, 지방 자치 단체가 협력하여 지역의 새로운 성장 동력을 창출하는 기반이 되는 미래형 도시이다. 1차 공공 기관 지방 이전은 2014년부터 시행되었으며 2019년까지 154개의 공공 기관이 이전하였다.

① 성장 거점 개발
② 지역 격차 완화
③ 세대 간 긴장 완화
④ 문화적 다양성 증진
⑤ 사회적 약자에 관한 차별의 해소

● 바른답·알찬풀이 22쪽

236

㉠에 해당하는 옳은 내용만을 <보기>에서 고른 것은?

> 자립형 지역 발전 기반을 구축하기 위해서는 해당 지역의 발전 잠재력을 적극적으로 발굴하고 지역의 특성을 살릴 수 있는 발전 전략을 추진해야 한다. 최근 여러 지방 자치 단체에서 추진하고 있는 (㉠) 등이 대표적이다.

┤ 보기 ├
ㄱ. 성장 거점 선정　　　　ㄴ. 관광 마을 조성
ㄷ. 대도시 집중 투자　　　ㄹ. 지역 브랜드 구축

① ㄱ, ㄴ　② ㄱ, ㄹ　③ ㄴ, ㄷ　④ ㄴ, ㄹ　⑤ ㄷ, ㄹ

| 237~238 |

다음 자료를 보고 물음에 답하시오.

〈사회 보험과 공공 부조〉

구분	㉠	㉡
대상자	일정한 요건을 갖춘 모든 국민	절대 빈곤층
특징	(㉢) 대책	사후적 대책
재원	기여금, 부담금	㉣

237

㉠~㉣에 해당하는 내용을 바르게 연결한 것은?

	㉠	㉡	㉢	㉣
①	공공 부조	사회 보험	사전적	조세
②	공공 부조	사회 보험	사후적	조세
③	사회 보험	공공 부조	사전적	조세
④	사회 보험	공공 부조	사전적	기여금
⑤	사회 보험	공공 부조	사후적	기여금

238

㉠, ㉡에 관한 설명으로 옳지 않은 것은?

① ㉠에는 국민연금이 해당한다.
② ㉠은 법률이 정한 기준에 해당하면 의무 가입해야 한다.
③ ㉡에는 기초 생활 보장이 해당한다.
④ ㉡은 비금전적 지원을 원칙으로 한다.
⑤ ㉡이 ㉠보다 소득 재분배 효과가 크다.

| 239~240 |

다음 글을 읽고 물음에 답하시오.

> 적극적 평등 실현 조치는 사회적으로 차별받았던 사회적 약자에게 다양한 측면에서 직간접적 혜택을 제공하여 불평등을 바로잡으려는 제도이다. 우리나라는 기업이나 관공서에서 일정 비율 이상의 장애인을 고용하도록 하는 (㉠)을/를 시행하고 있다. 또한 대학 입학 전형에서도 ㉡ 다양한 전형을 마련하고 있다.

239

㉠에 해당하는 용어를 쓰시오.

240

밑줄 친 ㉡의 예를 제시하고, ㉡과 같은 방안이 정의로운 사회 실현에 어떻게 기여하고 있는지에 관해 서술하시오.

| 241~242 |

다음의 사회 복지 제도와 관련한 그래프를 보고 물음에 답하시오.

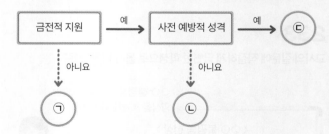

241

㉠~㉢에 해당하는 용어를 쓰시오.

242

㉠~㉢에 해당하는 구체적인 제도를 두 가지 이상씩 제시하시오.

내신 1등급을 결정하는 고난도 문제를 수록하였습니다.

적중 1등급 문제

243

다음은 학생들의 형성 평가 답안을 정리한 것이다. 각 진술에 관해 모두 바르게 응답한 학생은?

〈형성 평가〉

※ 사회 및 공간 불평등 현상에 대한 진술이 맞으면 'O', 틀리면 'X'를 표시하시오.

진술 \ 학생	갑	을	병	정	무
사회 계층의 양극화는 중층 비중이 줄면서 상층과 하층으로 사람들이 몰리는 현상이다.	O	O	O	O	X
사회적 약자에 대한 차별의 주요 원인은 선입견과 편견, 차별을 용인하는 사회적 환경이다.	O	O	O	X	X
사회 불평등 현상은 무한한 사회적 자원이 차등 분배되어 개인이나 집단이 서열화된 것이다.	O	X	X	X	X
공간 불평등 현상의 대표적인 원인은 수도권을 중심으로 한 성장 거점 개발 정책의 추진이다.	O	O	X	X	X

① 갑   ② 을   ③ 병   ④ 정   ⑤ 무

244

(가), (나)에 관한 적절한 설명만을 <보기>에서 있는 대로 고른 것은?

(가) 「남녀 고용 평등법」은 고용 시장에서 행해진 여성의 채용·승진·임금 차별을 막기 위해서 제정되었다. 하지만 법이 시행된 이후에도 성차별적 인식으로 인해 여전히 많은 여성이 고통과 차별을 받고 있다.

(나) 장애인 의무 고용 제도란 국내 사업주에게 일정 비율 이상의 장애인을 고용하도록 의무를 부과하는 제도이다. 그러나 아직 장애인에 관한 사회적 인식이 크게 바뀌지 않아 여전히 장애인 고용은 저조한 수준이다.

┤ 보기 ├

ㄱ. (가)를 통해 적극적 평등 실현 조치로 인한 역차별 문제도 함께 해소되어야 한다는 점을 알 수 있다.

ㄴ. (나)를 통해 장애인에 대한 사회적 차별은 장애인 개인이 지닌 능력의 차이에서 기인함을 알 수 있다.

ㄷ. (가), (나)를 통해 사회적 약자에 대한 차별 해소를 위해 제도의 시행뿐만 아니라 의식 개선도 필요함을 알 수 있다.

① ㄱ   ② ㄷ   ③ ㄱ, ㄴ   ④ ㄴ, ㄷ   ⑤ ㄱ, ㄴ, ㄷ

245

다음 자료의 ㉠, ㉡에 들어갈 카드로 옳은 것은?

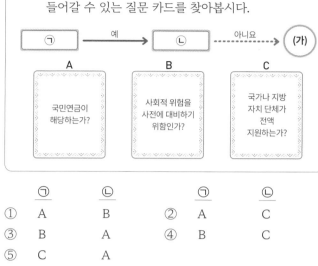

교사: 사회 복지 제도의 종류를 구분하는 탐구 활동을 해 보겠습니다. (가)가 공공 부조만 될 수 있도록 ㉠, ㉡에 들어갈 수 있는 질문 카드를 찾아봅시다.

㉠ —예→ ㉡ ----아니요---→ (가)

A
국민연금이 해당하는가?

B
사회적 위험을 사전에 대비하기 위함인가?

C
국가나 지방 자치 단체가 전액 지원하는가?

	㉠	㉡		㉠	㉡
①	A	B	②	A	C
③	B	A	④	B	C
⑤	C	A			

246

갑, 을의 입장에 관한 설명으로 옳지 않은 것은?

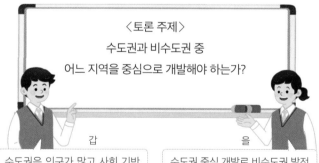

〈토론 주제〉
수도권과 비수도권 중 어느 지역을 중심으로 개발해야 하는가?

갑: 수도권은 인구가 많고 사회 기반 시설이 잘 갖추어져 있으며, 산업 및 편의 시설도 집중되어 있습니다. 따라서 수도권을 중심으로 개발을 진행해야 그 혜택을 많은 사람이 누릴 수 있어 효율적입니다.

을: 수도권 중심 개발로 비수도권 발전이 지체되면, 교통, 문화 등 생활 환경에 있어 수도권과 비수도권 간 공간 불평등 현상이 심화됩니다. 비수도권 중심의 개발을 통해 불평등한 상황을 개선해야 합니다.

① 갑은 수도권 중심의 효율적인 국토 개발을 중시한다.

② 을은 수도권과 비수도권 간 균형 있는 개발을 중시한다.

③ 을은 지역 격차 완화를 위한 개발의 필요성을 강조한다.

④ 갑은 을과 달리 인구가 적은 지역을 중심으로 한 개발에 찬성할 것이다.

⑤ 을은 갑과 달리 수도권 소재 공공 기관의 지방 이전 정책에 찬성할 것이다.

중간·기말고사를 대비할 수 있는 실전 문제로 구성하였습니다.

마무리 문제

04 정의의 의미와 분배적·교정적 정의

247

다음 글의 입장으로 가장 적절한 것은?

> 사람들은 자신이 응당한 대우를 받지 못하거나 부당한 차별이 있을 때, 또는 자신이 입은 피해에 관한 적절한 보상이 이루어지지 않거나 다른 사람이 잘못을 저질렀음에도 제대로 처벌받지 않을 때 정의롭지 않다고 여긴다. 그렇다면 정의롭다는 것은 무엇일까? 전국 시대의 맹자는 정의를 의로움[義]으로 표현하였고, 고대 그리스의 플라톤은 사회 각 계층의 사람들이 각자 자신이 맡은 일에서 탁월함을 발휘하여 조화를 이룬 상태를 정의라고 보았다.

① 동양 사상이 서양 사상보다 정의를 잘 설명한다.
② 정의는 어떤 잘못에 대한 처벌과 배상의 문제에 한정된다.
③ 정의에 대한 설명은 시대나 장소와 상관없이 항상 동일하다.
④ 이해 갈등 문제의 해결을 위한 공정한 정의 기준이 요청된다.
⑤ 정의는 사회적 가치, 권리와 의무 등의 분배 문제에 한정된다.

248

㉠, ㉡에 관한 옳은 설명만을 <보기>에서 고른 것은?

> 정의는 크게 두 가지로 나뉜다. 우선, (㉠)은/는 다양한 사회적 가치를 마땅히 받을 만한 사람이 받게 함으로써 각자가 자신의 몫을 누릴 수 있게 하는 것이다. 또한 (㉡)은/는 어떤 사람이 잘못을 했을 때 처벌함으로써 부정의한 상태를 정의로운 상태로 되돌리는 것이다.

⊣ 보기 ├
ㄱ. ㉠은 분배를 둘러싼 문제 해결을 위한 원칙과 관련된다.
ㄴ. ㉡은 기본적 권리, 기회, 부와 소득 등을 교정하는 것과 관련된다.
ㄷ. ㉡에 따르면 작은 잘못에는 작은 처벌이, 큰 잘못에는 큰 처벌이 가해질 때 공정성이 실현될 수 있다.
ㄹ. 아리스토텔레스에 따르면 ㉠은 일반적 정의이고, ㉡은 특수적 정의이다.

① ㄱ, ㄴ　　② ㄱ, ㄷ　　③ ㄴ, ㄷ
④ ㄴ, ㄹ　　⑤ ㄷ, ㄹ

249

다음은 학생이 작성한 형성 평가지이다. ㉠~㉢ 중에서 옳은 대답만을 고른 것은?

> 〈형성 평가〉
> ※ 분배적 정의의 의미와 실질적 기준에 대한 설명이 맞으면 '예', 틀리면 '아니요'에 ✔표시하시오.
> [설명 1] 분배적 정의는 사회적 재화를 공정하게 분배하는 원칙과 무관하다. 　　　　예 □ 아니요 ✔ … ㉠
> [설명 2] 전문적인 자질을 갖춘 사람에게 어떤 지위나 자격을 부여하는 것은 능력에 따른 분배에 해당한다. 　　　　예 ✔ 아니요 □ … ㉡
> [설명 3] 업적에 따른 분배는 사회적 약자를 배려할 수 있다는 장점이 있지만, 주관적 편견을 배제하기 어렵다는 단점도 있다. 　　　　예 ✔ 아니요 □ … ㉢
> [설명 4] 능력에 의한 분배는 개인의 성취동기를 높여 사회 전체의 효율성을 높인다는 장점이 있지만, 능력을 정확히 평가하는 기준을 마련하기 어렵다는 단점도 있다. 　　　　예 □ 아니요 ✔ … ㉣

① ㉠, ㉡　　② ㉠, ㉣　　③ ㉡, ㉢
④ ㉡, ㉣　　⑤ ㉢, ㉣

250

갑, 을 사상가들의 입장에 관한 설명으로 옳지 <u>않은</u> 것은?

> 갑: 공공 의사의 표현인 법은 살인을 증오하고 그 행위를 처벌한다. 살인범에게 지속적인 고통을 주는 형벌이 범죄 억제에 가장 확실한 효과를 가져온다.
> 을: 형벌은 보편 법칙을 입법하려는 의지의 형태로 범죄자의 자유 의지를 범죄자 자신에게 실현시켜 주는 것으로 스스로의 행위에 응분의 책임을 부과하는 것이다.

① 갑은 범죄 예방 효과는 형벌 타당성의 기준이 될 수 없다고 본다.
② 갑은 살인범에 대한 사형은 유용하지도 필요하지도 않다고 본다.
③ 을은 범죄와의 응보적 관계에 따라 형벌을 부과해야 한다고 본다.
④ 을은 형벌은 사회적 선을 촉진하기 위한 수단으로 가해질 수 없다고 본다.
⑤ 갑과 을은 형벌은 사적 차원의 보복이 아닌 공적 차원의 정의 실현이 되어야 한다고 본다.

251

다음 사례와 밀접하게 관련된 분배적 정의의 실질적 기준이 지닌 장점과 단점을 서술하시오.

- 무상 급식과 무상 교복 지원
- 의료비 지원　　　　　· 기초 연금

05 다양한 정의관의 특징과 적용

252

다음 가상 편지를 쓴 사상가가 부정의 대답을 할 질문으로 옳은 것은?

○○에게

자네가 정의의 원칙에 대해 물었기에 나의 생각을 말하겠네. 정의의 원칙은 누구에게도 유리하거나 불리하지 않도록 설정된 가상 상황에서 도출될 때 공정성이 보장된다네. 내가 제시하는 정의의 원칙은 다음과 같다네. '첫째, 모든 사람은 기본적 자유를 평등하게 누려야 한다. 둘째, 사회적·경제적 불평등은 최소 수혜자에게 최대의 이익을 보장하도록, 그리고 공정한 기회균등의 조건 아래 모든 사람에게 개방된 직책이나 직위와 결부되도록 편성되어야 한다.' 이러한 정의의 원칙이 적용된다면 공정성이 확보된 정의로운 사회가 될 것이네.

① 정의로운 사회에서도 사회적·경제적 불평등이 존재하는가?
② 정의로운 사회 실현을 위해서 최소 수혜자의 이익을 고려해야 하는가?
③ 정의의 원칙 중 평등한 기본적 자유의 원칙은 가장 최후에 보장되어야 하는가?
④ 정의의 원칙에 의하면 모든 사람의 기본적 자유는 평등하게 보장되어야 하는가?
⑤ 정의의 원칙은 누구에게도 유리하거나 불리하지 않은 상황에서 선택되어야 하는가?

253 서술형

(가)에 들어갈 내용을 서술하시오.

자유주의는 개인의 자유를 무엇보다 소중한 가치로 여기는 사상으로, 자유주의에서는 ___(가)___ 이/가 정의롭다고 본다.

254

다음 글의 관점에 부합하는 진술에만 모두 '✔'를 표시한 학생은?

어떤 분배가 정의로울 충분조건은 그 분배하에서 모든 사람들이 자신들의 소유물에 대해 소유 권리를 소유함이다. 정당한 소유권을 가진 사람들이 그 소유물을 자유롭게 이전했다면, 그 결과가 불평등해도 이 또한 정의롭다.

진술　　　　　　　　　　　학생	갑	을	병	정	무
개인은 정당한 소유물에 대한 배타적 소유권을 지닌다.	✔			✔	✔
최소 국가는 정의 실현을 위해 분배 과정에 개입할 수 있다.	✔	✔		✔	
결과의 평등을 강조하는 정의 원칙은 사적 소유권을 침해한다.			✔	✔	✔
분배 절차의 공정성이 분배 결과의 정의를 보장하는 것은 아니다.		✔	✔		✔

① 갑　　② 을　　③ 병　　④ 정　　⑤ 무

255

갑, 을 사상가들의 입장으로 옳은 것만을 <보기>에서 있는 대로 고른 것은?

갑: 최소 국가는 개인을 존엄성과 권리를 지닌 인격으로 대우한다. 최소 국가보다 더 포괄적인 국가는 개인의 권리를 침해한다.
을: 공정한 사회란 공정한 최초의 상황에서 사람들이 선택하게 될 원칙에 의해 규제되는 구성원들의 상호 이익을 위한 협동 체제이다.

┤ 보기 ├
ㄱ. 갑: 국가는 불의한 분배를 교정하기 위해 개입할 수 없다.
ㄴ. 을: 정의의 원칙은 가상 상황에서 합의를 통해 도출된다.
ㄷ. 갑과 을: 사회적·경제적 불평등이 없어져야 정의로운 사회를 실현할 수 있다.

① ㄱ　　② ㄴ　　③ ㄱ, ㄴ　　④ ㄴ, ㄷ　　⑤ ㄱ, ㄴ, ㄷ

256

(가)의 갑, 을, 병 사상가들이 (나)의 ㉠에 관해 제시할 견해로 옳은 것은?

(가)	갑: 어떤 것에 대한 개인의 소유 권리가 정당하다면, 이로부터 유출된 것에 대해서도 소유 권리를 갖는다. 을: 공정으로서의 정의는 원초적 입장에서 합의된 정의 원칙들이 기본 구조에 적용되는 것이다. 병: 인간은 서사적 자아로서 공동체의 역사와 전통으로부터 다양한 빚과 유산, 기대와 의무를 물려받는다.
(나)	㉠초과 이윤세는 일정 기준 이상의 이익을 얻은 집단이나 개인에게 보통 소득세 외에 추가적으로 징수하는 소득세를 말한다. 예를 들어 기름값이 정부의 유류세 인하 조치에도 연일 오르자 초과 이윤세를 도입해야 한다는 목소리가 나왔다.

① 갑은 국가가 최소한의 역할만을 해야 한다고 보아 찬성할 것이다.

② 을은 개인의 소유 권리를 부당하게 침해한다고 보아 반대할 것이다.

③ 병은 재원 마련으로 공동선을 증진할 수 있다고 보아 찬성할 것이다.

④ 갑과 을은 개인의 자유와 권리를 우선 보호해야 한다고 보아 찬성할 것이다.

⑤ 을과 병은 사익보다 공익 실현에 더 가치를 두어야 한다고 보아 반대할 것이다.

257

밑줄 친 ㉠에 관해 공동체주의적 정의관의 입장에서 제시할 견해로 옳은 것은?

> ㉠공공 기관에서 운영하는 인터넷 게시판을 실명제로 운영하도록 규정한 법 조항이 합헌이라는 헌법재판소의 판결이 나왔다. 헌법재판소에서는 "공공성이 있는 사항이 논의되는 게시판은 공동체 구성원의 책임이 더 강하게 요구되는 곳"이라며 "책임성과 건전성을 확보하여 해당 게시판의 공공성과 신뢰성을 유지할 필요성이 크다."라고 설명하였다.

① 개인이 보장받아야 할 표현의 자유가 침해되었으므로 이를 부정한다.

② 개인에게 공동체의 가치를 억압적으로 부과하고 있으므로 이를 부정한다.

③ 사이버 공간에서 익명으로 표현할 자유를 보장해야 하므로 이를 긍정한다.

④ 표현의 자유는 최우선적으로 중시되어야 할 헌법적 가치이므로 이를 긍정한다.

⑤ 사이버 공간은 공동체 구성원으로서 책임감 있게 행동할 필요가 있는 공적 영역이므로 이를 긍정한다.

258

다음 자료에 관한 설명으로 옳지 않은 것은? (단, A, B는 각각 자유주의적 정의관과 공동체주의적 정의관 중 하나임.)

질문	답변	
	갑	을
A는 정의를 실현하기 위해 개인의 자유를 가장 우선시하는가?	아니요	㉠
(가)	예	예
A는 개인을 공동체의 전통으로부터 독립적인 존재로 보는가?	아니요	예
A는 개인의 자유와 권리를 최대한 보장하는 것이 정의롭다고 보는가?	예	예
점수	2점	1점

※ 질문별로 채점하고, 답변 하나가 맞을 때마다 1점씩 부여함.

① A는 공동체주의적 정의관이다.

② ㉠에 들어갈 답변은 '아니요'이다.

③ (가)에 'A는 개인을 무연고적 자아로 간주하는가?'가 들어갈 수 있다.

④ (가)에 'B는 국가가 개인의 삶에 개입하지 말아야 한다고 보는가?'가 들어갈 수 있다.

⑤ (가)에 'B는 국가를 개인의 자유와 권리 보호를 위한 수단으로 보는가?'가 들어갈 수 없다.

259

(가)에 들어갈 내용으로 옳은 것은?

> 나는 개인의 자유는 무엇보다도 중요하므로, 타인의 자유를 침해하지 않는 범위에서 개인의 자유가 최대한 보장되어야 한다고 본다. 그런데 어떤 사람은 개인은 공동체가 요구하는 책무를 이행하여 공동체 발전에 기여해야 한다고 주장한다. 나는 이러한 주장이 '_____(가)_____'을 간과한다고 생각한다.

① 개인의 자유는 어떠한 경우에도 결코 제한될 수 없음

② 개인의 좋은 삶은 공동체의 역사, 전통과 분리될 수 없음

③ 개인은 연대감, 배려 의식 등 공동체적 가치를 함양해야 함

④ 공동체의 목표를 지나치게 강조하면 개인의 희생이 강요될 수 있음

⑤ 국가의 중립성을 유지하는 것은 공동체의 목표를 포기하는 것과 같음

260 서술형

다음 주장을 반박하는 내용을 공동체주의적 정의관의 입장에서 서술하시오.

> 마스크 착용 의무화는 개인의 자유를 침해할 우려가 있다. 개인은 마스크 착용 여부를 선택할 권리를 지니며, 이것은 개인의 기본적인 자유 중 하나이다. 마스크 착용 의무화는 개인의 기본적인 자유를 제한하는 것이며, 우리 사회 전체의 자유를 위협한다.

 사회 정의 실현을 위한 노력

261

㉠~㉣에 관한 설명으로 옳은 것은?

> 우리나라는 1970년대에 정부 주도의 ㉠ 성장 거점 개발을 추진하였다. 이로 인해 ㉡ 수도권은 인구와 자본의 유입으로 크게 성장했지만, 비수도권은 상대적으로 성장이 정체되거나 낙후되었다. 이에 현재 우리나라는 ㉢ 수도권과 비수도권 간의 격차를 해결하기 위해 다양한 ㉣ 지역 격차 완화 정책을 추진하고 있다.

① ㉠은 투자의 효율성보다 지역 간 형평성을 강조한다.
② ㉡은 국토의 공간적 불평등이 해소되었음을 의미한다.
③ ㉢은 자연스러운 현상으로 사회 통합을 저해하는 요인으로 볼 수 없다.
④ ㉣의 사례로 '수도권 소재 공공 기관의 지방 이전'을 들 수 있다.
⑤ ㉡과 ㉢의 결과로 비수도권에 기업, 대학교, 의료 기관 등이 몰려 있게 되었다.

262 서술형

다음을 지칭하는 용어를 쓰고, 그것이 정의로운 사회 실현을 저해하는 까닭을 서술하시오.

> 사회 계층 가운데 중층의 비율이 점점 감소하면서 구성원들이 사회 계층의 상층과 하층의 양극단으로 쏠리는 현상

263

갑, 을의 입장에 관한 설명으로 옳지 않은 것은?

> 갑: 사회적 약자에 대한 적극적 평등 실현 조치는 사회적 약자들이 받은 과거의 차별을 보상하기 위함이다. 이는 기회의 재조정을 통해 실질적 정의를 구현하고 사회의 다양성을 확보하여 사회 발전에 기여할 수 있다.
> 을: 사회적 약자에 대한 적극적 평등 실현 조치는 노력이나 업적과 무관하게 사회적 약자에게 과도한 혜택을 주는 것이다. 이는 일반 사람들의 본질적 권리를 침해하거나 그들의 기회를 박탈하여 또 다른 차별을 낳을 수 있다.

① 갑은 대입 전형에서 사회적 약자의 몫을 할당하는 것이 정당하다고 볼 것이다.
② 갑은 사회적 약자를 우대하는 입학 정책이 실질적 평등을 실현한다고 볼 것이다.
③ 을은 과거의 차별을 보상하는 입학 정책은 공정한 경쟁을 저해한다고 볼 것이다.
④ 을은 사회적 약자의 대학 입학을 위해 다른 일반 지원자에게 피해를 주어서는 안 된다고 볼 것이다.
⑤ 갑과 을은 사회적 약자를 우대하는 입학 정책은 부당한 역차별을 심화시킨다고 볼 것이다.

264

㉠~㉢에 관한 옳은 설명만을 <보기>에서 있는 대로 고른 것은?

〈사회 복지 제도〉

㉠	㉡	㉢
• 노인 돌봄 서비스 • 장애인 활동 지원 • 가사·간병 서비스	• 국민 기초 생활 보장 제도 • 기초 연금 • 의료 급여	• 국민연금 • 국민 건강 보험 • 고용 보험

┤ 보기 ├
ㄱ. ㉠은 비금전적 지원을 원칙으로 하여 자활 능력을 길러 주고 생활의 어려움을 개선할 수 있도록 한다.
ㄴ. ㉡은 일정 수준의 소득이 있는 개인 등이 보험료를 분담한다.
ㄷ. ㉡은 ㉢보다 소득 재분배 효과가 크다.
ㄹ. ㉢은 ㉡과 달리 사회적 위험을 사전에 대처하고자 한다.

① ㄱ, ㄴ   ② ㄱ, ㄷ   ③ ㄴ, ㄹ
④ ㄱ, ㄷ, ㄹ   ⑤ ㄴ, ㄷ, ㄹ

Ⅲ 시장경제와 지속가능발전

07 자본주의의 전개와 시장경제

1 자본주의의 특징과 역사적 전개 과정

1 자본주의의 의미와 특징

의미	사유 재산 제도를 바탕으로 자유로운 경제활동이 보장되는 시장 경제 운영 원리
특징	• 사유 재산권의 보장: 개인이 자유롭게 재산을 획득 및 사용 가능 • 시장의 기능 활성화: 시장에서 결정된 가격에 따라 상품 거래가 이루어짐. • 경제활동의 자유 보장: 시장에서의 경쟁을 통해 사적 이익의 추구 인정

2 자본주의의 역사적 전개 과정

(1) 상업 자본주의(16~18세기)

의미	상품의 생산보다 상품의 유통 과정에서 이윤을 추구하는 자본주의
등장 배경	• 신항로 및 식민지 개척에 따른 교역의 확대 • 절대 왕정의 중상주의 정책 추진

(2) 산업 자본주의(18~19세기)

의미	상품의 유통보다 생산 과정에서 이윤을 추구하는 자본주의
등장 배경	18세기 중반 영국에서 시작된 산업 혁명
특징	• 산업 시설을 소유한 자본가의 주도로 산업 자본주의로 변화 • 생산한 제품을 자유롭게 사고팔 수 있는 시장의 자유 요구 → 작은 정부 추구
주요 학자	애덤 스미스 → '보이지 않는 손'의 역할을 강조하며 국가가 시장 개입을 최소화해야 한다고 주장(자유방임주의)

(3) 수정 자본주의(20세기)

자원 배분을 시장에 자유롭게 맡겨 둔 결과 오히려 시장에서 자원이 비효율적으로 배분되는 현상

의미	국가의 적극적 시장 개입으로 시장 실패를 해결해야 한다는 자본주의
등장 배경	소수 대자본에 의한 독과점 발생 → 과잉 공급과 수요 부족 → 생산 위축에 따른 기업의 도산과 대량 실업의 문제(대공황) 발생
특징	• 정부의 역할 강조: 다양한 정책을 통해 정부가 시장에 적극 개입하여 시장의 한계를 보완하고자 함. → 큰 정부 추구 • 미국은 뉴딜 정책을 통해 대공황 극복을 시도함.
주요 학자	케인스 → 정부의 개입과 역할 강조

대공황에 대처하기 위해 1933년부터 1938년까지 루스벨트 대통령이 주도한 일련의 경제 정책

(4) 신자유주의(20세기 말)

시기	정부 역할을 제한하고, 시장의 기능과 자유로운 경제활동을 강조하는 자본주의
등장 배경	• 1970년대 석유 파동 이후 발생한 스태그플레이션에 대한 정부 대처의 한계 발생 • 20세기 후반 정부의 지나친 시장 개입으로 정부 실패 발생, 복지의 확대로 정부의 재정 악화
특징	공기업 민영화, 노동 시장 유연화, 복지 축소 등 추구
주요 학자	프리드먼, 하이에크 → 정부 역할의 축소 강조

경기 침체(stagnation)와 인플레이션(inflation)의 합성어로, 경기 침체 상황에서 물가가 상승하는 현상

시장 실패를 극복하기 위한 정부의 개입이 오히려 자원 배분의 효율성을 저해하는 현상

꼭 나오는 자료

⌀ 63쪽 284번 문제로 확인

우리가 저녁 식사를 기대할 수 있는 것은 푸줏간 주인, 양조장 주인, 빵집 주인의 자비심 덕분이 아니라, 그들이 자기 이익을 챙기려는 생각 덕분이다. …… 각 개인은 '보이지 않는 손'에 인도되어 자기가 전혀 의도하지 않았던 목적을 달성하게 된다. …… 그는 자신의 이익을 추구함으로써 오히려 더 효과적으로 사회의 이익을 증진한다.
- 애덤 스미스, 《국부론》 -

시장 가격의 자원 배분 기능

자료 분석 애덤 스미스는 시장에서의 자유로운 경제활동을 통해 국부가 증가한다고 보고 정부의 시장 개입을 반대하였다.

2 경제 체제의 유형별 특징

1 시장경제 체제

특징	• 시장 원리에 의한 경제 문제 해결 • 자본주의와 결합하여 사유 재산권 보장 • 시장 가격에 기초한 개별 경제 주체의 자유로운 의사 결정 보장 • 자원 배분의 효율성을 형평성보다 중시
장점	'보이지 않는 손'의 작동으로 효율적인 자원 배분, 사유 재산권 보장으로 개인의 능력과 창의성 발휘 등
한계	빈부 격차의 발생으로 형평성 저해, 급격한 경기 변동 가능성으로 인해 시장의 안정성 저해 등

2 계획경제 체제

특징	• 정부의 결정과 통제에 의한 경제 문제 해결 • 사회주의와 결합하여 사유 재산권이 원칙적으로 부정되어 생산 수단의 국유화 • 개별 경제 주체의 경제활동 자유 제한 • 자원 배분의 형평성을 효율성보다 중시
장점	정부의 계획에 의한 부와 소득의 불평등 완화, 정부의 명령과 계획에 따른 자원 배분 등으로 국가 정책 목표의 효율적 달성 등
한계	사유 재산권 및 경제활동 자유의 제한으로 인한 경제적 유인의 부족 → 경제활동의 창의성과 역량 발휘 저해, 비효율적 자원 배분, 소비자의 다양한 욕구를 반영한 계획 수립의 어려움, 정부의 잘못된 결정으로 인해 경제 발전의 저해 가능 등

사람들이 어떤 행동을 하거나 하지 않도록 동기를 부여하는 금전적인 보상 또는 손실

3 혼합 경제 체제

등장 배경	1930년대 대공황 → 시장의 자동 조절 기능에 대해 한계를 체감한 정부가 시장에 적극적으로 개입하여 경제 문제 해결을 시도함.
특징	• 시장경제적 요소와 계획경제적 요소를 혼용한 경제 체제 • 오늘날 대부분의 국가는 혼합 경제 체제를 채택하고 있음. • 국가가 추구하는 목표에 따라 혼합의 정도가 다름. → 우리나라의 경우 시장경제 체제를 기반으로 계획경제 체제의 요소가 일부 더해진 혼합 경제 체제를 채택하고 있음.

핵심 주제를 파악할 수 있는 기출 문제를 수록하였습니다.

기본 기출 문제

핵심 개념 문제

● 빈칸에 들어갈 알맞은 말을 쓰시오.

265 자본주의는 (　　　) 제도를 바탕으로 시장을 통해 경제의 기본 문제를 해결하는 운영 원리이다.

266 16세기 이후 유럽 국가들이 상업과 수출을 장려하는 (　　　) 정책을 펼친 결과 (　　　) 자본주의가 발전하였다.

267 (　　　)은/는 자유방임주의를 제시하였다.

● 설명이 옳으면 ○표, 틀리면 ×표를 하시오.

268 2008년 미국발 금융 위기는 수정 자본주의의 한계를 보여 주었다. (　　　)

269 계획경제 체제에서는 생산 수단의 사적 소유가 허용되지 않는다. (　　　)

270 시장경제 체제에서는 민간 경제 주체가 경제활동의 중심이 되어 자신의 이익을 자유롭게 추구한다. (　　　)

● ㉠, ㉡ 중 알맞은 것을 고르시오.

271 19세기 후반에는 거대한 소수 기업이 시장을 지배하는 (㉠ 독점, ㉡ 상업) 자본주의가 나타났다.

272 (㉠ 수정 자본주의, ㉡ 신자유주의)는 시장에 대한 정부의 적극적 개입을 강조한다.

273 (㉠ 케인스, ㉡ 하이에크)는 정부 개입을 비판하고 자유로운 경제활동을 강조하였다.

● 다음에서 설명하는 경제 체제를 <보기>에서 고르시오.

274 '보이지 않는 손'을 통한 경제 문제의 해결을 강조하지만 급격한 경기 변동으로 인한 문제가 나타날 수 있다. (　　　)

275 정부가 경제 전반을 통합적으로 관리함으로써 국가의 정책 목표를 효과적으로 달성할 수 있지만 개인의 능력과 창의성이 제대로 발휘되기 어렵다. (　　　)

┤ 보기 ├
ㄱ. 시장경제 체제　　　ㄴ. 계획경제 체제

276

핵심 주제 자본주의의 의미와 특징

밑줄 친 ㉠에 관한 옳은 설명만을 <보기>에서 고른 것은?

> ㉠이것은 사유 재산 제도를 바탕으로 시장에서 자유로운 경제활동을 보장하는 경제 운영 원리이다.

┤ 보기 ├
ㄱ. 원칙적으로 사유 재산권이 제한된다.
ㄴ. 일반적으로 시장경제 체제와 결합한다.
ㄷ. 정부의 계획과 통제에 따라 자원이 배분된다.
ㄹ. 경제활동의 자유 및 사적 이익 추구를 인정한다.

① ㄱ, ㄴ　　② ㄱ, ㄷ　　③ ㄴ, ㄷ
④ ㄴ, ㄹ　　⑤ ㄷ, ㄹ

277

핵심 주제 자본주의의 역사적 전개

다음 자료에 관한 설명으로 옳은 것은? (단, A, B는 각각 상업 자본주의, 산업 자본주의 중 하나임.)

> • A의 등장 배경: ＿＿(가)＿＿ , 절대 왕정의 중상주의 정책
> • B의 등장 배경: 18세기 중·후반 시작된 산업 혁명

① A는 산업 자본주의, B는 상업 자본주의이다.
② 애덤 스미스의 자유방임주의는 A의 사상적 배경이 되었다.
③ B는 상품의 생산보다 유통을 통한 이윤 추구에 중점을 둔다.
④ B는 A와 달리 경제활동의 자유를 중시하지 않는다.
⑤ (가)에는 '16세기 유럽의 신항로 개척과 이로 인한 교역 확대'가 들어갈 수 있다.

278

핵심 주제 경제 체제

교사의 질문에 대한 학생의 답변으로 옳은 것은? (단, A, B는 각각 시장경제 체제, 계획경제 체제 중 하나임.)

> 교사: A는 시장 원리에 의해 경제 문제를 해결하는 경제 체제이고, B는 정부의 명령에 따라 경제 문제를 해결하는 경제 체제입니다. A, B의 특징을 설명해 볼까요?

① A에서는 B보다 자원 배분의 효율성이 낮습니다.
② A에서는 B보다 기업의 이윤 추구 동기가 높습니다.
③ B에서는 A와 달리 민간 경제 주체들 간의 자유로운 경쟁을 중시합니다.
④ B에서는 A와 달리 자원 배분 과정에서 '보이지 않는 손'의 역할을 강조합니다.
⑤ A와 B 모두 원칙적으로 생산 수단의 사적 소유를 인정하지 않습니다.

III

279

⭐핵심 주제 자본주의의 역사적 전개

㉠~㉢에 들어갈 용어를 바르게 연결한 것은?

18세기 중·후반 유럽에서 산업 혁명이 발생하여 기술이 급격히 발전하고 제조업이 이윤 창출의 핵심으로 자리 잡으면서 생산 시설을 소유한 자본가가 주도적인 역할을 담당하는 (㉠)가 성장하였다. 이 시기에 생산 능력은 매우 향상되었으나 열악한 노동 환경, 도시 빈민 발생 등과 같은 문제가 나타났고, 19세기 후반에는 경제활동의 자유가 지나치게 중시되면서 거대한 소수 기업이 시장을 지배하는 (㉡)가 나타났다. 이후 미국에서 세계 경제를 파국으로 몰아넣은 대공황이 발생하면서 정부가 시장에 개입하여 경제 문제를 해결해야 한다는 목소리가 커졌고, 이에 따라 (㉢)가 등장하였다.

	㉠	㉡	㉢
①	산업 자본주의	독점 자본주의	수정 자본주의
②	산업 자본주의	상업 자본주의	수정 자본주의
③	상업 자본주의	산업 자본주의	독점 자본주의
④	상업 자본주의	독점 자본주의	산업 자본주의
⑤	독점 자본주의	상업 자본주의	수정 자본주의

280

⭐핵심 주제 자본주의의 역사적 전개

다음 자료에 관한 설명으로 옳은 것은?

그림은 자본주의의 역사적 전개 과정을 나타낸다. 단, (가) 시기에는 자유방임주의가 사상적 배경으로 작용하였다.

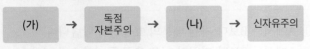

(가) → 독점 자본주의 → (나) → 신자유주의

① (가) 시기에는 다양한 복지 정책이 시행되었다.
② 세계 대공황은 (가)의 등장 배경으로 작용하였다.
③ 스태그플레이션은 (나)의 등장 배경으로 작용하였다.
④ (나) 시기에는 제한 없는 개인의 이익 추구 행위를 인정하였다.
⑤ 정부의 시장 개입 정도는 (가)보다 (나) 시기가 크다.

281

⭐핵심 주제 자본주의의 역사적 전개

다음 글에 나타난 경제 상황에 관한 설명으로 옳은 것은?

1973~1974년과 1978~1980년 두 차례에 걸친 국제 석유 가격의 폭등으로 전 세계가 경제적 위기와 혼란을 겪게 되었다. 특히, 이전과 다르게 경기가 침체한 상황에서 물가까지 상승하게 되어 사람들은 더 큰 어려움을 겪게 되었다.

① 공급과 수요의 과잉으로 발생하였다.
② 해결 방안으로 뉴딜 정책이 시행되었다.
③ 시장에 대해 정부가 적극적으로 개입하게 되는 계기가 되었다.
④ 이후 시장의 자율성을 강화하는 방향으로 자본주의가 변화되었다.
⑤ 상업과 수출을 장려하고 수입을 억제하는 중상주의 정책이 추진되는 계기가 되었다.

282

⭐핵심 주제 경제 체제

경제 체제 A, B에 관한 옳은 설명만을 <보기>에서 있는 대로 고른 것은?

우리나라는 A를 기반으로 B의 특성이 일부 더해진 혼합 경제 체제를 채택하고 있습니다.

┤ 보기 ├
ㄱ. A에서는 시장의 자율성이 중시된다.
ㄴ. B에서는 중앙 정부와 민간이 자원을 공동 소유한다.
ㄷ. A와 B는 '경제 문제 해결 방식의 차이'에 따라 구분된다.

① ㄱ　　　② ㄴ　　　③ ㄱ, ㄷ
④ ㄴ, ㄷ　　　⑤ ㄱ, ㄴ, ㄷ

283

⊙에 들어갈 개념에 관한 설명으로 옳지 <u>않은</u> 것은?

> 인간의 삶은 음식을 먹고, 옷을 입고, 일하고, 여가를 즐기는 등 다양한 경제활동의 연속이다. 오늘날 우리 사회에서 생산자는 다양한 재화와 서비스를 시장에 공급하고 소비자는 이를 자유롭게 소비하며 만족을 추구한다. 이러한 경제활동은 우리가 (⊙)(이)라는 경제 체제의 사회 속에 살고 있기에 가능하다.

① 사유 재산권이 법적으로 보장된다.
② 자원 배분의 효율성보다 형평성을 강조한다.
③ 개별 경제 주체들의 경제활동의 자유가 인정된다.
④ 개별 경제 주체들은 자신의 이익 극대화를 추구한다.
⑤ 상품의 가격이 시장의 수요와 공급에 의해 결정된다.

284 빈출

다음을 주장한 경제학자의 경제관에 부합하는 진술만을 <보기>에서 고른 것은?

> 우리가 저녁 식사를 기대할 수 있는 것은 푸줏간 주인, 양조장 주인, 빵집 주인의 자비심 덕분이 아니라, 그들이 자기 이익을 챙기려는 생각 덕분이다. …… 각 개인은 '보이지 않는 손'에 인도되어 자기가 전혀 의도하지 않았던 목적을 달성하게 된다. …… 그는 자신의 이익을 추구함으로써 오히려 더 효과적으로 사회의 이익을 증진한다.

┤ 보기 ├
ㄱ. 자유 경쟁을 보장하는 경제 체제가 바람직하다.
ㄴ. 사회의 자원은 가격 기구에 의해 효율적으로 배분된다.
ㄷ. 자원 배분의 효율성은 정부의 계획과 통제에 의해서만 달성할 수 있다.
ㄹ. 시장에서 발생한 문제는 정부의 적극적 개입을 통해서만 해결할 수 있다.

① ㄱ, ㄴ　　② ㄱ, ㄷ　　③ ㄴ, ㄷ
④ ㄴ, ㄹ　　⑤ ㄷ, ㄹ

285 빈출

그림은 자본주의의 역사적 전개 과정을 나타낸다. 이에 관한 옳은 설명만을 <보기>에서 고른 것은?

(가) → 독점 자본주의 → (나) → 신자유주의
애덤 스미스　　　　　　　　케인스

┤ 보기 ├
ㄱ. (가) 시기에는 각종 복지 정책이 시행되었다.
ㄴ. (가) 시기에는 정부의 역할을 치안 유지 및 국방 강화에 한정하는 것이 최선이라고 보았다.
ㄷ. 세계 대공황은 (나)가 등장하게 된 배경으로 작용하였다.
ㄹ. (나) 시기에는 공기업의 민영화가 적극적으로 추진되었다.

① ㄱ, ㄴ　　② ㄱ, ㄷ　　③ ㄴ, ㄷ
④ ㄴ, ㄹ　　⑤ ㄷ, ㄹ

286

(가)에 들어갈 내용으로 옳은 것은?

> • 경제 상황: 미국 경제는 1920년대 중반까지 큰 호황을 누리는 것처럼 보였으나 필요한 재화의 양보다 생산량이 훨씬 더 많은 과잉 생산이 이루어지고 있었다. 그러던 중 1929년 10월 24일, 뉴욕 월가의 증권 거래소에서 주가가 폭락하면서 호황의 거품이 터지고 경제 대공황이 시작되었다. 이렇게 시작된 주가 폭락은 이후 끝없이 지속하였고, 기업들의 도산과 대량 실업으로 이어졌다.
> • 개선 방안: ＿＿＿＿＿＿＿＿(가)＿＿＿＿＿＿＿

① 정부의 역할을 축소하고 시장의 역할을 확대하였다.
② '보이지 않는 손'을 통한 문제의 해결을 강조하였다.
③ 애덤 스미스의 자유방임주의 원리로의 회귀를 강조하였다.
④ 대규모 공공사업을 추진하고 사회 보장 제도를 강화하였다.
⑤ 신자유주의 원리를 지향하면서 정부의 역할 축소를 강조하였다.

287

다음은 자본주의의 역사적 전개 과정에서 등장한 경제학자 갑과 을의 입장을 비교한 것이다. 이에 관한 옳은 설명만을 <보기>에서 고른 것은?

> [공통점]   (가)
> [차이점]
> • 갑: '⊙ 보이지 않는 손'의 비유를 들어 정부의 시장 개입 최소화를 주장함.
> • 을: 'ⓒ 풍요 속의 빈곤'의 비유를 들어 정부의 적극적인 시장 개입을 강조함.

> ┤ 보기 ├
> ㄱ. (가)에는 '기본적으로 자본주의 체제를 옹호함.'이 들어 갈 수 있다.
> ㄴ. ⊙은 시장 가격 기구를 의미한다.
> ㄷ. ⓒ은 대공황 상황을 의미하며, 절약의 미덕을 강조하기 위해 사용되었다.
> ㄹ. 신자유주의는 갑보다 을의 입장에 가깝다.

① ㄱ, ㄴ   ② ㄱ, ㄷ   ③ ㄴ, ㄷ
④ ㄴ, ㄹ   ⑤ ㄷ, ㄹ

288

그림은 자본주의의 역사적 전개 과정을 나타낸 것이다. 이에 관한 옳은 설명만을 <보기>에서 고른 것은?

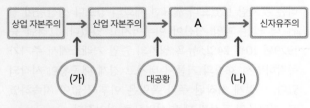

> ┤ 보기 ├
> ㄱ. A는 정부의 시장 개입에 대해 부정적인 입장이다.
> ㄴ. A를 대표하는 학자로는 하이에크와 프리드먼을 들 수 있다.
> ㄷ. (가)에는 '산업 혁명'이 들어갈 수 있다.
> ㄹ. (나)에는 '석유 파동'이 들어갈 수 있다.

① ㄱ, ㄴ   ② ㄱ, ㄷ   ③ ㄴ, ㄷ
④ ㄴ, ㄹ   ⑤ ㄷ, ㄹ

289

다음은 영국이 1976년 12월 경제 위기 발생 직후 시행한 정책이다. 이에 관한 설명으로 옳은 것은?

> • 노동 부문: 노조 세력 약화와 이로 인한 노동 시장 유연화
> • 공공 부문: 공기업의 민영화와 정부 기능 및 인력 감축
> • 금융 산업 부문: 개혁을 통해 경쟁 체제로 구조 조정

① 자원 배분의 효율성보다 형평성을 중시하였다.
② 생산 요소 시장에 대한 국가의 통제를 강화하였다.
③ 국가가 유효 수요를 창출해야 한다는 이론에 따른 것이다.
④ 자원 배분의 방식을 최대한 시장 기구에 맡기는 방향으로 시행되었다.
⑤ 국가가 대규모 공공사업과 복지 정책을 통해 시장에 적극적으로 개입하고자 한다.

290

갑, 을의 논쟁 주제로 적절한 것만을 <보기>에서 고른 것은?

> 갑: 세계 경제 대공황 시기에 정부의 시장 개입은 단기적이고 임시로 시장의 문제를 은폐했을 뿐 오히려 시장의 자동 조절 기능을 교란하여 시장의 자원 배분 상태를 악화시켜 놓았어. 정부가 개입하지 않았으면 비록 시간은 오래 걸렸겠지만 시장이 모든 경제 문제를 해결해 주었을 거야.
> 을: 시장이 자원 배분의 효율성을 달성하는 데 효과적인 것은 사실이야. 하지만 시장 만능주의에 빠지는 것은 경계해야 해. 시장이 아무리 효율적으로 작동한다고 해도 해결되지 못하는 문제들이 있다는 점을 인정하고, 부분적으로 정부의 개입을 통해 시장이 더욱 원활하게 작동하도록 해야 해.

> ┤ 보기 ├
> ㄱ. 시장은 모든 경제 문제를 해결할 수 있는가?
> ㄴ. 시장경제에서는 경기 변동이 나타나지 않는가?
> ㄷ. 정부의 시장 개입은 시장의 기능을 보완하는가?
> ㄹ. 자본주의는 자원 배분의 효율성 실현에 유리한가?

① ㄱ, ㄴ   ② ㄱ, ㄷ   ③ ㄴ, ㄷ
④ ㄴ, ㄹ   ⑤ ㄷ, ㄹ

291 빈출

다음 자료에 관한 설명 및 추론으로 옳은 것은?

다음은 갑국과 을국 헌법의 일부를 나타낸다. 단, 갑국과 을국은 각각 시장경제 체제와 계획경제 체제 중 하나를 채택하고 있다.

<갑국>	<을국>
• 모든 국민의 재산권은 보장된다. • 개인과 기업의 자유로운 경제적 의사 결정은 보장된다.	• 생산 수단은 국가가 소유한다. • …… 국가 소유권의 대상에는 제한이 없다.

① 갑국은 생산 수단의 사적 소유를 인정하지 않을 것이다.
② 을국 헌법에는 시장경제 체제의 요소가 나타나 있다.
③ 갑국은 을국에 비해 자원 배분의 효율성보다 형평성을 강조할 것이다.
④ 갑국은 을국과 달리 개별 경제 주체의 경제적 자율성을 중시할 것이다.
⑤ 을국은 갑국에 비해 시장 가격 기구의 역할을 강조할 것이다.

292

경제 체제 A, B에 관한 옳은 설명만을 <보기>에서 고른 것은? (단, A, B는 각각 계획경제 체제, 시장경제 체제 중 하나임.)

주거 문제를 해결하는 것은 안정적인 경제생활을 위해 필수적이다. A를 채택하고 있는 갑국에서는 사유 재산권을 토대로 주택의 종류와 수량, 생산 방식 및 분배가 시장 가격 기구를 통해 결정된다. 반면, B를 채택하고 있는 을국에서는 토지에 대한 국가 소유권을 토대로 주택 공급과 관련된 모든 사항이 정부의 명령에 따라 결정된다.

┤ 보기 ├
ㄱ. A에서는 '보이지 않는 손'의 기능을 중시한다.
ㄴ. B에서는 정부의 계획과 통제에 의한 자원 배분을 중시한다.
ㄷ. A에서는 B와 달리 경제 문제 해결에 있어 효율성보다 형평성을 강조한다.
ㄹ. B에서는 A와 달리 희소성에 따른 경제 문제가 발생한다.

① ㄱ, ㄴ   ② ㄱ, ㄷ   ③ ㄴ, ㄷ
④ ㄴ, ㄹ   ⑤ ㄷ, ㄹ

293

밑줄 친 ㉠에 관한 설명으로 가장 적절한 것은?

'보이지 않는 손'이 작동하지 않는 ㉠이 경제 체제에서는 정부가 구성원들이 무엇을 원하는지, 또 그들이 어떤 능력을 가지고 있는지를 제대로 파악할 수 없다. 그러다 보면 생선을 먹고 싶어 하는 사람들에게 정부가 채소를 배급해 주는 일이 발생할 수 있다.

① 정부의 지나친 개입으로 형평성이 떨어진다.
② 자유로운 경쟁에 따라 경제 문제를 해결한다.
③ 사람들이 경제적 유인에 반응하여 경제활동을 한다.
④ 자원 배분 과정에 민간과 정부가 공동으로 참여한다.
⑤ 사회주의와 결합하여 빈부 격차를 완화하려는 목표를 지닌다.

294 빈출

경제 체제 A, B에 관한 옳은 설명만을 <보기>에서 있는 대로 고른 것은? (단, A, B는 각각 계획경제 체제, 시장경제 체제 중 하나임.)

〈통합사회 활동지〉
※ 경제 체제 A와 구분되는 경제 체제 B의 특징을 세 가지 서술하시오. (단, 서술별로 채점하며, 옳은 서술 1개당 1점, 총 3점임.)

학생이 작성한 답안	받은 점수
• '보이지 않는 손'에 의한 경제 문제 해결을 강조한다. • 원칙적으로 생산 수단의 사적 소유를 인정하지 않는다. • 개별 경제 주체의 자유로운 사익 추구 활동을 중시한다.	2점

┤ 보기 ├
ㄱ. A에서는 정부의 명령이나 계획에 의해 자원을 배분한다.
ㄴ. A에서는 B와 달리 민간 경제 주체 간 자유로운 경쟁을 강조한다.
ㄷ. B에서는 A와 달리 경제적 유인 체계를 중시한다.

① ㄱ   ② ㄴ   ③ ㄱ, ㄴ
④ ㄱ, ㄷ   ⑤ ㄱ, ㄴ, ㄷ

● 바른답·알찬풀이 28쪽

295

(가)에 들어갈 경제 칼럼의 제목으로 가장 적절한 것은?

> 제목: _____(가)_____
>
> 신자유주의는 기업이나 조직의 조직 원리만이 아니라 개인들의 행동 원리도 수익성의 관점에서 평가하도록 만들었다. 2008년 서브프라임 모기지 사태 이후의 경제 위기는 신자유주의 체제에 대한 근본적 의문을 낳았다. 시장이 개인의 탐욕으로 작동하는 것임은 분명히 인정해야 하지만 그것이 극단적으로 사회를 위태롭게 할 지경에 이르면 시장에 대한 개입과 규제도 필요하다. 지난 20~30년 동안은 이런 규제를 장애물로 인식하는 분위기였지만 이제는 부의 양극화가 너무 심해졌는데도 왜 제어하지 않느냐는 문제를 대다수 사람들이 제기하고 있다. 모든 규제와 개입이 악이라는 명제부터 근본적으로 성찰해야 할 때인 것이다.

① 정부는 언제나 불완전하다
② 탐욕, 그것은 시장을 움직이는 힘이다
③ 강력한 규제만이 문제 해결의 열쇠이다
④ 신자유주의 이후의 시대, 시장으로 돌아가자
⑤ 시장은 만능이 아니다, 정부의 역할을 인정하자

296 빈출

다음 자료에 관한 설명으로 옳은 것은?

> 표는 경제 체제 A, B의 공통점과 차이점을 나타낸다. (나)에는 '원칙적으로 생산 수단의 사적 소유가 허용되지 않는다.'가 들어갈 수 있다. 단, A, B는 각각 시장경제 체제, 계획경제 체제 중 하나이다.
>
> | 구분 | A | B |
> |---|---|---|
> | 공통점 | (가) | |
> | 차이점 | (나) | (다) |

① A에서는 경제적 유인을 강조한다.
② B에서는 정부의 명령에 의한 자원 배분을 중시한다.
③ (가)에는 '자원의 희소성으로 인한 경제 문제가 발생한다.'가 들어갈 수 있다.
④ (나)에는 '경제 주체들의 자율적인 의사 결정을 중시한다.'가 들어갈 수 있다.
⑤ (다)에는 '소득 분배의 형평성을 중시한다.'가 들어갈 수 있다.

1등급을 향한 서답형 문제

| 297~298 |

자본주의의 역사적 전개 과정 (가)~(라)를 순서 없이 나열한 것이다. 물음에 답하시오.

> (가) 대공황 극복을 위해 미국 루스벨트 정부는 테네시강 유역을 개발하는 등 대규모 공공사업을 추진하여 일자리를 제공함으로써 수요 부족 문제를 해결하였다.
> (나) 중앙 집권적 통치 체제의 유럽 국가들은 금과 은을 국부의 원천으로 보고 이를 확보하고자 상업과 수출을 장려하였으며, 이 과정에서 상인들은 많은 자본을 축적하였다.
> (다) 산업 혁명이 일어나 수공업에 의존하던 생산 방식이 공장제 기계 공업으로 전환되면서 생산력이 비약적으로 증가하여 대량 생산 체제가 갖추어졌다. 이에 따라 대규모의 산업 자본이 축적되었다.
> (라) 사람들의 일상과 산업 전반에 널리 사용되는 석유 가격이 급격하게 상승하자 물가 상승을 동반한 경기 침체가 발생하였다. 이를 극복하기 위해 ㉠미국 레이건 정부와 영국 대처 정부를 중심으로 한 경제 정책이 추진되었다.

297

(가)~(라)를 순서대로 나열하시오.

298

밑줄 친 ㉠의 내용을 세 가지 서술하시오.

| 299~300 |

다음 글을 읽고 물음에 답하시오.

> 생산물의 종류와 수량, 생산 방법, 분배 방식 등의 기본적인 경제 문제를 해결하기 위해 합의된 제도나 방식을 A라고 한다. A에는 ㉠ 시장경제 체제와 ㉡ 계획경제 체제, ㉢ 혼합 경제 체제 등이 있다.

299

A에 해당하는 용어를 쓰시오.

300

㉠과 ㉡의 구분 기준을 쓰고, ㉠~㉢을 사용하여 우리나라 경제 체제의 특징을 서술하시오.

내신 1등급을 결정하는 고난도 문제를 수록하였습니다.

301

(가)~(다)는 자본주의의 역사적 전개 과정을 나타낸다. 이에 관한 설명으로 옳지 <u>않은</u> 것은?

> (가) 정부의 적극적인 재정 지출로 일자리를 창출하고 소비를 증진하여 불황을 극복해야 한다는 주장이 주목받았다.
> (나) 유럽에서는 신항로 개척 이후 교역망이 확대되고 대량의 금, 은이 유입되면서 초기 단계로서의 자본주의가 나타나기 시작하였다.
> (다) 영국에서 시작된 산업 혁명을 거치며 공장제 기계 공업이 발달하고 대량 생산이 가능해짐에 따라 제조업을 바탕으로 이윤을 창출하는 자본주의가 발전하였다.

① (가)의 등장 배경으로는 세계 경제 대공황을 들 수 있다.
② (가)의 발전 과정에서 발생한 스태그플레이션은 신자유주의 등장에 영향을 미쳤다.
③ (나)에서는 이윤이 상품의 유통 과정이 아닌 생산 과정에서 발생한다고 인식되었다.
④ (다)의 형성에는 애덤 스미스의 자유방임주의 사상이 큰 영향을 미쳤다.
⑤ 자본주의는 역사적으로 (나) - (다) - (가) 순으로 전개되었다.

302

다음 글에 관한 옳은 설명만을 <보기>에서 고른 것은?

> '㉠케인스주의'라고 불리는 경제 정책에 근거하여 국가는 _____(가)_____ 을/를 창출하였으며, 노동자들은 안정적인 생활과 임금을 보장받았고, 금융 자본의 투기는 억제되었다. 그러나 이러한 풍요와 안정은 오래가지 않았다. 미국 경제는 독일, 일본의 추격에 힘을 잃게 되었고, '㉡석유 파동'으로 세계 경제는 큰 혼란에 빠져들었다. 그 과정에서 등장한 것이 바로 _____(나)_____ 이다.

| 보기 |

ㄱ. (가)에는 '공급', (나)에는 '신자유주의'가 들어갈 수 있다.
ㄴ. ㉠은 정부 실패보다 시장 실패에 대한 대응이다.
ㄷ. ㉡은 정부가 적극적으로 시장에 개입하게 되는 계기가 되었다.
ㄹ. ㉡은 물가 상승률과 실업률이 반비례하지 않을 수 있음을 보여 주었다.

① ㄱ, ㄴ 　② ㄱ, ㄷ 　③ ㄴ, ㄷ
④ ㄴ, ㄹ 　⑤ ㄷ, ㄹ

303

다음 자료에 관한 설명으로 옳은 것은? (단, A, B는 각각 시장경제 체제, 계획경제 체제 중 하나임.)

> 전형적인 A를 채택하고 있는 갑국은 다음의 목적을 달성하기 위해 B의 요소를 도입하는 ㉠경제 체제 개혁을 추진하였다.
>
> <추구하고자 하는 목적>
>
> • 경제 성장률을 올리고, 산업의 생산성을 향상시킨다.
> • 자율과 경쟁을 통해 자원 배분의 효율성을 높인다.
> • _____(가)_____

① A는 B와 달리 생산 수단의 사적 소유를 인정한다.
② B는 A와 달리 정부의 명령에 의한 자원 배분을 중시한다.
③ ㉠을 통해 기업의 이윤 추구 동기가 약화된다.
④ ㉠을 통해 '보이지 않는 손'의 기능이 강화된다.
⑤ (가)에는 '자원의 희소성이 사라지도록 한다.'가 들어갈 수 있다.

304

다음 자료에 관한 옳은 설명만을 <보기>에서 있는 대로 고른 것은? (단, A, B는 각각 시장경제 체제, 계획경제 체제 중 하나임.)

> 표는 각 질문에 관한 갑, 을의 답변 및 점수를 나타낸다. 단, 질문별로 점수를 부여하고, 옳은 답변당 1점씩 부여한다.

질문	답변	
	갑	을
A에서는 경제 주체 간 자율적 의사 결정을 중시하는가?	예	예
(가)	㉠	㉡
A보다 B에서 경제에 대한 정부의 통제 정도가 강한가?	아니요	예
점수	2점	1점

| 보기 |

ㄱ. A는 '보이지 않는 손'의 기능을 강조한다.
ㄴ. B에서는 기업의 영리 추구 활동이 보장된다.
ㄷ. A에서는 B와 달리 기본적인 경제 문제가 발생한다.
ㄹ. (가)에 'A는 B와 달리 경제적 유인을 강조하는가?'가 들어가면, ㉠, ㉡은 모두 '아니요'이다.

① ㄱ, ㄷ 　② ㄱ, ㄹ 　③ ㄴ, ㄹ
④ ㄱ, ㄴ, ㄷ 　⑤ ㄴ, ㄷ, ㄹ

08 합리적 선택과 경제 주체의 역할

1 합리적 선택의 의미와 한계

1 합리적 선택

(1) 자원의 희소성: 인간의 욕망에 비해 사용할 수 있는 자원의 양은 상대적으로 부족함. → 선택의 문제 발생

(2) 합리적 선택과 기회비용

① 합리적 선택: 최소의 비용으로 최대의 편익을 얻을 수 있는 선택

② 편익: 경제적 선택을 함으로써 얻게 되는 만족감

③ 기회비용: 선택 가능한 여러 대안 중 하나의 대안을 선택함으로써 포기하게 되는 대안 중 가장 가치가 큰 것(명시적 비용+암묵적 비용)

명시적 비용	어떤 대안을 선택함으로써 실제로 지불하는 금전적 비용
암묵적 비용	실제로 지불한 것은 아니지만 어떤 대안을 선택함에 따라 얻을 수 있었으나 포기한 대안의 경제적 이익(편익 - 명시적 비용)

④ 매몰 비용: 이미 지출하여 회수할 수 없는 비용 → 합리적 선택을 위해서는 매몰 비용을 고려하면 안 됨.

2 합리적 선택의 한계로 나타나는 시장 실패

(1) 시장 실패의 의미: 시장이 불완전하거나 재화나 서비스의 특성으로 인해 자원의 배분이 효율적으로 이루어지지 못하는 상태

(2) 시장 실패의 유형

독과점 문제	• 독과점: 시장에 하나(독점) 또는 소수(과점)의 공급자만 존재하는 상태 → 생산량이나 가격 등을 공급자가 임의로 조정 가능 • 기업들이 담합하여 소비자에게 피해를 줄 수 있음.
외부 효과	한 경제 주체의 생산·소비가 다른 경제 주체에게 의도하지 않은 이익이나 손해를 끼치지만 이에 대한 대가를 받거나 지불하지 않는 상태
	긍정적 외부 효과 (외부 경제) 다른 경제 주체에게 의도하지 않은 이익을 주고도 대가를 받지 않는 상태 → 사회적 최적 수준보다 과소 생산·소비됨.
	부정적 외부 효과 (외부 불경제) 다른 경제 주체에게 의도하지 않은 손해를 끼치고도 대가를 지불하지 않는 상태 → 사회적 최적 수준보다 과다 생산·소비됨.
공공재 부족	대가를 지불하지 않은 사람을 소비에서 배제시킬 수 없음. • 공공재: 비배제성과 비경합성을 가진 재화나 서비스 ⓓ 국방, 치안 서비스 등 ┗ 한 사람의 소비가 다른 사람의 소비 기회를 감소시키지 않음. • 무임승차자 문제: 비배제성으로 소비자들이 대가를 지불하지 않고 소비하려는 경향이 나타남. → 공공재는 기업이 생산을 통해 이윤을 얻을 수 없어 사회적 최적 수준보다 과소 생산됨.
정보의 비대칭성	소비자와 판매자가 가진 거래에 필요한 정보의 양과 질이 서로 다른 상태 ⓓ 소비자가 중고 제품 시장에서 외형만을 보고 불량품을 구매하는 경우, 화재 보험에 가입한 기업이 화재 위험을 예방하지 않아 화재 발생 확률이 높아지는 경우 등

꼭 나오는 자료 🔗 69쪽 318번 문제로 확인

• 갑은 밤늦게 귀가하는 가족을 위해 자신의 집 밖에 등을 설치하였다. 옥외등이 어두운 골목길을 밝혀 주자 사람들은 비용을 내지 않고도 밤에 안전하게 다닐 수 있게 되었다.

• 을은 작은 공장을 운영한다. 이윤을 극대화하는 과정에서 소음과 환경 오염이 발생하여 의도하지 않게 공장 주변에 사는 사람들에게 피해를 주게 되었다.

> **자료 분석** 갑의 사례와 같은 긍정적 외부 효과는 사회적 최적 수준보다 적게 생산·소비되고, 을의 사례와 같은 부정적 외부 효과는 사회적 최적 수준보다 많이 생산·소비된다.

2 지속가능발전을 위한 경제 주체의 바람직한 역할과 책임

1 정부의 역할과 책임

공정한 경쟁 촉진	• 독과점 기업의 횡포를 규제하는 제도 마련 • 담합이나 기업 간의 불공정한 거래가 나타나지 않도록 규제
외부 효과 개선	• 긍정적 외부 효과: 세금 감면, 보조금 지급 등으로 생산·소비 촉진 • 부정적 외부 효과: 세금 부과, 벌금 부과 등으로 생산·소비 억제
공공재 생산	공공재 생산에 직접 참여하여 공공재 부족 문제 해결
정보의 비대칭성 개선	중고 제품 시장에서의 품질 보증 제도, 상품의 성분 표시, 원산지 표시제 등을 통해 정보의 비대칭성 해소
소득 재분배	누진세 제도 강화, 사회 보장 제도 확충 등

2 기업가의 역할과 책임

기업의 역할	이윤 창출을 목적으로 생산 활동을 하며, 기업의 투자와 기술 개발은 고용 창출 및 국민 소득의 증가로 이어져 가계의 경제 생활과 국가 경제에 긍정적인 영향을 줌.
기업가 정신	기업가가 이윤 추구 과정에서 위험과 불확실성을 무릅쓰고 새로운 시장을 개척하며 도전하는 정신
기업의 사회적 책임	법규를 준수하고, 노동자나 소비자의 권리를 존중하며, 기업의 행위가 사회 전체에 영향을 끼친다는 것을 생각하고 사회적 책임을 다해야 함.

3 노동자의 역할과 책임

┌ 노동력을 제공하고 얻은 임금으로 생활하는 사람

노동자의 역할	노동자의 권리를 스스로 추구하고 생산 활동에 적극 참여, 기업의 존재 없이 노동자가 있을 수 없다는 상호 동반자 의식이 필요함.
노동자의 권리	• 근로 기준법, 최저 임금법 등을 통해 보호하고 있음. • 노동(근로) 3권: 단결권, 단체 교섭권, 단체 행동권

4 소비자의 역할과 책임

소비자 주권	재화와 서비스의 종류나 수량 등을 결정하는 데 소비자가 결정적인 권한을 가지고 있다는 것
윤리적 소비	원료 재배, 생산, 유통 등의 전 과정이 소비와 연결되어 있다는 것을 인식하고 생명과 인권, 동물, 환경, 공동체를 배려하는 것

기본 기출 문제

● 바른답·알찬풀이 32쪽

III

핵심 개념 문제

● 빈칸에 들어갈 알맞은 말을 쓰시오.

305 자원의 (　　　　)(으)로 선택의 문제가 발생한다.

306 (　　　　)은/는 이미 지출하여 회수할 수 없는 비용으로, 합리적 선택을 위해 고려해서는 안 된다.

307 (　　　　)(이)란 시장이 불완전하거나 재화나 서비스의 특성으로 자원의 배분이 효율적으로 이루어지지 못하는 상태를 말한다.

● 설명이 옳으면 ○표, 틀리면 ×표를 하시오.

308 긍정적 외부 효과와 달리 부정적 외부 효과가 발생하면 자원이 비효율적으로 배분된다. (　　)

309 기업은 소득 재분배 정책을 통해 경제적 불평등을 완화 또는 개선하고자 한다. (　　)

● 외부 효과의 유형과 내용을 바르게 연결하시오.

310 긍정적 외부 효과 ·　　· ㉠ 사회적 최적 수준보다 과다 생산·소비

311 부정적 외부 효과 ·　　· ㉡ 사회적 최적 수준보다 과소 생산·소비

● ㉠, ㉡ 중 알맞은 것을 고르시오.

312 합리적 선택은 편익이 기회비용보다 (㉠큰, ㉡작은) 선택을 말한다.

313 미래의 불확실성 속에서 위험을 무릅쓰고 변화를 모색하는 기업가의 자세를 (㉠기업가 정신, ㉡사회적 책임)이라고 한다.

● 다음 설명에 해당하는 권리를 <보기>에서 고르시오.

314 근로자 단체가 사용자와 근로 조건에 대해 협상하고 협약을 체결할 수 있는 권리 (　　)

315 근로 조건의 유지 및 개선을 위해 근로자가 쟁의 행위를 할 수 있는 권리 (　　)

┤ 보기 ├
ㄱ. 단결권　　ㄴ. 단체 교섭권　　ㄷ. 단체 행동권

316

핵심 주제 합리적 선택

㉠에 들어갈 개념으로 옳은 것은?

> 사람들은 무엇을 먹고 어떠한 것을 구매할지와 같은 사소한 문제부터 대학에 진학할지 취업을 할지와 같은 중요한 문제까지 다양한 선택의 상황에 놓인다. 이는 사람의 욕구는 무한한데 이를 충족해 줄 자원은 상대적으로 부족한 상황, 즉 (㉠)에서 비롯된다.

① 편익　　　　② 희소성　　　　③ 기회비용
④ 암묵적 비용　　⑤ 명시적 비용

317

핵심 주제 기회비용

㉠~㉢에 들어갈 경제 개념을 바르게 연결한 것은?

> "세상에 공짜 점심은 없다."라는 말처럼 우리가 어떠한 선택을 하면 그 선택으로 얻는 것도 있지만 반대로 포기하는 것도 있다. 이처럼 선택으로 인해 포기한 것의 가치를 고려해야 하는데, 이를 (㉠)이라고 한다. (㉠)은 직접 화폐로 지출하여 눈에 보이는 회계적 비용인 (㉡)과 어떤 대안을 선택함에 따라 얻을 수 있었으나 포기한 다른 기회의 가치인 (㉢)으로 구성된다.

	㉠	㉡	㉢
①	기회비용	암묵적 비용	명시적 비용
②	기회비용	명시적 비용	암묵적 비용
③	명시적 비용	기회비용	암묵적 비용
④	명시적 비용	암묵적 비용	기회비용
⑤	암묵적 비용	기회비용	명시적 비용

318

핵심 주제 시장 실패

다음은 교사가 어떤 경제 개념을 설명하기 위해 구성한 역할극의 콘티 일부분을 나타낸다. 교사가 설명하고자 한 경제 개념으로 옳은 것은?

> #1. 갑은 밤늦게 귀가하는 가족을 위해 자신의 집 밖에 등을 설치하였다.
> #2. 갑이 설치한 등이 어두운 골목길을 밝혀 주자 갑의 가족뿐만 아니라 동네 사람들이 밤에 안전하게 다닐 수 있게 되었다.
> #3. 동네 사람들은 갑에게 어떠한 비용을 지불하지 않고 있다.

① 독과점　　　　　　② 공공재의 부족
③ 무임승차자 문제　　④ 부정적 외부 효과
⑤ 긍정적 외부 효과

319

다음 글을 통해 내린 결론으로 가장 적절한 것은?

콩코드는 영국과 프랑스가 공동으로 개발한 초음속 여객기로 1976년 상업 비행을 시작하였다. 당시 콩코드는 미국의 보잉 여객기보다 2배 이상 빠른 속도로 이동 시간을 획기적으로 단축하였다. 하지만 많은 연료 소모와 비싼 요금, 이착륙 시 발생하는 엄청난 소음 등을 이유로 사업 전망은 그리 밝지 않았다. 투자자들은 사업 실패를 예감하였지만 장기간 투자한 비용과 시간이 아까워 돈을 계속 쏟아부었다. 총 190억 달러가 넘는 돈이 투입되었지만 결국 콩코드는 2003년 운항이 중단되었다. 콩코드 오류는 이러한 콩코드 여객기의 사례에서 탄생한 경제 용어이다. 돈이나 노력, 시간 등을 투자하는 과정에서 손실이나 실패로 이어질 것을 알면서도 그동안 쓴 비용과 시간 등이 아까워 그만두지 못하는 잘못된 경제적 행동을 의미한다.

① 합리적 선택을 위해 매몰 비용을 고려해서는 안 된다.
② 암묵적 비용은 의사 결정 과정에서 고려하지 않아도 된다.
③ 매몰 비용이 클수록 해당 사업은 더 큰 경제적 가치를 가진다.
④ 편익이 예상보다 작더라도 사업에 대한 투자는 계속 이어져야 한다.
⑤ 공공의 이익을 위해 손실을 감수하더라도 경제적 결정을 내려야 한다.

320

다음 글에 나타난 정부의 경제적 역할로 가장 적절한 것은?

공정 거래 위원회는 ○○ 지역의 12개 교복 대리점에 시정 명령 및 경고와 함께 위반 행위가 심한 두 개의 대리점에 과징금 총 7백만 원을 부과하였다. 이들 대리점은 교복 공동 구매 입찰 과정에서 전화, 문자 메시지, 합의서 등을 통해 낙찰 예정자와 들러리를 정하고 *투찰 가격을 주고받으며 교복 업체 간 밀어주기와 담합을 합의하였다. 가격 인상 등의 피해는 소비자에게 전가되었다.

* 투찰: 경매에서 희망하는 낙찰 가격을 서면으로 제출하는 일

① 공공재 생산   ② 소득 재분배 강화
③ 공정 거래 질서 확립   ④ 경기 부양 정책 실시
⑤ 국가 자원의 효율적 배분

321

다음 주장에 부합하는 기업 활동의 사례로 적절하지 않은 것은?

기업이 추구하는 이윤은 기업 스스로의 노력 이외에도 근로자, 협력 기업, 공공 기관, 소비자 등 많은 사람의 도움을 통해 얻어지는 것이다. 따라서 기업은 이윤 추구에만 급급하지 않고 자신의 이윤에 도움을 준 수많은 사람에게 되돌려주는 사회적 책임도 수행해야 한다. 사회적 책임은 단순히 사회에서 필요로 하는 재화와 서비스를 생산한다는 의미를 넘어 건전한 이윤을 추구하는 것과 함께 소비자의 권익을 고려하는 것이다. 더불어 기업의 경영 방침이 윤리적인지, 공정한 경쟁을 하고 있는지, 노동자의 복지나 자아실현에 힘쓰고 있는지 등도 포함한다.

① 소비자의 권익을 고려하며 공정한 경쟁을 유지한다.
② 공공 기관과 협력하여 지역 사회에 필요한 서비스 제공에 힘쓴다.
③ 비용 절감을 위해 친환경적이지 않은 공법의 생산 방식을 도입한다.
④ 노동자의 복지를 증진하고 자기 계발을 지원하는 프로그램을 시행한다.
⑤ 지역 사회의 취약 계층을 우선적으로 고용하고, 장학 사업을 운영한다.

322

다음은 헌법에서 보장하는 노동 3권을 나타낸다. ㉠~㉢에 들어갈 권리를 바르게 연결한 것은?

- (㉠): 노동조합이 사용자와 근로 조건에 관하여 교섭하고 협약을 체결할 수 있는 권리이다.
- (㉡): 노동 조건에 관한 협상이 원만하게 이루어지지 않을 경우 쟁의 행위를 통해 사용자에게 대항할 수 있는 권리이다.
- (㉢): 노동자가 사용자와 대등한 위치에서 근로 조건을 개선하고 경제적 지위 향상을 도모하기 위해 단체를 결성할 수 있는 권리이다.

	㉠	㉡	㉢
①	단결권	단체 행동권	단체 교섭권
②	단체 교섭권	단결권	단체 행동권
③	단체 교섭권	단체 행동권	단결권
④	단체 행동권	단결권	단체 교섭권
⑤	단체 행동권	단체 교섭권	단결권

323 빈출

다음 자료에 관한 분석으로 옳은 것은?

점심 메뉴를 고민하고 있는 갑은 만두와 샌드위치 중 하나를 선택하려고 한다. 표는 갑의 각 선택에 따른 편익과 가격을 나타낸다.

구분	만두	샌드위치
편익	8천 원	5천 원
가격	4천 원	㉠ 2천 원 또는 ㉡ 3천 원

① ㉠일 경우 샌드위치 선택의 순편익은 3천 원이다.
② ㉠일 경우 샌드위치 선택의 암묵적 비용은 2천 원이다.
③ ㉡일 경우 만두 선택의 기회비용은 6천 원이다.
④ 만두 선택의 순편익은 ㉠일 경우가 ㉡일 경우보다 크다.
⑤ ㉠, ㉡일 경우 모두 샌드위치 선택의 기회비용은 만두 선택의 기회비용보다 크다.

324

다음 대화에 관한 옳은 설명만을 <보기>에서 고른 것은?

사장: 기능성 마스크 개발에 현재까지 ㉠3억 원이 투입되었습니다. 그러나 최근 시장 상황이 급변하여 ㉡기능성 마스크 개발을 지속할지 ㉢기능성 장갑 개발로 전환할지 결정해야 합니다.
직원 갑: 기능성 마스크 개발이 성공적으로 완료되면 6억 원의 판매 수입이 예상됩니다. 하지만 이를 위해 4억 원이 추가 투입되어야 합니다.
직원 을: 기능성 장갑 개발로 전환할 경우 10억 원의 판매 수입이 예상되지만 이를 위해서는 5억 원이 새롭게 투입되어야 합니다.

┤ 보기 ├
ㄱ. ㉠은 매몰 비용이므로 ㉢ 선택 시 고려하지 않아야 한다.
ㄴ. ㉡ 선택의 순편익은 양(+)의 값이다.
ㄷ. ㉢ 선택의 명시적 비용은 암묵적 비용보다 크다.
ㄹ. ㉢ 선택의 기회비용은 ㉡ 선택의 기회비용보다 크다.

① ㄱ, ㄴ   ② ㄱ, ㄷ   ③ ㄴ, ㄷ
④ ㄴ, ㄹ   ⑤ ㄷ, ㄹ

325 빈출

A, B에 관한 설명으로 옳은 것은?

• A는 일반적인 재화나 서비스와는 다른 특성을 가진다. 대가를 지급하지 않은 사람도 소비할 수 있고, 한 사람이 소비한다고 해서 다른 사람의 소비 기회가 줄어들지 않는다.
• 어떤 경제 주체의 행동이 제3자에게 의도하지 않은 손해를 끼치면서도 이에 대한 대가를 치르지 않을 때 B가 발생하였다고 본다.

① A는 비배제성과 비경합성의 특징을 갖는다.
② 기업은 정부와 달리 A를 공급하는 역할을 담당한다.
③ A는 시장에 맡길 경우 사회적 최적 수준보다 과다 생산된다.
④ B는 긍정적 외부 효과이다.
⑤ B는 A의 공급 부족과 달리 시장 실패에 해당한다.

326

(가)~(다) 사례에 관한 설명으로 옳은 것은?

(가) 화재 보험에 가입한 공장이나 사무실이 그렇지 않은 경우에 비해 화재 발생 빈도가 높아졌다.
(나) 공해상의 참치 어획량 감축 캠페인에도 불구하고 어획량 증가로 참치가 멸종 위기에 처해 있다.
(다) 휴가철 여행객들이 휴양지에 무단으로 버린 쓰레기로 지역 주민들의 불만이 고조되고 있다.

① (가)는 불완전 경쟁에 의한 시장 실패를 설명하는 데 적합하다.
② (나)는 공공재의 부족으로 인한 시장 실패를 설명하는 데 적합하다.
③ (다)는 부정적 외부 효과 발생으로 인한 시장 실패를 설명하는 데 적합하다.
④ (가)와 (나)는 모두 정보의 비대칭성으로 발생한 시장 실패를 설명하는 데 적합하다.
⑤ (나)와 (다)는 모두 재화가 사회적 최적 수준보다 적게 거래되는 시장 실패를 설명하는 데 적합하다.

327

(가)에 들어갈 내용으로 가장 적절한 것은?

> 1. 시장 실패의 발생 요인: _____ (가)
> 2. 관련 사례
>   • ○○시의 시멘트 업체들이 건설사에 판매하는 시멘트의 가격을 인상하기로 담합하였다.
>   • △△기업이 특정 배급사의 영화에 대해 다른 영화들에 비해 더 작은 상영관을 배정하는 등 부당한 취급을 하였다.
>   • □□기업은 신규 기업의 시장 진출을 막기 위해 자신들이 생산하는 제품을 공급 원가에 비해 현저히 낮은 가격으로 장기간 판매하였다.

① 불완전 경쟁　　　　② 공공재의 부족
③ 정보의 비대칭성　　④ 긍정적 외부 효과
⑤ 부정적 외부 효과

328

다음 사례에서 공통으로 도출할 수 있는 경제 개념에 관한 옳은 설명만을 <보기>에서 있는 대로 고른 것은?

> • 과학자인 갑은 자신의 연구 결과를 항상 블로그에 탑재하여 모두에게 공개한다. 실제 그의 연구 결과 중 일부는 신제품 개발로 응용되기도 하였지만, 갑이 이에 대한 대가를 요구하지는 않는다.
> • ○○고등학교 인근에는 연탄 공장이 있다. 공장에서 날리는 연탄 가루 때문에 학교에서는 더운 여름에도 창문을 열고 수업을 할 수 없을 지경이다. 그렇지만 공장 주인은 이에 대한 대가를 지불하지 않는다.

| 보기 |
ㄱ. 자원의 비효율적 배분을 초래한다.
ㄴ. 사회적 최적 수준보다 적게 생산된다.
ㄷ. 시장에 대한 정부 개입을 반대하는 근거가 된다.
ㄹ. 정부가 과징금 부과 또는 보조금 지급 등의 방법으로 문제를 개선할 수 있다.

① ㄱ, ㄴ　　　② ㄱ, ㄹ　　　③ ㄴ, ㄷ
④ ㄱ, ㄷ, ㄹ　　⑤ ㄴ, ㄷ, ㄹ

329 빈출

(가), (나)에 관한 설명으로 옳은 것은?

> (가) 홍수 보험에 가입하고 나면 물가에 있는 집을 소유한 사람들은 홍수 피해를 예방하기 위한 보호 조치를 할 유인을 충분히 가지지 않는다. 홍수로 인해 피해를 입더라도 보험을 통해 손실을 보상받을 수 있기 때문이다.
> (나) 중고품 거래 시장에서 판매자는 판매하려는 중고품 품질에 대해 비교적 정확한 정보를 알고 있지만 구매자는 이를 제대로 파악하기 어려운 경우가 있다. 이 경우 구매자는 가격을 낮추려 하고, 좋은 품질의 중고품 판매자는 제대로 된 가격을 받기 어려워진다. 이에 따라 시장에는 낮은 품질의 중고품만 남게 되고 결과적으로 중고품 거래 시장은 점차 축소되어 시장의 효율성은 낮아진다.

① (가)는 생산 측면의 부정적 외부 효과에 해당한다.
② (가)는 (나)와 달리 비효율적 자원 배분을 유발한다.
③ (나)는 (가)와 달리 재화의 비경합성으로 인해 발생하는 문제이다.
④ (가)와 (나)는 모두 시장의 자원 배분 기능만으로 해결할 수 있다.
⑤ (가)와 (나)는 모두 거래 상대방에 대한 정보 부족으로 인해 나타난다.

330

다음 대화에 관한 설명으로 옳은 것은?

> 사회자: 지속가능발전을 위한 정부의 바람직한 역할은 무엇이라고 생각하십니까?
> 갑: 정부는 국방, 치안만을 담당할 뿐 그 밖의 경제활동은 자유로운 시장 질서에 맡겨야 합니다.
> 을: 정부는 신기술 개발, 기업 투자 활성화 등을 적극적으로 실시하여 시장경제를 활성화해야 합니다.

① 갑은 정부가 생산 활동을 수행해서는 안 된다고 본다.
② 갑은 정부의 경제적 역할이 외부 효과의 개선에 국한되어야 한다고 본다.
③ 을은 경제 성장을 촉진하는 정부의 경제적 역할 수행을 강조하고 있다.
④ 을은 정부가 기업과 마찬가지로 이윤 추구를 목적으로 해야 한다고 본다.
⑤ 갑은 을보다 정부의 적극적인 역할이 필요하다고 본다.

331

밑줄 친 ⊙의 취지로 가장 적절한 것은?

〈○○보험 회사 경영 분석 보고서〉

1. 현황: ▲▲운전자 보험에 대한 보험료 재책정의 필요성이 제기됨.

2. 문제점: 사고 발생률이 확연히 낮은 운전자는 ▲▲운전자 보험의 보험료가 비싸다고 판단하여 가입하지 않는 경우가 많음. 이로 인해 사고 발생률이 높은 운전자가 주로 ▲▲운전자 보험을 가입하고 있어 보험금 지급액이 급증함.

3. 해결 방안: ⊙ 피보험자를 직업, 나이 등으로 분류하고 각 유형별 사고 발생률을 분석한 후 이에 따라 피보험자의 보험료를 차등적으로 부과할 것을 제안함.

① 독과점 문제를 개선한다.
② 정보의 비대칭성을 개선한다.
③ 무임승차자 문제를 해소한다.
④ 긍정적 외부 효과를 개선한다.
⑤ 정부 개입으로 인한 부작용을 개선한다.

332

다음 글을 통해 추론할 수 있는 바람직한 소비로 가장 적절한 것은?

평소 친환경 제품과 공정 무역 제품을 소비하던 A는 동물 가죽을 얻는 과정에서 발생하는 동물 학대와 환경 오염을 걱정하면서 식물성 섬유질을 재료로 한 비건 제품을 소비하기 시작하였다. 또한 일회용품 사용을 줄이고 자원을 절약하기 위해 편의점에서 개인 컵이나 텀블러를 이용하는 고객을 대상으로 아메리카노를 반값에 판매하는 서비스를 신청하였다.

① 소비는 기업의 원동력이 되므로 기업이 정하는 요건을 충족하는 소비를 해야 한다.
② 소비를 통해 인권과 환경을 개선할 수 있음을 인식하고 윤리적 소비를 실천해야 한다.
③ 소비는 최소의 비용으로 최대한의 효용을 얻어야 하므로 최저 가격의 소비를 해야 한다.
④ 소비를 통해 생산이 증대되고 고용이 촉진되므로 경기 부양을 위해 소비를 늘려야 한다.
⑤ 소비의 본질은 남과 자신의 차이를 드러내는 행위임을 인식하고 이를 위해 노력해야 한다.

333

A에 관한 옳은 설명만을 <보기>에서 있는 대로 고른 것은?

A는 많은 위험과 불확실성을 무릅쓰고 과감히 생산을 수행하는 기업가의 자세로, 기존에 없던 새로운 가치를 만들고자 하는 노력, 즉 혁신을 추구하는 정신을 의미한다.

┤ 보기 ├
ㄱ. 이윤 추구는 A의 동기가 된다.
ㄴ. A는 기술 발전의 원동력이 될 수 있다.
ㄷ. 생산량 증가를 위해 노동 투입량을 증가시키는 것은 A에 해당한다.
ㄹ. A의 사례로 새로운 시장을 개척하기 위해 노력하는 것을 들 수 있다.

① ㄱ, ㄷ   ② ㄱ, ㄹ   ③ ㄴ, ㄷ
④ ㄱ, ㄴ, ㄹ   ⑤ ㄴ, ㄷ, ㄹ

334

다음 대화에 관한 설명 및 추론으로 가장 적절한 것은?

A 우유 회사는 제한된 식품만 먹어야 하는 희귀 질환 환자를 위해 특수 분유를 생산한다. 특수 분유의 생산비는 일반 분유보다 두세 배 더 든다. 막대한 연구비와 설비 투자 비용이 필요하지만 소수의 아픈 아기를 위해 여러 종류의 특수 분유를 20년 넘게 생산하고 있다.

갑: 기업의 유일한 목적은 합법적인 방법으로 이윤 극대화를 추구하는 것입니다. 따라서 (가)

을: 기업은 사회적 책임을 다해야 합니다. 이는 기업의 이윤 추구에도 도움이 됩니다. 따라서 (나)

① 갑은 기업이 공공재 생산을 담당해야 한다고 볼 것이다.
② 갑은 기업이 낙후된 지역에 공장을 설립하는 등 사회적 책임을 다해야 한다고 볼 것이다.
③ 을은 기업의 사회적 책임 수행이 경제 발전을 저해한다고 볼 것이다.
④ 을은 기업이 건전한 이윤을 추구하고 소비자의 권익을 존중해야 한다고 볼 것이다.
⑤ 'A 우유 회사는 기업에 주어진 책임을 다하고 있다고 볼 수 있습니다.'는 (나)와 달리 (가)에 들어갈 수 있다.

● 바른답·알찬풀이 33쪽

335

밑줄 친 '한 학생'으로 옳은 것은?

> 교사: 시장 실패를 개선하기 위한 정부의 노력과 관련된 사
> 례를 제시해 보세요.
> 갑: 만성적인 적자에 시달리는 일부 공기업을 민영화합니다.
> 을: 시장에서 생산이 어려운 공공재를 직접 생산하여 공급
> 합니다.
> 병: 환경 오염을 유발하는 생산업체에 환경 개선 분담금을
> 부과합니다.
> 정: 독점이 형성된 시장에 새롭게 진출하려는 기업에 세금
> 혜택을 제공합니다.
> 무: 가구 생산업체들 간의 가격 담합 정황이 드러나 해당
> 업체들에 과징금을 부과합니다.
> 교사: 한 학생을 제외하고 모두 옳은 내용을 제시했군요.

① 갑 ② 을 ③ 병 ④ 정 ⑤ 무

336

밑줄 친 ㉠에 부합하는 내용이 <u>아닌</u> 것은?

> 노동자는 노동을 제공하고 그 대가인 임금을 받아 생활을
> 하는 경제 주체이다. 노동자는 ㉠시장경제의 원활한 작동
> 과 지속가능발전을 위해 나름의 역할을 할 필요가 있다.

① 노동자가 사용자와 상생을 위해 합리적인 임금 협상 타협
안을 도출한다.
② 노동조합이 근로 조건 개선을 위해 단체 교섭을 진행하고
합의점을 찾는다.
③ 노동자가 법적 근로 시간을 준수하며 과도한 노동을 지양
하고 건강권을 보호한다.
④ 노동자가 직무 교육에 참여하여 스스로의 직무 능력을 높
이고 생산성 향상에 기여한다.
⑤ 노동자가 정당한 사유 없이 잦은 결근과 태업을 반복하여
회사의 생산 일정에 차질을 준다.

1등급을 향한 서답형 문제

| 337~338 |

다음 글을 읽고 물음에 답하시오.

> 일반적인 재화와 서비스는 대가를 지불한 사람만 사용할
> 수 있고, 한 사람의 소비가 다른 사람의 소비 기회를 제한
> 하는 특징이 있다. 그러나 공공재는 ㉠ 대가를 지불하지 않
> 아도 누구나 사용할 수 있는 특징과 ㉡ 한 사람이 소비하더
> 라도 다른 사람의 소비 기회가 줄어들지 않는 특징이 있다.
> 이로 인해 ㉢ 무임승차자 문제가 발생하며, ㉣ 시장에만 맡
> 기면 사회가 필요로 하는 양만큼 충분히 공급되지 않는다.

337

㉠, ㉡에 해당하는 특징을 각각 쓰시오.

338

㉢의 의미와 ㉣의 해결 방안을 각각 서술하시오.

| 339~340 |

다음 글을 읽고 물음에 답하시오.

> (가) 기업이 생산 활동 과정에서 배출하는 오염 물질은 주변
> 사람에게 피해를 주지만 기업은 이에 대한 대가를 치르
> 지 않는다. 사회 전체적으로 보면 주변 사람들에게 주
> 는 피해까지 제품의 생산비에 포함되어야 하지만, 기업
> 은 생산량을 결정할 때 이러한 비용을 고려하지 않는
> 다. 따라서 오염 물질을 배출하는 기업의 생산량은 사
> 회적 최적 수준과 불일치하게 된다.
> (나) 독감 예방 접종을 받는 것은 개인의 건강을 위한 선택
> 이다. 자신의 편익을 늘리기 위한 이 선택은 자신뿐만
> 아니라 주위 사람들이 독감에 걸릴 가능성을 낮춰 준
> 다. 하지만 주위 사람들이 얻는 편익은 독감 예방 접종
> 을 받은 사람의 편익과 선택에는 아무런 영향을 주지
> 못한다. 따라서 독감 예방 접종의 소비량은 사회적 최
> 적 수준과 불일치하게 된다.

339

(가), (나)에 나타난 외부 효과의 유형을 각각 쓰시오.

340

(가), (나)에 나타난 외부 효과를 개선하기 위한 방안을 각각 서술하
시오.

内신 1등급을 결정하는 고난도 문제를 수록하였습니다.

● 바른답·알찬풀이 35쪽

III

341

다음 자료에 관한 옳은 설명만을 <보기>에서 고른 것은? (단, 제시된 내용 이외에 다른 요소는 고려하지 않음.)

갑은 주말 여가 활동으로 독서, 운동, 음악 감상 중 하나를 선택하고자 한다. 독서, 운동, 음악 감상은 모두 명시적 비용이 같고, 명시적 비용이 편익보다 작다. 각 선택에 따라 갑이 얻는 편익은 독서가 10만 원, 운동이 9만 원, 음악 감상이 (㉠)만 원이다. 갑은 순편익이 양(+)의 값인 (㉡)을/를 선택하였다.

┤ 보기 ├

ㄱ. ㉠이 '10'보다 작다면, 운동 선택의 암묵적 비용은 음악 감상 선택의 암묵적 비용과 같다.

ㄴ. ㉠이 '10'보다 크다면, 독서 선택의 기회비용은 운동 선택의 기회비용보다 작다.

ㄷ. ㉡이 '음악 감상'이라면, 독서 선택의 기회비용과 운동 선택의 기회비용은 동일하다.

ㄹ. ㉡이 '독서'라면, 독서 선택의 암묵적 비용은 운동과 음악 감상에서 얻는 편익의 합계이다.

① ㄱ, ㄴ   ② ㄱ, ㄷ   ③ ㄴ, ㄷ
④ ㄴ, ㄹ   ⑤ ㄷ, ㄹ

342

표는 재화 A~D를 속성에 따라 구분한 것이다. 이에 관한 옳은 설명만을 <보기>에서 고른 것은?

구분	경합성	비경합성
배제성	A	B
비배제성	C	D

┤ 보기 ├

ㄱ. '공해상의 어족 자원'은 A의 사례에 해당한다.

ㄴ. B와 달리 C는 자신의 소비가 타인의 소비 기회를 감소시키지 않는다.

ㄷ. D와 달리 B는 대가를 지불하지 않을 경우 소비에서 배제될 수 있다.

ㄹ. C와 D는 재화의 속성상 사회적 최적 수준만큼 거래되지 않는 문제가 발생할 수 있다.

① ㄱ, ㄴ   ② ㄱ, ㄷ   ③ ㄴ, ㄷ
④ ㄴ, ㄹ   ⑤ ㄷ, ㄹ

343

다음 자료에 관한 옳은 설명만을 <보기>에서 있는 대로 고른 것은?

표는 X재와 Y재 시장에서 발생한 외부 효과와 이를 해결하기 위한 정부의 정책을 나타낸다. 각 시장에서는 하나의 외부 효과만 발생하였고, 정부의 정책 시행으로 두 시장에서 모두 사회적 최적 수준이 달성되었다.

구분	외부 효과	정부 정책
X재 시장	㉠	생산자에게 생산에 대한 세금을 부과함.
Y재 시장	㉡	소비자에게 소비에 대한 보조금을 지급함.

┤ 보기 ├

ㄱ. ㉠은 부정적 외부 효과, ㉡은 긍정적 외부 효과이다.

ㄴ. X재는 정책 시행 이전에 사회적 최적 수준보다 과소 생산되었다.

ㄷ. Y재는 X재와 달리 정책 시행 이후에 시장 균형 거래량이 증가한다.

① ㄱ   ② ㄴ   ③ ㄱ, ㄷ
④ ㄴ, ㄷ   ⑤ ㄱ, ㄴ, ㄷ

344

다음은 A재~D재 시장에서 나타난 시장 실패 상황을 나타낸다. 각 상황을 해결하기 위한 정부 정책으로 적절한 것만을 <보기>에서 고른 것은?

A재 시장	배제성과 경합성이 없어 시장에서 충분한 양이 공급되지 않음.
B재 시장	거래 당사자 외의 제3자에게 이로운 효과를 미치지만, 사회적 최적 수준보다 시장 생산량이 부족함.
C재 시장	거래 당사자 외의 제3자에게 해로운 효과를 미치지만, 사회적 최적 수준보다 시장 소비량이 많음.
D재 시장	하나의 기업이 독점 생산하고 있어 가격이 과도하게 높을 뿐만 아니라 공급량이 적정한 수준에 미치지 못함.

┤ 보기 ├

ㄱ. A재 - 시장 참여자 간 정보 불균형을 해소하여 거래 비용을 낮춘다.

ㄴ. B재 - 생산 보조금을 지급하여 공급이 증가하도록 한다.

ㄷ. C재 - 소비세를 인하하여 소비가 늘어나도록 한다.

ㄹ. D재 - 새로운 기업의 시장 진입이 가능하도록 규제를 완화한다.

① ㄱ, ㄴ   ② ㄱ, ㄷ   ③ ㄴ, ㄷ
④ ㄴ, ㄹ   ⑤ ㄷ, ㄹ

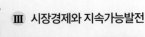

09 자산 관리와 금융 생활 설계

1 다양한 자산 관리와 금융 생활 설계

1 자산 관리의 기본 원칙

┌ 일반적으로 주식과 같이 높은 수익을 기대할 수 있는 금융
│ 자산은 안전성이 낮고, 예금과 같이 원금 손실의 위험성이
└ 낮은 금융 자산은 수익성이 낮음.

안전성	• 투자한 자산의 가치가 보전될 수 있는 정도 • 안전성이 높을수록 수익성이 낮아짐.
수익성	• 자산의 가격 상승이나 이자 수익 등을 기대할 수 있는 정도 • 수익성이 높을수록 안전성이 낮아짐.
유동성	• 보유하고 있는 자산을 쉽게 현금으로 전환할 수 있는 정도 • 유동성이 낮을 경우 현금으로의 전환이 어려움.

2 금융 자산의 종류

은행 예금은 예금자 보호 제도에 의해 은행이 파산하더라도 원금과 이자를 합쳐 1개 금융 회사당, 1인당 일정 금액까지 예금 보험 공사가 원리금 지급을 보장하고 있으므로 다른 금융 자산에 비해 안전성이 가장 높음.

예금	• 약속된 이자를 받기로 하고 금융 회사에 돈을 맡기는 금융 자산 • 안전성은 높으나 수익성이 낮음.	
	저축성 예금	• 정기 예금: 예금자가 일정 금액을 한번에 맡기고 만기가 되면 원금과 이자를 찾는 예금 • 정기 적금: 일정 금액을 적립식으로 입금하고 만기가 되면 원금과 이자를 찾는 예금
	요구불 예금	입출금이 자유로운 예금

주식	• 주식회사가 경영 자금 확보를 위해 투자자의 지분을 표시하여 발행하는 증서 • 주식 매매에 따른 시세 차익 및 배당 수익 기대 가능 • 수익성은 높으나 안전성이 낮음. 주식회사가 회사 경영을 통해 얻은 수익 중 일부를 지분에 따라 주주들에게 나누어 주는 것
채권	• 정부나 기업 등이 미래에 일정한 이자를 지급할 것을 약속하고 투자자로부터 돈을 빌린 후 제공하는 증서 • 정해진 기간 후 이자와 원금을 돌려받을 수 있음. • 채권 매매에 따른 시세 차익 및 이자 수익 기대 가능 • 주식보다 안전성이 높음.
펀드	• 금융 기관에 돈을 맡겨서 대신 투자하도록 하는 금융 자산 • 전문 운용 기관이 자산을 운용하므로 예금보다 높은 수익을 기대할 수 있으나 자산 운용의 결과에 따라 원금 손실이 발생할 수 있음.
보험	장래에 예상되는 위험에 대비해 보험 회사에 보험료를 납부하고 위험이 발생하면 보험금을 지급받는 상품
연금	노후 생활의 안정을 위해 필요한 자금을 적립하여 노령, 퇴직 등의 사유가 발생했을 때 약속된 금액을 지급받는 금융 자산

3 금융 생활 설계

(1) 금융 생활 설계의 의미와 필요성

의미	자신의 생애 주기별 과업을 실행하기 위해 재무 목표를 설정하고, 미래의 수입과 지출을 예상하여 과업 달성에 필요한 구체적인 계획을 세우는 과정
필요성	제한된 소득을 활용하여 현재의 생활을 유지하고, 주기별 과업을 달성하며 예기치 못한 위험에 대비하여 안정적인 미래 설계 가능

(2) 재무 설계 과정: 재무 목표 설정 → 재무 상태 분석 → 재무 설계안 작성 → 재무 설계안 실행 → 재무 실행 평가와 수정

(3) 금융 생활 설계의 원칙

① 현재의 소득뿐만 아니라 미래에 변화할 소득까지 고려하여 장기적인 관점에서 소비와 저축을 고려해야 함.

② 기대 수명 연장 등으로 은퇴 이후를 대비할 필요성이 증가하여 노년기에 필요한 충분한 자금을 확보해야 함.

(4) 생애 주기별 소득과 지출의 변화

유소년기	주로 보호자의 소득에 의존하여 생활함.
청년기	• 취업하면서 지속적인 소득을 얻음. • 결혼과 자녀 출산 등을 대비하여 자산을 모으고 지출을 관리해야 함.
중·장년기	소득은 높지만 자녀 양육, 자녀 결혼 등으로 소비도 늘어남.
노년기	은퇴 이후 소득은 빠르게 감소하는 반면, 지출은 소득에 비해 감소하는 속도가 느림.

꼭 나오는 자료   *79쪽 364번 문제로 확인*

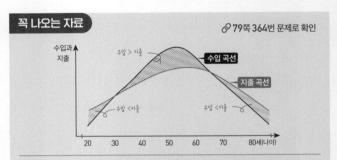

자료 분석 일반적으로 개인은 소득 활동을 시작하는 청년기 이후부터 수입이 점차 증가하여 장년기에는 정점에 이르고 은퇴 이후 노년기에는 수입이 지출보다 줄어든다. 장기적인 시각에서 자신의 수입과 지출 변화를 예상하여 계획적인 경제생활을 하는 것이 바람직하다.

---

2 경제적·정치적·사회적 환경 변화와 금융 의사 결정

1 경제적 환경의 변화

고용 및 소득 측면의 변화	일자리 시장이 안정적(불안정적)이고 수입이 증가(감소)할 경우 개인은 소비와 저축, 투자를 늘림(줄임).
금리 측면의 변화	중앙은행이 기준 금리를 인상(인하)할 경우 이자 소득을 얻는 예금이나 채권 등 안전 자산의 선호가 높아지고(낮아지고), 주식과 같이 위험성 높은 자산에 대한 투자는 위축될(활발할) 수 있으며, 이자 부담이 커지므로(작아지므로) 자금을 대출하여 투자하는 행위가 감소(증가)함.
환율 측면의 변화	원/달러 환율이 상승할 경우 미국 주식을 보유한 사람은 이를 매도하여 원화로 환산하면 이익을 얻을 수 있으며, 미국 여행을 계획하고 있는 사람은 동일한 금액을 환전할 때 이전보다 더 많은 원화가 필요하므로 여행 비용 부담이 증가함.

2 정치적·사회적 환경의 변화

(1) 전쟁, 테러 등으로 국내외의 정치 상황이 불안정할 경우: 안전성이 높은 금융 자산에 대한 선호가 높아짐.

(2) 환경에 관한 관심 증대로 친환경 제품에 대한 수요가 증가할 경우: 관련 기업의 실적이 좋아질 것으로 예상되어 해당 기업에 대한 투자가 늘어남.

기본 기출 문제

핵심 주제를 파악할 수 있는 기출 문제를 수록하였습니다.

● 바른답·알찬풀이 37쪽

핵심 개념 문제

● 빈칸에 들어갈 알맞은 말을 쓰시오.

345 (　　　　)은/는 은행에 일정 기간 돈을 맡기고 계약 기간 후 맡긴 돈과 이에 대한 이자를 돌려받는 금융 자산이다.

346 (　　　　)은/는 은행에 일정 기간 정해진 기간마다 돈을 납입하고 계약 기간 후 맡긴 돈과 이에 대한 이자를 돌려받는 금융 자산이다.

● 설명이 옳으면 ○표, 틀리면 ×표를 하시오.

347 주식은 정부나 기업 등이 미래에 일정한 이자를 지급할 것을 약속하고 투자자로부터 돈을 빌린 후 제공하는 증서이다. 　　　(　)

348 연금은 노후 생활의 안정을 위해 필요한 자금을 적립하여 사유가 발생했을 때 약속된 금액을 받는 금융 자산이다. 　　　　　　(　)

● ㉠, ㉡ 중 알맞은 것을 고르시오.

349 가입자가 장래에 예상되는 위험을 금융 회사에 전가하는 대가로 일정 기간 일정액을 내는 금융 자산은 (㉠ 펀드, ㉡ 보험)이다.

350 정부가 세율을 (㉠ 인상, ㉡ 인하)하거나 중앙은행이 기준 금리를 (㉠ 인상, ㉡ 인하)할 경우 개인은 소비와 투자를 줄이는 경향이 있다.

● 다음 설명에 해당하는 자산 관리의 기본 원칙을 <보기>에서 고르시오.

351 투자한 자산의 가치가 보호될 수 있는 정도 　　(　)

352 자산의 가격 상승이나 이자 수익을 기대할 수 있는 정도 　　　(　)

353 보유하고 있는 자산을 쉽게 현금으로 전환할 수 있는 정도 　　　(　)

┤ 보기 ├
ㄱ. 안전성　　　ㄴ. 유동성　　　ㄷ. 수익성

354

★핵심 주제 자산 관리의 기본 원칙

㉠~㉢에 들어갈 자산 관리의 기본 원칙을 바르게 연결한 것은?

- (㉠): 투자한 자산의 가치가 보전될 수 있는 정도
- (㉡): 투자한 자산의 가치 상승이나 이자 수익 등을 기대할 수 있는 정도
- (㉢): 보유하고 있는 자산을 현금으로 쉽게 바꿀 수 있는 정도

	㉠	㉡	㉢
①	안전성	수익성	유동성
②	안전성	유동성	수익성
③	수익성	유동성	안전성
④	수익성	안전성	유동성
⑤	유동성	수익성	안전성

355

★핵심 주제 금융 자산의 종류

금융 자산 A와 다른 금융 자산 B의 특징만을 <보기>에서 고른 것은?

- A: 금융 기관에 자금을 예치하고 이자를 받는 금융 자산
- B: 주주가 주식회사에 출자한 지분 또는 이를 나타낸 증권

┤ 보기 ├
ㄱ. 배당 수익을 기대할 수 있다.
ㄴ. 이자 수익을 기대할 수 있다.
ㄷ. 시세 차익을 기대할 수 있다.
ㄹ. 예금자 보호 제도의 대상이 된다.

① ㄱ, ㄴ　　② ㄱ, ㄷ　　③ ㄴ, ㄷ
④ ㄴ, ㄹ　　⑤ ㄷ, ㄹ

356

★핵심 주제 금융 자산의 종류

밑줄 친 ㉠에 해당하는 금융 자산의 유형은?

㉠ 이것은 금융 기관이 자금을 모집하여 운용하고 그 결과에 따라 투자자에게 수익을 돌려주는 금융 자산으로, 전문가가 투자를 대신한다는 장점이 있지만 원금 손실의 위험이 있다.

① 연금　　② 보험　　③ 펀드
④ 채권　　⑤ 정기 예금

357

금융 자산 A~C에 관한 옳은 설명만을 <보기>에서 고른 것은? (단, A~C는 각각 요구불 예금, 채권, 주식 중 하나임.)

- A는 B에 비해 유동성이 높다.
- C는 A, B에 비해 수익성이 높다.

| 보기 |

ㄱ. A는 예금자 보호 제도의 적용을 받지 않는다.
ㄴ. B에 투자할 경우 이자 수익을 기대할 수 있다.
ㄷ. C에 투자할 경우 원금 손실이 발생할 수 있다.
ㄹ. A, C는 B보다 안전성이 높다.

① ㄱ, ㄴ   ② ㄱ, ㄷ   ③ ㄴ, ㄷ
④ ㄴ, ㄹ   ⑤ ㄷ, ㄹ

358

표는 생애 주기 단계에 따른 주요 특징을 나타낸다. 이에 관한 설명으로 옳은 것은? (단, A~C는 각각 노년기, 중·장년기, 청년기 중 하나임.)

생애 주기 단계	주요 특징
유소년기	주로 보호자의 소득에 의존하여 생활한다.
A	소득은 높지만 자녀 양육과 자녀 결혼 등으로 소비도 늘어난다.
B	은퇴로 소득이 줄어들기 때문에 건강 유지 비용 등을 준비해야 한다.
C	취업하면서 안정적인 소득을 얻으며, 결혼과 자녀 출산 등을 대비하여 자산을 모으고 지출을 관리해야 한다.

① A는 노년기, B는 중·장년기, C는 청년기이다.
② A는 C와 달리 재무 설계의 필요성이 높다.
③ 평균 수명의 연장으로 B는 점차 줄어드는 추세를 보인다.
④ C는 소득보다 소비가 적다.
⑤ 생애 주기의 단계는 '유소년기-C-A-B'의 순서로 진행된다.

359

재무 설계 과정의 순서에 따라 (가)~(마)를 바르게 나열한 것은?

(가) 재무 계획을 실행한다.
(나) 수입, 지출, 자산, 부채 등을 파악한다.
(다) 자신의 삶의 목표를 고려하여 재무 목표를 세운다.
(라) 재무 목표 달성을 위한 저축, 투자, 대출 등의 계획을 세운다.
(마) 재무 목표 달성 정도를 점검하고 필요시 재무 계획을 수정한다.

① (가) - (나) - (다) - (라) - (마)
② (나) - (가) - (다) - (마) - (라)
③ (다) - (나) - (라) - (가) - (마)
④ (라) - (나) - (가) - (다) - (마)
⑤ (마) - (가) - (나) - (다) - (라)

360

㉠~㉢에 들어갈 내용을 바르게 연결한 것은?

금리가 (㉠)하면 이자 소득을 얻는 예금이나 채권 등 안전 자산의 선호가 높아지고 (㉡)과 같이 위험성이 높은 자산에 대한 투자는 위축될 수 있다. 금리의 (㉠)에 따라 이자를 갚아야 할 부담이 커지므로 대출한 자금으로 투자하는 행위가 줄어든다. 반대로 금리가 (㉢)하면 이자 소득이 (㉣)하므로 사람들은 은행에 돈을 맡기기보다 수익성이 높은 자산에 투자를 늘린다. 대출 이자 부담이 작아지므로 대출을 받아 투자하는 경우도 증가할 수 있다.

	㉠	㉡	㉢	㉣
①	상승	주식	하락	감소
②	상승	예금	하락	감소
③	상승	채권	상승	증가
④	하락	주식	상승	증가
⑤	하락	예금	상승	감소

361 빈출

금융 자산 A~C의 일반적인 특징에 관한 설명으로 옳은 것은? (단, A~C는 각각 정기 예금, 채권, 주식 중 하나임.)

> • '이자 수익을 기대할 수 있는가?'라는 질문으로는 A와 B
> 를 구분할 수 없다.
> • '시세 차익을 기대할 수 있는가?'라는 질문으로는 B와 C
> 를 구분할 수 없다.

① A는 예금자 보호 제도의 대상이 된다.
② B는 배당 수익을 기대할 수 있다.
③ C는 발행 주체 입장에서 부채에 해당한다.
④ '만기가 존재하는가?'라는 질문으로는 A와 C를 구분할
수 없다.
⑤ A~C 중 수익성이 가장 높은 금융 자산은 B이다.

362 빈출

다음 자료에 관한 옳은 설명만을 <보기>에서 고른 것은? (단, A~D는 각각 요구불 예금, 정기 예금, 채권, 주식 중 하나임.)

> 표는 금융 자산 A~D로 구성된 투자 포트폴리오의 조정
> 전과 후 상품별 금액을 나타낸다. 조정 후 전체 포트폴리오
> 에서 입출금이 자유로운 금융 자산의 비율은 변함이 없고,
> 요구불 예금을 제외하고 이자 수익을 기대할 수 있는 금융
> 자산의 비율은 70%가 되었으며, 시세 차익을 기대할 수 있
> 는 금융 자산의 비율은 모두 높아졌다.
>
> | 조정 전 | 조정 후 |
> | --- | --- |
> | A: 10만 원 | A: 10만 원 |
> | B: 30만 원 | B: 15만 원 |
> | C: 50만 원 | C: 55만 원 |
> | D: 10만 원 | D: 20만 원 |

┤ 보기 ├
ㄱ. A는 C에 비해 유동성이 낮다.
ㄴ. D는 B에 비해 안전성이 높다.
ㄷ. 배당 수익을 기대할 수 있는 금융 자산의 총액은 증가
하였다.
ㄹ. 예금자 보호 제도의 적용을 받는 금융 자산의 총액은
감소하였다.

① ㄱ, ㄴ ② ㄱ, ㄷ ③ ㄴ, ㄷ
④ ㄴ, ㄹ ⑤ ㄷ, ㄹ

363

다음은 자산 관리 시 고려해야 할 요소를 기준으로 금융 자산 A~C의 일반적인 특징을 구분한 것이다. 이에 관한 옳은 설명만을 <보기>에서 고른 것은? (단, A~C는 각각 주식, 채권, 요구불 예금 중 하나이며, (가), (나)는 각각 안전성, 유동성 중 하나임.)

> • 수익성은 A가 가장 크고, B가 가장 작다.
> • (가)는 B가 가장 크고, A가 가장 작다.
> • (나)는 B가 A, C보다 크다.

┤ 보기 ├
ㄱ. A는 B와 달리 이자 수익을 기대할 수 있다.
ㄴ. A와 달리 C의 발행 주체는 정부가 될 수 있다.
ㄷ. (가)는 가격 상승이나 이자 수익을 기대할 수 있는 정도
를 의미한다.
ㄹ. (나)는 필요할 때 자산을 현금으로 전환할 수 있는 정도
를 의미한다.

① ㄱ, ㄴ ② ㄱ, ㄷ ③ ㄴ, ㄷ
④ ㄴ, ㄹ ⑤ ㄷ, ㄹ

364

그림은 개인의 생애 주기에 따른 수입과 지출을 나타낸다. 이를 통해 파악할 수 있는 내용으로 옳지 않은 것은?

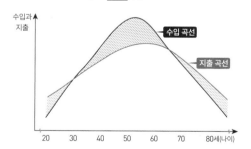

① 노후 보장을 위한 자산 관리가 필요하다.
② 개인의 소비 생활은 평생에 걸쳐 이루어진다.
③ 생애 주기별로 수입과 지출의 차이가 발생한다.
④ 개인의 소비 생활은 생애 전반에 걸쳐 일정한 수준을 유
지한다.
⑤ 자신의 수입과 지출 변화를 예상하여 계획적으로 경제생
활을 하는 것이 바람직하다.

365

다음은 교사가 수업 시간에 제시한 자료이다. 이 수업의 주제로 가장 적절한 것은?

> 일반적으로 예금이나 적금은 연 단위로 가입하는 사람들이 많은데, 최근에는 1개월, 3개월, 6개월과 같이 만기가 짧은 단기 예·적금 상품도 등장하였다. 미국의 기준 금리가 계속 상승할 것으로 예상되면서, 이에 영향을 받은 우리나라 금리도 함께 상승할 것으로 생각한 사람들이 만기가 짧은 예·적금 상품을 선호하기 때문이다. 단기 예·적금 상품을 선호하는 사람은 이러한 상품에 가입하여 이자를 받은 뒤, 추가로 금리가 오르면 상승한 금리로 다시 예·적금을 드는 방법으로 자산을 관리하고 있다.

① 금리 변화는 개인의 소비에 어떤 영향을 미칠까?
② 금리가 상승하면 예금의 만기는 어떻게 변화할까?
③ 금리 변화에 따라 개인의 소득은 어떻게 변화할까?
④ 금리 변화는 개인의 금융 의사 결정에 어떤 영향을 미칠까?
⑤ 금리가 상승하면 정기 예금과 정기 적금 중 무엇을 더 선호할까?

366 빈출

교사의 질문에 대해 옳지 않은 답변을 한 학생은?

> 교사: 금융 위기, 전쟁이나 테러, 팬데믹 등과 같은 사회적 환경의 변화는 개인의 금융 의사 결정에 영향을 미칩니다. 이와 관련된 내용을 발표해 볼까요?
> 갑: 외국과의 외교 관계가 악화하면 관련 기업의 주가가 하락하기도 합니다.
> 을: 팬데믹으로 국가 간 봉쇄 조치가 발생하면 기업 운영이 어려워져 소비와 투자가 위축됩니다.
> 병: 전쟁이 일어나 국제 원자재 가격이나 국제 유가가 급등하면 물가가 상승하여 소비와 저축의 비중이 달라질 수 있습니다.
> 정: 전 세계적인 물가 상승이 발생하면 투자자들은 물가 상승에 대처하기 위해 실물 자산 보유보다 현금 보유를 선호합니다.
> 무: 2008년 세계 금융 위기와 같이 경제 위기가 발생하면 은행과 기업이 파산하고 금융 자산의 가격이 하락하며 소비와 투자가 줄어듭니다.

① 갑   ② 을   ③ 병   ④ 정   ⑤ 무

1등급을 향한 서답형 문제

| 367~369 |

다음 자료를 보고 물음에 답하시오.

> • A~C는 각각 주식, 채권, 정기 예금 중 하나이다.
> • 배당금의 기대 가능성 여부로는 A와 C를 구분할 수 있다.
> • 시세 차익의 기대 가능성 여부로는 A와 B를 구분할 수 없다.
> • _____(가)_____(으)로는 B와 C를 구분할 수 없다.

367

A~C에 해당하는 금융 자산을 각각 쓰시오.

368

A~C의 수익성과 안전성을 비교하시오.

369

(가)에 들어갈 수 있는 내용을 두 가지 서술하시오.

| 370~371 |

다음 글을 읽고 물음에 답하시오.

> 개인의 금융 의사 결정 과정에서는 개인의 재무 목표뿐만 아니라 국내외의 정치적·경제적 상황 등 거시적 변화 요인을 고려해야 한다. 대표적으로 금리를 들 수 있다. 금리가 상승하면 이자 소득을 얻는 ___(가)___ 등 안전성이 높은 금융 자산을 선호하게 되고 위험성이 높은 금융 자산에 대한 투자는 위축될 수 있다. 금리 변동 외에도 다양한 ⊙ 경제적 요인과 ⓒ 정치적 요인을 금융 의사 결정에 고려해야 한다. 이러한 요인이 금융 자산의 투자 성과에 큰 영향을 미치기 때문이다.

370

(가)에 해당하는 금융 자산을 두 가지 쓰시오. (단, 예금, 채권, 주식 중에서 고르시오.)

371

밑줄 친 ⊙, ⓒ에 해당하는 요인을 각각 두 가지 서술하시오.

1등급 문제

372

그림은 특성에 따라 금융 자산 (가)~(라)를 분류한 것이다. 이에 관한 설명으로 옳은 것은?

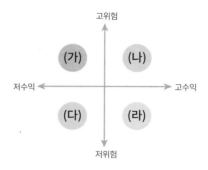

① (가)에 해당하는 금융 자산을 선택하는 것이 합리적이다.
② (나)에 해당하는 금융 자산은 현실적으로 존재하기 어렵다.
③ (다)에 해당하는 금융 자산은 일반적으로 유동성이 낮다.
④ (라)에 해당하는 금융 자산으로는 보험이 대표적이다.
⑤ 안전성을 중시하는 투자자는 (나)보다 (다)를 선호할 것이다.

373

그림은 갑과 을의 금융 자산별 투자 비중을 나타낸다. 이에 관한 옳은 설명 및 추론만을 <보기>에서 고른 것은?

| 보기 |

ㄱ. 갑은 이자 수익을 기대할 수 있는 금융 자산에 50% 이상 투자하고 있다.
ㄴ. 을은 시세 차익을 기대할 수 있는 금융 자산에 50% 이상 투자하고 있다.
ㄷ. 갑과 달리 을은 위험을 관리하기 위한 금융 자산에 가입하고 있다.
ㄹ. 갑에 비해 을은 수익성보다 안전성을 더 중시할 것이다.

① ㄱ, ㄴ   ② ㄱ, ㄷ   ③ ㄴ, ㄷ
④ ㄴ, ㄹ   ⑤ ㄷ, ㄹ

374

그림은 생애 주기에 따른 소득과 소비 곡선을 나타낸다. 이에 관한 옳은 분석만을 <보기>에서 있는 대로 고른 것은?

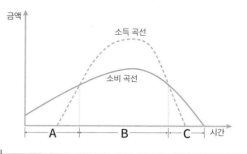

| 보기 |

ㄱ. A 시기에는 주로 부모의 소득에 의존하여 소비 생활을 한다.
ㄴ. B 시기에는 일반적으로 자산이 감소한다.
ㄷ. C 시기가 길어질수록 B 시기 저축의 필요성이 증가한다.
ㄹ. A~C 각 시기에 적합한 재무 목표는 서로 다를 수 있다.

① ㄱ, ㄴ   ② ㄱ, ㄷ   ③ ㄴ, ㄹ
④ ㄱ, ㄷ, ㄹ   ⑤ ㄴ, ㄷ, ㄹ

375

다음 자료에 관한 설명으로 옳은 것은?

구분	갑	을	병
금리	지속적 상승	지속적 하락	지속적 상승
주가 (현재 2,500 포인트)	2,200~2,300 포인트	2,900~3,000 포인트	2,700~2,800 포인트
원/달러 환율	변화 없음.	상승	하락

t년 4분기 현재 투자 전문가 갑~병은 t+1년 1분기 국내 주요 경제 지표에 대해 다음과 같이 예측하였다.

① 갑의 전망이 맞을 경우 대출 시 같은 금리라면 고정 금리로 대출받는 것보다 변동 금리로 대출받는 것이 유리하다.
② 을의 전망이 맞을 경우 수익성 측면에서 정기 예금보다 주식에 투자하는 것이 유리하다.
③ 병의 전망이 맞을 경우 자산을 은행 예금으로 보유하는 것보다 현금으로 보유하는 것이 유리하다.
④ 갑의 전망과 달리 을의 전망은 실물 자산 보유자보다 예금 자산 보유자에게 유리하다.
⑤ 을의 전망과 달리 병의 전망은 부채를 달러화로 상환해야 하는 국내 투자자에게 불리하다.

10 국제 분업과 무역

1 국제 분업과 무역의 필요성

1 무역과 국제 분업

무역	각 나라가 자신들이 생산한 재화와 서비스를 다른 나라와 사고파는 국제 거래
국제 분업	• 각 나라가 무역에 유리한 것을 특화하여 생산하는 것 → 특화하여 무역하면 교역 참여국 모두 더 많은 이익을 얻을 수 있음. • 특화: 생산하기 유리한 상품에 집중하여 전문화하는 것

2 국제 분업 및 무역의 필요성

(1) 국가 간 생산비의 차이: 국가마다 보유한 생산 요소의 종류와 양이 다름. → 보유한 생산 요소의 차이로 같은 종류의 상품을 생산하더라도 국가마다 생산비의 차이가 발생함. → 국내에서 생산 가능한 상품이라도 외국에서 더 저렴하게 생산 가능한 경우라면 수입하는 것이 경제적임.

자연환경의 차이	국가에 따라 기후, 지형 등이 다름.
보유 자원의 차이	국가에 따라 보유한 자원의 양과 질이 다름.
사회적 조건의 차이	인구, 교육 수준, 경제 규모 등의 차이 → 노동, 자본 등 생산 요소, 기술 수준의 차이로 이어짐.

꼭 나오는 자료
 85쪽 391번 문제로 확인

우리나라 주요 수출 품목 변화

1960년대	1970년대	1980년대
생사, 중석, 합판, 면직물	섬유, 합판, 가발, 철광석, 전자 제품	의류, 철광판, 신발, 선박, 기계, 음향 기기

1990년대	2000년대	2000년대 이후
의류, 반도체, 신발, 영상 기기, 선박	반도체, 컴퓨터, 자동차, 석유 제품, 선박	반도체, 선박, 자동차, 디스플레이, 석유 제품

(한국 무역 협회, 2023)

자료 분석 그림은 1960년대부터 현재까지 한국 수출 품목의 변화와 생산 요소 발전을 나타낸다. 1960~1970년대에는 노동 집약적 산업이 중심이었으나, 점차 기술과 자본 집약적 산업(전자, 자동차, 반도체 등) 중심으로 전환되었다. 이는 인적 자본 축적, 기술 개발, 설비 투자 확대 등 생산 요소의 질적 고도화와 관련 있다.

(2) 절대 우위

의미	한 나라가 어떤 상품을 생산하는 비용이 다른 나라보다 절대적으로 적게 드는 것
무역의 발생	다른 나라에 비해 절대 우위를 가진 상품을 생산하여 수출하고, 다른 나라에 비해 절대 우위가 없는 상품을 수입함.
한계	한 나라가 다른 나라보다 모든 상품의 생산에서 절대 우위가 있을 때의 무역 발생을 설명하지 못함.

(3) 비교 우위

의미	한 나라가 다른 나라보다 상품 생산의 기회비용이 상대적으로 작은 것
무역의 발생	한 나라가 다른 나라에 비해 상대적으로 기회비용이 작은 상품을 생산하여 수출하고, 기회비용이 큰 상품을 수입함.
의의	한 나라가 모든 상품에 절대 우위를 가진 경우의 국제 무역을 설명할 수 있음.

꼭 나오는 자료
 85쪽 392번 문제로 확인

표는 갑국과 을국이 각자 보유한 생산 요소를 모두 활용하여 각 재화 1단위를 생산하는 데 필요한 비용을 나타낸다. 단, 갑국과 을국만 존재하며, 양국은 모두 X재와 Y재만을 생산한다.

구분	갑국	을국
X재	2달러	3달러
Y재	1달러	4달러

▲ 각 재화 1단위의 생산 비용

구분	갑국	을국
X재	Y재 2단위	Y재 3/4단위
Y재	X재 1/2단위	X재 4/3단위

▲ 각 재화 1단위 생산의 기회비용

자료 분석 갑국은 을국보다 X재와 Y재 모두를 더 적은 비용으로 생산이 가능하므로 갑국은 X재와 Y재 생산 모두에 절대 우위가 있다. 한편 기회비용을 고려하여 비교 우위를 살펴보면, X재 1단위 생산을 위해 갑국은 Y재 2단위를, 을국은 Y재 3/4단위를 포기해야 한다. 즉, X재 1단위 생산의 기회비용은 을국이 갑국보다 작다. 따라서 을국은 X재 생산에 비교 우위가 있다. Y재 1단위 생산을 위해 갑국은 X재 1/2단위를, 을국은 X재 4/3단위를 포기해야 한다. 즉, Y재 1단위 생산의 기회비용은 갑국이 을국보다 작다. 따라서 갑국은 Y재 생산에 비교 우위가 있다.

2 지속가능발전에 기여하는 국제 무역의 방안

1 오늘날의 국제 무역

(1) 교통·통신 수단의 발달로 재화, 서비스, 노동, 자본, 기술이 자유롭게 이동
(2) 자유 무역의 실현을 목표로 하는 세계 무역 기구(WTO) 출범 및 자유 무역 협정(FTA) 체결의 확대 → 무역에 대한 규제 완화로 국제 무역의 규모 확대
세계의 교역 증진과 경제 발전을 목적으로 설립된 국제기구
국가 간 상품의 자유로운 이동을 위해 무역 장벽을 완화하거나 제거하는 협정
(3) 자유 무역의 한계로 보호 무역을 강화하는 국가의 등장

2 지속가능발전을 위한 국제 무역의 방안

(1) 친환경적인 생산 및 운송 방식을 도입하여 환경에 미치는 영향을 최소화
(2) 각국의 환경 관련 국제 협약을 철저히 이행
(3) 친환경 기술에 관한 연구 개발 확대
(4) 선진국의 기술 이전 및 협력을 통한 개발 도상국 지원
(5) 국가 간 경제적 불평등 해결 및 공정 무역 촉진
(6) 지속가능발전을 위한 국제적 차원의 협력과 노력을 강화
(7) 국제 무역에서 발생하는 문제를 최소화하고 공동으로 해결하려는 노력을 강화

![기본]기출 문제

핵심 주제를 파악할 수 있는 기출 문제를 수록하였습니다.

핵심 개념 문제

● 빈칸에 들어갈 알맞은 말을 쓰시오.

376 ( )은/는 각 나라가 자신들이 생산한 재화와 서비스를 다른 나라와 사고파는 국제 거래이다.

377 ( )은/는 각 나라가 무역에 유리한 것을 특화하여 생산하는 것을 말한다.

● 설명이 옳으면 ○표, 틀리면 ×표를 하시오.

378 국제 분업 및 무역이 필요한 이유는 국가마다 보유한 생산 요소의 종류와 양이 같기 때문이다.
( )

379 국제 무역을 할 때 각국은 다른 국가에 비해 기회비용이 상대적으로 작은 재화의 생산에 비교 우위를 가진다. ( )

380 절대 우위를 갖는 상품이 없는 국가라도 비교 우위를 갖는 상품이 존재한다. ( )

● ㉠, ㉡ 중 알맞은 것을 고르시오.

381 국제 무역의 확대는 다양한 상품이나 서비스를 저렴한 가격에 소비할 수 있는 기회를 (㉠ 증가, ㉡ 감소)시킨다.

382 (㉠ 절대 우위, ㉡ 비교 우위)는 어떤 나라가 특정한 상품을 생산하는 기회비용이 다른 나라보다 작은 경우를 말한다.

● 다음에서 설명하는 용어를 <보기>에서 고르시오.

383 생산하기 유리한 상품에 집중하여 전문화하는 것
( )

384 친환경 생산 기술을 개발하고, 제품 사용 후에 재활용이 가능하도록 설계하는 등 상품 생산 과정에서 환경에 미치는 영향을 최소화하여 생산하는 것
( )

┤ 보기 ├
ㄱ. 특화   ㄴ. 지속가능한 생산

385

⭐핵심 주제 국제 분업과 무역

교사의 질문에 관한 학생의 대답으로 옳지 <u>않은</u> 것은?

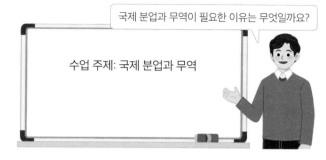

① 각 국가마다 가진 자원이 다르기 때문입니다.
② 국가마다 생산 요소의 질과 양에 차이가 있기 때문입니다.
③ 국가마다 기술 수준이나 지식 수준 등이 다르기 때문입니다.
④ 무역을 통해 생산 요소를 효율적으로 활용할 수 있기 때문입니다.
⑤ 생산 비용이 많이 드는 상품에 특화하는 것이 유리하기 때문입니다.

386

⭐핵심 주제 국제 분업과 무역

그림은 세계 여러 국가의 1위 수출품을 나타낸다. 각 국가의 수출품이 다른 이유로 가장 적절한 것은?

(국제 연합 무역 통계, 2022)

① 각국이 가진 자원과 산업 구조의 차이 때문이다.
② 국가 간 무역 장벽이 수출품의 종류를 제한하기 때문이다.
③ 모든 국가가 동일한 자원을 생산하지만 수출 전략이 다르기 때문이다.
④ 기술 수준이 동일하지만 다른 국가로부터 자원을 빌려 오기 때문이다.
⑤ 모든 국가는 자급자족을 목표로 하여 특정 품목만 수출하기 때문이다.

387

⭐핵심 주제 비교 우위

밑줄 친 ⊙에 따른 국제 거래의 장점만을 <보기>에서 고른 것은?

> ⊙ 이 무역 이론은 상대적으로 생산비가 낮은 제품을 선택하여 교역하면 모두에게 이익이 발생한다는 이론으로, 저개발국도 자유 무역을 통해 이득을 얻을 수 있음을 보여 준다.

┤보기├
ㄱ. 개별 국가의 경제적 독립성이 더욱 강화된다.
ㄴ. 소비자들이 더 많은 제품을 소비할 수 있게 된다.
ㄷ. 생산 자원을 보다 효율적으로 활용할 수 있게 된다.
ㄹ. 상대적으로 경쟁력이 약한 자국 산업의 보호에 유리하다.

① ㄱ, ㄴ ② ㄱ, ㄷ ③ ㄴ, ㄷ
④ ㄴ, ㄹ ⑤ ㄷ, ㄹ

388

⭐핵심 주제 국제 분업과 무역

(가)에 들어갈 내용으로 가장 적절한 것은?

> 세계화로 기업 활동이 국경을 초월하여 이루어지면서 '글로벌 가치 사슬'이라는 말이 널리 쓰이고 있다. 글로벌 가치 사슬은 상품 생산 과정이 한 나라 내에서가 아니라 여러 나라에 걸쳐 진행되면서 부가 가치가 창출되는 과정이다. 글로벌 가치 사슬은 기업이 효율성을 높이기 위해 생산 단계를 세분화하여 각 단계를 가장 적합한 나라에 배치함으로써 발달하였다. 과거 전통적인 무역이 소비자에게 판매되는 최종재 위주였다면, 최근에는 글로벌 가치 사슬의 발달로 생산 과정에 투입되는 중간재의 국제 거래가 증가하였다. 이러한 변화는 _____(가)_____

① 국가 간 자급자족 체제가 강화되고 있음을 보여 준다.
② 전통적 무역 방식의 중요성이 더 커지게 됨을 보여 준다.
③ 국경을 초월한 국제 분업이 더욱 복잡해지고 있음을 보여 준다.
④ 기업의 생산 비용이 모든 국가에서 동일하게 조정되고 있음을 보여 준다.
⑤ 국제 무역이 단순화되어 국가 간 거래 비용이 감소하고 있음을 보여 준다.

389

⭐핵심 주제 절대 우위와 비교 우위

다음 자료에 관한 옳은 분석만을 <보기>에서 고른 것은?

> 갑과 을은 각각 하루에 8시간씩 일하며, 이 시간을 감자를 캐거나 물고기를 잡거나, 혹은 이 두 가지 일에 나누어서 투입할 수 있다. 갑은 감자 1kg을 캐는 데 15분, 물고기 1kg을 잡는 데 60분이 필요한 반면, 을은 감자 1kg을 캐는 데 10분, 물고기 1kg을 잡는 데 20분이 필요하다.

┤보기├
ㄱ. 갑은 하루에 감자 4kg과 물고기 7kg을 생산할 수 있다.
ㄴ. 감자 1kg을 캐는 것의 기회비용은 갑이 을보다 작다.
ㄷ. 갑은 감자 캐기에, 을은 물고기 잡기에 절대 우위가 있다.
ㄹ. 하루에 최대로 잡을 수 있는 물고기의 양은 갑이 을보다 많다.

① ㄱ, ㄴ ② ㄱ, ㄷ ③ ㄴ, ㄷ
④ ㄴ, ㄹ ⑤ ㄷ, ㄹ

390

⭐핵심 주제 지속가능발전에 기여하는 국제 무역의 방안

(가)~(라)에 들어갈 내용으로 적절하지 **않은** 것은?

> 오늘날 많은 사람은 공정 무역을 통해 지속가능발전에 기여하고자 한다. 이러한 노력으로 확립된 공정 무역 원칙은 다음과 같다.

원칙	주요 내용
공정한 무역 관행	(가)
공정한 가격 지불	(나)
아동·강제 노동 금지	(다)
기후변화에 대응하는 환경 보호	(라)
경제적으로 소외된 생산자를 위한 기회 제공	(마)

① (가) - 이윤만을 추구하지 않고 생산자의 사회적·경제적 상황을 고려하여 거래한다.
② (나) - 불안정한 시장 상황과 현지 생활 임금을 고려하여 공정한 가격을 책정한다.
③ (다) - 생산 과정에서 아동이 포함될 때 아동의 권리가 보호될 수 있도록 관찰한다.
④ (라) - 이산화 탄소 저감 비용을 줄이고 이윤을 극대화할 수 있도록 생산 과정을 효율화한다.
⑤ (마) - 경제적으로 취약한 생산자, 노동자와 주로 거래하여 이들이 빈곤에서 벗어나게 한다.

실력 기출 문제

391 빈출

다음 자료는 우리나라의 주요 수출품 변화를 나타낸다. 이에 관한 설명으로 옳지 않은 것은?

1960년대	1970년대	1980년대
생사, 중석, 합판, 면직물	섬유, 합판, 가발, 철광석, 전자 제품	의류, 철광판, 신발, 선박, 기계, 음향 기기

1990년대	2000년대	2000년대 이후
의류, 반도체, 신발, 영상 기기, 선박	반도체, 컴퓨터, 자동차, 석유 제품, 선박	반도체, 선박, 자동차, 디스플레이, 석유 제품

(한국 무역 협회, 2023)

① 1960년대에는 천연자원이 주요 수출품 중 하나였다.
② 1970년대에는 노동 집약적인 산업이 수출을 이끌었다.
③ 1980년대에는 중화학 공업 제품의 수출이 증가하였다.
④ 2000년대에는 첨단 산업의 국제 경쟁력이 향상되었다.
⑤ 전체 수출액 중 자본 집약적 산업이 차지하는 비율이 감소하고 있다.

392 빈출

다음 자료에 관한 옳은 분석만을 <보기>에서 고른 것은?

표는 갑국과 을국이 각자 보유한 생산 요소를 모두 활용하여 각 재화 1개를 생산하는 데 필요한 비용을 나타낸다. 단, 갑국과 을국만 존재하며, 양국은 모두 X재와 Y재만을 생산한다.

구분	갑국	을국
X재	2달러	3달러
Y재	1달러	4달러

┤ 보기 ├
ㄱ. 갑국은 X재, 을국은 Y재 생산에 절대 우위를 가진다.
ㄴ. X재 1개 생산의 기회비용은 갑국이 을국보다 작다.
ㄷ. 을국은 갑국과 달리 X재 생산에 비교 우위를 가진다.
ㄹ. 을국의 경우 Y재 1개 생산의 기회비용은 X재 1개보다 크다.

① ㄱ, ㄴ　　② ㄱ, ㄷ　　③ ㄴ, ㄷ
④ ㄴ, ㄹ　　⑤ ㄷ, ㄹ

393

다음은 수업 시간에 교사가 제시한 사례이다. 이를 통해 교사가 공통적으로 말하고자 하는 내용으로 가장 적절한 것은?

- 우리나라에서 생산되는 바나나는 국내 수요보다 많이 부족하다. 이러한 바나나의 수요는 다른 나라에서 생산되는 바나나를 수입함으로써 충족하게 된다.
- 의상 디자이너는 농사짓는 방법을 잘 모르지만 쌀을 언제든지 구할 수 있고, 농민은 옷을 만들 줄 모르지만 옷을 언제든지 구할 수 있다.

① 교환은 더 풍부한 소비를 가능하게 한다.
② 특화와 분업은 국가 간 개방 경제하에서 이루어진다.
③ 분업은 개인의 자율적이고 생산적인 행위를 저해한다.
④ 재화의 생산량이 많아도 수요가 적으면 희소성이 떨어진다.
⑤ 자신이 남들보다 잘하지 못하는 분야에도 특화할 수 있다.

394

다음 자료에 관한 옳은 설명만을 <보기>에서 고른 것은?

그림은 질문에 따라 갑국과 을국의 각 재화 생산비를 비교한 것이다. 단, 갑국과 을국만 존재하고, 양국은 모두 A재와 B재만을 생산하며, 양국의 A재, B재 생산비는 다르다.

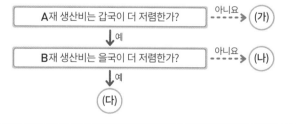

┤ 보기 ├
ㄱ. (가)의 경우 갑국은 A재 생산에 절대 우위가 있다.
ㄴ. (가)의 경우 을국의 B재 생산비가 더 저렴하다면 절대 우위론에 따라 갑국과 을국 간에는 무역이 발생한다.
ㄷ. (나)의 경우 절대 우위론에 따르면 갑국과 을국 간에는 무역이 발생하지 않는다.
ㄹ. (다)의 경우 갑국은 A재 생산에, 을국은 B재 생산에 절대 우위가 있다.

① ㄱ, ㄴ　　② ㄱ, ㄷ　　③ ㄴ, ㄷ
④ ㄴ, ㄹ　　⑤ ㄷ, ㄹ

● 바른답·알찬풀이 41쪽

395

교사의 질문에 옳은 답변을 한 사람만을 있는 대로 고른 것은?

교사: 국제 분업과 무역을 통해 기대할 수 있는 이익에 관해 말해 볼까요?

갑: 각국이 비교 우위의 원리에 따라 무역을 하면 상대적으로 작은 기회비용으로 더 많은 양을 소비할 수 있습니다.

을: 제품 단위당 평균 생산 비용이 증가하는 현상, 즉 규모의 경제를 실현하여 국가 경제의 성장을 기대할 수 있습니다.

병: 외국으로부터 생산에 필요한 원자재와 부품을 저렴하게 들여오면 해당 국가의 국내 물가 안정에도 기여할 수 있습니다.

정: 무역을 하는 과정에서 상품만 거래되는 것이 아니라 이와 관련된 아이디어나 기술 등도 함께 전파됩니다. 이는 혁신의 원동력으로 작용할 수 있습니다.

① 갑, 을
② 갑, 병
③ 을, 정
④ 갑, 병, 정
⑤ 을, 병, 정

396

다음 자료에 관한 옳은 설명만을 <보기>에서 고른 것은?

국제 무역이 지속가능발전에 기여하기 위해서는 ㉠ 불공정한 무역 구조에서 오는 경제적 불평등을 완화하기 위해 노력해야 한다. 또한 표와 같이 여러 경제 주체의 노력이 필요하다.

경제 주체	노력
정부	(가)
기업	(나)
소비자	(다)

┤ 보기 ├

ㄱ. ㉠의 개선 방안으로는 '각 국가가 비교 우위 상품에 특화하여 교역하는 것'을 들 수 있다.

ㄴ. (가)에는 '친환경 기술 개발을 지원한다.'가 들어갈 수 있다.

ㄷ. (나)에는 '환경 오염을 줄이는 생산 방법을 개발한다.'가 들어갈 수 있다.

ㄹ. (다)에는 '공정 무역 상품보다 저렴한 상품을 위주로 소비한다.'가 들어갈 수 있다.

① ㄱ, ㄴ
② ㄱ, ㄷ
③ ㄴ, ㄷ
④ ㄴ, ㄹ
⑤ ㄷ, ㄹ

✏️ 1등급을 향한 서답형 문제

| 397~398 |

다음 자료를 보고 물음에 답하시오.

그림은 갑국과 을국이 X재와 Y재를 각각 1단위씩 생산하는 데 소요되는 노동 시간을 나타낸다. 단, X재와 Y재의 생산에는 노동만 필요하다.

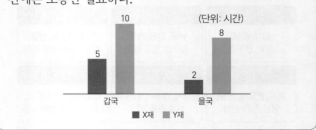

397

X재, Y재 생산에 절대 우위가 있는 국가를 각각 쓰시오.

398

X재, Y재 생산에 비교 우위가 있는 국가를 그 이유와 함께 각각 서술하시오.

399

밑줄 친 부분에 해당하는 내용을 세 가지 서술하시오.

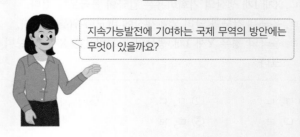

지속가능발전에 기여하는 국제 무역의 방안에는 무엇이 있을까요?

400

다음 자료에 관한 옳은 설명만을 <보기>에서 고른 것은?

표는 갑국과 을국의 교역 전 대비 교역 후 X재와 Y재 1개 소비의 기회비용 변화를 나타낸다. 갑국과 을국은 직선인 생산 가능 곡선상에서 X재와 Y재만을 생산하고, 생산된 재화는 전량 소비된다. 양국은 비교 우위가 있는 재화만을 생산하여 양국 모두 이익이 발생하는 교환 비율에 따라 교역하고, 교역은 거래 비용 없이 양국 간에만 이루어진다.

구분	갑국	을국
교역 후 X재 1개 소비의 기회비용	증가	㉠
교역 후 Y재 1개 소비의 기회비용	㉡	증가

| 보기 |

ㄱ. ㉠은 '증가', ㉡은 '감소'이다.
ㄴ. 갑국은 X재 생산에 절대 우위를 가진다.
ㄷ. 을국은 Y재 생산에 비교 우위를 가진다.
ㄹ. X재 1개 생산의 기회비용은 갑국이 을국보다 작다.

① ㄱ, ㄴ   ② ㄱ, ㄷ   ③ ㄴ, ㄷ
④ ㄴ, ㄹ   ⑤ ㄷ, ㄹ

401

다음 자료에 관한 옳은 설명만을 <보기>에서 있는 대로 고른 것은?

갑국과 을국은 X재와 Y재만을 생산·소비하고 있었으나 양국 모두 이득이 발생하는 조건에서만 비교 우위가 있는 재화에 특화하여 무역하기로 합의하였다. 표는 갑국과 을국의 각 재화 1개 생산에 필요한 노동자 수를 나타낸다. 단, 갑국과 을국은 노동만을 생산 요소로 사용하며, 국가 간 노동 이동은 발생하지 않고, 무역에 따른 거래 비용은 없다.

구분	갑국	을국
X재	6명	5명
Y재	4명	10명

| 보기 |

ㄱ. 갑국은 X재 생산에 절대 우위를 가진다.
ㄴ. 을국은 비교 우위가 있는 재화에 절대 우위가 있다.
ㄷ. 을국의 X재 1개 소비의 기회비용은 무역 이전보다 무역 이후에 증가한다.

① ㄱ   ② ㄷ   ③ ㄱ, ㄴ   ④ ㄴ, ㄷ   ⑤ ㄱ, ㄴ, ㄷ

402

(가)에 들어갈 내용만을 <보기>에서 있는 대로 고른 것은?

〈통합사회 형성 평가〉

※ 문제: 그림은 우리나라의 무역 규모 추이를 나타낸다. 이와 같은 변화가 우리나라에 미치는 긍정적 영향을 쓰시오.

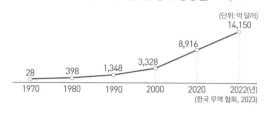

(단위: 억 달러)
1970: 28
1980: 398
1990: 1,348
2000: 3,328
2020: 8,916
2022(년): 14,150
(한국 무역 협회, 2023)

• 학생 답안: _____(가)_____
• 교사의 평가: 옳게 서술하였음.

| 보기 |

ㄱ. 경제 성장과 일자리 창출
ㄴ. 규모의 경제가 발생하여 생산비 절감
ㄷ. 경쟁력이 약한 국내 산업의 일자리 증가
ㄹ. 선진 기술의 전파 및 경제 발전의 기회 마련 가능

① ㄱ, ㄷ   ② ㄱ, ㄹ   ③ ㄴ, ㄷ
④ ㄱ, ㄴ, ㄹ   ⑤ ㄴ, ㄷ, ㄹ

403

다음 대화에 관한 옳은 설명만을 <보기>에서 있는 대로 고른 것은?

교사: 분업과 특화에 대해 발표해 볼까요?
갑: 분업은 공정의 분화가 가능하다는 것을 전제로 상품 생산의 과정을 여러 개의 공정으로 나누어 생산하는 방식을 의미하며, ___(가)___ 은/는 긍정적 효과가 있습니다.
을: 특화는 ___(나)___ 을/를 하기 위해 상대적으로 생산성이 높은 분야에 전념하여 생산하는 것을 의미하며, 자원의 효율적 사용이라는 긍정적 효과가 있습니다.
교사: 맞아요. 두 개념은 서로 다르므로 ㉠특화된 분업과 ㉡특화되지 않은 분업 등의 개념 조합이 가능해요.

| 보기 |

ㄱ. (가)에는 '노동 생산성이 향상된다'가 들어갈 수 있다.
ㄴ. (나)에는 '자급자족'이 들어갈 수 있다.
ㄷ. 비교 우위와 달리 절대 우위에 따른 교역에서는 ㉠이 나타난다.
ㄹ. ㉡의 사례로는 '회사에서 추첨으로 직원들에게 업무를 배정하는 경우'를 들 수 있다.

① ㄱ, ㄴ   ② ㄱ, ㄹ   ③ ㄴ, ㄷ
④ ㄱ, ㄷ, ㄹ   ⑤ ㄴ, ㄷ, ㄹ

07 자본주의의 전개와 시장경제

404

다음 대화에 관한 분석 및 추론으로 옳은 것은?

> 갑: 경제는 마치 자동차를 운전하는 것과 같아서, 운전대를 잡고 적절히 방향을 바꾸어야 하고 필요할 때 액셀러레이터나 브레이크를 밟아야 합니다. 이렇게 끊임없이 조절하지 않으면 위험한 상황에 처할 수 있습니다.
>
> 을: '샤워실의 바보'라는 이야기가 있습니다. 조금만 기다리면 따뜻한 물이 나올 텐데, 수도꼭지를 뜨거운 쪽으로 돌렸다가 뜨거운 물이 나오면 바로 찬 쪽으로 또 돌리고, 찬물이 나오면 또다시 뜨거운 쪽으로 돌리기를 반복하는 어리석음을 말합니다. 경제도 이와 같아서 자칫 잘못 손대면 어려움만 더하는 것입니다.

① 갑보다 을은 케인스의 주장에 더 가깝다.
② 갑보다 을은 불황 시 정부의 적극적인 개입을 주장할 것이다.
③ 을보다 갑은 시장의 자기 조절 능력을 신뢰할 것이다.
④ 을보다 갑은 규제 철폐에 더 적극적으로 찬성할 것이다.
⑤ 갑은 시장 실패, 을은 정부 실패의 가능성을 강조한다.

405

다음 자료에 관한 옳은 설명만을 <보기>에서 고른 것은?

> 그림은 1970년대 발생한 석유 파동으로 인해 자본주의가 (가)에서 (나)로 변화하게 된 것을 나타낸다.
>
> | (가) | 1970년대 석유 파동 → | (나) |

| 보기 |

ㄱ. (가)는 공기업의 민영화, 감세 정책을 추진하였다.
ㄴ. (나)는 스태그플레이션을 극복하려는 과정에서 등장하였다.
ㄷ. (가)는 (나)에 비해 정부의 적극적 역할을 강조하였다.
ㄹ. (나)는 (가)에 비해 분배의 형평성을 강조하였다.

① ㄱ, ㄴ　　② ㄱ, ㄷ　　③ ㄴ, ㄷ
④ ㄴ, ㄹ　　⑤ ㄷ, ㄹ

406

경제 체제 A에 관한 질문에 모두 옳게 응답한 학생은?

> A는 B와 달리 자유로운 경쟁을 통한 이윤 추구를 보장한다. 단, A, B는 각각 시장경제 체제, 계획경제 체제 중 하나이다.

질문 \ 학생	갑	을	병	정	무
자원 배분 과정에서 '보이지 않는 손'의 역할을 강조합니까?	○	○	○	○	×
경제활동 과정에서 경제적 유인 체계를 중시합니까?	○	○	○	×	○
정부의 결정과 통제에 의한 자원 배분을 강조합니까?	○	○	×	○	×
자원의 희소성에 의한 경제 문제가 발생합니까?	○	×	○	×	×

(○: 예, ×: 아니요)

① 갑　　② 을　　③ 병　　④ 정　　⑤ 무

| 407~408 |

다음 글을 읽고 물음에 답하시오.

> 과거 한 나라였지만 오랜 기간 분단된 상태로 서로 적대시하며 지내 온 갑국과 을국은 서로 다른 경제 체제를 채택하고 있다. 갑국은 시장 원리에 의해 기본적인 경제 문제를 해결하는 경제 체제를 채택하고 있는 반면, 을국은 정부의 계획과 명령에 의해 경제 문제를 해결하고 있다. 이러한 경제 체제의 차이로 인해 을국에서는 갑국과 달리 (㉠)의 사적 소유가 허용되지 않는다. 그러나 최근 갑국과 을국 간 화해 분위기가 조성됨에 따라 을국은 경제 발전을 위해 ㉡갑국의 경제 체제 요소를 대폭 도입하는 경제 정책을 시행할 예정이다.

407 ···· 단답형

㉠에 들어갈 용어를 쓰시오.

408 서술형

밑줄 친 ㉡으로 인해 을국 경제에 나타날 변화를 세 가지 서술하시오.

합리적 선택과 경제 주체의 역할

409

밑줄 친 ㉠에 해당하는 내용으로 가장 적절한 것은?

일반적으로 사적 재화는 돈을 지불해야만 사용할 수 있다. 이에 비해 거리의 가로등은 비용 지불 여부와 관계없이 누구나 이용할 수 있다. 가로등을 설치하는 데 돈을 낸 사람만 이용하게 할 수도 없고, 이용하는 사람이 늘어난다고 해서 그 혜택이나 효용이 줄어들지 않는다. 치안의 경우도 마찬가지이다. 일단 경찰을 조직하여 치안 업무를 맡기면 누구나 방범 혜택을 받는다. 이때 누가 더 경찰의 보호를 받는지 가리는 것은 어렵다. 이처럼 사용한 만큼 비용을 부담하기 어렵고 사용을 제한하기도 어려운 재화의 경우 사람들은 돈을 지불하지 않고 이용하려고 한다. 이러한 재화는 시장의 원리에 맡길 경우 ㉠ 문제가 발생하게 된다.

① 과도한 소비로 인한 자원 고갈
② 사회적 최적 수준보다 과소 공급
③ 독점 기업의 증가로 인한 가격 상승
④ 기업 간 담합으로 인한 소비자 피해
⑤ 계층 간 격차 확대로 인한 사회 불평등 심화

410

다음 자료에 관한 옳은 설명만을 <보기>에서 고른 것은?

- ㉠ 소비 측면의 외부 효과가 발생하고 있는 X재는 사회적 최적 수준보다 적게 소비된다. 이에 정부는 ㉡ X재 시장의 외부 효과를 해결하기 위한 정책을 시행하기로 하였다.
- ㉢ 생산 측면의 외부 효과가 발생하고 있는 Y재는 사회적 최적 수준보다 많이 생산된다. 이에 정부는 ㉣ Y재 시장의 외부 효과를 해결하기 위한 정책을 시행하기로 하였다.

| 보기 |
ㄱ. ㉠은 긍정적 외부 효과, ㉢은 부정적 외부 효과이다.
ㄴ. '간접 흡연으로 인한 폐해'는 X재 시장에서 발생하는 ㉠의 사례에 해당한다.
ㄷ. X재 소비자에게 보조금을 지급하는 것은 ㉡에 해당한다.
ㄹ. Y재 생산자에게 보조금을 지급하는 것은 ㉣에 해당한다.

① ㄱ, ㄴ   ② ㄱ, ㄷ   ③ ㄴ, ㄷ
④ ㄴ, ㄹ   ⑤ ㄷ, ㄹ

411

다음 자료에 관한 옳은 분석만을 <보기>에서 고른 것은?

1인 점포를 운영하는 갑은 한 달간 ㉠ 점포를 계속 운영할 것인지 ㉡ 해외여행을 떠날 것인지를 두고 고민하고 있다. 점포를 운영할 경우 임대료를 제외한 100만 원의 운영 비용이 들지만 ㉢ 200만 원의 판매 수입을 얻을 수 있다. 반면, 해외여행을 떠날 경우 200만 원의 여행 비용이 들지만 250만 원의 편익을 얻을 수 있다. 단, 갑은 1개월 동안의 가게 임대료 200만 원을 이미 지불하였고 이를 환불받을 수 없으며, 제시한 내용 이외의 다른 조건은 고려하지 않는다.

| 보기 |
ㄱ. ㉠을 선택할 경우 명시적 비용은 300만 원이다.
ㄴ. ㉡을 선택할 경우 암묵적 비용은 200만 원이다.
ㄷ. ㉠을 선택하는 것이 합리적이다.
ㄹ. ㉢이 '400만 원'이 되더라도 합리적 선택은 변함없다.

① ㄱ, ㄴ   ② ㄱ, ㄷ   ③ ㄴ, ㄷ
④ ㄴ, ㄹ   ⑤ ㄷ, ㄹ

412

다음 대화를 통해 파악할 수 있는 정부의 경제적 역할로 가장 적절한 것은?

갑: A국에서는 과세 대상 소득의 크기에 관계없이 동일한 세율을 적용하는 방식의 소득세 제도를 시행하였습니다. 이로 인해 계층 간 소득 격차가 좁혀지지 않아 빈부 격차가 심화되었습니다.
을: 그래서 최근 A국 정부는 빈부 격차를 개선하기 위해 과세 대상 소득이 커질수록 세율이 높아지는 소득세 제도를 도입하기로 하였습니다.

① 공공재 공급   ② 소득 재분배
③ 외부 효과 개선   ④ 불공정 거래 규제
⑤ 정보의 비대칭성 개선

413 ✐서술형

밑줄 친 ㉠의 의미를 쓰고, 그 사례를 두 가지 서술하시오.

지속가능발전을 위해 소비자는 합리적 소비를 넘어 ㉠ 윤리적 소비를 할 필요성이 커지고 있다.

414

다음 자료에 관한 옳은 설명만을 <보기>에서 고른 것은?

- A와 B는 각각 요구불 예금과 주식 중 하나이고, (가)와 (나)는 각각 수익성과 유동성 중 하나이다.
- 안전성은 A가 B보다 높고, (가)는 B가 A보다 높고, (나)는 A가 B보다 높다.

| 보기 |

ㄱ. A는 B와 달리 예금자 보호 제도의 적용 대상이 아니다.
ㄴ. B는 A와 달리 기업이 자금 확보를 위해 발행하는 증권 이다.
ㄷ. (가)는 금융 자산의 가치가 보전될 수 있는 정도를 의미 한다.
ㄹ. (나)는 금융 자산을 쉽게 현금화할 수 있는 정도를 의미 한다.

① ㄱ, ㄴ   ② ㄱ, ㄷ   ③ ㄴ, ㄷ
④ ㄴ, ㄹ   ⑤ ㄷ, ㄹ

415

금융 자산 A~C의 일반적인 특징에 관한 옳은 설명만을 <보기>에서 있는 대로 고른 것은? (단, A~C는 각각 보험, 연금, 펀드 중 하나임.)

A	장래에 예상되는 위험을 보험 회사에 전가하는 대가로 보험료를 내는 상품
B	금융 기관에 돈을 맡겨서 대신 투자하도록 하는 금융 자산
C	노후 생활의 안정을 위해 필요한 자금을 적립하여 노령, 퇴직 등의 사유가 발생했을 때 약속된 금액을 받는 금융 자산

| 보기 |

ㄱ. A는 일반적으로 수익보다 보장에 초점을 둔다.
ㄴ. B에 투자할 경우 원금 손실이 발생할 수 있다.
ㄷ. 국민연금과 개인연금은 C에 해당한다.

① ㄱ   ② ㄷ   ③ ㄱ, ㄴ
④ ㄴ, ㄷ   ⑤ ㄱ, ㄴ, ㄷ

416

다음 자료에 관한 설명으로 옳은 것은?

그림은 질문에 따라 금융 자산 A~C를 분류한 것이다. 단, A~C는 각각 정기 예금, 채권, 주식 중 하나이다.

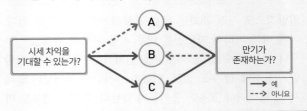

① A는 배당 수익을 기대할 수 있다.
② B는 이자 수익을 기대할 수 있다.
③ C는 예금자 보호 제도의 적용 대상이다.
④ A는 B에 비해 안전성이 높다.
⑤ B는 C에 비해 수익성이 낮다.

417

다음 자료에 관한 옳은 설명만을 <보기>에서 고른 것은?

그림은 생애 주기 곡선을 나타낸다. 단, (가), (나)는 각각 소득 곡선과 소비 곡선 중 하나이고, A~C는 해당 영역의 면적을 의미하며, '저축=소득-소비'이다.

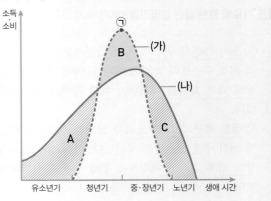

| 보기 |

ㄱ. ㉠ 시점에서 생애 동안 축적된 저축 총액이 가장 많다.
ㄴ. (가)는 소득 곡선, (나)는 소비 곡선이다.
ㄷ. 평균 수명의 증가로 중·장년기에 C 영역을 대비할 필요성이 높아진다.
ㄹ. A와 C의 합은 B의 크기와 동일하다.

① ㄱ, ㄴ   ② ㄱ, ㄷ   ③ ㄴ, ㄷ
④ ㄴ, ㄹ   ⑤ ㄷ, ㄹ

418

다음 자료는 갑의 생애 주기 계획을 나타낸다. 이에 관한 학생의 옳은 평가만을 <보기>에서 고른 것은?

| 10대 | 20대 | 30대 | 40대 | 50대 | 60대 | 70대 |

대입 준비
대학 생활
아르바이트
직장 생활
자녀 출산 및 교육
자녀 대학 교육
자녀 결혼
은퇴 후
노후 생활

┤ 보기 ├

ㄱ. 소비 규모는 갈수록 줄어들겠어.
ㄴ. 소득은 생애 기간 내내 발생하겠군.
ㄷ. 은퇴 후 생활에 대한 대책이 필요하겠어.
ㄹ. 연령대에 따라 주요 지출 분야가 달라지겠군.

① ㄱ, ㄴ ② ㄱ, ㄷ ③ ㄴ, ㄷ
④ ㄴ, ㄹ ⑤ ㄷ, ㄹ

⑩ 국제 분업과 무역

419

교사의 질문에 관한 학생의 대답으로 옳지 <u>않은</u> 것은?

> 국제 분업과 무역이 가져오는 긍정적 영향을 발표해 볼까요?

① 무역을 통해 자국에서 생산되지 않는 물품을 수입할 수 있습니다.
② 국제 분업은 각 나라의 자원을 효율적으로 활용할 수 있게 합니다.
③ 다양한 국가와의 무역은 소비자들에게 더 많은 선택권을 제공합니다.
④ 국제 분업과 무역을 통해 특정 국가에 경제적 불균형이 초래될 수 있습니다.
⑤ 각국이 비교 우위에 따라 생산을 분업하면 상품의 전체적인 생산량과 소비량이 증가합니다.

420

다음 자료에 관한 옳은 분석만을 <보기>에서 고른 것은?

표는 X재와 Y재만을 생산하는 갑국과 을국이 각 재화 1개를 생산하기 위해 필요한 노동자 수를 나타낸다. 단, 갑국과 을국의 생산 요소는 동일한 양의 노동뿐이다.
(단위: 명)

구분	갑국	을국
X재	2	3
Y재	4	㉠5

┤ 보기 ├

ㄱ. 갑국은 X재 생산에 비교 우위가 있다.
ㄴ. 갑국은 X재 생산에, 을국은 Y재 생산에 절대 우위가 있다.
ㄷ. 을국의 Y재 1개 생산의 기회비용은 X재 5/3개이다.
ㄹ. ㉠이 '7'로 증가하더라도 양국의 비교 우위 재화는 변하지 않는다.

① ㄱ, ㄴ ② ㄱ, ㄷ ③ ㄴ, ㄷ
④ ㄴ, ㄹ ⑤ ㄷ, ㄹ

| 421~422 |

다음 글을 읽고 물음에 답하시오.

국제 무역의 발생 원리는 ㉠ 절대 우위와 ㉡ 비교 우위로 설명할 수 있다. 각국은 절대 우위를 가진 재화와 서비스를 생산하여 교환함으로써 무역 당사국 모두 이익을 얻을 수 있다. 그러나 절대 우위의 관점에서 보면 ___(가)___ 에는 국가 간에 무역이 발생하지 않는다. 한편, 비교 우위의 관점에서는 ㉢ 나라마다 비교 우위가 다르게 나타난다. 따라서 각국이 비교 우위를 갖는 분야에 특화하여 교환하면 양국 모두 이익을 얻을 수 있다.

421 ✎서술형

밑줄 친 ㉠, ㉡의 의미와 (가)에 들어갈 내용을 서술하시오.

422 ✎서술형

밑줄 친 ㉢의 까닭을 세 가지 서술하시오.

11 세계화의 다양한 양상과 문제

1 세계화의 다양한 양상

1 세계화와 지역화
┌─ 세계화와 지역화는 서로 밀접한 관련이 있으며
└─ 동시에 이루어지는 경우가 많음.

세계화	교통·통신의 발달과 개방화의 흐름에 따라 국경의 의미가 약해지고 세계가 하나로 통합되는 현상
지역화	특정 지역의 사회적·문화적 특성이 세계적 차원에서 독자적 가치를 지니게 되는 현상

꼭 나오는 자료   🔗 95쪽 443번 문제로 확인

지역화 전략

지리적 표시제	특정 지역의 지리적 특성을 반영한 우수한 상품이 그 지역에서 생산·가공되었음을 인증하고 표시하는 제도 예 콜롬비아의 커피
장소 마케팅	지역의 특정 장소를 하나의 상품으로 인식하여 매력적으로 보이도록 이미지와 시설 등을 개발하는 것 예 이탈리아 로마의 콜로세움
지역 브랜드	특정 지역에서 생산되는 상품, 서비스, 축제 등을 특별한 브랜드로 인식시켜 지역 이미지를 제고하는 것 예 미국 뉴욕의 'I♥NY'

자료 분석 지역화 전략은 세계화에 대응하기 위해 다른 지역과 차별화할 수 있는 지역의 고유성을 확보하기 위한 노력이다. 세계화의 진전으로 지역의 고유한 특성을 알리기 위한 지역화 전략의 중요성이 커지고 있다.

2 세계화로 인한 변화
(1) 국제 교역량 증가: 세계 무역 기구(WTO) 출범 이후 국가 간 무역 장벽 완화 → 세계 자본 시장의 유기적 연결
(2) 세계 도시의 등장
  ① 세계 도시: 국경을 넘어 정치·경제·문화 등 다양한 분야에서 세계적인 중심지 역할을 수행하는 대도시 예 뉴욕, 런던, 도쿄 등
  ② 세계 도시의 기능: 국제기구의 본부 위치, 다양한 국제회의와 행사 개최, 다국적 기업의 본사와 대형 금융 기관 등 밀집, 회계·법률·광고 등 전문화된 생산자 서비스업 발달, 인적·물적 교류가 활발하여 문화 활동의 중심축 역할
  ┌─ 기업 활동에 도움을 주는 서비스
(3) 다국적 기업의 성장
  ┌─ 국경을 넘어 세계적으로 생산·판매 활동을 하는 기업
  ① 다국적 기업의 공간적 분업 ┌─ 경영의 효율성을 높이고 이윤을 극대화하기 위함.

본사	경영 기획·관리를 담당하고, 주로 본국의 대도시에 입지함.
연구소	기술 수준이 높은 선진국에 설립하는 경우가 많음.
생산 공장	주로 생산비 절감을 위해 임금 수준이 낮은 개발 도상국에 설립하거나, 무역 장벽을 극복하기 위해 선진국에 설립하기도 함.

  ② 다국적 기업의 변화: 최근 본사 또는 본사의 핵심 기능을 해외로 이전한 초국적 기업이 등장하기도 함.
(4) 지역 문화의 세계적 확산: 교통·통신의 발달로 세계의 다양한 문화를 쉽게 경험할 수 있고, 우리의 문화가 전 세계로 확산됨.
  └─ 한류
(5) 보편적 가치의 세계적 확산: 빈곤·환경 문제 등을 해결하기 위해 세계시민적 역할이 중요해지고, 보편적 가치를 바탕으로 국제 사회 문제에 정치적 협력과 연대가 강화됨.
  └─ 예 자유, 평등, 인권 등
  └─ 예 안보, 환경, 테러

2 세계화의 문제점과 해결 방안

1 세계화에 따른 문제점
(1) 문화의 획일화와 소멸 문제
  ① 전 세계의 문화가 선진국 문화를 중심으로 비슷해지는 문화의 획일화 현상 발생
  ② 약소국이나 원주민, 소수 민족 등의 고유한 문화가 선진국 문화에 밀려 점차 소멸될 위험에 처함.
(2) 빈부 격차의 심화 ┌─ 세계화가 진행되면서 개인뿐만 아니라 국가 간 빈부 격차가 커지고 있음.

선진국	부가 가치가 높은 금융 서비스업이나 첨단 기술 산업 등에 집중 → 소득 수준이 높은 편
개발 도상국	저렴한 노동력으로 부가 가치가 낮은 제조업이나 농업 등에 집중 → 소득 수준이 낮은 편

꼭 나오는 자료   🔗 97쪽 451번 문제로 확인

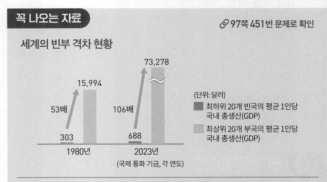

세계의 빈부 격차 현황

(단위: 달러)
■ 최하위 20개 빈국의 평균 1인당 국내 총생산(GDP)
■ 최상위 20개 부국의 평균 1인당 국내 총생산(GDP)

	1980년	2023년
	303 / 15,994 (53배)	688 / 73,278 (106배)

(국제 통화 기금, 각 연도)

자료 분석 세계화에 따른 자유 무역의 확대로 국가 간 무역이 활발해지면서 자본과 기술력이 풍부한 선진국에 부가 집중되어 선진국과 개발 도상국 간의 빈부 격차가 커지고 있다.

(3) 보편 윤리와 특수 윤리 간의 갈등 및 충돌

보편 윤리	자유, 평등과 같은 보편적 가치를 중시해야 한다는 입장
특수 윤리	특정한 집단 내에서 중시되는 가치를 강조하는 입장

(4) 국가 간 해충과 같은 유해 물질 전파 및 전염병의 급속한 확산
  ┌─ 국가 간 상호 의존도가 높기 때문
  └─ 예 코로나바이러스감염증-19

2 세계화에 따른 문제점에 대한 해결 방안
(1) 문화의 다양성 증진
  ① 문화를 상품으로 소비하기보다는 지역 문화의 고유성을 인정하고 보존하려는 태도 함양
  ② 문화의 고유성과 다양성을 보존하기 위한 국제적 협력 필요
(2) 분배적 정의 실현: 선진국의 공적 개발 원조(ODA) 및 기술 이전 확대, 공정 무역 확대를 통한 불공정한 무역 구조 개선
(3) 보편 윤리의 존중과 함께 특수 윤리를 성찰하려는 태도 함양
  ① 특수 윤리를 인정하되 인간존엄성, 자유, 평등 등 보편적 가치를 침해하는 행위를 비판적으로 성찰해야 함.
  ② 세계시민 의식을 가지고 전 지구적 차원의 문제 해결에 적극적으로 참여해야 함. ┌─ 지구촌 문제에 책임 의식을 갖고 그 문제를 해결하기 위해 적극적으로 행동하는 사람들에게 요구되는 마음가짐을 말함.

기본 기출 문제

핵심 주제를 파악할 수 있는 기출 문제를 수록하였습니다.

핵심 개념 문제

● 빈칸에 들어갈 알맞은 말을 쓰시오.

423 교통·통신의 발달로 국가 간 교류가 활발해지며 세계가 하나로 통합되는 현상인 (   )이/가 나타나고 있다.

424 (   )은/는 지역의 사회·문화적 특성이 세계적인 차원에서 독자적 가치를 지니게 되는 현상이다.

425 (   )은/는 국경을 넘어 정치·경제·문화 등 다양한 분야에서 세계적인 중심지 역할을 하는 대도시로 런던, 뉴욕, 도쿄 등이 있다.

426 다국적 기업은 경영의 효율성을 높이고 이윤을 극대화하기 위해 기업의 각 기능을 공간적으로 분리·배치하는 (   )을/를 하고 있다.

● 설명이 옳으면 ○표, 틀리면 ×표를 하시오.

427 지역화 전략의 사례로 장소 마케팅, 지역 브랜드, 지리적 표시제가 있다. (   )

428 세계화는 자유, 평등, 인권과 같은 보편적 가치를 전 세계로 확산시켰다. (   )

429 지역·국가 간 문화 교류가 활발하게 이루어지면서 문화의 획일화와 소멸 문제가 해결되었다.
(   )

430 세계화로 인해 생활 수준이 전반적으로 향상되어 국가 간 빈부 격차가 완화되었다. (   )

● ㉠, ㉡ 중 알맞은 것을 고르시오.

431 세계 도시는 회계, 법률, 광고 등 전문화된 (㉠ 소비자 서비스업, ㉡ 생산자 서비스업)이 발달하였다.

432 다국적 기업의 생산 공장은 주로 임금 수준이 낮은 (㉠ 선진국, ㉡ 개발 도상국)에 설립하거나, 무역 장벽을 극복하기 위해 (㉠ 선진국, ㉡ 개발 도상국)에 설립하기도 한다.

433 세계화가 진행되면서 자유와 평등과 같은 가치를 중시해야 한다는 (㉠ 보편 윤리, ㉡ 특수 윤리)의 입장과 관습법과 같이 특정 집단 내에서 중시하는 가치를 강조하는 (㉠ 보편 윤리, ㉡ 특수 윤리)의 입장이 충돌하기도 한다.

434

★핵심 주제 세계화와 지역화

㉠, ㉡에 해당하는 용어로 옳은 것은?

• 교통·통신이 발달하면서 사람, 상품, 자본, 기술이 국가 간 자유롭게 이동하고 지역 간의 상호 의존성이 높아지고 있다. 이처럼 국가의 경계를 넘어 세계가 하나로 통합되어 가는 현상을 (㉠)라고 한다.
• 특정 지역이 고유한 특성을 바탕으로 세계적인 차원에서 가치를 갖는 현상을 (㉡)라고 한다. 오늘날에는 지역 발전을 위해 자기 지역의 가치를 세계적인 차원에서 인정받기 위한 경쟁이 치열해지고 있다.

	㉠	㉡		㉠	㉡
①	세계화	현지화	②	세계화	지역화
③	지역화	세계화	④	지역화	현지화
⑤	현지화	지역화			

435

★핵심 주제 세계화와 지역화

다음 사례를 통해 알 수 있는 내용으로 옳지 <u>않은</u> 것은?

일본 홋카이도의 삿포로 눈 축제는 작은 규모의 지역 축제로 시작하였지만, 1972년 삿포로 동계 올림픽과 같은 기간에 진행되면서 전 세계에 알려졌다. 1974년에는 국제 눈 조각 경연 대회를 개최하고 자매결연을 맺은 외국의 도시를 주제로 작품을 전시하여 세계적인 행사로 거듭났다. 눈이 많이 내리는 삿포로의 특색을 살린 지역 축제가 현재는 매년 수백만 명의 관광객이 방문하는 세계적인 축제로 발전하여 브라질의 리우 카니발, 독일의 옥토버페스트와 함께 세계 3대 축제로 손꼽히고 있다. - 삿포로 눈 축제 누리집 -

① 세계화와 지역화는 서로 밀접한 관련이 있다.
② 지역 축제를 통해 지역의 경제가 활성화되기도 한다.
③ 지역의 고유한 특성이 지역 축제의 소재로 사용된다.
④ 지역 축제의 참여 주체가 세계인으로 확대되고 있다.
⑤ 세계화로 인해 지역 축제의 성격이 획일화되고 있다.

436

★ 핵심 주제 세계 도시

다음은 학생의 여행 계획서의 일부이다. ⊙ 도시를 지도의 A ~ E에서 고른 것은?

〈(⊙) 여행 계획서〉

1일차	세계 금융 시장의 중심인 월 스트리트를 찾아가 이곳에 위치한 금융 기관들을 살펴본다.
2일차	국제 연합(UN) 본부를 방문하여 국제 사회의 문제들을 논의하는 과정에 대한 설명을 듣는다.
3일차	세계적인 뮤지컬과 연극을 볼 수 있는 극장이 밀집한 브로드웨이를 방문하여 공연을 관람한다.

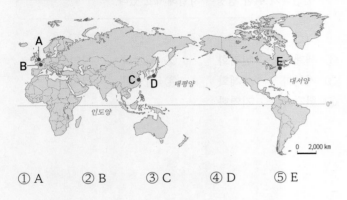

① A   ② B   ③ C   ④ D   ⑤ E

437

★ 핵심 주제 세계화에 따른 문제점

다음 사례를 통해 추론할 수 있는 내용으로 가장 적절한 것은?

인도네시아 수마트라섬 북부 반다아체에서 부적절한 관계의 남녀가 공개 태형에 처해졌다. 이들은 주민 신고로 체포되어 각각 징역 3개월과 공개 태형 17대를 선고받았다. 태형식을 지켜본 반다아체 부시장은 "우리 지역 모든 시민은 물론 외부에서 온 방문객까지 샤리아(이슬람 관습법)를 지키고 존중하기를 바란다."라고 말하였다. 반다아체는 인도네시아에서 이슬람 관습법을 적용하는 유일한 곳으로, 주민 5백만 명 중 98%가 이슬람교도이다. 이곳에서는 성폭력, 음주, 도박 등이 적발되면 공개 태형을 선고한다. 국제 인권 단체들은 반다아체에 공개 태형을 중단할 것을 촉구하지만, 이 지역 주민들은 오히려 적극적으로 지지하고 있다.

① 세계화는 지역 간 빈부 격차를 심화시킨다.
② 세계화로 인해 소수 문화의 소멸 문제가 발생한다.
③ 세계화는 보편 윤리와 특수 윤리 간의 갈등을 초래한다.
④ 세계화로 인해 문화의 다양성을 보존하기 위한 국제적 협력이 강화된다.
⑤ 세계화로 인해 국제적 차원에서 분배적 정의를 실현해야 할 필요성이 커진다.

438

★ 핵심 주제 세계화에 따른 문제점에 대한 해결 방안

다음 글은 원조에 관한 두 사상가의 입장을 정리한 것이다. (가), (나)의 사상가로 옳은 것은?

(가) 공리주의와 세계시민주의적 입장에서 도덕적으로 중요한 다른 일을 희생하지 않고 우리가 막을 수 있는 극단적인 빈곤이 있다면, 원조를 통해 인류의 고통을 줄여야 한다고 보았다.

(나) 빈곤의 문제가 물질적 자원의 부족이 아닌 정치·사회 제도의 결함으로 발생한다고 주장하였다. 그는 원조를 통해 불합리한 사회 구조나 제도로 고통받는 사회에 자유와 평등의 가치를 확립해야 한다고 보았다.

	(가)	(나)		(가)	(나)
①	롤스	싱어	②	롤스	칸트
③	싱어	롤스	④	싱어	칸트
⑤	칸트	롤스			

439

★ 핵심 주제 세계화에 따른 문제점에 대한 해결 방안

⊙ ~ ⓒ에 관한 옳은 설명만을 <보기>에서 있는 대로 고른 것은?

세계화 시대에 나타나는 문제를 해결하기 위해서는 전 지구적 차원의 협력이 필요하다. 2001년 (⊙)이/가 채택한 ⓛ「문화 다양성 선언」은 문화의 다양성을 보존하기 위한 국제적 협력의 사례이다. 또한 분배적 정의를 실현하기 위해 불공정한 무역 구조를 개선하여 ⓒ 공정 무역을 확대하려는 움직임도 늘어나고 있다.

| 보기 |

ㄱ. ⊙은 유럽 연합(EU)에 해당한다.
ㄴ. ⓛ은 문화의 획일화를 경계하고 문화의 고유성을 보존하고자 한다.
ㄷ. ⓒ은 생산비 절감을 통해 소비자 가격을 낮추고자 한다.

① ㄱ   ② ㄴ   ③ ㄷ
④ ㄱ, ㄴ   ⑤ ㄴ, ㄷ

실력 기출 문제

440 빈출

⑦~⑩에 관한 설명으로 옳지 <u>않은</u> 것은?

(⑦)은/는 ⑥교통·통신의 급속한 발달에 따라 사회 모든 부문에서 세계가 하나의 공동체로 통합되는 현상을 의미한다. 그로 인해 ⑥전 세계의 자본 시장은 유기적으로 연결되고, ⑥초국적 세계 문화가 형성되기도 한다. 한편, 지역화는 지역의 생활 양식이나 사회·경제·문화 활동 등이 세계적인 차원에서 가치를 지니게 되는 현상을 의미한다. 지역화의 전략으로는 ⑩장소 마케팅, 지역 브랜드, 지리적 표시제 등이 있다.

① ⑦으로 지역 간 경쟁이 심화되기도 한다.
② ⑥으로 인해 시·공간의 수렴화가 나타났다.
③ ⑥의 영향으로 다국적 기업의 활동이 확대된다.
④ ⑥은 문화 갈등 및 소수 문화의 쇠퇴 등을 야기하기도 한다.
⑤ ⑩의 사례로는 뉴욕의 'I♥NY' 등이 있다.

441

다음 자료는 시대별 교통수단의 평균 속도를 나타낸 것이다. (가) 시기와 비교한 (나) 시기의 상대적 특징으로 옳은 것만을 <보기>에서 고른 것은?

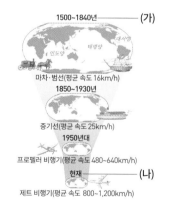

1500~1840년 (가)
마차·범선(평균 속도 16km/h)
1850~1930년
증기선(평균 속도 25km/h)
1950년대
프로펠러 비행기(평균 속도 480~640km/h)
현재 (나)
제트 비행기(평균 속도 800~1,200km/h)

| 보기 |
ㄱ. 생활권 축소
ㄴ. 국경의 의미 강화
ㄷ. 물리적 거리의 제약 감소
ㄹ. 지역 간 사람·물자의 교류 증가

① ㄱ, ㄴ   ② ㄱ, ㄷ   ③ ㄴ, ㄷ
④ ㄴ, ㄹ   ⑤ ㄷ, ㄹ

442

다음은 수행 평가 보고서의 일부이다. (가)에 들어갈 내용으로 가장 적절한 것은?

< 주제: _____ (가) _____ >

• 전염병의 전파 속도가 빨라지고, 피해 범위도 넓어지고 있다. 코로나바이러스감염증-19는 아주 빠른 속도로 전 세계로 퍼졌고 이를 막기 위해 각국은 방역을 강화하면서 국제 항공 물류 분야는 큰 타격을 입었다.
• 2022년 러시아의 우크라이나 침공은 국제 사회 전반에 많은 영향을 미쳤다. 일례로 세계 최대의 원유 생산국 중 하나인 러시아의 원유 생산이 불안정해질 것이라는 우려가 커지면서 국제 원유 가격은 가파르게 상승하였다.

① 국가 간 빈부 격차의 심화
② 세계화에 대응한 지역화 전략
③ 지역화가 우리나라에 미친 영향
④ 세계화로 인한 지역 간 상호 작용 증가
⑤ 공간적 분업을 통한 다국적 기업의 성장

443

(가)에 들어갈 내용으로 가장 적절한 것은?

< 주제: _____ (가) _____ >

• 사례 1: 포르투갈 도시 포르투를 상징하는 독특한 파란색은 이 지역의 유명한 도자기 타일인 '아줄레주'의 색에서 착안한 것이다. 이 색을 활용한 'Porto.'를 도안하여 도시를 상징하는 대표적인 디자인으로 사용하고 있다.
• 사례 2: 유럽 연합(EU)은 특정 마을, 도시 또는 지역 내에서 생산·제조·가공된 농수산물 및 식품임을 표시하여 보호하는 제도를 시행하고 있다. 세계적으로 유명한 이탈리아 캄파냐 지방의 '모차렐라 디 부팔라 캄파냐' 치즈는 이 제도의 적용을 받고 있다.

① 지역 경쟁력 강화를 위한 지역화 전략
② 문화적 동질성 확대를 위한 세계화 전략
③ 생산성과 효율성을 추구하는 다국적 기업 활동
④ 전 세계가 단일 시장을 형성하는 경제적 세계화
⑤ 국제 협력과 분업 확대로 인한 국가 간 빈부 격차의 심화

444

㉠, ㉡에 들어갈 내용으로 가장 적절한 것은?

• 미국 뉴욕의 월 스트리트는 세계 금융 시장의 중심으로
전 세계 경제에 큰 영향을 미친다. 또한 뉴욕에는 국제
연합(UN)의 본부가 있어 주요 국제회의가 개최되며, 세
계 공연 예술의 중심지인 브로드웨이가 있다. 이처럼 뉴
욕은 국경을 넘어 세계적인 중심지 역할을 수행하는
(㉠)이다.
• 독일의 베를린을 나타내는 표식으로 'Be Berlin'이 있는
데, 분단이라는 과거의 어두운 인상을 지우기 위해 2008
년부터 이를 사용한 캠페인을 펼치고 있다. 이와 같은
(㉡)을/를 통한 지역화 전략으로 베를린은 지역의
이미지를 개선하고 관광객의 관심도 끌 수 있게 되었다.

	㉠	㉡
①	생태 도시	장소 마케팅
②	생태 도시	지역 브랜드
③	세계 도시	장소 마케팅
④	세계 도시	지역 브랜드
⑤	세계 도시	지리적 표시제

445

그래프는 세계 도시의 경쟁력 순위를 나타낸 것이다. 이에 관한 옳은
분석만을 <보기>에서 고른 것은?

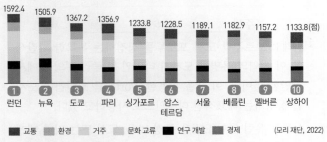

| 보기 |

ㄱ. 연구 개발 점수가 높은 도시일수록 순위가 높다.
ㄴ. 경제 점수가 가장 높은 도시에 국제 연합(UN) 본부가
위치한다.
ㄷ. 1~10위 내 세계 도시는 모두 북반구에 위치한다.
ㄹ. 1~8위 내 포함된 세계 도시의 수는 유럽이 아시아보다
많다.

① ㄱ, ㄴ   ② ㄱ, ㄷ   ③ ㄴ, ㄷ
④ ㄴ, ㄹ   ⑤ ㄷ, ㄹ

446 빈출

밑줄 친 'N사'의 기업 활동에 관한 설명으로 옳지 않은 것은?

세계적인 스포츠 용품 회사인 N사는 미국 오리건주 비버
튼에 본사를 두고 있다. 1996년 처음으로 영국과 일본에
영업점을 설치하였고, 1999년에 베를린과 런던에 판매 지
사를 설립하였다. 2000년대 들어서는 미국 이외 지역에서
의 매출액이 미국 내에서의 매출액보다 많아졌으며, 현재
는 베트남, 인도네시아, 중국 등 42개국에 있는 500여 개의
생산 공장에서 100만 명 이상이 일하고 있다.

① 이윤 극대화를 위해 공간적 분업을 실시하고 있다.
② 유통 및 판매 활동은 본국 내에서만 이루어지고 있다.
③ 세계화의 진전으로 점차 기업 활동의 범위가 넓어지고 있다.
④ 생산 공장은 주로 인건비가 낮은 개발 도상국에 입지하고
있다.
⑤ 총 매출액에서 차지하는 국내 매출액의 비중이 감소하는
추세이다.

447

표는 각국의 피자 특성을 나타낸 것이다. 이를 토대로 도출한 결론으
로 가장 적절한 것은?

이탈리아	피자의 본고장으로 토마토와 마늘, 오레가노, 올리브 기름으로 만든다.
대한민국	다양한 피자 재료와 더불어 불고기가 들어간다.
인도	콩과 양고기, 향신료, 카레를 주재료로 사용한다.
멕시코	고추의 나라답게 다양한 칠리를 사용하여 매콤한 맛을 낸다.

① 외래 문화와 토착 문화는 상호 갈등한다.
② 세계화 과정에서 지역의 특성이 반영된다.
③ 선진국 문화가 보편화되면서 약소국 문화는 소멸된다.
④ 문화의 고유성을 보존하기 위한 국제 협력이 이루어진다.
⑤ 다국적 기업의 영향력이 커지면서 세계 음식 문화는 획일
화된다.

448

⊙, ⓒ에 해당하는 용어에 관한 옳은 설명만을 <보기>에서 고른 것은?

최근 전 세계가 정치·경제·사회·문화 등 여러 분야에서 하나의 공동체로 통합되는 현상이 강화되고 있는데, 이러한 현상을 (⊙)(이)라고 해.

다른 한편으로는 지역의 독특한 생활 양식이나 사회·경제·문화 활동 등이 세계적인 차원에서 가치를 가지게 되는 현상이 나타나기도 하는데, 이러한 현상을 (ⓒ)(이)라고 해.

┤ 보기 ├
ㄱ. 교통과 통신의 발달은 ⊙의 배경이 되었다.
ㄴ. ⓒ은 세계 문화의 획일화를 야기하기도 한다.
ㄷ. 세계 무역 기구(WTO)는 경제 분야의 ⓒ을 추구하기 위해 출범하였다.
ㄹ. ⊙과 ⓒ은 동시에 이루어지는 경우가 많다.

① ㄱ, ㄴ   ② ㄱ, ㄹ   ③ ㄴ, ㄷ
④ ㄴ, ㄹ   ⑤ ㄷ, ㄹ

449

지도에 표현된 지표로 옳은 것은?

(국제 통화 기금, 2022)

① 총인구 수   ② 석유 생산량
③ 영아 사망률   ④ 1인당 국내 총생산
⑤ 1차 산업 종사자 비율

450

다음 사례를 통해 추론할 수 있는 내용으로 가장 적절한 것은?

'난골'은 남태평양 바누아투의 펜테코스트섬에서 수 세기 동안 이어져 온 전통적인 성인식이다. 이 의식은 칡 넝쿨을 발목에 묶고 20~30m 높이의 나무 탑에서 뛰어내리는 방식으로, 오늘날의 번지 점프의 유래가 되었다. 그러나 갓 성인이 된 소년을 높은 나무에서 제대로 된 안전장치도 없이 떨어뜨리는 이 전통은 그 위험성 때문에 국제 사회로부터 비판을 받고 있다.

① 세계화는 문화의 획일화를 초래한다.
② 세계화는 경제적 불평등을 심화시킨다.
③ 세계화로 인해 특정 지역의 관습법이 전파된다.
④ 세계화로 인해 저개발국에 대한 원조가 증대되고 있다.
⑤ 세계화로 인해 보편 윤리와 특수 윤리 간의 충돌이 나타난다.

451 빈출

다음은 통합사회 수업 장면의 일부이다. 교사의 질문에 옳게 답변한 학생만을 고른 것은?

교사: 그래프에 나타난 문제를 해결하기 위한 방안을 이야기해 봅시다.

최하위 20개 빈국의 평균 1인당 국내 총생산(GDP)
최상위 20개 부국의 평균 1인당 국내 총생산(GDP)
(단위: 달러)
(국제 통화 기금, 각 연도)

갑: 불공정한 무역 구조를 개선해야 합니다.
을: 소비자들은 다국적 기업의 상품 소비를 늘려야 합니다.
병: 선진국은 저개발국에 대한 공적 개발 원조(ODA)를 확대해야 합니다.
정: 개발 도상국은 자국의 경제 성장을 위해 보호 무역 조치를 취해야 합니다.

① 갑, 을   ② 갑, 병   ③ 을, 병
④ 을, 정   ⑤ 병, 정

● 바른답·알찬풀이 47쪽

452

(가)에 들어갈 이 수업의 주제로 가장 적절한 것은?

> 수업 주제: _____(가)_____ 을/를 위한 노력
>
> • 사례 1: 공정 무역
> 공정 무역은 개발 도상국의 생산자에게 정당한 대가가 돌아가도록 하여 생산자들이 자립할 수 있도록 돕는 무역 방식이다.
> • 사례 2: 공정 여행
> 공정 여행은 여행자에게 현지 문화를 체험하는 의미 있는 경험을 주고, 현지인에게는 실질적인 경제적 혜택이 돌아가게 하는 여행 방식이다.

① 분배적 정의 실현
② 문화 다양성 증진
③ 국가 간 교류 증대
④ 세계 도시로의 성장
⑤ 보편적 가치의 전 세계적 확산

453 빈출

다음은 학생 필기 내용의 일부이다. ㉠~㉤의 해결 방안에 관한 설명으로 옳지 않은 것은?

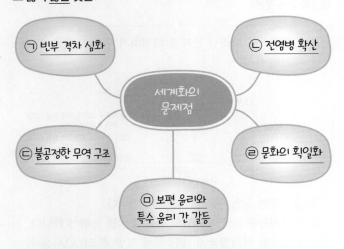

① ㉠을 해결하기 위해 분배적 정의를 실현해야 한다.
② ㉡을 막기 위해 방역을 위한 국제 협력을 자제해야 한다.
③ ㉢을 개선하기 위해 공정 무역을 확대해야 한다.
④ ㉣을 막기 위해 지역 문화의 고유성을 보존해야 한다.
⑤ ㉤을 해결하기 위해 보편 윤리의 존중과 함께 특수 윤리를 성찰하는 태도가 요구된다.

✒ 1등급을 향한 서답형 문제

| 454~455 |

다음 자료를 보고 물음에 답하시오.

> 그림과 같이 휴대 전화는 세계 여러 국가에서 생산된 부품으로 만들어진다. 이는 다국적 기업의 (㉠)의 사례이다.
>
>

454

㉠에 들어갈 용어를 쓰시오.

455

다국적 기업이 ㉠을 실시하는 목적을 서술하시오.

| 456~457 |

다음 글을 읽고 물음에 답하시오.

> (가) 대부분의 국가에서 격식이 요구되는 자리에 양복을 입는 사람들의 모습을 볼 수 있다.
> (나) 유네스코(UNESCO)에 따르면 2019년을 기준으로 전 세계 언어 중에서 1/3이 넘는 언어가 사라질 위기에 처해 있다고 한다.

456

(가), (나)에 해당하는 세계화의 문제점을 각각 쓰시오.

457

(가), (나)와 같은 문제점에 관한 개인적 차원의 해결 방안을 서술하시오.

482 빈출

⊙, ⓒ에 관한 설명으로 옳지 <u>않은</u> 것은?

> 폭력은 직접적·물리적 행위만이 아니라 비의도적이고 간접적이며 집합적인 계기, 즉 구조와 문화의 요소를 포함한다. 따라서 우리는 직접적·물리적 폭력이 제거된 (⊙) 상태뿐만 아니라 구조적 폭력과 문화적 폭력까지 모두 사라진 (ⓒ) 상태를 추구해야 한다. 또한 목적이 수단을 정당화할 수 없듯이, 평화는 평화적 수단으로만 이루어져야 한다.

① ⊙은 소극적 평화이다.
② ⊙은 무력 충돌이 없는 상태를 포함한다.
③ ⊙이 실현되면 빈곤, 기아 문제가 완전히 해소된다.
④ ⓒ은 적극적 평화이다.
⑤ ⓒ을 실현하려면 사회 제도의 개선이 필요하다.

483 빈출

다음을 주장한 사상가가 긍정의 대답을 할 질문으로 옳은 것은?

> 전쟁은 인류를 멸망으로 이끌 수 있다. 영원한 평화를 실현하기 위해서는 모든 전쟁을 끝낼 수 있는 평화 연맹이 필요하다. 이를 위해 각국은 시민의 자유를 보장하는 공화 정체를 확립하고 평화 연맹에 가입해야 한다. 세계시민법을 준수하여 이방인이 평화적으로 행동하는 한 우호적으로 대우해야 한다.

① 세계 평화를 위해서 전쟁의 영원한 종식이 필요한가?
② 이방인은 문화적 갈등을 야기하므로 배척해야 하는가?
③ 모든 국가는 주권을 포기하고 연맹에 참여해야 하는가?
④ 평화 연맹이 결성되어도 모든 전쟁을 끝낼 수는 없는가?
⑤ 국제 사회는 힘의 논리에 따라 강대국이 지배해야 하는가?

484

다음은 학생이 작성한 형성 평가지이다. 옳은 대답만을 ⊙~ⓒ 중에서 있는 대로 고른 것은?

> **〈형성 평가〉**
> ※ 평화의 의미와 중요성에 대한 설명이 맞으면 '예', 틀리면 '아니요'에 ✔표시하시오.
> [설명 1] 인간답게 살아갈 수 있는 삶을 만들어 주는 상태는 소극적 평화 실현으로 달성된다.
> 　　　　　　　　　예 ✔ 아니요 □ … ⊙
> [설명 2] 지구촌 곳곳에서 발생하는 갈등과 분쟁은 인류의 안전과 생존을 위협한다. 　예 ✔ 아니요 □ … ⓒ
> [설명 3] 국제 사회의 상호 의존성이 높은 오늘날 국제 갈등은 전 세계에 영향을 미친다.
> 　　　　　　　　　예 □ 아니요 ✔ … ⓒ

① ⊙ 　　　　② ⓒ 　　　　③ ⊙, ⓒ
④ ⓒ, ⓒ 　　　⑤ ⊙, ⓒ, ⓒ

485

(가), (나)의 인물들이 평화로운지에 관한 판단으로 가장 적절한 것은?

(가) 　　　　　　　　　(나)

▲ 배식을 받고 있는 빈민의 모습

▲ 백인용과 유색인용으로 구분된 음수대

① (가): 배식받은 음식의 수준이 높기 때문에 평화롭다.
② (가): 빈민이 아니면 배식을 받을 수 없으므로 평화롭지 않다.
③ (나): 유색인종을 우대하는 공간을 활용하므로 평화롭다.
④ (나): 피부색에 따라 차별 대우를 받으므로 평화롭지 않다.
⑤ (가)와 (나): 먹고 마시는 데 아무 문제가 없으므로 평화롭다.

486 빈출

밑줄 ⊙과 같은 국제 사회의 행위 주체에 관한 옳은 진술만을 <보기>에서 있는 대로 고른 것은?

두 차례 강진이 튀르키예와 시리아를 덮쳐 막대한 인적·물적 피해가 발생하자 국제 사회는 민족, 인종, 종교, 정치적 입장과 상관없이 도움의 손길을 내밀었다. 100년 넘게 튀르키예와 갈등을 겪어 온 ⊙아르메니아는 구호 물품이 튀르키예에 전달될 수 있도록 35년 만에 국경을 열었다.

| 보기 |
ㄱ. 영토의 크기에 따라 독립적인 주권을 행사한다.
ㄴ. 자국의 이익과 자국민 보호를 위한 외교 활동을 한다.
ㄷ. 양보와 타협을 통한 협상으로 갈등을 해결하고자 한다.

① ㄱ   ② ㄴ   ③ ㄱ, ㄴ
④ ㄴ, ㄷ   ⑤ ㄱ, ㄴ, ㄷ

487 빈출

밑줄 친 ⊙과 같은 국제 사회의 행위 주체에 관한 옳은 설명에만 모두 '✔'를 표시한 학생은?

⊙국제 사면 위원회는 최근 발표한 보고서를 통해 미얀마 군부로 공급되는 항공 연료의 운송을 막아야 한다고 밝혔다. 보고서에 따르면 P사를 비롯한 일부 기업이 미얀마 항공 연료 공급망에 포함되어 미얀마 군부의 전쟁과 관련되어 있음이 드러났다. 국제 사면 위원회는 P사에 이 보고서와 증거 자료를 전달했고, P사는 미얀마에서의 사업을 접고 철수하겠다고 발표했다.

설명 \ 학생	갑	을	병	정	무
개인이나 민간단체의 주도로 만들어진 국제 사회의 행위 주체이다.	✔		✔		✔
주로 특정한 개인이나 기업, 국가의 이익을 대변하는 경우가 많다.			✔	✔	✔
유럽 연합, 유니세프, 세계 보건 기구, 국제 통화 기금 등이 해당한다.		✔		✔	✔

① 갑   ② 을   ③ 병   ④ 정   ⑤ 무

488 빈출

밑줄 친 ⊙과 같은 국제 사회의 행위 주체에 관한 설명으로 옳지 않은 것은?

⊙국제 연합(UN) 안전 보장 이사회는 아프리카 소말리아의 수도 모가디슈 중심가에서 발생한 차량 폭탄 테러를 규탄하였다. 안전 보장 이사회 회원국은 성명을 통해 모든 형태의 테러리즘은 국제 평화와 안보에 가장 심각한 위협 중 하나라며, 이번 테러 공격을 가한 조직과 조력자에게 국제법상 책임을 물어야 한다고 강조하였다.

① 각국의 정부를 회원으로 한다.
② 국제 연합, 경제 협력 개발 기구 등이 해당한다.
③ 국가 간 이해관계를 조정하고 국제 규범을 정립한다.
④ 힘의 논리를 앞세워 분쟁 당사국 간의 중재자 역할을 한다.
⑤ 개별 국가의 노력만으로 해결할 수 없는 국제 사회의 문제가 증가하면서 그 역할이 커지고 있다.

489

밑줄 친 ⊙과 같은 국제 사회의 행위 주체에 해당하는 옳은 사례만을 <보기>에서 고른 것은?

⊙마리아 레사는 한 온라인 뉴스 매체를 만든 언론인으로, 자신의 목숨이 위협받고 있음에도 불구하고 필리핀 독재 정권의 권력 남용과 비인권적인 행태 등에 대해 끊임없이 폭로했다. 민주주의와 표현의 자유를 수호하기 위해 노력한 공로로 2021년에 노벨 평화상을 수상했다.

| 보기 |
ㄱ. 교황이 프랑스 대통령과 유럽의 이주민 문제 등을 논의하기 위해 프랑스를 방문한 사례
ㄴ. 전직 미국 대통령이 기후 위기 문제의 심각성을 호소하기 위해 세계를 순회하며 강연하는 사례
ㄷ. 국제 연합 안전 보장 이사회에서 아프리카 소말리아의 수도에서 일어난 차량 폭탄 테러를 규탄한 사례
ㄹ. 굿네이버스가 튀르키예와 시리아 지진 피해 복구에 도움을 주기 위해 긴급 구호 모금을 진행하는 사례

① ㄱ, ㄴ   ② ㄱ, ㄹ   ③ ㄴ, ㄷ
④ ㄴ, ㄹ   ⑤ ㄷ, ㄹ

490

(가), (나)에 관한 옳은 설명만을 <보기>에서 있는 대로 고른 것은?

> (가) 국제 사법 재판소는 국가 간 분쟁을 국제법에 따라 재판하여 해결하게 함으로써 전 세계의 많은 국가가 평화를 유지할 수 있게 한다. 이 기구는 제2차 세계 대전 이후 국제 연합 회원국 간 분쟁을 취급하기 위해 설립되었으며, 주로 조약과 협약에 기반하여 판단을 내린다.
>
> (나) 국경 없는 의사회는 세계 79개 이상의 국가에서 분쟁, 전염병, 영양실조, 자연재해로 고통받거나 사회적으로 소외된 사람들을 위해 긴급 구호를 하는 국제 인도주의 의료 구호 단체이다.

┤ 보기 ├

ㄱ. (가)의 행위 주체는 독립적인 주권을 행사한다.

ㄴ. (가)의 행위 주체는 국가 간의 이해관계를 조정하거나 분쟁을 중재한다.

ㄷ. (나)의 행위 주체는 인종, 정치적 이익 등에 관계없이 독립적으로 활동한다.

ㄹ. (가)와 (나)의 행위 주체는 모두 세계 평화를 실현하기 위한 역할을 한다.

① ㄱ, ㄴ   ② ㄱ, ㄹ   ③ ㄷ, ㄹ
④ ㄱ, ㄴ, ㄷ   ⑤ ㄴ, ㄷ, ㄹ

491

다음 문제를 해결하기 위한 국제 사회 행위 주체의 역할로 가장 적절한 것은?

> 소말리아는 많은 남녀 어린이가 소년병으로 강제 징집되는 국가 중 하나이다. 이는 어린이를 지켜 주지 못하는 열악한 사회 안전망과 사회 경제적 환경 때문이다. 무장 단체는 주로 어린이를 납치해 무장 단체에 가입하도록 강요한다. 2020년 소말리아에서 발생한 어린이 납치의 절반 이상이 전쟁을 위한 소년병 징집으로 이어졌다.

① 강대국은 소말리아의 무장 단체에 전쟁을 선포한다.

② 세이브 더 칠드런은 소말리아 정부에 외교권을 행사한다.

③ 국제 연합은 소말리아의 주권에 간섭하여 문제를 해결한다.

④ 국제 사면 위원회는 소년병 징집 문제를 규탄하는 성명을 발표한다.

⑤ 세계적으로 유명한 가수는 소년병의 용기를 칭찬하는 노래를 제작하여 배포한다.

492

밑줄 친 ⊙과 같은 국제 사회의 행위 주체로 옳은 것만을 <보기>에서 있는 대로 고른 것은?

> 2023년 튀르키예와 시리아에 대규모 지진이 발생하였을 때, ⊙'하얀 헬멧'은 피해 현장에서 위험을 무릅쓰고 구조 활동을 벌였다. 이 단체는 2013년 시리아 내전이 있기 전 체육 교사, 약사, 제빵사 등 평범한 시민들로 구성되었다. 지속적인 구조 활동을 펼쳐 2016년 노벨 평화상 후보가 되기도 하였다.

┤ 보기 ├

ㄱ. 국제 통화의 안정을 촉진하기 위한 경제 정책을 지원하는 국제 통화 기금

ㄴ. 전 지구적인 환경 문제의 원인을 밝히고 환경 문제를 해결하고자 바다 위에서 시위 중인 그린피스

ㄷ. 무력 분쟁, 전염병, 자연재해 등으로 고통받는 사람들을 돕기 위한 긴급 구호 활동을 하는 국경 없는 의사회

① ㄱ   ② ㄴ   ③ ㄱ, ㄴ
④ ㄴ, ㄷ   ⑤ ㄱ, ㄴ, ㄷ

493 빈출

(가), (나)의 밑줄 친 국제 사회의 행위 주체에 관한 설명으로 옳지 않은 것은?

> (가) 그린피스는 북극의 생태계를 보호하기 위해 기업과 정부를 대상으로 북극의 석유 및 가스 탐사, 유전 개발을 막기 위한 캠페인을 진행하고 있으며, 전 세계에 북극을 보호 구역으로 지정할 것을 요구하고 있다.
>
> (나) 세계 기후 행동의 날을 맞이하여 전국 각지에서 모인 사람들은 생명 파괴 중단, 불평등 종식 등 '기후 정의'를 요구하며 행진하였다. 세계 기후 행동은 2018년 스웨덴의 기후 운동가 툰베리의 '기후를 위한 결석 시위'를 지지하는 사람들이 참여하면서 전 세계로 확대되었다.

① (가)의 행위 주체는 개인이나 민간단체를 회원으로 한다.

② (가)의 행위 주체는 개별 국가의 이익이 아니라 국제 사회 전체의 이익을 위해 활동한다.

③ (나)의 행위 주체는 기후 운동을 통해 국제적으로 영향력 있는 개인이 되었다.

④ (나)의 행위 주체와 유사한 예로는 전직 국가 원수, 노벨상 수상자, 종교 지도자 등이 있다.

⑤ (가)와 (나)의 행위 주체는 외교, 국방, 경제 등의 여러 분야에서 힘의 논리를 활용한다.

494

다음과 같은 노력을 통해 달성하고자 하는 목적으로 가장 적절한 것은?

> 한국은 2018년 식량 원조 협약(FAC)에 가입하고, 유엔세계식량계획(WFP)를 통해 매년 5만 톤의 쌀을 식량 위기국의 난민과 이주민에게 지원하고 있다. 또한 아프리카에서 쌀을 주식으로 하는 국가에 한국의 '통일벼'를 개량해 만든 쌀 '이스리(ISRIZ)'의 생산과 보급을 지원하고 있다.

① 개량한 벼 종자를 통해 식량 위기 상황에 대비하기 위함이다.
② 세계 식량 위기를 극복하여 지구촌 평화를 실현하기 위함이다.
③ 식량 원조 협약 가입국이 되어 국가의 위상을 높이기 위함이다.
④ 쌀 생산과 보급을 독점하여 자국의 이익을 극대화하기 위함이다.
⑤ 식량 위기국의 난민과 이주민으로부터 경제적 보상을 얻기 위함이다.

495

밑줄 친 ㉠과 같은 국제 사회의 행위 주체로 옳은 것만을 <보기>에서 있는 대로 고른 것은?

> '양질의 도제 제도(수공업 기술자 양성 제도)에 관한 권고'가 스위스 제네바에서 열린 ㉠ 국제 노동 기구 총회에서 새로운 국제 노동 기준으로 채택되었다. 이 권고는 도제 제도에 참여하는 견습생의 노동권을 보장하기 위한 내용을 담고 있다.

| 보기 |
ㄱ. 인명 구호 및 전쟁 피해자 구호 활동을 지원하는 국제 적십자 위원회
ㄴ. 유행성 질병 퇴치, 전염병 대책 마련, 공중 보건 관련 행정 강화 등을 지원하는 세계 보건 기구
ㄷ. 이란 당국이 시위대에 실탄을 포함한 불법적인 총기 사용을 한 사실을 규탄한 국제 사면 위원회

① ㄱ
② ㄴ
③ ㄱ, ㄴ
④ ㄴ, ㄷ
⑤ ㄱ, ㄴ, ㄷ

| 496~497 |

다음 글을 읽고 물음에 답하시오.

> 평화학자 요한 갈퉁은 평화의 의미를 다음과 같이 설명하였다. (㉠)은/는 신체의 안전을 위협하는 직접적 폭력이 없는 상태를 말한다. 직접적 폭력이 없을 뿐만 아니라 간접적 폭력이 없는 상태인 (㉡)을/를 진정한 평화가 실현된 상태로 보아야 한다. ㉢직접적 폭력이 제거되었다고 해서 진정한 평화가 실현되었다고 볼 수는 없기 때문이다.

496

㉠, ㉡에 해당하는 용어를 쓰시오.

497 빈출

밑줄 친 ㉢의 까닭을 서술하시오.

| 498~499 |

다음 자료를 보고 물음에 답하시오.

> (㉠)은/는 독립적인 주권을 행사하는 행위 주체로, 분쟁 발생 시 외교적으로 해결한다. (㉡)은/는 개인이나 민간단체를 회원으로 하며, 국제 사회의 보편적 가치를 실현하기 위해 노력한다. ㉠, ㉡의 특징을 그림으로 나타내면 다음과 같다.

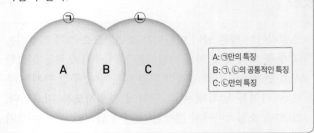

A: ㉠만의 특징
B: ㉠, ㉡의 공통적인 특징
C: ㉡만의 특징

498

㉠, ㉡에 해당하는 용어를 쓰시오.

499

그림의 A~C에 들어갈 내용을 각각 서술하시오.

적중 1등급 문제
내신 1등급을 결정하는 고난도 문제를 수록하였습니다.

500

그림의 강연자가 지지할 견해로 옳은 것은?

> 폭력을 줄이는 것도 중요하지만, 폭력을 예방하는 것이 더 중요합니다. 전자는 소극적 평화를 목표로 하지만, 후자는 적극적 평화를 지향합니다. 진정한 평화를 실현하려면 전쟁, 테러 등 신체에 직접적으로 해를 가하는 물리적 폭력이 제거된 소극적 평화 상태뿐만 아니라 억압, 착취 등의 구조적 폭력과 종교와 사상, 언어와 예술 등의 내부에 존재하는 문화적 폭력까지 사라진 적극적 평화 상태를 추구해야 합니다.

① 소극적 평화가 실현되면 구조적 폭력도 해소된다.
② 의도성이 없는 경우에는 폭력이 성립하지 않는다.
③ 진정한 평화는 소극적 평화의 달성만으로도 실현된다.
④ 평화를 위한 예방적 처방 없이 진정한 평화는 불가능하다.
⑤ 물리적 폭력이 제거되지 않아도 적극적 평화가 실현될 수 있다.

501

국제 사회의 행위 주체 A~C에 대한 설명으로 옳지 <u>않은</u> 것은? (단, A~C는 각각 국가, 정부 간 국제기구, 국제 비정부 기구 중 하나임.)

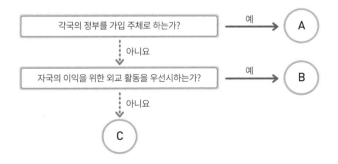

① A는 국가 간 분쟁을 조정하는 역할을 한다.
② B는 빈곤 국가나 재난에 처한 국가를 원조한다.
③ C는 개별 국가의 이해관계와 상관없이 활동한다.
④ A는 B와 달리 독립적인 주권을 행사한다.
⑤ C는 A와 달리 개인이나 민간단체를 가입 주체로 한다.

502

다음 표는 국제 사회의 행위 주체를 구분한 것이다. ⑦~⑩에 관한 설명으로 옳은 것은?

행위 주체	예시
⑦ 국가	한국, 미국, 영국 등
정부 간 국제기구	⑥
⑥ 국제 비정부 기구	⑧
⑩	노벨상 수상자, 전직 국가 원수 등

① ⑦은 민간단체나 개인을 가입 주체로 한다.
② ⑥에는 국경 없는 의사회, 그린피스 등이 들어갈 수 있다.
③ ⑥은 국제 사회의 가장 기본적인 행위 주체이다.
④ ⑧은 국제 연합, 유럽 연합, 경제 협력 개발 기구 등이다.
⑤ ⑩은 국제적으로 영향력이 있는 개인이라고 할 수 있다.

503

갑, 을 사상가들의 입장으로 옳은 것만을 <보기>에서 있는 대로 고른 것은?

> 갑: 영원한 평화를 실현하기 위해서는 모든 전쟁을 끝낼 수 있는 평화 연맹이 필요하다. 이를 위해 각국은 시민의 자유를 보장하는 공화 정체를 확립하고 평화 연맹에 가입해야 한다. 세계시민법을 준수하여 평화적 방문권도 보장해야 한다.
> 을: 폭력은 인간의 기본권을 무시하는 것이다. 폭력에는 살인·상해와 같은 직접적 폭력과 착취·억압과 같은 구조적 폭력, 법·교육·종교·미디어 등을 통해 직접적 폭력과 구조적 폭력을 정당화하는 문화적 폭력이 있다. 진정한 평화는 이러한 폭력을 모두 제거하는 것이다.

| 보기 |
ㄱ. 갑: 영원한 평화 실현을 위해 국가 간에 도덕적인 관계를 형성해야 한다.
ㄴ. 을: 직접적 폭력의 제거는 궁극적 평화 실현을 보장한다.
ㄷ. 을: 인간존엄성이 보장되는 삶은 적극적 평화가 실현된 상태에서 가능하다.
ㄹ. 갑과 을: 진정한 평화 정착을 위해 정치 체제에 대한 고려가 필요하다.

① ㄱ, ㄴ　　② ㄱ, ㄷ　　③ ㄴ, ㄹ
④ ㄱ, ㄷ, ㄹ　　⑤ ㄴ, ㄷ, ㄹ

13 IV 세계화와 평화

세계 평화 실현을 위한 우리의 노력

1 남북 분단 및 동아시아 역사 갈등

1 남북 분단의 배경

┌─ 제2차 세계 대전 이후 세계가 미국 중심의 자본주의 진영과 소련 중심의 공산주의 진영으로 나뉘어 이념적으로 대립한 이념적 갈등 상태 혹은 그러한 국제 관계

(1) 국제적 배경: 미소 간 냉전 대결의 심화

① 제2차 세계 대전이 끝나고 세계는 <u>냉전</u> 질서로 재편됨.

② 유라시아 대륙과 태평양을 연결하는 지정학적 요충지인 우리나라는 광복과 동시에 남쪽은 미국, 북쪽은 소련의 영향력 아래 들어감.

(2) 국내적 배경: 민족 내부의 응집력 부족

┌─ 1945년 12월에 구소련의 수도 모스크바에서 개최된 미국, 영국, 소련 3국의 외상 회의

① 광복 후 <u>모스크바 3국 외무 장관 회의</u>에서 결정된 한반도의 신탁 통치에 관한 찬반 논쟁과 민족 내부의 이념 갈등으로 외세에 의한 분단을 효과적으로 막아 내지 못함.

② 국제 연합(UN)은 총선거를 통해 통일 정부를 구성하는 방안을 마련하였지만, 소련과 북한이 거부하여 남한에서만 5·10 총선거 실시 → 1948년 남북한에 각각의 정부 수립

③ 1950년 6·25 전쟁 발발, 1953년 정전 협정 체결 → 남북 분단을 고착화하는 결과를 낳음.

2 동아시아 역사 갈등

(1) 중국과의 역사 갈등: 동북공정

① 중국이 2002년부터 추진한 동북 3성의 역사, 지리, 문화에 관한 연구 사업 → 중국 영토 내 소수 민족을 통합하여 분리 독립을 막고 국경 지역 안정화를 도모하고자 함.

② 갈등: 고조선, 부여, 고구려, 발해의 역사를 고대 중국 지방사로 역사 왜곡, 고구려 성을 만리장성의 일부로 주장 등

(2) 일본과의 역사 갈등

┌─ 일본은 1945년 이전 한반도에서 일본으로 온 조선인 중 자기 의지로 온 사람도 있으므로 총군 위안부, 강제 연행 등의 표현은 부적절하다고 주장함.

① 역사 교과서 왜곡: 침략 전쟁과 식민 지배에 대한 미화, 전쟁 범죄 은폐를 다룬 교과서를 제작하여 왜곡된 역사 인식을 심어 줌. → '강제 연행'이라고 표현한 부분을 '징용'으로 수정하여 침략 행위를 정당화함.

② 독도 영유권 주장: 1905년 시마네현 고시를 근거로 독도가 일본 영토로 편입되었다고 주장함.

③ <u>야스쿠니 신사 참배</u>: 과거 역사에 대해 반성하지 않음.
└─ 일본의 천황을 위해 싸우다 전사한 군인을 신격화하여 제사를 지내는 곳으로, 침략 전쟁을 수행한 A급 전범이 합사되어 있음.

> **꼭 나오는 자료**　　🔗 111쪽 522번 문제로 확인
>
> • 《세종실록지리지(1454)》: 울릉도와 독도는 매우 가까이 있다.
> • 《삼국접양지도(1785)》: 하야시 시헤이가 그린 지도로, 울릉도와 독도를 조선과 같은 색으로 표시하고, '조선의 것'이라고 썼다.
> • 《태정관 지령문(1877)》: 당시 일본 정부 최고 행정 기관인 태정관은 울릉도와 독도는 일본 영토가 아님을 분명히 하였다.
> • 《대한 제국 칙령 제41호(1900)》: 울릉도를 울릉군으로 격상하고 울릉군에서 독도를 관할한다는 내용이 담겼다.
>
> **자료 분석**　일본은 독도가 일본 영토에 편입되었다고 주장하지만, 옛 지도와 문헌을 보면 이러한 주장이 왜곡된 것임을 알 수 있다.

2 세계 평화 실현을 위해 필요한 노력

1 남북 평화 통일을 향한 노력

┌─ 남북 평화 통일은 북한 주민의 삶 개선, 이산가족의 아픔 해소, 군사 대립 비용을 줄여 경제 발전 도모, 한반도의 물류 중심지로의 성장, 세계 평화 정착 등에 기여할 수 있음.

(1) 남북한 간 평화적 교류와 협력의 지속적 추진: 서로 간의 이해를 높여 군사적 긴장 상태를 완화하고 상호 신뢰를 회복하는 데 도움을 줌(예 남북 정상 회담, 스포츠 대회 단일팀 구성 등).

(2) 남북 통일에 우호적인 국제 환경 조성: 남북 분단을 극복하려면 남북한의 주도적인 노력뿐만 아니라 주변국의 지지와 협력이 필요함. → 한반도의 평화 통일이 세계 평화와 번영에 이바지할 수 있다는 점을 근거로 주변국을 설득해야 함.

└─ 개인적 차원에서는 북한에 대한 올바른 인식을 가져야 함.

2 동아시아 역사 갈등 해결을 위한 노력

(1) 공동 역사 연구 진행

① 공동 역사 연구를 진행하여 역사 인식의 차이를 극복해야 함.

② 동아시아 공동 역사 교재 출간(2005, 2012): 침략과 전쟁의 과거사 반성, 평화로운 동아시아의 미래 지향을 다룸.

(2) 인적 교류의 확대

① 한·중·일 3국 대학 및 학계의 상시적인 학술 문화 교류와 협력을 추진하고, 3국의 유학생을 매개로 각국에 관한 혐오 정서나 역사 인식의 차이를 줄여야 함.

② 동아시아 청소년들의 교류 프로그램을 통해 역사 문제의 발생과 갈등에 관한 사실을 정확히 알고, 이웃 나라의 역사와 문화에 관해 이해할 수 있는 계기를 마련해야 함.

(3) 우리 역사 연구 성과 알리기

① 고대사나 현대사의 최근 연구 성과를 국제 학계에 적극적으로 알려야 함.

┌─ 어떤 분야에서 으뜸의 자리를 차지한 권력 또는 국제 정치에서 힘이나 경제력으로 다른 나라를 압박하고 자기의 세력을 넓히려는 권력

② 중국과 일본의 패권적·배타적인 자국 중심주의적 역사관 경계 및 국제 사회에 그 위험성에 관한 공감대 형성

3 그 외의 노력

(1) 높아진 국제적 위상에 걸맞게 세계 평화 실현을 위해 다양한 역할을 해야 함.

(2) 우리나라의 개발 경험과 기술이 필요한 개발 도상국을 지원하거나 빈곤, 재난 등으로 고통을 겪는 국가를 지원함.

> **꼭 나오는 자료**　　🔗 112쪽 526번 문제로 확인
>
> 공적 개발 원조(ODA)란 정부를 포함한 공공 기관이 개발 도상국의 경제 개발과 복지 향상을 목적으로 제공하는 원조이다. 농촌 진흥청은 개발 도상국의 농업 생산성을 높이는 맞춤형 농업 기술을 개발하여 보급하고 있다.
>
> **자료 분석**　6·25 전쟁 당시 경제 원조를 받던 국가인 우리나라는 고도의 경제 성장을 이루어 다른 국가를 원조하는 개발 원조 위원회(DAC)의 회원국이 되었다. 이를 바탕으로 개발 도상국의 경제 개발과 사회 복지 향상을 위해 지원함으로써 세계 평화 실현에 기여하고 있다.

기본 기출 문제

핵심 주제를 파악할 수 있는 기출 문제를 수록하였습니다.

핵심 개념 문제

● 빈칸에 들어갈 알맞은 말을 쓰시오.

504 남북 분단의 국제적 배경으로는 미소 간 (   ) 대결의 심화를 들 수 있다. 우리나라는 광복과 동시에 남쪽은 미국, 북쪽은 소련의 영향력 아래 들어갔다.

505 남북 분단의 국내적 배경으로는 광복 후 (   ) 에 관한 찬반 논쟁과 민족 내부의 이념 갈등을 들 수 있다.

506 동아시아 각국이 최근 자국의 실리를 추구하는 민족주의를 강화하면서 (   ) 인식을 둘러싼 갈등이 발생하고 있다.

507 우리나라는 높아진 국제적 위상에 걸맞게 개발 경험과 기술이 필요한 개발 도상국을 (   )(으)로 지원할 필요가 있다.

● 설명이 옳으면 ○표, 틀리면 ×표를 하시오.

508 6·25 전쟁의 발발은 오늘날까지 남북 분단을 고착화하는 결과를 낳았다. (   )

509 제2차 세계 대전이 끝나고 세계는 미국을 중심으로한 공산주의 진영과 소련을 중심으로 한 자본주의 진영의 대결 구도로 나뉘어 이념적 갈등 상태에 놓였다. (   )

510 우리나라는 중국, 일본 등과 갈등을 겪고 있는데, 이러한 갈등은 세계 평화를 위협하는 요인이 될 수 있다. (   )

● ㉠, ㉡ 중 알맞은 것을 고르시오.

511 (㉠중국, ㉡일본)은 동북공정을 통해 우리나라의 일부 역사가 고대 자국의 지방사(史)라고 주장하면서 역사를 왜곡하고 있다.

512 (㉠중국, ㉡일본)은 역사 교과서 왜곡 사건을 계기로 우리나라에 대한 식민 지배와 침략 전쟁을 정당화하며 역사를 왜곡하고 있다.

513 남북 평화 통일을 위해 남북한은 (㉠교류와 협력, ㉡군사적 긴장 조성)을 지속적으로 추진해야 한다.

514

핵심 주제 남북 분단의 배경

㉠~㉢에 해당하는 용어를 바르게 연결한 것은?

> 제2차 세계 대전 이후 미국과 소련을 중심으로 (㉠) 체제가 성립되었다. 그 영향으로 우리나라는 광복 직후 남쪽은 미국, 북쪽은 소련이 통치하게 되었다. 당시 통일 정부 수립을 위한 노력이 있었지만, (㉡)에 관한 찬반 논쟁과 민족 내의 이념적 갈등으로 대한민국 정부와 북한 정권이 각각 수립되었다. 이후 (㉢)을/를 겪으면서 휴전선을 경계로 현재까지 남북 분단이 지속되고 있다.

	㉠	㉡	㉢
①	냉전	신탁 통치	6·25 전쟁
②	냉전	6·25 전쟁	신탁 통치
③	신탁 통치	냉전	6·25 전쟁
④	신탁 통치	6·25 전쟁	냉전
⑤	신탁 통치	냉전	일제 강점기

515

핵심 주제 동아시아 역사 갈등

동아시아 역사 갈등 사례로 옳은 것만을 <보기>에서 있는 대로 고른 것은?

> ┤ 보기 ├
> ㄱ. 공동 역사 연구를 통한 공동 역사 교재를 만들고 있는 한국과 일본
> ㄴ. 고조선, 부여, 고구려, 발해의 역사를 중국 역사의 일부라고 주장하는 중국
> ㄷ. 침략 전쟁과 식민 지배를 미화하고 전쟁 범죄를 은폐하는 내용의 역사 교과서를 만든 일본

① ㄱ   ② ㄴ   ③ ㄱ, ㄴ   ④ ㄴ, ㄷ   ⑤ ㄱ, ㄴ, ㄷ

516

핵심 주제 동아시아 역사 갈등

㉠에 해당하는 용어로 옳은 것은?

> (㉠)은/는 랴오닝성, 지린성, 헤이룽장성의 역사·지리·민족에 관한 문제를 2002년 2월부터 5년간 집중적으로 연구한 사업이다. 이 과정에서 중국은 역사적 자료를 일방적으로 해석하여 만리장성의 동쪽 끝을 옛고구려와 발해의 영역인 헤이룽장성까지 확장하여 발표함으로써 이 지역이 중국의 고유 영토라고 주장하였다.

① 동북공정   ② 문화 원조 논란
③ 소수 민족 발굴 사업   ④ 난사 군도 영토 분쟁
⑤ 분리 독립 통제 사업

517

핵심 주제 동아시아 역사 갈등

(가)에 들어갈 내용으로 옳은 것은?

> 1876년 시마네현이 관내의 지적 조사와 지도 편찬을 위해 죽도(울릉도)와 송도(독도)를 시마네현에 포함해야 하는지 내무성에 의견을 물었다. 내무성은 "이 문제는 17세기에 끝난 문제이고, 울릉도와 독도는 ___(가)___"라고 하였다.

① 일본 영토로 편입되었다.
② 일본의 군사적 요충지이다.
③ 일본과 아무런 관계가 없다.
④ 일본의 시마네현에서 관리한다.
⑤ 일본이나 조선의 영토가 아니다.

518

핵심 주제 동아시아 역사 갈등 해결을 위한 노력

다음은 동아시아 역사 갈등 해결을 위한 노력이다. ㉠~㉢에 해당하는 내용을 바르게 연결한 것은?

㉠	2005년과 2012년에 동아시아 공동 역사 교재를 출판하였다. 역사 교재는 침략과 전쟁의 과거사를 반성하고 평화로운 동아시아 미래를 지향하는 내용을 담고 있다.
㉡	동아시아 청소년들이 교류할 수 있는 프로그램을 통해 역사 문제의 발생과 갈등에 대해 알고, 이웃 나라의 역사와 문화에 관해 이해할 수 있는 기회를 제공한다.
㉢	역사 화해 및 인류 공영을 지향하는 우리의 역사 담론을 국제 사회에 제시하여 동아시아 역사 화해의 기초를 세우고, 배타적인 자국 중심주의적 역사관을 경계한다.

	㉠	㉡	㉢
①	인적 교류의 확대	우리 역사 연구 성과 알리기	공동 역사 연구 진행
②	인적 교류의 확대	공동 역사 연구 진행	우리 역사 연구 성과 알리기
③	공동 역사 연구 진행	인적 교류의 확대	우리 역사 연구 성과 알리기
④	공동 역사 연구 진행	우리 역사 연구 성과 알리기	인적 교류의 확대
⑤	우리 역사 연구 성과 알리기	공동 역사 연구 진행	인적 교류의 확대

519

핵심 주제 남북 평화 통일을 위한 노력

밑줄 친 ㉠에 관한 옳은 답변만을 <보기>에서 고른 것은?

> 장기간 이어지고 있는 남북 분단 상황은 우리나라와 동아시아의 평화 정착에 걸림돌이 되고 있다. 남과 북의 서로 다른 이념과 체제는 민족의 동질성을 약화시키고, 통일 과정에서의 정치적·경제적 부담에 대한 우려로 통일에 대한 의지가 줄어들고 있는 것이 현실이다. 그럼에도 불구하고 ㉠남북이 통일을 해야 하는 이유는 무엇일까?

| 보기 |
ㄱ. 안전하고 평화로운 환경과 인간다운 삶을 보장할 수 있다.
ㄴ. 민족 문화의 전통을 계승·발전시켜 국력을 증진할 수 있다.
ㄷ. 서로 다른 이념과 체제를 갖춘 두 나라로 인정받을 수 있다.
ㄹ. 세계화 시대에 민족 동질성 회복은 불필요함을 인식할 수 있다.

① ㄱ, ㄴ　　② ㄱ, ㄹ　　③ ㄴ, ㄷ
④ ㄴ, ㄹ　　⑤ ㄷ, ㄹ

520

핵심 주제 남북 평화 통일을 위한 노력

다음 글을 통해 알 수 있는 남북 통일을 위한 적절한 노력만을 <보기>에서 있는 대로 고른 것은?

> 동독과 서독은 분단 초기부터 비교적 자유롭게 교류하고 장벽이 세워진 후에도 해마다 7천 명에서 3만여 명이 동독에서 서독으로 합법적으로 이주하였다. 서독은 1969년 동방 정책을 통해 동독과의 교류·협력을 적극적으로 추진하였다. 서독은 적극적인 외교적 노력을 통해 제2차 세계 대전 이후 독일을 분할 점령하였던 미국, 소련, 영국, 프랑스를 설득하여 이들의 독일 통일에 관한 동의를 이끌어 내었다.

| 보기 |
ㄱ. 남북 통일에 우호적인 국제 환경을 조성해야 한다.
ㄴ. 국가 안보를 위해 군사적 긴장 상태를 유지해야 한다.
ㄷ. 신속한 정치 체제 통합을 위해 종전에 합의해야 한다.
ㄹ. 남북한의 평화적 교류와 협력을 지속적으로 추진해야 한다.

① ㄱ, ㄴ　　② ㄱ, ㄹ　　③ ㄷ, ㄹ
④ ㄱ, ㄴ, ㄷ　　⑤ ㄴ, ㄷ, ㄹ

실력 기출 문제

학교 시험에서 출제율이 높은 문제를 엄선하여 수록하였습니다.

521

남북 분단 과정에서 발생한 역사적 사건 ㉠~㉣을 일어난 순서대로 나열한 것으로 옳은 것은?

> ㉠ 광복
> ㉡ 6·25 전쟁
> ㉢ 대한민국 정부 수립
> ㉣ 모스크바 3국 외상 회의

① ㉠ → ㉡ → ㉢ → ㉣
② ㉠ → ㉣ → ㉢ → ㉡
③ ㉡ → ㉠ → ㉢ → ㉣
④ ㉡ → ㉢ → ㉣ → ㉠
⑤ ㉣ → ㉠ → ㉡ → ㉢

522 빈출

다음 자료에서 공통적으로 나타나는 역사적 사실로 옳은 것은?

> • 《세종실록지리지(1454)》: 울릉도와 독도가 매우 가까이 있음을 나타낸다.
> • 《삼국접양지도(1785)》: 일본의 지리학자 하야시 시헤이가 그린 지도로 울릉도와 독도를 조선과 같은 색으로 표시하고, '조선의 것'이라고 써넣었다.
> • 《태정관 지령문(1877)》: 당시 일본 정부 최고 행정 기관인 태정관은 울릉도와 독도는 일본 영토가 아님을 분명히 하였다.
> • 《대한 제국 칙령 제41호(1900)》: 대한 제국 시기에 반포된 것으로, 울릉도를 울릉군으로 격상하고 울릉군에서 독도를 관할한다는 내용이 담겼다.

① 독도는 명백하게 한국의 영토이다.
② 과거에는 독도가 일본의 영토였다.
③ 독도는 중립국의 지위를 유지해 왔다.
④ 중국은 독도에 대한 역사를 왜곡하고 있다.
⑤ 독도는 한국과 일본의 관할 영토로 볼 수 없다.

523

(가)에 들어갈 내용으로 옳은 것은?

> 중국 국가 박물관이 고구려를 뺀 한국사 연대표를 전시하여 논란이다. 한·중 수교 30주년과 중·일 국교 정상화 50주년을 계기로 개막한 '동방의 상서로운 금속: 한·중·일 고대 청동기전'에는 약 70만 년 전부터 1910년까지를 석기·청동기·철기로 나눈 '한국 고대 역사 연표'가 전시되어 있었다. 철기 시대는 고조선 후기부터 신라-백제-가야-통일 신라-고려-조선 순서로 구분하였지만 고구려와 발해는 보이지 않았다. 중국 국가 박물관이 '한국 고대 역사 연표'에서 고구려와 발해를 제외한 까닭은 _____(가)_____

① 한국 문명의 우수성을 세계에 널리 알리기 위해서이다.
② 한국 역사 중심의 동아시아 표준을 만들기 위해서이다.
③ 고구려와 발해를 한민족의 역사로 독립시키기 위해서이다.
④ 평화와 인권이 보장되는 동아시아 역사를 정립하기 위해서이다.
⑤ 고구려와 발해를 중국의 지방 정권이라고 주장하기 위해서이다.

524

㉠~㉣에 해당하는 옳은 용어만을 <보기>에서 고른 것은?

> 1950년대부터 시작된 일본의 역사 교과서 왜곡 문제가 우리나라와 중국 등에 알려지면서 동아시아의 역사 문제가 대두되었다. 일본은 역사 교과서에 한국 (㉠)을/를 '진출'로, 외교권 박탈과 내정 장악을 '접수'로, 토지 (㉡)을/를 '토지 소유권 확인' 등으로 미화하였으며, 조선어 (㉢) 정책을 '조선어와 일본어를 공용어로 사용' 등으로 왜곡하여 기술하였다. 또한 일제 강점기 강제 징용·징병 문제와 일본군 '(㉣)' 문제를 축소·은폐하면서 식민지 지배와 침략 전쟁을 정당화하였다.

| 보기 |

ㄱ. ㉠: 침략
ㄴ. ㉡: 점검
ㄷ. ㉢: 말살
ㄹ. ㉣: 사찰단

① ㄱ, ㄴ
② ㄱ, ㄷ
③ ㄴ, ㄷ
④ ㄴ, ㄹ
⑤ ㄷ, ㄹ

IV

525

갑, 을의 입장에 관한 옳은 설명만을 <보기>에서 있는 대로 고른 것은?

> 갑: 통일은 남북 간 사회적·문화적 협력을 통해 단계적으로 이루어져야 한다. 급진적 통일은 남북한 이산가족의 문제를 빨리 해결할 수 있지만, 최우선 과제인 남북 간 이질감 해소와 신뢰 회복에 한계가 있기 때문이다.
> 을: 통일은 남북 간 정치적 일괄 타결로 조속히 이루어져야 한다. 점진적 교류를 통한 통일은 남북 간 이질감 해소에 기여하지만, 최우선 과제인 남북한 이산가족 문제의 빠른 해결에 한계가 있기 때문이다.

> ┤ 보기 ├
> ㄱ. 갑은 급진적 통일로 이산가족 문제를 해결해야 함을 강조하고 있다.
> ㄴ. 갑은 점진적 방식에 의한 남북 간 민족 동질감 회복을 강조하고 있다.
> ㄷ. 을은 남북 간 정치적 합의를 통한 신속한 통일 달성을 강조하고 있다.
> ㄹ. 갑은 을에 비해 통일의 선결 과제로 남북한 이산가족의 인도적 문제 해결을 더 강조하고 있다.

① ㄱ, ㄴ   ② ㄱ, ㄹ   ③ ㄴ, ㄷ
④ ㄱ, ㄷ, ㄹ   ⑤ ㄴ, ㄷ, ㄹ

526 빈출

다음 글에 공통으로 나타난 한국의 노력이 지향하는 목표로 가장 적절한 것은?

> • 공적 개발 원조(ODA)란 정부를 포함한 공공 기관이 개발 도상국의 경제 개발과 복지 향상을 목적으로 제공하는 원조이다. 한국 농촌 진흥청은 개발 도상국의 농업 생산성을 높이는 맞춤형 농업 기술을 개발 및 보급한다.
> • 한국 국제 협력단(KOICA)은 정부 차원의 대외 무상 협력 사업을 전담하여 실시하는 우리나라 외교부 산하 기관으로, 자국 인구 대비 난민 인구가 세계 두 번째로 많은 요르단의 난민 아동을 위한 학교를 설립하였다.

① 높아진 국제적 위상에 맞게 세계 평화 실현에 기여한다.
② 공적 개발 원조를 실시하여 경제적인 이익을 향상시킨다.
③ 맞춤형 농업 기술을 개발 및 보급하여 영향력을 넓힌다.
④ 동일 수준의 개발 도상국과 연합하여 경제를 성장시킨다.
⑤ 난민 지원으로 우호적 관계를 맺어 무역이 이루어지게 한다.

| 527~528 |

다음 글을 읽고 물음에 답하시오.

> 남북 분단의 국제적 배경으로는 미소 간 냉전 대결의 심화를 들 수 있다. 제2차 세계 대전이 끝나고 세계는 미국을 중심으로 한 (㉠) 진영과 소련을 중심으로 한 (㉡) 진영의 대결 구도로 나뉘어 이념적 갈등 상태에 놓였다. 이는 우리나라에도 영향을 주었다. _____(가)_____

527

㉠, ㉡에 해당하는 용어를 쓰시오.

528

(가)에 들어갈 내용을 당시 국제 정세와 관련하여 서술하시오.

| 529~530 |

다음 글을 읽고 물음에 답하시오.

> 일본은 야스쿠니 신사 (㉠) 문제로 우리나라와 지속적인 역사 갈등을 겪고 있다. 신사는 일본 황실의 조상이나 국가에 큰 공로가 있는 사람을 신으로 모시는 사당이다. 우리나라 같은 전쟁의 피해 국가들은 일본의 총리와 같은 고위 정치인들이 일본 최대 규모의 신사인 야스쿠니 신사에 가서 (㉠) 하는 것에 반대한다. 왜냐하면 _____(가)_____

529

㉠에 해당하는 용어를 쓰시오.

530

(가)에 들어갈 내용을 서술하시오.

적중 1등급 문제

내신 1등급을 결정하는 고난도 문제를 수록하였습니다.

531

다음은 학생이 작성한 형성 평가지이다. 옳은 대답만을 ㉠~㉣ 중에서 고른 것은?

〈형성 평가〉

※ 남북 분단의 배경에 대한 설명이 맞으면 '예', 틀리면 '아니요'에 ✔표시하시오.

[설명 1] 남북 분단의 국제적 배경으로는 미소 간 냉전 대결의 심화를 들 수 있다.　예 ✔ 아니요 □ … ㉠

[설명 2] 남북 분단의 국내적 배경으로는 민족 내부의 응집력 부족을 들 수 있다.　예 □ 아니요 ✔ … ㉡

[설명 3] 광복 후 신탁 통치에 관한 찬반 논쟁과 민족 내부의 이념 갈등은 외세에 의한 분단을 효과적으로 막지 못한 원인이 되었다.　예 ✔ 아니요 □ … ㉢

[설명 4] 6·25 전쟁 발발은 오늘날까지 남북 분단을 고착화하는 결과를 가져왔다.　예 □ 아니요 ✔ … ㉣

---

① ㉠, ㉡　② ㉠, ㉢　③ ㉡, ㉢　④ ㉡, ㉣　⑤ ㉢, ㉣

532

(가)에 들어갈 옳은 진술만을 <보기>에서 있는 대로 고른 것은?

독일의 통일 사례는 통일을 준비하는 우리에게 중요한 교훈을 준다. 독일은 통일 전 많은 교류와 협력을 추진해 왔음에도 불구하고, 통일 이후 구 동독 지역 주민들과 구 서독 지역 주민들이 서로를 비하하고 무시하는 등 심각한 갈등을 겪었다. 또한 사회·문화적인 이질성을 줄이지 못한 상황에서 통일이 되면서 통일 이후에 사회를 통합하는 데 막대한 비용을 지불해야 했다. 따라서 우리는 _____(가)_____

| 보기 |

ㄱ. 교류와 협력보다는 체제의 우위를 공고히 해야 한다.

ㄴ. 민족의 동질성 회복을 위해 점진적인 통일을 준비해야 한다.

ㄷ. 사회·문화적 통합을 이루기 위한 장기적 대책을 강구해야 한다.

ㄹ. 이념적 통합이 선행되지 않으면 통일을 위한 노력을 중단해야 한다.

---

① ㄱ, ㄴ　② ㄱ, ㄹ　③ ㄴ, ㄷ
④ ㄱ, ㄷ, ㄹ　⑤ ㄴ, ㄷ, ㄹ

533

다음은 우리나라 섬 ㉠의 지명이 변천된 과정을 나타낸 것이다. ㉠에 관한 설명으로 옳은 것은?

_____㉠_____, 그동안 어떤 이름으로 불렸나.

우산도(于山島, 6세기경): 위쪽이 높은 산으로 된 섬

삼봉도(三峰島, 1476년): 세 개의 봉우리로 된 섬

㉠ (1906년~현재)

석도(石島, 1900년): 돌로 된 섬

가지도(可支島, 1794년): 강치가 많은 섬

① 행정구역상 전라북도에 속한다.
② 우리나라에서 가장 서쪽에 있는 영토이다.
③ 신라 시대 이후 변함없는 한국 고유의 영토이다.
④ 1905년 시마네현 고시로 일본 영토로 편입된 적이 있다.
⑤ 맑은 날에도 울릉도에서 육안으로 볼 수 없는 위치에 있다.

534

밑줄 친 ㉠에 관한 답변으로 적절하지 <u>않은</u> 것은?

국제 연합 무역 개발 회의(UNCTAD)가 제68차 무역 개발 이사회(2021)에서 195개 회원국의 만장일치로 한국의 지위를 '개발 도상국 그룹'에서 '선진국 그룹'으로 변경하였다. 1965년 국제 연합 무역 개발 회의 설립 이래 개발 도상국 그룹에서 선진국 그룹으로 지위가 변경된 나라는 한국이 처음이다. 그렇다면 ㉠ 높아진 국제적 위상을 바탕으로 한국이 세계 평화에 기여할 수 있는 방안은 무엇일까?

---

① 분쟁 지역에 평화 유지군을 파견한다.
② 개발 경험과 기술이 필요한 개발 도상국을 지원한다.
③ 신속하고 급진적인 방법으로 남북 분단을 종식시킨다.
④ 재난 국가에 긴급 구호 물품 및 재건 사업을 후원한다.
⑤ 대량 살상 무기와 테러 확산 방지를 위해 여러 국가와 협력한다.

IV

세계화의 다양한 양상과 문제

535

⊙, ⓒ에 들어갈 내용으로 옳은 것은?

• 이탈리아 로마에 위치한 콜로세움은 고대 로마 시대에 건설된 타원형 경기장이다. 오늘날 매일 수천 명의 사람들이 콜로세움을 방문하고 있다. 이는 대표적 건축물을 활용하여 지역을 홍보하는 (⊙)의 사례 중 하나이다.
• 다르질링 차는 세계 최고의 홍차로 인정받고 있다. 인도 정부에 의해 (ⓒ)에 등록된 다르질링 차는 세계 무역 기구(WTO)의 무역 관련 지적 재산권 협정 가입국에서 상표권에 준하는 보호를 받고 있다.

	⊙	ⓒ
①	장소 마케팅	지역 브랜드
②	장소 마케팅	지리적 표시제
③	지역 브랜드	지리적 표시제
④	지역 브랜드	장소 마케팅
⑤	지리적 표시제	장소 마케팅

536

다음은 학생 필기 내용의 일부이다. ⊙~⑩ 중 옳지 않은 것은?

〈세계 도시의 특징〉
• 다양한 국제회의와 행사가 개최된다. ——— ⊙
• 다국적 기업의 본사가 주로 입지한다. ——— ⓒ
• 생산자 서비스업의 종사자 비중이 낮다. ——— ⓒ
• 대표적인 도시로 런던, 뉴욕, 도쿄 등이 있다. ——— ⓔ
• 인적·물적 교류가 활발하여 문화 활동의 중심축 역할을 한다. ——— ⑩

① ⊙ ② ⓒ ③ ⓒ ④ ⓔ ⑤ ⑩

537

지도는 독일의 A 기업의 청바지 생산 과정을 나타낸 것이다. 이와 같은 국제적 분업이 이루어지는 배경으로 옳은 것만을 <보기>에서 고른 것은?

(독일교과서 테라, 2015)

┤ 보기 ├
ㄱ. 국경의 의미가 강화되었다.
ㄴ. 국가별로 임금 및 기술 수준이 다르다.
ㄷ. 국제 유가 상승으로 부품 운송비가 상승하였다.
ㄹ. 생산의 전문화를 통해 이윤을 극대화할 수 있다.

① ㄱ, ㄴ ② ㄱ, ㄷ ③ ㄴ, ㄷ
④ ㄴ, ㄹ ⑤ ㄷ, ㄹ

538

밑줄 친 ⊙~⑩에 관한 설명으로 옳지 않은 것은?

오늘날에는 ⊙교통·통신의 발달로 인해 세계화가 빠르게 진행되고 있다. ⓒ국경을 초월한 기업 활동이 늘어나고 있으며, 국가 간 무역량도 크게 증가하여 세계가 하나의 시장으로 재편되는 ⓒ경제의 세계화가 실현되었다. 한편, ⓔ세계의 관광객 수가 빠르게 증가하면서 지역 경제가 활성화되기도 한다. 또한 전 세계의 다양한 문화들이 서로 활발하게 교류하고 있다. 이로 인해 다양한 문화를 접할 수 있는 기회가 늘어났으나, ⑩문화의 세계화에 따른 부작용도 나타나고 있다.

① ⊙으로 인해 시·공간 거리가 단축되었다.
② ⓒ의 사례로 '다국적 기업의 국제적 분업'을 들 수 있다.
③ ⓒ으로 인해 지역 및 국가 간 경제 격차가 줄어들었다.
④ ⓔ로 인해 일부 지역에서는 자연환경에 부정적 영향이 나타나기도 한다.
⑤ '소수 문화의 쇠퇴, 문화의 다양성 약화'는 ⑩에 해당한다.

539

다음 신문 기사에 나타난 갈등을 해결할 수 있는 적절한 방안만을 <보기>에서 고른 것은?

○○신문   2018년 ○○월 ○○일

범죄자들에게 태형을 적용하는 싱가포르가 은행 강도 후 해외로 도주한 캐나다 남성에 대해 이 형벌을 면제했다. 이는 태형 면제를 송환 조건으로 요구한 영국의 요청을 받아들인 것이다. 그러나 싱가포르의 강경한 입장이 누그러질 가능성은 낮아 보인다. 내무부가 성명을 통해 "이번 사례는 예외적인 경우이며, 태형에 대한 입장에는 변화가 없다."고 명확히 밝혔기 때문이다.

┤보기├
ㄱ. 보편 윤리는 특수 윤리보다 항상 우선시되어야 한다.
ㄴ. 문화 다양성 증진을 위해 모든 관습법을 존중해야 한다.
ㄷ. 세계시민 의식을 통해 평화적으로 갈등을 해결해야 한다.
ㄹ. 특정 사회의 가치가 보편적 가치를 침해하는지 비판적으로 성찰해야 한다.

① ㄱ, ㄴ   ② ㄱ, ㄷ   ③ ㄴ, ㄷ
④ ㄴ, ㄹ   ⑤ ㄷ, ㄹ

| 540~541 |

다음 글을 읽고 물음에 답하시오.

2016년 크레디트 스위스가 발행한 <세계 부 보고서>에 따르면 세계 인구의 8%가 세계 부의 86%를 점유하며, 그중 극소수 초부유층(인구의 0.7%)이 45.6%를 차지한다. 반면, 세계 인구 73%가 가진 부는 2.4%에 불과하다. ㉠ 이러한 불평등한 구조는 1980~1990년대 이후 세계적 차원으로 발전한 금융 시스템이 주도한 자본의 축적 체제와도 깊은 관련이 있다. 국제 금융 자산의 가치는 2016년 12월 기준 사상 최고를 경신하였지만, 상위 10%가 자산의 79%를 소유하는 반면, 하위 50%의 자산은 1%에 그쳤다.

540 〔단답형〕

밑줄 친 ㉠에 해당하는 세계화의 문제점을 쓰시오.

541 〔서술형〕

밑줄 친 ㉠과 같은 문제점을 해결하기 위한 방안을 두 가지 서술하시오.

12 평화 실현을 위한 국제 사회 행위 주체의 역할

542

다음을 주장한 사상가의 입장으로 옳지 않은 것은?

모든 사람의 인간다운 삶을 위해 소극적 평화뿐만 아니라 적극적 평화까지 이루어야 한다. 신체적 폭력, 전쟁, 테러 등의 직접적 폭력을 제거할 때 소극적 평화가 실현된다. 또한 빈곤, 기아, 차별 등과 같은 잘못된 사회 제도나 구조에 의한 간접적 폭력이 존재한다. 간접적 폭력은 의도하지 않아도 발생하며 이 폭력마저 사라져야 적극적 평화를 이룰 수 있다.

① 모든 사람은 폭력이 없는 평화로운 삶을 누려야 한다.
② 의도 없이 발생한 빈곤이나 차별도 폭력으로 볼 수 있다.
③ 평화를 실현하기 위한 수단으로 사용된 폭력은 정당하다.
④ 적극적 평화 실현을 위해 불평등한 제도를 개선해야 한다.
⑤ 적극적 평화는 전쟁이 사라지는 것만으로는 실현되기 어렵다.

543

갑, 을 사상가들의 입장에 관한 설명으로 옳지 않은 것은?

갑: 진정한 평화를 창조하기 위해서는 언어적 폭력과 신체적 폭력 등의 직접적 폭력은 물론, 직접적 폭력과 구조적 폭력을 정당화하는 문화적 폭력도 제거해야 한다.
을: 공화 정체인 국가들은 평화를 요구하는 시민들에 의해 쉽게 전쟁을 일으킬 수 없게 된다. 그러한 국가들은 자발적으로 결성한 평화 연맹에서 자유와 평화를 보장받고자 하며, 영원한 평화를 위해 세계 시민적 체제로 나아가고자 한다.

① 갑은 범죄와 전쟁이 사라지면 모든 문화적 폭력도 사라진다고 본다.
② 갑은 진정한 평화 실현을 위해 억압 및 착취 구조의 개선이 필요하다고 본다.
③ 을은 개별 국가의 주권을 인정하면서 영원한 평화를 실현해야 한다고 본다.
④ 을은 모든 전쟁의 영구적 종식을 실현하기 위해서는 평화 연맹의 설립이 요청된다고 본다.
⑤ 갑과 을은 국가 간 분쟁의 해소가 영원한 평화 실현의 충분조건은 아니라고 본다.

544

다음 표는 평화의 의미를 구분한 것이다. 이에 관한 설명으로 옳은 것은? (단, A와 B는 소극적 평화, 적극적 평화 중 하나임.)

구분	A	B
직접적 폭력의 제거만으로 실현 가능한가?	예	㉠
(가)	아니요	예

① ㉠은 '예'이다.
② A는 전쟁, 테러, 범죄 등을 제거하는 것과 무관하다.
③ B에 따르면 빈곤, 기아, 각종 억압과 차별은 폭력이 아니다.
④ 진정한 평화는 B가 아니라 A를 통해 이루어진다.
⑤ (가)에 '평화는 폭력의 제거를 통해 실현될 수 있는가?'라는 질문은 들어갈 수 없다.

545 서술형

밑줄 친 ㉠에 관한 답변을 서술하시오.

> 인류는 두 차례의 세계 대전, 베트남 전쟁 등 참혹한 전쟁과 폭력을 경험했다. 그러나 여전히 세계 곳곳에서는 갈등과 분쟁이 끊이지 않고 있다. 그렇다면 국제 사회에서 평화 실현이 중요한 이유는 무엇일까?

546

밑줄 친 ㉠과 같은 국제 사회의 행위 주체에 관한 설명으로 옳은 것은?

> ㉠미국 정부는 미얀마 석유 가스 회사에 대한 제재를 발표했다. 미국 국무부에 따르면 미얀마의 국영 기업인 석유 가스 회사는 매년 수억 달러의 수입을 군부 정권에 제공하고 있고, 군부 정권이 이를 무기를 구매하는 데 사용하고 있다. 이번 조치에 따라 미국 국민이 이 회사에 직간접적으로 금융 서비스를 제공하는 것이 금지된다.

① 각국의 정부를 회원으로 한다.
② 개인이나 민간단체의 주도로 만들어진다.
③ 영토의 크기에 관계없이 독립적인 주권을 행사한다.
④ 국가 간 이해관계를 조정하고 국제 규범을 정립한다.
⑤ 특정 개인이나 기업, 국가의 이익을 위해 활동하지 않는다.

547

다음 자료에 관한 설명으로 옳지 않은 것은?

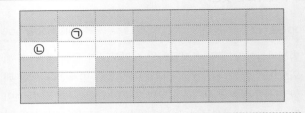

[가로 열쇠]
㉠ 영토, 국민, 주권을 가진 국제 사회의 행위 주체
㉡ 개인과 민간단체가 회원으로 가입할 수 있는 국제 사회의 행위 주체
[세로 열쇠]
㉠ 영어 약자로 UN

① 가로 ㉠은 국가이다.
② 세로 ㉠은 국제 연합이다.
③ 세로 ㉠의 예시로는 정부 간 국제기구가 있다.
④ 가로 ㉡은 국제 비정부 기구이다.
⑤ 가로 ㉡의 예시로는 세계 보건 기구가 있다.

548

국제 사회의 행위 주체 ㉠~㉢에 관한 옳은 설명만을 <보기>에서 있는 대로 고른 것은?

> 시리아는 독재 정치와 종교 갈등으로 내전이 계속되는 가운데 2023년 2월 대지진까지 발생하여 국가의 경제 및 의료 시스템이 붕괴되었다. 이러한 상황을 극복하고자 ㉠국제 연합의 여러 기구는 시리아 난민들에게 안전한 피난처와 식량을 제공했고, ㉡세계 여러 나라는 인도주의적 차원에서 경제적 지원을 계속했다. 또한 ㉢국경 없는 의사회, 옥스팜, 적십자 등 여러 기구도 구조 활동, 의료 서비스 제공, 식수 지원 등 다양한 구호 활동에 동참했다.

| 보기 |
ㄱ. ㉠은 각국의 정부를 회원으로 하며, 국가들 사이의 이해관계를 조정한다.
ㄴ. ㉡은 재난이나 빈곤 상황에 처한 국가에 대한 구호 활동을 통해 다른 나라와 협력하기도 한다.
ㄷ. ㉢은 특정 개인이나 기업, 국가의 이익을 실현하기 위해 활동한다.

① ㄱ   ② ㄴ   ③ ㄱ, ㄴ   ④ ㄴ, ㄷ   ⑤ ㄱ, ㄴ, ㄷ

549 서술형

밑줄 ㉠의 예시를 세 가지 이상 서술하시오.

> 국제 사회에서는 ㉠ 영향력 있는 개인들도 매우 중요한 역할을 하고 있다.

550

밑줄 친 ㉠에 관한 옳은 답변만을 <보기>에서 있는 대로 고른 것은?

> 세계화가 가속화되면서 자신을 지구 공동체의 일원, 즉 세계시민으로 인식하는 것이 중요해졌다. 세계시민은 자신의 정체성을 가족이나 국가를 넘어 세계적인 차원에서 이해하며, 다양한 지구촌 문제에 관심을 가지고 이를 해결하고자 적극적으로 노력하는 사람을 말한다. 그렇다면 ㉠ 평화를 지속하기 위해 세계시민으로서 어떤 노력을 해야 할까?

| 보기 |

ㄱ. 친환경 제품을 소비함으로써 윤리적 소비를 실천한다.
ㄴ. 빈곤, 기아, 기후위기 등 국제 사회 문제에 관심을 둔다.
ㄷ. 재해를 입은 국가의 재건을 위해 국제 비정부 기구에 기부한다.

① ㄱ　② ㄴ　③ ㄱ, ㄴ　④ ㄴ, ㄷ　⑤ ㄱ, ㄴ, ㄷ

⑬ 세계 평화 실현을 위한 우리의 노력

551

다음의 노력이 공통적으로 지향하는 목표로 옳은 것은?

> • 일본군 성 노예 국제 법정: 아시아 각국의 일본군 '위안부' 피해자와 시민들이 주체가 되어 책임자를 처벌하고 정의를 실현하고자 민간 법정을 일본 도쿄에서 개최하였다.
> • 한국·중국·일본 공동 발간 역사 교재: '미래를 여는 역사', '한·중·일이 함께 쓴 동아시아 근현대사' 등이 있다.
> • 동아시아 청소년 역사 체험 캠프: 역사에 대한 인식 차이를 줄이는 캠프에 한·중·일 3개국 청소년이 참가하였다.

① 동아시아 국가 간 영토 분쟁을 해결하고자 한다.
② 동북공정에 바탕한 중국의 역사관을 수용하고자 한다.
③ 역사 갈등을 해소하여 동아시아의 평화를 실현하고자 한다.
④ 일본군 '위안부' 표현의 부적절성에 대해 합의하고자 한다.
⑤ 일본 산업 유산의 세계 유산 등재에 문제를 제기하고자 한다.

552

(가)의 입장에 비해 (나)의 입장이 갖는 상대적 특징을 ㉠~㉤ 중에서 고른 것은?

> (가) 남북 통일을 위해서는 사회 문화적 통합이 선행되어야 한다. 비정치적 분야에서 교류와 신뢰를 확산한 후 정치적 통일로 나아가야 한다. 통일은 민족 동질성을 회복하여 새로운 민족 공동체를 건설하는 것이다.
> (나) 남북 통일은 정치적 통일을 의미한다. 통일은 남북한에 세워진 두 개의 정치 체제를 통합해 하나의 국가로 만드는 것이다. 정치 체제 단일화는 사회 문화적 통합으로 나아가게 할 수 있다.

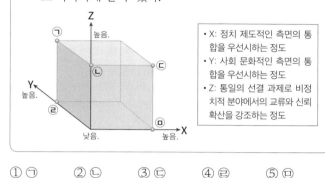

• X: 정치 제도적인 측면의 통합을 우선시하는 정도
• Y: 사회 문화적인 측면의 통합을 우선시하는 정도
• Z: 통일의 선결 과제로 비정치적 분야에서의 교류와 신뢰 확산을 강조하는 정도

① ㉠　② ㉡　③ ㉢　④ ㉣　⑤ ㉤

553

그림의 수업 장면에서 교사의 질문에 바르게 답변한 학생은?

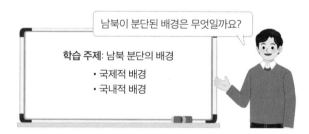

① 갑: 민족 내부의 응집력이 강화되었습니다.
② 을: 미국과 소련 간 냉전 대결이 심화되었습니다.
③ 병: 신탁 통치에 대해 찬성하는 입장만 나타났습니다.
④ 정: 6·25 전쟁은 남북한 주민의 협력 기회가 되었습니다.
⑤ 무: 민족 내부에서 통일 이념에 대한 합의가 이루어졌습니다.

554 서술형

밑줄 친 ㉠을 추진한 까닭을 서술하시오.

> 중국은 ㉠동북공정을 통해 우리나라의 역사 일부를 고대 중국의 지방사(史)라고 역사를 왜곡하고 있다.

14 세계의 인구 현황과 문제

1 세계의 인구 현황

1 세계의 인구 분포
┌ 자연환경(기후, 지형 등)과 인문환경(산업, 교통 등)의 영향을 받음.
세계 인구는 대부분 북반구에 거주하며, 인도와 중국이 위치한 아시아에 절반 이상이 집중됨.

대륙별 인구 비율: 아시아 > 아프리카 > 유럽 > 남아메리카 > 북아메리카 > 오세아니아

인구 밀집 지역	중위도의 냉·온대 기후 지역, 하천 주변의 평야 지역, 해안 지역, 도시 및 공업 지역
인구 희박 지역	건조 및 한대 기후 지역, 해발 고도가 높은 산지나 고원, 경제활동이 어렵거나 교통이 불편한 지역, 정치적으로 불안정하여 전쟁이나 내전이 발생한 지역

2 지역별 인구 구조
┌ 어느 인구 집단의 연령별·성별 등 인구 구성 상태를 의미함.

개발 도상국	• 유소년층의 비율이 높고 노년층의 비율이 낮음. • 1차 산업 중심의 사회로 많은 노동력이 필요함. → 높은 출생률
선진국	• 유소년층의 비율이 낮고 노년층의 비율이 높음. • 여성의 사회 진출이 활발하고 자녀에 관한 가치관이 변화함. → 낮은 출생률 ┌ 전체 인구를 연령 순서로 세웠을 때 한가운데 있는 사람의 나이 • 기대 수명이 길고 중위 연령이 높음.

꼭 나오는 자료
🔗 119쪽 572번 문제로 확인

니제르와 독일의 인구 구조

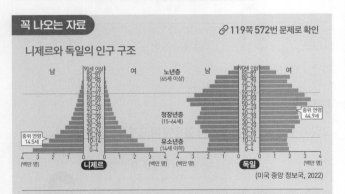

(미국 중앙 정보국, 2022)

자료 분석 개발 도상국에 해당하는 니제르의 인구 구조는 유소년층의 비율이 높고 노년층의 비율이 낮다. 반면, 선진국에 해당하는 독일의 인구 구조는 유소년층의 비율이 낮고 노년층의 비율이 높다.

3 국제 인구 이동
교통 발달과 세계화의 진전으로 개인의 이동이 활발해지면서 전 지구적 범위에서 인구 이동이 이루어짐.

(1) 인구 이동의 유형
⏺ 예 시리아, 아프가니스탄, 우크라이나 등 ┐

경제적 이동	주로 개발 도상국에서 임금 수준이 높고 고용 기회가 많은 선진국으로 이동
정치적 이동	전쟁이나 분쟁이 발생한 지역으로부터의 이동 → 난민 발생
환경적 이동	사막화·해수면 상승 등 기후변화에 따른 이동 → 기후 난민 발생
종교적 이동	종교적 자유를 찾거나 성지 순례를 위한 이동

(2) 인구 이동에 따른 지역의 변화

인구 유입 지역	• 노동력 확보로 인한 경제 활성화, 문화적 다양성 증대 • 이주민과 기존 주민 간 문화적 차이로 인한 갈등 발생
인구 유출 지역	• 해외 이주 노동자의 송금을 통한 외화 유입 • 청장년층 노동력 유출 문제

2 인구 문제와 해결 방안

1 인구 과잉에 따른 문제와 해결 방안

문제	• 주로 인구 과잉 상태인 개발 도상국에서 발생함. • 식량·자원 부족에 따른 기아와 빈곤, 일자리 부족으로 인한 실업 문제, 이촌향도에 따른 도시 과밀화로 인한 도시 문제 발생
해결 방안	┌ 주택 부족, 사회 기반 시설 부족 등 • 경제 발전과 식량 증산으로 인구 부양력 향상 • 빈곤 해결과 일자리 창출을 위한 정책 마련, 인구 증가세를 둔화하기 위한 출산 억제 정책 시행 └ 한 나라의 인구가 그 나라의 사용 가능한 자원으로 생활할 수 있는 능력 • 중소 도시 육성과 촌락의 생활 환경 개선

꼭 나오는 자료
🔗 121쪽 578번 문제로 확인

세계의 인구 성장 추이

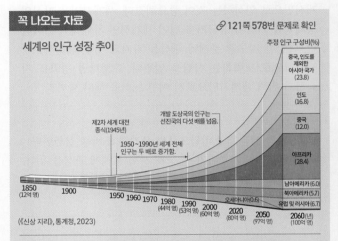

《신상 지리》, 통계청, 2023

자료 분석 선진국이 많은 유럽과 북아메리카는 현재 인구 증가율이 정체 혹은 감소 상태이다. 개발 도상국이 많은 아시아와 아프리카는 인구가 급격히 증가하여 세계 인구에서 차지하는 비율이 점차 높아지고 있다.

2 저출생·고령화에 따른 문제와 해결 방안

문제	• 주로 선진국을 중심으로 발생하지만, 일부 개발 도상국에서도 나타나고 있음. • 생산 가능 인구 감소와 노동력 부족으로 인한 경제 성장 둔화 • 구매력이 높은 청장년층 인구의 감소로 인한 장기적 경기 침체 • 의료비, 연금 등 노년층을 위한 사회적 비용 증가 • 청장년층의 노년층 부양 부담이 가중되어 세대 간 갈등 유발
해결 방안	• 저출생 문제의 해결 방안: 출산·육아 비용 지원, 보육 시설 확충, 유급 출산 휴가 확대, 세금 감면 등 • 고령화 문제의 해결 방안: 사회 보장 제도 강화, 노인 일자리 확대, 정년 연장, 노인 복지 시설 확충 등 ┌ 예 노인 관련 연금 제도 등 • 가족 친화적 가치관 형성, 세대 간 정의 실현

┌ 현세대와 미래 세대 간의 형평성을 고려하는 것

꼭 나오는 자료
┌ 65세 이상
🔗 123쪽 589번 문제로 확인

고령화란 전체 인구 중에서 노년층 인구가 차지하는 비율이 높아지는 현상이다. 노년층 인구 비율이 7% 이상이면 고령화 사회, 14% 이상이면 고령 사회, 20% 이상이면 초고령 사회로 구분한다.

자료 분석 우리나라는 저출생·고령화 현상이 심화되어 2018년에 고령 사회에 진입하였고, 2025년 현재 초고령 사회에 도달하였다.

기본 기출 문제

핵심 주제를 파악할 수 있는 기출 문제를 수록하였습니다.

핵심 개념 문제

● 빈칸에 들어갈 알맞은 말을 쓰시오.

555 전체 인구를 연령 순으로 세웠을 때 한가운데 있는 사람의 나이를 (　　　　)(이)라고 한다.

556 기후변화에 따른 환경 재앙을 피하기 위해 살던 곳을 떠나는 (　　　　)이/가 발생하고 있다.

557 (　　　　)(이)란 생산 활동을 할 수 있는 연령인 15~64세의 청장년층 인구를 의미한다.

558 (　　　　) 문제 해결을 위한 정책적 방안으로는 보육 시설 확충, 유급 출산 휴가 기간 연장 등이 있다.

● ㉠, ㉡ 중 알맞은 것을 고르시오.

559 세계 인구는 대부분 (㉠ 북반구, ㉡ 남반구)에 거주하며, 아시아에 절반 이상이 집중되어 있다.

560 건조 및 한대 기후 지역은 대체로 인구 (㉠ 밀집, ㉡ 희박) 지역이다.

561 개발 도상국은 주로 (㉠ 1차 산업, ㉡ 3차 산업) 중심의 사회로, 많은 노동력이 필요하여 출생률이 높다.

562 선진국은 생활 수준이 높고 의료 기술이 발달하여 기대 수명이 길고 중위 연령이 (㉠ 높다, ㉡ 낮다).

● 인구 이동의 유형과 그 사례를 바르게 연결하시오.

563 경제적 이동 ・ ・㉠ 성지 순례를 위한 이동

564 정치적 이동 ・ ・㉡ 더 나은 취업 기회를 찾아 떠나는 이동

565 종교적 이동 ・ ・㉢ 전쟁이나 분쟁이 발생한 지역에서의 이동

● 설명이 옳으면 ○표, 틀리면 ×표를 하시오.

566 개발 도상국은 선진국보다 유소년층의 비율이 높고 노년층의 비율이 낮다. (　　　　)

567 인구 이동의 결과 인구 유출 지역에서는 해외 이주 노동자의 송금으로 외화가 유입된다. (　　　　)

568 전체 인구에서 65세 이상 인구가 차지하는 비율이 20% 이상이면 고령 사회로 구분한다. (　　　　)

569 고령화 문제를 해결하기 위해서는 노인 관련 연금 제도를 강화하고 정년을 연장해야 한다. (　　　　)

570

★핵심 주제 세계의 인구 분포

세계의 인구 분포에 관한 설명으로 옳은 것은?

① 대부분의 인구는 남반구에 거주한다.

② 고원 지역보다 하천 주변 평야 지역의 인구 밀도가 높다.

③ 한대 기후 지역보다 냉·온대 기후 지역의 인구 밀도가 낮다.

④ 건조 기후 지역은 일찍이 산업이 발달하여 인구가 집중한다.

⑤ 오늘날에는 인문환경보다 자연환경이 인구 분포에 더 큰 영향을 준다.

571

★핵심 주제 세계의 인구 분포

그래프는 대륙별 인구 비율을 나타낸 것이다. (가)~(다)에 해당하는 대륙을 바르게 연결한 것은?

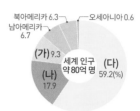

(국제 연합, 2022)

	(가)	(나)	(다)
①	유럽	아시아	아프리카
②	유럽	아프리카	아시아
③	아시아	유럽	아프리카
④	아시아	아프리카	유럽
⑤	아프리카	유럽	아시아

572

★핵심 주제 지역별 인구 구조

그래프는 두 국가의 인구 구조를 나타낸 것이다. (가), (나) 국가에 관한 설명으로 옳은 것은? (단, (가), (나) 국가는 각각 독일, 니제르 중 하나임.)

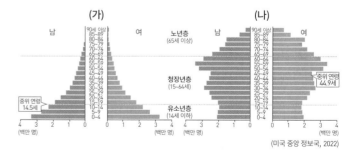

(미국 중앙 정보국, 2022)

① (가)는 3차 산업 중심의 사회이다.

② (나)는 노년층에서 여초 현상이 나타난다.

③ (가)는 (나)보다 중위 연령이 높다.

④ (나)는 (가)보다 유소년층 인구 비율이 높다.

⑤ (가)는 유럽, (나)는 아프리카에 위치한다.

573

⭐핵심 주제 인구 이동의 유형

(가), (나)에 해당하는 인구 이동의 유형으로 옳은 것은?

> (가) 남태평양의 투발루는 최근 기후변화로 인한 해수면 상
> 승으로 침수 위기에 처해 있다. 투발루 국민 1만 1천여
> 명 중 2천여 명이 오스트레일리아, 뉴질랜드, 피지 등으
> 로 이주하여 기후 난민이 되었다.
>
> (나) 수많은 이슬람교 신자들이 하지 기간 동안 사우디아라
> 비아 메카에 위치한 카바 신전을 방문한다. 2024년 하
> 지에는 전 세계에서 120만 명이 넘는 이슬람교 신자들
> 이 메카를 찾았다.

	(가)	(나)
①	정치적 이동	종교적 이동
②	정치적 이동	환경적 이동
③	종교적 이동	정치적 이동
④	환경적 이동	정치적 이동
⑤	환경적 이동	종교적 이동

574

⭐핵심 주제 국제 인구 이동에 따른 지역의 변화

다음은 학생 필기 내용의 일부이다. ㉠~㉤ 중 옳지 않은 것은?

> 1. 국제 인구 이동의 결과
> (1) 인구 유입 지역의 변화
> ① 노동력 확보로 경제 활성화 ········· ㉠
> ② 문화적 다양성 증대 ··················· ㉡
> ③ 이주민과 기존 주민 간 문화적 갈등 발생 ····· ㉢
> (2) 인구 유출 지역의 변화
> ① 해외 이주 노동자의 송금으로 외화 유입 ····· ㉣
> ② 생산 가능 인구의 증가 ················ ㉤

① ㉠ ② ㉡ ③ ㉢ ④ ㉣ ⑤ ㉤

575

⭐핵심 주제 인구 과잉 문제

밑줄 친 ㉠에 해당하는 내용으로 옳지 않은 것은?

> 아시아와 아프리카는 제2차 세계 대전 이후 산업화가 확산
> 되면서 인구가 급격히 증가하고 있다. 인구 성장이 인구 부
> 양력의 한계를 넘어 ㉠인구 과잉 상태가 되면 문제가 발생
> 하여 사회 발전을 저해한다.

① 교통 혼잡   ② 노동력 부족
③ 도시 과밀화   ④ 기아와 빈곤
⑤ 사회 기반 시설 부족

576

⭐핵심 주제 인구 문제와 해결 방안

다음은 두 국가의 인구 정책 중 일부이다. (가), (나) 국가에 관한 설명으로 옳은 것은?

(가)	(나)
• 둘만 낳기 캠페인 전개 • 임신을 미루는 신혼부부에게 정부 지원금 지급	• 치매 국가 책임제 실시 • 부모 모두의 출산 휴가와 육아 휴직 확대

① (가)는 (나)보다 노년층의 인구 비율이 높다.
② (가)는 (나)보다 절대 빈곤층의 비율이 낮다.
③ (가)는 (나)보다 여성의 사회 진출이 활발하다.
④ (나)는 (가)보다 합계 출산율이 낮다.
⑤ (나)는 (가)보다 1차 산업 종사자 비율이 높다.

577

⭐핵심 주제 저출생·고령화에 따른 인구 문제

다음 글을 읽고 서울에서 나타나게 될 현상으로 옳은 것만을 <보기>에서 고른 것은?

> 서울 어린이집 열 곳 중 한 곳 가량이 2022년 문을 닫았다.
> 원생이 부족해지면서 어린이집 폐원은 지방에서 서울로,
> 사립에서 국공립으로 확산되고 있다. 폐원한 어린이집이
> 요양원, 요양 병원, 복지관 같은 노인 복지 시설로 바뀌는
> 일이 잦아지면서 전문 컨설팅 업체까지 등장하였다.

┤ 보기 ├
ㄱ. 중위 연령이 낮아질 것이다.
ㄴ. 노년 부양비가 증가할 것이다.
ㄷ. 합계 출산율이 높아질 것이다.
ㄹ. 유소년 부양비가 감소할 것이다.

① ㄱ, ㄴ   ② ㄱ, ㄷ   ③ ㄴ, ㄷ
④ ㄴ, ㄹ   ⑤ ㄷ, ㄹ

실력 기출 문제

578

그래프는 세계의 인구 성장 추이를 나타낸 것이다. (가)~(다)에 해당하는 국가 및 대륙을 바르게 연결한 것은?

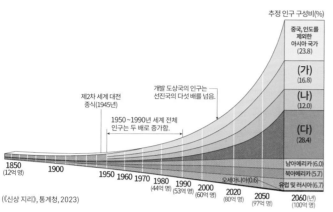

《신상 지리》, 통계청, 2023)

	(가)	(나)	(다)
①	인도	중국	아프리카
②	인도	아프리카	중국
③	중국	아프리카	인도
④	중국	인도	아프리카
⑤	아프리카	인도	중국

579 빈출

지도는 세계의 인구 분포를 나타낸 것이다. A~E 지역의 인구 분포에 영향을 준 요인에 관한 설명으로 옳은 것은?

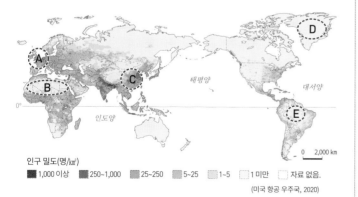

(미국 항공 우주국, 2020)

① A – 계절풍의 영향으로 벼농사가 발달하였다.
② B – 기후가 한랭하여 농경이 불가능하다.
③ C – 산업 혁명이 시작된 곳으로 경제 발전 수준이 높다.
④ D – 높은 산지와 고원이 분포하여 평야 발달이 미약하다.
⑤ E – 덥고 습한 기후가 나타나고 열대 우림이 분포한다.

580

그래프는 두 국가의 연령별 인구 비율과 총인구 변화를 나타낸 것이다. (가), (나) 국가에 관한 설명으로 옳은 것은? (단, (가), (나) 국가는 각각 니제르, 독일 중 하나임.)

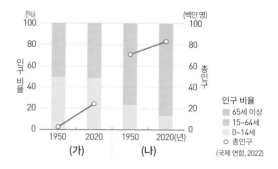

(국제 연합, 2022)

① 1950년에 (가)는 (나)보다 생산 가능 인구 비율이 높다.
② 1950년에 (나)는 (가)보다 총부양비가 높다.
③ 2020년에 (가)는 (나)보다 중위 연령이 높다.
④ 2020년에 (나)는 (가)보다 총인구가 5배 이상 많다.
⑤ 1950~2020년 간 인구 증가율은 (가)가 (나)보다 높다.

581

그래프는 (가), (나) 국가의 연령별 인구 구조를 나타낸 것이다. (나) 국가에 관한 (가) 국가의 상대적 특징을 그림의 A~E에서 고른 것은? (단, (가), (나)는 각각 가나, 프랑스 중 하나임.)

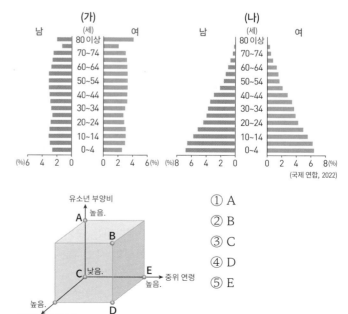

(국제 연합, 2022)

① A
② B
③ C
④ D
⑤ E

582

그래프는 대륙별 합계 출산율의 변화를 나타낸 것이다. (가)~(라) 대륙에 관한 옳은 설명만을 <보기>에서 고른 것은?

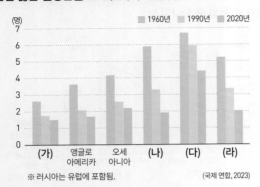

※ 러시아는 유럽에 포함됨.

(국제 연합, 2023)

┤ 보기 ├
ㄱ. (라)에는 전 세계에서 인구가 가장 많은 국가가 있다.
ㄴ. 2020년 기준 (가)는 (나)보다 인구가 많다.
ㄷ. (다)는 (라)보다 인구 밀도가 높다.
ㄹ. 1960년 합계 출산율은 아시아 > 아프리카 > 라틴 아메리카 순으로 높다.

① ㄱ, ㄴ   ② ㄱ, ㄷ   ③ ㄴ, ㄷ
④ ㄴ, ㄹ   ⑤ ㄷ, ㄹ

583 빈출

그래프는 인구 변천 모형을 나타낸 것이다. 이에 관한 설명으로 옳은 것은? (단, A, B는 각각 사망률, 출생률 중 하나임.)

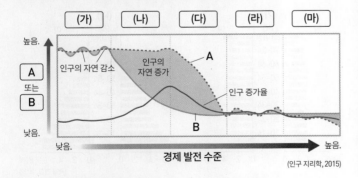

(인구 지리학, 2015)

① (가) 단계는 (나) 단계보다 자연적 인구 증가율이 높다.
② (나) 단계는 (마) 단계보다 노년 부양비가 높다.
③ 유럽에는 (다) 단계보다 (라) 단계에 해당하는 국가가 많다.
④ (나) 단계의 B 하락은 가족 계획, 여성의 사회 활동 증가에서 비롯되었다.
⑤ (다) 단계의 A 하락은 의학 발달 및 생활 수준의 향상이 주된 원인이다.

584

다음은 세계의 인구 현황 단원의 형성 평가지이다. (가)에 들어갈 내용으로 옳은 것은?

※ 다음 퀴즈의 정답에 해당하는 글자를 지우면 아래 <글자판>의 글자가 모두 지워집니다.
(1) 전체 인구 중에서 65세 이상 인구가 차지하는 비율이 높아지는 현상
(2) 0세 출생자가 앞으로 생존할 것으로 기대되는 평균 생존 연수
(3) _____(가)_____

<글자판>

명	고	령	수	성	대	비	화	기

① 여성 100명당 남성의 수를 나타낸 지표
② 청장년층 인구에 대한 유소년 인구와 노년 인구의 비율
③ 생산 활동을 할 수 있는 연령인 15~64세의 청장년층 인구
④ 한 여성이 가임 기간에 낳을 것으로 예상되는 평균 출생아 수
⑤ 총인구를 연령 순서로 세웠을 때 한가운데 있는 사람의 나이

585

그래프는 대륙별 인구 순이동을 나타낸 것이다. (가)~(다)에 해당하는 대륙을 바르게 연결한 것은?

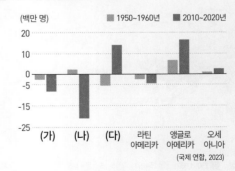

(국제 연합, 2023)

	(가)	(나)	(다)
①	유럽	아시아	아프리카
②	아시아	유럽	아프리카
③	아시아	아프리카	유럽
④	아프리카	아시아	유럽
⑤	아프리카	유럽	아시아

586

지도에 나타난 인구 이동에 관한 설명으로 가장 적절한 것은?

※ 이주 흐름은 십만 명 이상의 이주민을 나타냄.   (국제 연합 난민 기구, 2022)

① 분쟁을 피하기 위한 난민의 이동이다.
② 휴가를 떠나기 위한 여행객들의 이동이다.
③ 성지 순례를 위한 종교적 목적의 이동이다.
④ 일자리를 찾기 위한 경제적 목적의 이동이다.
⑤ 기후변화에 따른 환경 재앙을 피하기 위한 이동이다.

587

(가)에 들어갈 말로 적절하지 <u>않은</u> 것은?

> 경제 성장보다 인구 증가의 속도가 빨라 인구 과잉 상태인 개발 도상국에서는 식량과 자원 부족에 따른 기아와 빈곤, 일자리 부족에 따른 실업 등의 문제가 나타난다. 촌락 인구가 일자리를 찾아 대도시로 이동하면서 일부 도시가 과밀화되어 도시의 주택과 사회 기반 시설이 부족해지는 문제도 발생한다. 이러한 문제를 해결하기 위해서는 _____(가)_____ 과 같은 노력이 필요하다.

① 식량 증산
② 일자리 창출
③ 출산 장려 정책
④ 중소 도시 육성
⑤ 촌락의 생활 환경 개선

588

지도에 표현된 지표로 옳은 것은?

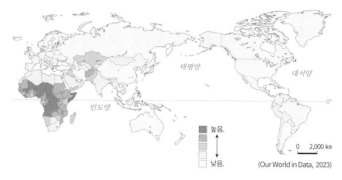

(Our World in Data, 2023)

① 총인구   ② 기대 수명
③ 중위 연령   ④ 노년 부양비
⑤ 합계 출산율

589 빈출

㉠~㉢에 관한 옳은 설명만을 <보기>에서 고른 것은?

> 우리나라는 최근 베이비붐 세대가 고령층으로 진입하면서 65세 이상 인구가 차지하는 비율이 빠르게 늘어나고 있다. 2018년 노년층 인구 비율이 14%를 넘어서면서 (㉠)에 진입하였고, 2025년 현재 노년층 인구 비율이 20%를 돌파하여 (㉡)(으)로 진입하였다. 이처럼 ㉢고령화가 빠르게 진행되면서 많은 사회적 변화가 발생할 것으로 예견되고 있다.

┤ 보기 ├

ㄱ. ㉠은 고령화 사회에 해당한다.
ㄴ. ㉡은 초고령 사회에 해당한다.
ㄷ. ㉢은 노동력 부족 문제를 초래한다.
ㄹ. 현세대에게만 유리한 복지 제도를 확대하여 ㉢에 대비해야 한다.

① ㄱ, ㄴ   ② ㄱ, ㄷ   ③ ㄴ, ㄷ
④ ㄴ, ㄹ   ⑤ ㄷ, ㄹ

● 바른답·알찬풀이 60쪽

590 빈출

다음은 수업 시간의 한 장면이다. 교사의 질문에 옳지 <u>않은</u> 답변을 한 학생을 고른 것은?

> 교사: 고령화로 인한 문제점에 대해 이야기해 보세요.
> 갑: 생산 가능 인구 감소로 인해 경제 성장이 둔화될 수 있습니다.
> 을: 의료비, 연금 등 노년층을 위한 사회적 비용이 늘어날 것입니다.
> 병: 노년층에 대한 부양 부담이 가중되어 세대 간 갈등이 유발될 수 있습니다.
> 교사: 고령화 문제의 해결 방안에는 무엇이 있을까요?
> 정: 노인 관련 연금 제도와 같은 사회 보장 제도를 강화해야 합니다.
> 무: 정년 단축을 통해 청년들의 일자리를 늘리는 정책을 실시해야 합니다.

① 갑 ② 을 ③ 병 ④ 정 ⑤ 무

591

㉠, ㉡ 국가에 관한 설명으로 옳은 것은? (단, ㉠, ㉡은 각각 인도, 불가리아 중 하나임.)

> • 2023년 (㉠)가 중국을 제치고 세계 1위 국가가 되었다고 국제 연합(UN)이 밝혔다. 중국은 저출생·고령화 현상이 나타나고 있으나, (㉠)는 자녀에 대한 전통적 인식, 높은 문맹률 등의 이유로 여전히 높은 합계 출산율을 유지하고 있기 때문이다.
> • 2022년 기준 (㉡)의 노년층 인구 비율은 약 22.4%로 나타났다. (㉡)에서는 출산 휴가를 410일 부여하여 세계적으로도 출산 휴가가 긴 편이다. 휴직자는 출산 휴가 1년 차에 월급의 90%를 받고, 2년 차에 최저 임금을 받는다.

① ㉠은 ㉡보다 중위 연령이 높다.
② ㉠은 ㉡보다 유소년 부양비가 높다.
③ ㉠은 ㉡보다 여성의 사회 진출이 활발하다.
④ ㉡은 ㉠보다 인구 과잉 문제가 심각하다.
⑤ ㉡은 ㉠보다 1차 산업 종사자 비율이 높다.

| 592~593 |

그래프를 보고 물음에 답하시오.

〈주요 인구 유출국과 인구 유입국〉

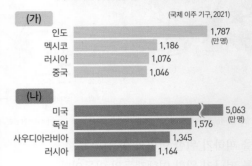

(국제 이주 기구, 2021)

(가)
인도 — 1,787 (만 명)
멕시코 — 1,186
러시아 — 1,076
중국 — 1,046

(나)
미국 — 5,063 (만 명)
독일 — 1,576
사우디아라비아 — 1,345
러시아 — 1,164

592

(가), (나) 국가군은 각각 인구 유입국과 인구 유출국 중 무엇에 해당하는지 쓰시오.

593

인구 이동으로 인해 (가), (나) 국가군에서 발생할 수 있는 문제를 각각 한 가지씩 서술하시오.

| 594~595 |

다음 글을 읽고 물음에 답하시오.

> (㉠) 문제는 높은 집값과 교육 비용 등의 경제적 요인의 영향뿐만 아니라 직장인이 육아를 병행하기 어려운 근무 환경, 여성의 출산과 육아, 남성의 육아 참여를 인정하지 않는 기업 문화 등 사회적 요인의 영향을 받고 있다.

594

㉠에 들어갈 인구 문제를 쓰시오.

595

㉠에 해당하는 인구 문제의 해결 방안을 정책적 차원과 의식적 차원에서 서술하시오.

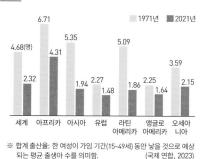
적중 1등급 문제
내신 1등급을 결정하는 고난도 문제를 수록하였습니다.

596

그래프는 대륙별 연평균 합계 출산율을 나타낸 것이다. 이에 관한 설명으로 옳지 <u>않은</u> 것은?

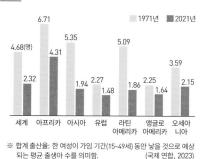

※ 합계 출산율: 한 여성이 가임 기간(15~49세) 동안 낳을 것으로 예상되는 평균 출생아 수를 의미함. (국제 연합, 2023)

① 1971년에 유럽의 연평균 합계 출산율이 가장 낮다.
② 2021년에 세계 인구는 증가하는 추세이다.
③ 2021년 라틴 아메리카의 연평균 합계 출산율은 오세아니아보다 낮다.
④ 1971~2021년 간 연평균 합계 출산율의 감소 폭은 앵글로 아메리카가 가장 작다.
⑤ 두 시기 모두 아프리카는 유럽보다 유소년층 비율이 높을 것이다.

597

다음 글의 ⑦ 지역을 지도의 A~E에서 고른 것은?

(⑦)에서 이슬람교를 믿는 로힝야족에 대한 정부의 탄압이 격화하면서 로힝야족 난민이 가파르게 늘고 있는 것으로 나타났다. 유럽 연합(EU), 미국, 오스트레일리아, 영국, 캐나다, 한국, 뉴질랜드, 스위스 등은 공동성명을 통해 (⑦)에서의 민간인 피해 확산에 우려를 표했다.

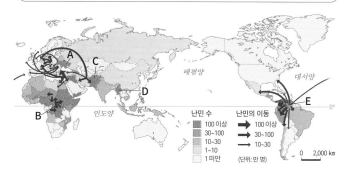

※ 난민의 이동은 십만 명 이상의 이주민을 나타냄. (국제 연합 난민 기구, 2022)

① A   ② B   ③ C   ④ D   ⑤ E

598

그래프는 독일의 총인구와 인구 부양비를 나타낸 것이다. 이를 통해 추론한 옳은 내용만을 <보기>에서 있는 대로 고른 것은?

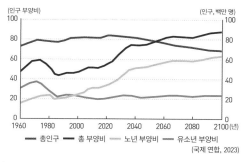

(국제 연합, 2023)

┤ 보기 ├
ㄱ. 1960년~2100년 간 총인구는 지속적으로 감소할 것이다.
ㄴ. 1980년에는 유소년층 인구 비율이 노년층 인구 비율보다 높았을 것이다.
ㄷ. 2040년은 2020년보다 청장년층 인구 비율이 낮을 것이다.
ㄹ. 2060~2080년은 2000~2020년보다 노년 부양비의 증가 폭이 클 것이다.

① ㄱ, ㄴ   ② ㄱ, ㄹ   ③ ㄴ, ㄷ
④ ㄱ, ㄴ, ㄹ   ⑤ ㄴ, ㄷ, ㄹ

599

그래프의 (가), (나) 국가군에 관한 옳은 설명만을 <보기>에서 고른 것은?

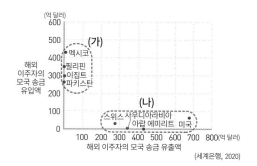

(세계은행, 2020)

┤ 보기 ├
ㄱ. (가)는 (나)보다 3차 산업 종사자 비율이 높다.
ㄴ. (가)는 (나)보다 시간당 평균 임금 수준이 낮다.
ㄷ. (나)는 (가)보다 경제적 요인에 의한 유입 인구가 많다.
ㄹ. 청장년층의 노동력 유출로 인한 문제는 (가)보다 (나)에서 뚜렷하게 나타난다.

① ㄱ, ㄴ   ② ㄱ, ㄷ   ③ ㄴ, ㄷ
④ ㄴ, ㄹ   ⑤ ㄷ, ㄹ

15 자원의 분포와 소비 실태

1 자원의 의미와 특성

1 자원의 의미   자연으로부터 얻을 수 있는 것 중에서 인간의 일상생활과 경제활동에 유용한 것
- 기술적 의미의 자원: 자연물 중 현재의 기술로 개발하여 사용할 수 있는 자원
- 경제적 의미의 자원: 기술적으로 개발이 가능하면서 경제성이 있어 상업적으로 널리 이용하는 자원

2 자원의 특성

가변성	기술적 수준, 경제적 조건, 문화적 배경 등에 따라 자원의 의미와 가치가 달라짐.
유한성	대부분의 자원은 매장량이 한정되어 있어 언젠가는 고갈됨.
편재성	특정 자원은 지역적으로 고르게 분포하지 않고 일부 지역에 편중되어 분포함.

예 석유: 전 세계 매장량의 절반 가량이 서남아시아의 페르시아만에 집중되어 분포함.

2 에너지 자원의 분포와 소비 실태

1 세계 주요 에너지 자원의 소비

(1) 자원 소비량의 증가: 세계의 인구 성장과 산업 발달로 에너지 자원의 소비량은 지속적으로 증가하고 있음
- 변화나 가공하기 이전의 천연 자원 상태에서 공급되는 에너지

(2) 세계 1차 에너지 자원별 소비량: 석유 > 석탄 > 천연가스 > 신·재생 에너지 > 수력 > 원자력 순으로 많음(2022년 기준).

꼭 나오는 자료
🔗 127쪽 616번 문제로 확인

세계 1차 에너지 자원별 소비량의 변화

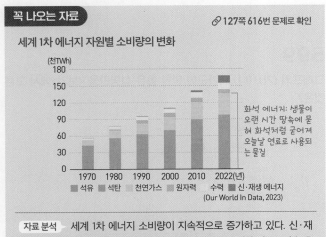

화석 에너지: 생물이 오랜 시간 땅속에 묻혀 화석처럼 굳어져 오늘날 연료로 사용되는 물질

(천TWh)
■ 석유 ■ 석탄 ■ 천연가스 ■ 원자력 ■ 수력 ■ 신·재생 에너지
(Our World In Data, 2023)

자료 분석   세계 1차 에너지 소비량이 지속적으로 증가하고 있다. 신·재생 에너지 개발이 활발하지만, 여전히 화석 에너지원에 대한 의존도가 높은 수준이다.

2 주요 에너지 자원의 분포와 소비 실태

(1) 석탄

분포	고기 조산대 주변에 주로 매장, 중국의 생산량이 가장 많음.
국제 이동	비교적 세계 곳곳에 매장되어 석유와 천연가스보다 국제 이동량이 적음. → 주요 수출국은 인도네시아·오스트레일리아, 주요 수입국은 화력 발전 비중이 높거나 제철 산업이 발달한 중국·인도·일본
특징	산업 혁명 시기에 증기 기관의 연료로 사용, 화력 발전·제철 공업 등에 이용되는 비중이 높음. ─ 최근 세계 에너지 소비에서 차지하는 비중이 감소함.

(2) 석유
┌ 습곡의 지층에서 산 모양으로 볼록하게 솟은 부분

분포	신생대 지층의 배사 구조에 주로 매장, 미국·사우디아라비아·러시아의 생산량이 많음.
국제 이동	편재성이 크고 세계적으로 사용량이 많아 국제 이동량이 많음.
특징	내연 기관의 발명으로 소비량 증가, 수송용 연료로의 사용 비중이 높고 화학 공업 및 생활용품의 원료로도 이용됨.

(3) 천연가스

분포	석유 매장 지역에서 산출되는 경우가 많으며, 미국·러시아·이란의 생산량이 많음.
국제 이동	냉동 액화 기술의 개발과 수송관 건설로 대량 운반이 가능해짐. → 국제 이동량 증가
특징	가정용·상업용의 이용 비중이 높고, 석탄·석유보다 연소 시 대기 오염 물질이 적게 배출됨.

(4) 원자력 에너지
┌ 우라늄·플루토늄의 핵분열 및 핵융합 시 발생하는 에너지로 원자력 발전량 상위 5개국은 미국, 중국, 프랑스, 러시아, 한국임.

장점	적은 양의 에너지원으로 많은 양의 전력을 생산하고, 화석 에너지보다 대기 오염 물질을 적게 배출함.
단점	방사능 누출의 위험성이 있고, 방사성 폐기물 처리가 어려움.

┌ 해결 방안: 지속가능하고 친환경적인 방식으로 자원 이용, 자원의 안정적 확보, 새로운 에너지 자원의 개발을 위한 노력 등

3 에너지 자원의 분포와 소비에 따른 문제

예 북극해, 센카쿠 열도, 남중국해, 포클랜드 제도 등

자원의 확보와 이동을 둘러싼 갈등	• 발생 원인: 자원의 편재성에 따른 분포의 차이로 발생 • 갈등 양상: 자원 보유국이 자원 민족주의를 주장하며 자원의 수출을 제한하거나 가격을 인상함. → 자원이 부족한 국가는 경제적 어려움이 발생함. ─ 자원 생산국은 자국의 이익을 위해 자원을 무기화함.
자원 고갈	대부분의 에너지 자원은 매장량이 한정됨. → 자원 소비의 증가로 인한 자원 부족 문제 발생
에너지 소비의 격차 문제	국가 간 경제 발전 수준에 따른 에너지 자원 소비량의 격차 발생 ─ 화석 에너지 소비 상위 5개국인 중국, 미국, 인도, 러시아, 일본이 전 세계 소비량의 절반 이상을 차지함.
환경 문제	화석 에너지 사용으로 배출되는 물질로 인한 대기·수질 오염 발생, 온실가스 배출로 인해 기후변화 초래

과도한 사용이 환경에 악영향을 줄 수 있어, 사용되는 에너지원이 친환경적인지 등을 판단하는 기준으로 그린 택소노미라는 용어가 등장함.

꼭 나오는 자료
🔗 128쪽 620번 문제로 확인

국가별 1인당 에너지 소비량

자료 없음 0 1,000 2,000 5,000 10,000 20,000 50,000 100,000 200,000 500,000(kWh)
(미국 에너지 관리청, 2022)
0   2,000 km

자료 분석   대도시가 많고 산업 발달 수준이 높은 선진국이나 자원 매장량이 풍부한 국가에서 1인당 에너지 소비량이 많다.

기본 기출 문제

핵심 주제를 파악할 수 있는 기출 문제를 수록하였습니다.

핵심 개념 문제

● 빈칸에 들어갈 알맞은 말을 쓰시오.

600 세계 화석 에너지 소비량은 (　　) > (　　) > 천연가스 순으로 많다.

601 천연가스는 (　　) 기술의 개발과 수송관 건설로 소비량이 크게 증가하고 있다.

602 (　　) 에너지는 우라늄이나 플루토늄의 핵분열 혹은 핵융합 시 발생하는 에너지이다.

603 (　　)(이)란 자원 생산국이 자국의 정치적·경제적 이익을 위해 자원을 무기화하는 것이다.

● ㉠, ㉡ 중 알맞은 것을 고르시오.

604 석탄은 (㉠ 고기 조산대, ㉡ 신기 조산대) 주변에 주로 매장되어 있다.

605 천연가스는 연소 시 석유보다 대기 오염 물질의 배출량이 (㉠ 많다, ㉡ 적다).

606 (㉠ 동부 아시아, ㉡ 서남아시아)는 화석 에너지의 생산량이 소비량보다 많다.

● 자원의 특성과 그 설명을 바르게 연결하시오.

607 가변성 •　　• ㉠ 매장량이 한정되어 있어 일정한 시점에는 고갈됨.

608 유한성 •　　• ㉡ 지역적으로 고르게 분포하지 않고 일부 지역에 편중되어 분포함.

609 편재성 •　　• ㉢ 기술적 수준, 경제적 조건, 문화적 배경에 따라 의미와 가치가 달라짐.

● 설명이 옳으면 ○표, 틀리면 ×표를 하시오.

610 석탄은 최근 세계 에너지 소비에서 차지하는 비중이 증가하였다. (　　)

611 석유는 수송용 연료, 화학 공업 및 생활용품의 원료로 이용된다. (　　)

612 천연가스는 석탄이 매장된 지역에서 산출되는 경우가 많다. (　　)

613 화석 에너지 자원의 사용으로 배출되는 온실가스는 지구 온난화의 원인이 된다. (　　)

614

핵심 주제 자원의 의미

다음 글에 해당하는 자원의 의미 변화를 그림의 A~E에서 고른 것은?

> 과거 석탄은 우리나라 제1의 에너지원이었다. 그러나 대한 석탄 공사는 현재 운영 중인 탄광을 모두 폐쇄할 계획이다. 연탄 수요 감소 등의 영향으로 2030년까지 자연 폐광이 예상되지만, 국가 재정 절감 등을 이유로 폐광 시기를 앞당기기로 결정하였다.

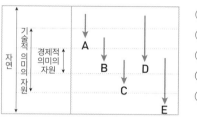

① A
② B
③ C
④ D
⑤ E

615

핵심 주제 자원의 특성

밑줄 친 ㉠, ㉡과 관련된 자원의 특성으로 옳은 것은?

> 주요 에너지 자원 중 하나인 석유는 ㉠ 서남아시아의 페르시아만 연안에 전 세계 매장량의 절반 가량이 분포한다. ㉡ 석유의 가채 연수는 현 시점에서 50여 년으로 예상된다. 세계는 석유를 대체할 새로운 에너지 자원을 개발하는 데 많은 노력을 기울이고 있다.

	㉠	㉡		㉠	㉡
①	가변성	유한성	②	가변성	편재성
③	유한성	편재성	④	편재성	가변성
⑤	편재성	유한성			

616

핵심 주제 세계 에너지 소비 구조의 변화

그래프는 세계 1차 에너지 소비 구조의 변화를 나타낸 것이다. (가)~(다) 자원을 순서대로 나열한 것은?

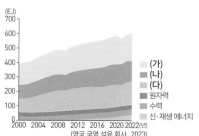

(영국 국영 석유 회사, 2023)

① 석유, 석탄, 천연가스
② 석유, 천연가스, 석탄
③ 석탄, 석유, 천연가스
④ 석탄, 천연가스, 석유
⑤ 천연가스, 석유, 석탄

617

★ 핵심 주제 에너지 자원의 분포와 소비 실태

그래프는 화석 에너지 중 하나인 (가) 자원의 분포와 이동을 나타낸 것이다. (가) 자원에 관한 특성으로 옳은 것은?

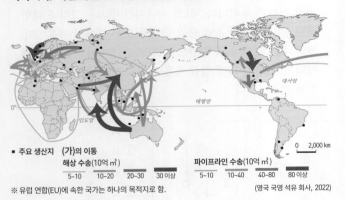

■ 주요 생산지 ━ (가)의 이동

해상 수송(10억 ㎥)	파이프라인 수송(10억 ㎥)
5~10 10~20 20~30 30 이상	5~10 10~40 40~80 80 이상

※ 유럽 연합(EU)에 속한 국가는 하나의 목적지로 함.

(영국 국영 석유 회사, 2022)

① 세계 최대 생산 국가는 중국이다.
② 수송용 연료로 사용되는 비중이 가장 높다.
③ 산업 혁명 초기의 주요 에너지 자원이었다.
④ 냉동 액화 기술의 발달로 수요가 급증하였다.
⑤ 세계 1차 에너지 소비량에서 차지하는 비중이 가장 높다.

618

★ 핵심 주제 자원의 확보와 이동을 둘러싼 갈등

㉠, ㉡에 들어갈 내용으로 옳은 것은?

자원의 (㉠)에 따른 분포의 차이로 자원의 확보와 이동을 둘러싼 국가 간 갈등이 잦아지고 있다. 자원 보유국은 자국의 이익을 위해 (㉡)을/를 내세워 자원의 수출을 제한하거나 가격을 인상하고 있다. 그 결과 자원이 부족한 국가는 자원 수급에 차질이 생길 뿐만 아니라 물가 상승과 같은 경제 전반에 어려움을 겪게 된다.

	㉠	㉡
①	가변성	자원 민족주의
②	유한성	자원 민족주의
③	유한성	지속가능한 발전
④	편재성	지속가능한 발전
⑤	편재성	자원 민족주의

619

★ 핵심 주제 자원의 확보와 이동을 둘러싼 갈등

자료의 ㉠에 해당하는 국가로 옳은 것은?

포클랜드 제도는 남아메리카의 동남쪽 남대서양에 위치해 있으며, (㉠)와/과 아르헨티나의 영토 분쟁 지역이다. 포클랜드 제도 주변 해역에서 석유와 천연가스의 유전이 발견된 이후 두 국가의 영유권 갈등은 더욱 심화되고 있다.

① 미국   ② 영국   ③ 브라질
④ 프랑스   ⑤ 캐나다

620

★ 핵심 주제 에너지 소비의 격차 문제

지도에 표현된 지표로 옳은 것은?

자료 없음. 저 ━━━━→ 고

(미국 에너지 관리청, 2022)

① 석유 소비량   ② 석탄 생산량
③ 원자력 발전량   ④ 천연가스 수출량
⑤ 1인당 에너지 소비량

621

★ 핵심 주제 에너지 문제에 대한 해결 방안

다음은 수업 시간의 한 장면이다. 교사의 질문에 옳게 답변한 학생을 고른 것은?

교사: 에너지 자원의 분포와 소비에 따른 문제를 해결하기 위한 방안을 이야기해 보세요.
갑: 화석 에너지 사용 비중을 늘린다.
을: 현재와 같은 속도로 자원을 소비합니다.
병: 지속가능한 방식으로 자원을 이용합니다.
정: 자원 확보를 위해 자원 민족주의를 추구합니다.
무: 경제 수준에 따른 에너지 소비 격차를 확대합니다.

① 갑   ② 을   ③ 병   ④ 정   ⑤ 무

기출 문제

학교 시험에서 출제율이 높은 문제를 엄선하여 수록하였습니다.

622

밑줄 친 ㉠~㉣에 관한 옳은 설명만을 <보기>에서 있는 대로 고른 것은?

> 자원은 기술적 수준, 경제적 조건이나 ㉠문화적 배경에 따라 의미와 가치가 달라지는 가변성이 있다. 또한 자원이 ㉡지역적으로 고르게 분포하지 않고 특정 지역에 치우쳐 분포하는데, 이를 자원의 편재성이라고 한다. 한편, 에너지 자원은 석유, 석탄, 천연가스, ㉢원자력 등의 1차 에너지와 1차 에너지를 변화·변형·가공할 때 생기는 ㉣2차 에너지로 구분한다.

┤ 보기 ├
- ㄱ. ㉠의 사례로 이슬람 문화권에서 돼지고기를 금기시하는 것을 들 수 있다.
- ㄴ. ㉡은 자원 민족주의 등장의 배경이 되었다.
- ㄷ. ㉢은 발전 시 화력 발전보다 대기 오염 물질을 많이 배출한다.
- ㄹ. ㉣에는 전기와 도시가스가 해당한다.

① ㄱ, ㄴ   ② ㄱ, ㄷ   ③ ㄴ, ㄹ
④ ㄱ, ㄴ, ㄹ   ⑤ ㄴ, ㄷ, ㄹ

623 ⭐빈출

그래프는 화석 에너지의 국가별 수출량 비율을 나타낸 것이다. (가)~(다) 에너지를 바르게 연결한 것은?

(가) 수출 33.8억 톤
미국 13.0(%) 러시아 12.6 11.6 캐나다 7.8 6.9 기타 48.1
사우디아라비아   아랍 에미리트

(나) 수출 32.5EJ
인도네시아 28.3(%) 오스트레일리아 25.9 러시아 16.5 미국 6.9 4.9 기타 17.5
콜롬비아

(다) 수출 1조 2,608억 ㎥
미국 14.8(%) 러시아 13.1 카타르 10.7 9.6 8.9 기타 42.9
노르웨이   오스트레일리아

(영국 국영 석유 회사, 2022)

	(가)	(나)	(다)
①	석유	석탄	천연가스
②	석유	천연가스	석탄
③	석탄	천연가스	석유
④	석탄	석유	천연가스
⑤	천연가스	석유	석탄

624

그래프는 석유와 천연가스의 대륙(지역)별 매장량을 나타낸 것이다. (가)~(다)에 해당하는 대륙(지역)을 바르게 연결한 것은?

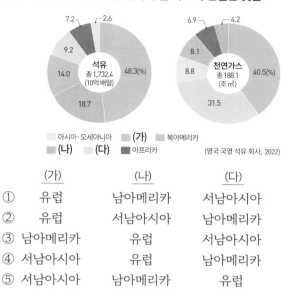

석유 총 1,732.4 (10억 배럴): 48.3(%), 18.7, 14.0, 9.2, 7.2, 2.6

천연가스 총 188.1 (조 ㎥): 40.5(%), 31.5, 8.8, 8.1, 6.9, 4.2

□ 아시아·오세아니아 ■ (가) ▨ 북아메리카
▨ (나) □ (다) ■ 아프리카

(영국 국영 석유 회사, 2022)

	(가)	(나)	(다)
①	유럽	남아메리카	서남아시아
②	유럽	서남아시아	남아메리카
③	남아메리카	유럽	서남아시아
④	서남아시아	유럽	남아메리카
⑤	서남아시아	남아메리카	유럽

625

다음 자료는 1차 에너지원별 주요 생산국의 생산 비율을 나타낸 것이다. (가)~(다) 자원에 관한 설명으로 옳은 것은? (단, (가)~(다)는 각각 석유, 석탄, 천연가스 중 하나임.)

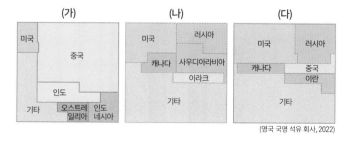

(가) 미국, 중국, 인도, 기타, 오스트레일리아, 인도네시아
(나) 미국, 러시아, 캐나다, 사우디아라비아, 이라크, 기타
(다) 미국, 러시아, 캐나다, 중국, 이란, 기타

(영국 국영 석유 회사, 2022)

① (가)는 수송용 연료로 사용되는 비율이 가장 높다.
② (나)는 주로 고기 조산대 주변에 매장되어 있다.
③ (가)는 (나)보다 국제 이동량이 많다.
④ (나)는 (다)보다 연소 시 대기 오염 물질의 배출량이 많다.
⑤ (다)는 (가)보다 상용화된 시기가 이르다.

626

그림의 (가)~(다) 자원에 관한 설명으로 옳은 것은? (단, (가)~(다)는 석유, 석탄, 천연가스 중 하나임.)

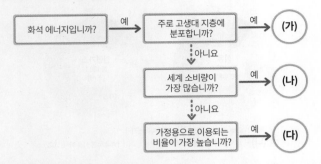

① (가)는 냉동 액화 기술의 개발로 소비량이 급증하였다.
② (나)는 산업 혁명 초기의 주요 에너지 자원이었다.
③ (다)는 미국이 최대 생산 국가이다.
④ (나)는 (가)보다 가채 연수가 길다.
⑤ (다)는 (가)보다 공업에 본격적으로 이용된 시기가 이르다.

627 빈출

그래프는 세계 1차 에너지 소비 구조의 변화를 나타낸 것이다. (가)~(마) 자원에 관한 설명으로 옳은 것은? (단, (가)~(마)는 각각 석유, 석탄, 수력, 원자력, 천연가스 중 하나임.)

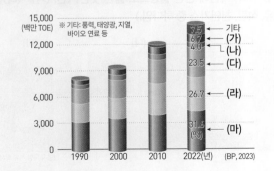

① (가)는 핵폐기물 처리에 어려움이 있다.
② (나)는 빙하 지형이나 산지 지형에서 주로 생산된다.
③ (다)는 가정용보다 수송용으로 이용되는 비율이 높다.
④ (가)는 (다)보다 고갈의 위험성이 작다.
⑤ (라)는 (마)보다 지역적 편재성이 커서 국제 이동량이 많다.

| 628~629 |

지도는 (가), (나) 에너지 자원의 주요 생산지와 국제적 이동을 나타낸 것이다. 물음에 답하시오.

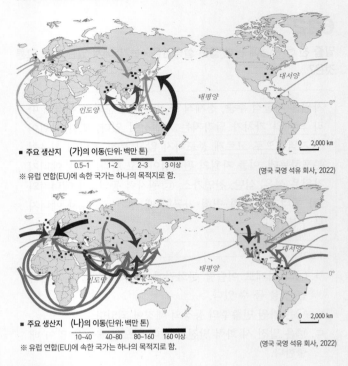

■ 주요 생산지　(가)의 이동(단위: 백만 톤)
0.5~1　1~2　2~3　3 이상
※ 유럽 연합(EU)에 속한 국가는 하나의 목적지로 함.
(영국 국영 석유 회사, 2022)

■ 주요 생산지　(나)의 이동(단위: 백만 톤)
10~40　40~80　80~160　160 이상
※ 유럽 연합(EU)에 속한 국가는 하나의 목적지로 함.
(영국 국영 석유 회사, 2022)

628 빈출

(가), (나)에 해당하는 에너지 자원으로 옳은 것은?

	(가)	(나)		(가)	(나)
①	석유	석탄	②	석유	천연가스
③	석탄	석유	④	석탄	천연가스
⑤	천연가스	석유			

629

(가) 자원에 대한 (나) 자원의 상대적 특성을 그림의 A~E에서 고른 것은?

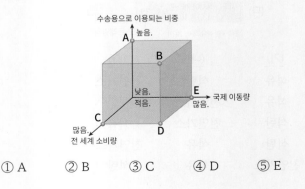

① A　　② B　　③ C　　④ D　　⑤ E

630

그래프는 세 화석 에너지의 대륙별 생산량 비율을 나타낸 것이다. (가)~(다)에 해당하는 자원을 그림의 A~C에서 고른 것은?

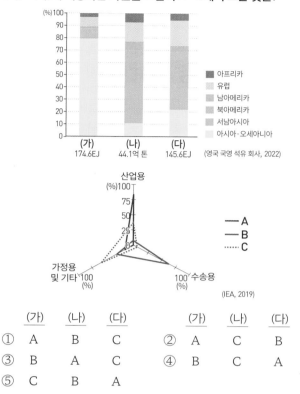

	(가)	(나)	(다)		(가)	(나)	(다)
①	A	B	C	②	A	C	B
③	B	A	C	④	B	C	A
⑤	C	B	A				

632

㉠, ㉡에 해당하는 분쟁 지역을 지도의 A~D에서 고른 것은?

- 한반도 면적보다 약 70배나 넓은 (㉠)에는 세계 석유의 약 13%, 천연가스의 약 30%가 매장되어 있다. 지구 온난화로 얼음이 녹으면서 해저 탐사와 개발이 가능해짐에 따라 연안국들은 서로 영유권을 주장하면서 자원을 둘러싼 갈등이 발생하였다.
- 영국의 실효적 지배를 받고 있는 (㉡)을/를 두고 영국과 아르헨티나는 오랜 기간 분쟁을 벌이고 있다. 주변 해역에서 석유와 천연가스가 발견된 이후 두 국가 간의 갈등은 더욱 심화되었다.

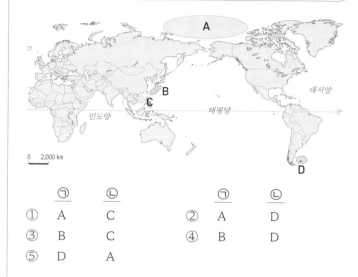

	㉠	㉡		㉠	㉡
①	A	C	②	A	D
③	B	C	④	B	D
⑤	D	A			

631 빈출

(가)에 들어갈 내용으로 가장 적절한 것은?

〈 발표 주제: (가)   〉

자국의 이익을 위해 자원 수출을 통제하려는 움직임이 전 세계적으로 거세다. 2021년 12월 러시아는 벨라루스와 폴란드를 거쳐 독일로 연결되는 '야말 유럽' 가스관 가동을 중단했다. 러시아가 천연가스 공급량을 줄이면서 유럽 내 천연가스 가격은 2021년 연초 대비 네 배 가까이 폭등했다. 천연가스 수요량의 40%를 러시아로부터 공급받고 있는 유럽은 에너지 포로가 되었다.

① 자원 민족주의의 경제적 영향
② 국가 간 자원 공동 개발의 필요성
③ 지나친 자원 개발에 따른 환경 오염
④ 자원 소비 증가로 인한 자원 고갈의 위험
⑤ 경제 발전 수준에 따른 에너지 소비의 격차

633

다음 자료에 관한 설명으로 옳지 않은 것은?

그래프는 (가)~(다) 화석 에너지의 가채 연수를 나타낸 것이다. 가채 연수는 확인 매장량을 연 생산량으로 나눈 것으로, '자원의 (㉠)'을/를 보여 준다. 즉, 대부분의 자원은 매장량이 한정되어 있어 언젠가는 고갈된다는 것이다.

① (가)의 최대 소비국은 중국이다.
② (나)는 내연 기관의 발명으로 소비가 증가하였다.
③ (다)는 산업용보다 가정·상업용으로 많이 이용된다.
④ (가)는 (다)보다 파이프라인을 이용한 수송 비율이 높다.
⑤ ㉠에는 '유한성'이 들어가는 것이 적절하다.

● 바른답·알찬풀이 64쪽

634

지도는 국가별 1인당 에너지 소비량을 나타낸 것이다. 이에 관한 옳은 설명만을 <보기>에서 고른 것은?

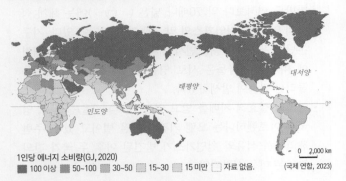

1인당 에너지 소비량(GJ, 2020)
■ 100 이상 ■ 50~100 ■ 30~50 ■ 15~30 □ 15 미만 □ 자료 없음.

(국제 연합, 2023)

| 보기 |

ㄱ. 1인당 에너지 소비량은 남반구보다 북반구가 많다.

ㄴ. 1인당 에너지 소비량은 국가별 경제 수준과 대체로 반비례한다.

ㄷ. 1인당 에너지 소비량이 15GJ 미만인 국가는 아프리카 대륙에 가장 많다.

ㄹ. 인구수 상위 3개국은 모두 1인당 에너지 소비량이 100GJ 이상이다.

① ㄱ, ㄴ   ② ㄱ, ㄷ   ③ ㄴ, ㄷ
④ ㄴ, ㄹ   ⑤ ㄷ, ㄹ

635 빈출

다음은 수업 장면의 일부이다. 교사의 질문에 옳게 답변한 학생만을 고른 것은?

교사: 에너지 자원의 분포와 소비에 따른 문제에 대해 발표해 볼까요?

갑: 자원의 확보와 이동을 둘러싼 국가 간 갈등이 심화되고 있습니다.

을: 화석 에너지 자원의 사용으로 배출되는 온실가스로 인해 지구의 기온이 하강하고 있습니다.

교사: 이러한 자원 문제를 해결하기 위한 방안으로는 어떤 것이 있을까요?

병: 자원의 안정적인 확보를 위해 수입국을 일원화해야 합니다.

정: 지속가능한 신·재생 에너지를 개발해야 합니다.

① 갑, 을   ② 갑, 정   ③ 을, 병
④ 을, 정   ⑤ 병, 정

| 636~637 |

그래프는 세 화석 에너지의 국가별 생산량 비율을 나타낸 것이다. 물음에 답하시오

				인도네시아	오스트레일리아	
(가)	생산 174.56EJ 중국 52.8(%)		인도 8.6	8.0	미국 6.9	6.6	기타 17.1

			캐나다	이라크 5.0	
(나)	생산 44.1억 톤 미국 17.2(%)	13.0	러시아 12.5	6.2	기타 46.1

	사우디아라비아			중국	캐나다 4.6	
(다)	생산 4조 44억 ㎥ 미국 24.2(%)	러시아 15.3	이란 6.4	5.5	기타 44.0

(영국 국영 석유 회사, 2022)

636

(가)~(다)에 해당하는 자원을 각각 쓰시오.

637

(가)와 (나)의 세계 소비량, (나)와 (다)의 연소 시 대기 오염 물질 배출량을 비교하여 서술하시오.

| 638~639 |

그래프를 보고 물음에 답하시오.

〈 (㉠) 발전량 중 국가별 비율〉

기타 24.9
미국 30.3(%)
총 2,679TWh
캐나다 3.2
한국 6.6
러시아 8.4
프랑스 11.0
중국 15.6

(영국 국영 석유 회사, 2022)

638

㉠에 해당하는 발전을 쓰시오.

639

㉠ 발전의 장점과 단점을 각각 한 가지씩 서술하시오.

적중 1등급 문제

내신 1등급을 결정하는 고난도 문제를 수록하였습니다.

640

그래프는 세계 1차 에너지 소비 구조의 변화를 나타낸 것이다. (가)~
(마) 에너지에 관한 설명으로 옳은 것은? (단, (가)~(마)는 각각 석유,
석탄, 수력, 원자력, 천연가스 중 하나임.)

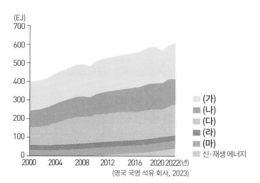

(영국 국영 석유 회사, 2023)

① (가)는 고기 조산대 주변에 주로 매장되어 있다.
② (나)는 산업 혁명 시기에 증기 기관의 연료로 이용되었다.
③ (다)는 (나)보다 국제 이동량이 많다.
④ (라)는 (마)보다 발전 시 방사능 누출의 위험성이 크다.
⑤ (마)는 (다)보다 재생 가능성이 낮다.

641

그래프는 주요 화석 에너지 (가)~(다) 자원의 세계 소비량에서 상위
3개국이 차지하는 비율을 나타낸 것이다. 이에 관한 설명으로 옳은 것
은? (단, (가)~(다)는 각각 석유, 석탄, 천연가스 중 하나이고, A, B는
각각 미국, 중국 중 하나임.)

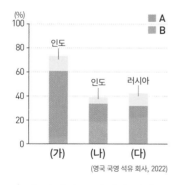

(영국 국영 석유 회사, 2022)

① (가)는 (나)보다 전 세계의 소비량이 많다.
② (나)는 (가)보다 산업용으로 많이 이용된다.
③ (다)는 (나)보다 연소 시 대기 오염 물질을 많이 배출한다.
④ A와 인도는 서로 국경의 일부를 접한다.
⑤ B는 A보다 총인구가 많다.

642

그래프는 대륙별 화석 에너지 자원의 생산량과 소비량을 나타낸 것이
다. (가)~(라) 지역에 관한 설명으로 옳은 것만을 <보기>에서 고른 것
은? (단, (가)~(라)는 북아메리카, 서남아시아, 아시아·오세아니아,
아프리카 중 하나임.)

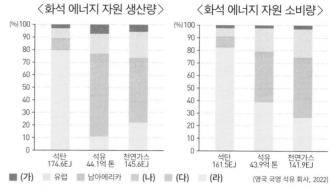

(영국 국영 석유 회사, 2022)

┌ 보기 ┐
ㄱ. (가)는 아시아·오세아니아이다.
ㄴ. (가)는 (나)보다 전반적인 경제 발전 수준이 낮다.
ㄷ. (나)는 (다)보다 주민의 영어 사용 비율이 높다.
ㄹ. (다)는 (라)보다 총인구가 많다.

① ㄱ, ㄴ   ② ㄱ, ㄷ   ③ ㄴ, ㄷ
④ ㄴ, ㄹ   ⑤ ㄷ, ㄹ

643

㉠ 분쟁 지역을 지도의 A~E에서 고른 것은?

(㉠)은/는 인도양과 태평양을 잇는 요충지이며, 인근
해역은 수산 자원이 풍부하다. 최근 300억 톤 이상의 석유
가 매장되어 있는 것으로 알려지면서 중국, 필리핀, 타이완,
베트남, 말레이시아, 브루나이 간의 영유권 갈등이 고조되
고 있다.

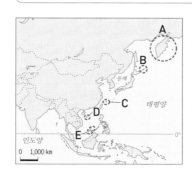

① A
② B
③ C
④ D
⑤ E

16 지속가능한 발전과 미래 사회

1 기후변화에 대한 대응과 지속가능한 발전

1 기후변화

온실가스 배출량 증가에 따른 온실 효과의 영향으로 지구의 평균 기온이 상승하는 현상

의미	수십 년 이상 장기간에 걸쳐 나타난 통계적으로 의미 있는 기후 평균 상태의 변화
범위	지구 온난화와 이에 따른 자연환경의 변화를 포함함.
원인	산업화로 인한 화석 에너지 사용량 증가로 이산화 탄소·메테인 등의 온실가스 배출량 증가, 도시 개발 및 경작지 확대에 따른 삼림 면적 감소
영향	극지방 및 고산 지대의 빙하 축소, 해수면 상승으로 해안 저지대 침수, 생태계 변화, 빈번한 기상 이변 등 이산화 탄소 흡수 능력이 약화됨.

꼭 나오는 자료
🔗 137쪽 666번 문제로 확인

지구 지표면의 온도 변화

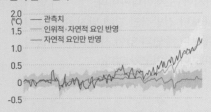

— 관측치
— 인위적·자연적 요인 반영
— 자연적 요인만 반영

(IPCC 6차 평가 보고서, 2021)

자료 분석 지구 지표면의 온도가 지속적으로 상승하고 있다. 이와 같은 변화의 자연적 원인으로는 태양 활동의 변화, 태양과 지구의 위치 변화 등을 들 수 있고, 인위적 원인으로는 화석 에너지 사용 증가에 따른 온실가스 증가, 도시화에 따른 토지 이용도 변화 등을 들 수 있다.

2 지속가능한 발전

(1) 의미: 현세대의 필요를 충족하기 위해 미래 세대가 사용할 환경·경제·사회 등의 자원을 낭비하거나 그 여건을 저해하지 않으면서 조화와 균형을 이루는 것

(2) 지속가능한 발전을 위한 노력

① 국제적 차원

선진국에서 개발 도상국이나 국제기관에 하는 원조

국제기구의 활동	국제 연합(UN)의 기후변화에 관한 정부 간 협의체(IPCC), 경제 협력 개발 기구(OECD)의 공적 개발 원조(ODA)
국가 간 환경 협약 체결	• 교토 의정서(1997년): 선진국의 온실가스 감축 목표를 구체적으로 제시하고 탄소 배출권 거래제를 도입. • 파리 협정(2015년): 선진국과 개발 도상국 모두 온실가스 감축을 포함한 포괄적인 대응에 동참하도록 규정함.

② 국가적 차원: 지속가능발전 위원회 운영, 각종 법률 제정과 정책 시행 등
파리 협정에 따라 세계 각국은 탄소중립을 위한 정책을 만들고 있음.

환경적 측면	온실가스 배출 감소, 신·재생 에너지 소비 비중 확대 등
경제적 측면	지속가능한 천연자원의 이용·관리, 자원 재활용 권장 등
사회적 측면	취약 계층을 위한 사회 보장 제도 확대, 재난·안전 지원 시스템 강화, 국제적 연대와 협력 등

신 에너지(연료 전지, 수소 에너지, 석탄 액화·가스화 등), 재생 에너지(수력, 풍력, 태양광(열), 지열 등) → 화석 에너지보다 효율성과 경제성이 낮지만, 고갈될 우려가 적고 오염 물질과 이산화 탄소 배출이 적음.

③ 개인적 차원: 친환경적 생활 방식 실천

윤리적 소비	로컬푸드 및 공정 무역 제품 구매 등
자원 절약	에너지 절약, 대중교통 이용, 자원 재활용 등
사회적 연대 의식	취약 계층·빈곤국 주민 후원, 재능 기부 봉사 활동 참여 등

2 미래 사회와 세계시민으로서의 삶의 방향

1 미래 사회의 모습
미래 사회에 유연하게 대응하기 위해 전문가 합의법(델피아 기법)이나 시나리오 기법 등 다양한 방법을 활용하여 과학적이고 체계적으로 미래를 예측함.

(1) 정치적·경제적 문제에 따른 국가 간 협력과 갈등

협력	• 국제기구의 활동과 국가 간 협력 → 종교·영토 관련 분쟁 해결 • 다양한 형태의 지역 무역 협정 체결로 자유 무역 확대, 금융 시장의 세계화 → 세계 경제 성장, 전반적인 생활 수준 향상
갈등	• 국가 간 이해관계 대립, 문화적 차이 등으로 갈등과 분쟁 발생 → 난민 증가, 기아와 빈곤 심화 • 국가 간 경쟁이 치열해짐. → 무역 갈등 발생, 선진국과 개발 도상국 간 경제적 격차 심화

(2) 과학기술의 발전에 따른 공간과 삶의 변화

진공 튜브 내에 차량을 띄워 마찰을 최소화하여 빠른 속도로 이동하는 기술

새로운 교통 수단 등장	하이퍼루프, 자율 주행 자동차, 도심 항공 교통 등의 발달 → 공간적 제약 완화로 인해 인류의 활동 범위 확대
정보통신 기술 및 유전 공학 발달	• 사물 인터넷(IoT) 발달 → 초연결 사회 도래 • 인공지능(AI) 기술의 발달 → 삶의 질 향상 • 유전 공학의 발달 → 평균 수명 연장 • 품종 개발 → 식량 자원·바이오 에너지 증산 가능
문제점 발생	• 로봇과 인공지능 등 발달 → 직업 소멸, 실업 증가 • 정보통신기술의 발달 → 사생활 침해, 개인 정보 유출 등 • 인공지능, 유전 공학 기술 관련 윤리적 문제 발생

(3) 생태환경의 변화

긍정적 변화	경작 불가 지역에서 농경이 가능해지고, 북극 항로 이용 확대 등
부정적 변화	기후변화로 생태환경 악화 → 사막화로 인한 토지 황폐화, 생물 종 다양성 감소, 농업 생산성 하락 등
대응 방안	온실가스 배출 감소, 신·재생 에너지 보급 확대, 유전 공학 및 수직 농장 등을 활용한 식량 자원 생산성 향상, 멸종 위기 생물종 보호·복원 사업 실시 등

2 세계시민으로서 미래 삶의 방향 설정

(1) 적극적인 참여와 연대의 자세: 인류 보편적 가치의 이해를 바탕으로 인류 공동의 문제에 대응하고 지속가능한 발전 추구

(2) 개방적 태도와 관용적 자세: 문화와 가치의 다양성을 존중하며 서로의 차이를 이해하고 갈등을 해결

(3) 바른 인성과 가치관 정립: 공동체 구성원 간 소통과 협력 확대, 과학기술의 긍정적 활용

(4) 공동체의 미래를 고려하는 자세: 직업 선택 시 자신이 속한 공동체의 미래에 이바지할 수 있는 가치 고려

16 지속가능한 발전과 미래 사회

696

㉠에 해당하는 환경 문제가 지속될 경우 우리나라에서 나타날 수 있는 변화에 관한 추론으로 가장 적절한 것은?

세계적으로 유명한 이탈리아 작곡가이자 피아니스트인 루도비코 에이나우디가 북극해에서 피아노 콘서트를 열었다. 바다 위를 떠다니는 유빙 가운데 설치된 인공 빙하에서 루도비코는 자신이 작곡한 '북극의 슬픔'을 연주하였다. 그는 전 세계 사람들에게 "(㉠)(으)로 파괴되고 있는 북극을 구하자!"는 메시지를 전달하기 위해 이 작품을 만들었다. 루도비코가 피아노를 연주하는 순간에도 북극의 빙하는 서서히 녹아내리고 있다.

① 벚꽃의 개화 시기가 늦어질 것이다.
② 단풍의 절정 시기가 빨라질 것이다.
③ 열대야 발생 일수가 감소할 것이다.
④ 냉대림의 분포 면적이 확대될 것이다.
⑤ 한류성 어족의 어획량이 감소할 것이다.

697

그래프는 신·재생 에너지의 국가별 발전량 비중을 나타낸 것이다. (가)~(다) 자원에 관한 설명으로 옳은 것은? (단, (가)~(다)는 각각 수력, 지열, 태양광(열) 중 하나임.)

※ 각 신·재생 에너지의 국가별 발전량의 총합을 100%로 함.
(IRENA, 2019)

① (가)는 연간 일조량이 많은 지역이 생산에 유리하다.
② (나)는 유량이 풍부하며 낙차가 큰 곳이 입지에 유리하다.
③ (다)는 판의 경계부에 위치한 지리적 이점을 이용한 발전 양식이다.
④ (나)는 (다)보다 발전 시 기상 조건의 영향을 많이 받는다.
⑤ (가)~(다) 중 전 세계에서 발전량이 가장 큰 것은 (가)이다.

698

다음은 수업 장면의 일부이다. 교사의 질문에 옳게 답변한 학생만을 있는 대로 고른 것은?

교사: 지속가능한 발전을 위한 제도적 방안에는 어떤 것이 있을까요?
갑: 환경 문제 해결을 위해 기후변화 협약을 체결하고 이에 동참해야 합니다.
을: 개발 도상국의 경제적 자립을 위해 공적 개발 원조(ODA)를 전면 중단해야 합니다.
교사: 그럼 지속가능한 발전을 위해 개인적 차원에서 실천할 수 있는 방안에는 어떤 것이 있을까요?
병: 가급적 공정 무역 제품을 이용합니다.
정: 시장 경제 활성화를 위해 소비를 늘립니다.

① 갑, 을   ② 갑, 병   ③ 병, 정
④ 갑, 을, 병   ⑤ 을, 병, 정

| 699~700 |

다음 글을 읽고 물음에 답하시오.

미래 사회는 어떤 모습일까? 각종 사물에 센서와 통신 기능을 내장하여 인터넷에 연결하는 기술인 (㉠)의 발달로 초연결 사회가 도래하고 있다. 또한 ㉡인공지능(AI) 기술의 발달로 인간의 역할이 대체되며 삶의 질이 향상될 수 있고, ㉢유전 공학의 발달로 유전자 분석을 통한 난치병 해결이 가능해져 평균 수명도 늘어날 것으로 기대된다.

699 [···] 단답형

㉠에 들어갈 용어를 쓰시오.

700 ✎ 서술형

㉡, ㉢으로 인해 발생할 수 있는 문제점을 서술하시오.

MEMO

기출 분석 문제집

1등급
만들기

빠른답
체크

Speed Check

통합사회2 700제

비록
아무도
새 출발
누구나
지금 시
새 엔딩

- 레오나르도

◀ 이곳을 열면 정답을 바로 확인할 수 있습니다.

기출 분석 문제집

1등급 만들기

2022 개정

- **수학** 공통수학1, 공통수학2, 대수, 확률과 통계, 미적분 I
- **사회** 통합사회1, 통합사회2, 한국사1, 한국사2,
  세계시민과 지리, 사회와 문화, 세계사, 현대사회와 윤리
- **과학** 통합과학1, 통합과학2

2015 개정

- **국어** 문학, 독서
- **수학** 수학 I, 수학 II, 확률과 통계, 미적분, 기하 I
- **사회** 한국지리, 세계지리, 생활과 윤리, 윤리와 사상, 사회·문화,
  정치와 법, 경제, 세계사, 동아시아사
- **과학** 물리학 I, 화학 I, 생명과학 I, 지구과학 I,
  물리학 II, 화학 II, 생명과학 II, 지구과학 II

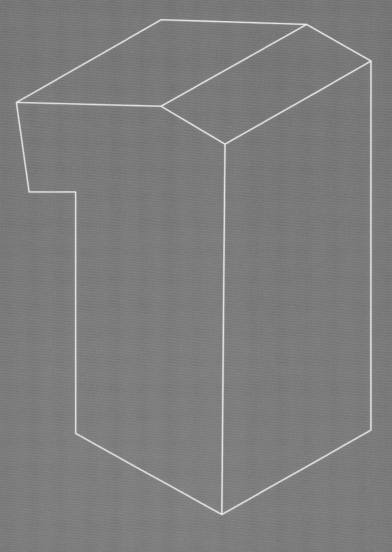

2022 개정
교육과정에서는

1등급 만들기 가

더 중요합니다.

각양각색의 학교 시험에서도
꼭 출제되는 유형이 있습니다.
『1등급 만들기』는 고빈출 유형을 분석하여,
1등급을 만드는 비결을 전수합니다.

 1200개 학교의 고빈출 유형을
치밀하게 분석했습니다.

 정리하기 어려운 개념과 문제를
단계별로 제시했습니다.

 1등급을 가르는 고난도 유형까지
시험 직전 실전력을 점검할 수 있습니다.

기출 분석 문제집

1등급 만들기

수학	공통수학1, 공통수학2, 대수, 확률과 통계, 미적분 Ⅰ
사회	통합사회1, 통합사회2, 한국사1, 한국사2, 세계시민과 지리, 사회와 문화, 세계사, 현대사회와 윤리
과학	통합과학1, 통합과학2

고등 도서 안내

문학 입문서

손쉬운

작품 이해에서 문제 해결까지
손쉬운 비법을 담은 문학 입문서

현대 문학, 고전 문학

비주얼 개념서

룩 LOOK

이미지 연상으로 필수 개념을 쉽게 익히는
비주얼 개념서

국어   문법
영어   분석독해

수학 개념 기본서

수학중심

개념과 유형을 한 번에 잡는 강력한
개념 기본서

수학Ⅰ, 수학Ⅱ, 확률과 통계, 미적분, 기하

수학 문제 기본서

유형중심

체계적인 유형별 학습으로 실전에서 강력한
문제 기본서

수학Ⅰ, 수학Ⅱ, 확률과 통계, 미적분

사회·과학 필수 기본서

개념 학습과 유형 학습으로 내신과 수능을 잡는
필수 기본서

[2022 개정]
사회   통합사회1, 통합사회2, 한국사1, 한국사2
과학   통합과학1, 통합과학2, 물리학, 화학, 생명과학,
        지구과학

[2015 개정]
사회   한국지리, 사회·문화, 생활과 윤리, 윤리와 사상
과학   물리학Ⅰ, 화학Ⅰ, 생명과학Ⅰ, 지구과학Ⅰ

기출 분석 문제집

완벽한 기출 문제 분석으로 시험에 대비하는 1등급 문제집

1등급 만들기

[2022 개정]
수학   공통수학1, 공통수학2, 대수, 확률과 통계, 미적분Ⅰ
사회   통합사회1, 통합사회2, 한국사1, 한국사2,
        세계시민과 지리, 사회와 문화, 세계사, 현대사회와 윤리
과학   통합과학1, 통합과학2

[2015 개정]
국어   문학, 독서
수학   수학Ⅰ, 수학Ⅱ, 확률과 통계, 미적분, 기하
사회   한국지리, 세계지리, 생활과 윤리, 윤리와 사상,
        사회·문화, 정치와 법, 경제, 세계사, 동아시아사
과학   물리학Ⅰ, 화학Ⅰ, 생명과학Ⅰ, 지구과학Ⅰ,
        물리학Ⅱ, 화학Ⅱ, 생명과학Ⅱ, 지구과학Ⅱ

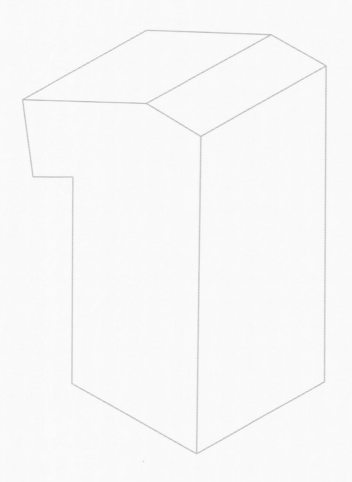

기출 분석 문제집

1등급 만들기

통합사회 2
700제

바른답•
알찬풀이

Mirae N 에듀

바른답 • 알찬풀이

기 출 분 석 문 제 집

1등급 만들기

통합사회 2
700제

바른답•
알찬풀이

Mirae N 에듀

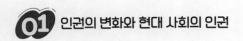

01 인권의 변화와 현대 사회의 인권

기본 기출 문제 ────────── ● 9 ~ 10쪽

핵심 개념 문제

001 인권	002 시민 혁명	003 ×	004 ○	005 ㉡
006 ㉢	007 ㉠	008 ㄴ	009 ㄱ	

010 ②	011 ①	012 ③	013 ①	014 ②	015 ①
016 ⑤	017 ①			

010

㉠은 인권이다. 인권은 인간이라면 누구나 누릴 수 있는 권리로서 보편성을 가지며 타인이나 국가가 함부로 침해할 수 없는 권리로서 불가침성을 갖는다. 법으로 보장되기 이전에 자연적으로 주어지는 권리로서 천부성을 가지며 역사적으로 사회 변화에 따라 그 내용이 확장되어 왔다.

바로잡기 ② 국가의 유지와 평화를 위해 인권이 존재하는 것이 아니라 인권을 보장하기 위해 국가가 존재한다.

011

제시된 자료는 프랑스 혁명 당시 채택되었던 인간과 시민의 권리 선언의 일부이다. 제1조에는 자유권과 평등권이 천부 인권임을 확인하는 내용이 나타나 있고 제2조에는 정부나 국가의 목적이 인간의 자연권을 보전하는 데 있다는 사회 계약설의 내용이 담겨 있다. 제3조에는 주권이 국민으로부터 나온다는 국민 주권주의가 나타나 있다. 제4조에는 자유권의 제한이 의회에서 제정한 법에 의해서만 가능하다는 법치주의 사상이 담겨 있으며 제16조에는 권리의 보장과 권력 분립의 원칙을 내용으로 하는 헌법에 따라 국가가 운영되어야 한다는 입헌주의의 원리가 나타나 있다.

바로잡기 ② 법치주의를 추구해야 한다고 본다. ③ 인권이 헌법에 명시되어야 보장될 수 있음을 강조한 것이 아니라 헌법이 인권의 보장을 명시해야 함을 강조하고 있다. ④ 보통 선거가 시행된 것은 현대 사회에 들어와서이다. ⑤ 사회권은 독일 바이마르 헌법에 최초로 명시되었다.

012

영국의 명예혁명은 의회의 권한을 확대하고 왕권을 축소함으로써 입헌 군주제의 토대를 마련하였다. 1948년 국제 연합 총회에서는 인권 보장의 국제적 기준인 세계 인권 선언을 발표하였다. 1919년 독일 바이마르 헌법에는 최초로 사회권이 명시되었으며 1838년 영국에서는 노동자들이 참정권 확대를 요구하는 차티스트 운동이 전개되었다.

바로잡기 ③ 행복 추구권은 미국 독립 선언문 등을 통해 근대 시민 혁명 시기부터 등장하였다.

013

1893년 뉴질랜드에서 처음으로 여성에게 참정권을 보장하였으나 대부분의 나라에서는 20세기에 보통 선거 제도가 확립되었다.

바로잡기 ② 사회권은 20세기 이후 보장되기 시작하였다. ③ 시민 혁명 이전에는 귀족, 성직자 등 특권층만 자유권을 보장받았다. ④ 1919년 독일의 바이마르 헌법에 처음 명시된 것은 사회권이다. ⑤ 영국의 차티스트 운동에서 노동자들이 요구한 것은 참정권이다. 참정권은 1세대 인권에 해당한다.

014

2세대 인권에는 근로의 권리, 교육·문화에 관한 권리, 사회 보장을 받을 권리, 인간다운 생활을 할 권리, 쾌적한 환경에서 생활할 권리 등이 있다.

바로잡기 ㄴ, ㄹ은 3세대 인권에 해당한다.

015

인권은 시대와 사회가 변화함에 따라 새로운 문제가 제기되면서 그 내용이 추가되거나 바뀌기도 한다. 오늘날에는 인구의 도시 집중과 과학기술의 발달, 기후위기, 세계화와 다문화 사회의 진전 등에 따라 주거권, 안전권, 환경권, 문화권, 정보 인권 등이 강조되고 있다.

바로잡기 ① 참정권은 시민적·정치적 권리를 강조한 1세대 인권이다.

016

제시된 헌법 조항에는 안전권이 나타나 있다. 국가와 지방 자치 단체의 재난 안전 관리에 관한 구체적인 정책 방향을 규정하는 것은 안전권의 증진을 위한 노력이다.

바로잡기 ①은 정보 인권의 증진, ②는 문화권의 증진, ③은 환경권의 증진, ④는 주거권의 증진을 위한 노력에 해당한다.

017

첫 번째 권리는 개인 정보 자기 결정권이고, 두 번째 권리는 잊힐 권리로 모두 정보 인권에 해당한다. 정보 사회로의 이행이 정보 인권의 등장 배경이 되었다.

바로잡기 ② 환경권, 주거권, 안전권 등의 등장 배경이다. ③ 환경권의 등장 배경이다. ④ 문화권의 등장 배경이다. ⑤ 안전권의 등장 배경이다.

실력 기출 문제 ────────── ● 11 ~ 14쪽

018 ②	019 ②	020 ④	021 ①	022 ⑤	023 ②
024 ②	025 ③	026 ②	027 ③	028 ④	029 ⑤
030 ③	031 ④				

1등급을 향한 서답형 문제

032 의회   **033** 예시 답안 의회 중심의 입헌 군주제가 성립되어 시민의 자유와 권리가 확대되었다.

034 잊힐 권리(개인 정보 자기 결정권)

035 예시 답안 정보 사회로 이행함에 따라 온라인상에서 정보의 접근 및 통제와 관련한 권리의 중요성이 부각되면서 알권리, 잊힐 권리 등이 새롭게 등장하였다.

018

㉠은 인권이다. 인권은 하늘이 부여하여 태어나면서부터 갖게 되는 권리로서 천부성을 가진다. 타인에게 양도할 수 없는 권리로서 불가양성을 가지며, 국가나 타인이 침해할 수 없는 권리로서 불가침성을 갖는다. 인권은 일정 기간에만 한정되는 것이 아니라 항구적으로 보장되는 권리로서 항구성을 가지고, 인종·성별·종교·사회적 신분 등과 관계없이 모든 인류가 가지는 권리로서 보편성을 갖는다.

바로잡기 ② 인권은 헌법에 명시되지 않아도 당연히 보장되는 권리이다.

019

1215년 영국의 국왕과 귀족 간에 체결된 문서는 대헌장이고 1628년 승인된 문서는 권리 청원이다. 1689년 명예혁명의 결과 공포된 문서는 권리 장전이다.

020

자료는 미국 독립 선언문이다. '이 권리를 확보하기 위하여 인류는 정부를 조직'하였다는 부분에는 사회 계약설이 나타나 있고, '어떠한 형태의 정부든 이러한 목적을 파괴할 때는 인민의 안전과 행복을 가장 효과적으로 가져올 수 있는 새로운 정부를 조직하는 것은 인민의 권리'라는 부분에는 저항권 사상이 나타나 있다.

바로잡기 ㄱ. ㉠에는 인권의 불가양성이 나타나 있다. ㄷ. ㉢에는 국민 주권주의가 나타나 있다. 영국의 권리 장전에는 의회의 권한이 강조되고 있다.

021

A에 해당하는 역사적 사건은 영국의 차티스트 운동이다. 차티스트 운동에서 노동자들은 자신들의 요구 사항을 담은 문서인 인민 헌장을 발표하였다.

바로잡기 ㄴ. ㉢에 들어갈 내용은 '모든 성인 남성'이다. 즉, 여성은 선거권 부여 대상에서 제외되었다. ㄷ. 영국의 차티스트 운동은 노동자들이 참정권, 즉 정치 활동 참여 확대를 요구하며 벌인 운동이다.

022

제151조 제1항에는 인간다운 생활을 보장한다는 내용과 함께 경제상의 자유가 제한될 수 있다고 명시되어 있다. 제153조 제3항에는 공공복리를 이유로 소유권이 제한될 수 있다고 명시되어 있다. 제163조 제2항에는 노동의 권리와 국민의 생계비 지원이 명시되어 있다. 경제상의 자유나 소유권과 같은 자유권은 노동의 권리나 사회 보장을 받을 권리와 같은 사회권보다 역사적으로 먼저 등장하였다.

바로잡기 ① 근대 이전에는 경제생활에 대한 국가의 간섭 때문에 개인의 경제상의 자유가 제대로 보장되지 못하였다. ② 오늘날 소유권은 공공복리를 위해 제한할 수 있는 상대적 권리이다. ③ 노동의 권리는 사회권의 일종으로 2세대 인권에 해당한다. ④ 사회 보장을 받을 권리는 사회권의 일종으로 국가의 개입을 요구하는 적극적 성격의 권리이다.

023

제1조에는 근대 시민 혁명의 과정에서부터 강조되었던 자유권과 평등권이 나타나 있으며 인권의 천부성과 연대권 관련 내용도 담겨 있다. 제22조에는 2세대 인권에 해당하는 사회 보장을 받을 권리가 나타나 있다.

바로잡기 ㄴ. 바이마르 헌법에서 최초로 규정된 인권은 사회권으로 제14조의 내용과는 직접적인 관련이 없다. ㄹ. 차티스트 운동을 통해 보장받고자 했던 인권은 참정권으로 제27조의 내용과는 직접적인 관련이 없다.

024

영국의 차티스트 운동, 미국의 흑인 민권 운동 등과 공통으로 관련된 기본권은 참정권이다. 참정권은 국가 운영에 참여할 수 있는 권리이다.

바로잡기 ①은 평등권, ③은 사회권, ④는 자유권, ⑤는 연대권에 관한 설명이다.

025

A는 산업 혁명, B는 바이마르 헌법, C는 사회권(2세대 인권)이고, D에는 사회 보장을 받을 권리, 인간다운 생활을 할 권리, 쾌적한 환경에서 생활할 권리 등 2세대 인권이 들어갈 수 있다.

바로잡기 ㄱ. 영국 명예혁명은 근대 시민 혁명의 대표적 사례이다. ㄹ. 평화에 관한 권리는 3세대 인권에 해당한다.

026

(가)는 영국 명예혁명, (나)는 미국 독립 혁명과 관련 있는 설명이다. (다)는 국제 연합의 세계 인권 선언 채택, (라)는 영국의 차티스트 운동, (마)는 독일 바이마르 헌법의 사회권 보장과 관련한 설명이다. (바)는 프랑스 혁명과 관련한 설명이다. 영국 명예혁명에서 승인된 권리 장전은 의회가 국왕의 권력을 제한하는 내용을 규정하였으며, 미국 독립 혁명과 프랑스 혁명은 계몽사상과 사회 계약설을 바탕으로 1700년대 후반에 일어났다.

바로잡기 ㄴ. 프랑스 혁명의 결과 부르주아는 참정권을 획득하였지만 노동자는 참정권을 획득하지 못하였다. ㄹ. 역사적으로 영국 명예혁명, 미국 독립 혁명, 프랑스 혁명, 영국의 차티스트 운동, 독일의 바이마르 헌법, 세계 인권 선언 채택의 순으로 발생하였다.

027

신체의 자유, 표현의 자유, 집회의 자유, 결사의 자유, 종교의 자유, 생명권, 참정권 등은 1세대 인권에, 근로의 권리, 교육에 관한 권리, 문화에 관한 권리, 주거권, 햇빛을 받을 권리 등은 2세대 인권에, 자결권, 발전의 권리, 평화에 관한 권리 등은 3세대 인권에 해당한다.

1등급 정리 노트	인권의 확장 과정
구분	해당 인권
1세대 인권 (자유권)	신체의 자유, 표현의 자유, 집회 및 결사의 자유, 생명과 안전의 권리, 정치에 참여할 권리, 공정한 재판을 받을 권리 등
2세대 인권 (사회권)	근로의 권리, 교육에 관한 권리, 문화에 관한 권리, 사회 보장을 받을 권리, 인간다운 생활을 할 권리, 쾌적한 환경에서 생활할 권리 등
3세대 인권 (연대권)	자결권, 발전의 권리, 평화에 관한 권리, 재난으로부터 구제받을 권리, 지속가능한 환경에 관한 권리 등

028

A는 안전권이고 B는 문화권이다. 안전권은 각종 위험으로부터 안전을 보호받을 권리를 말한다. 문화권은 자유롭게 공동체의 문화생활에 참여하고 예술을 감상하며 이러한 혜택을 나누어 가질 권리 및 문화적 정체성을 유지할 권리를 말한다. 주거 기본법은 주거권을, 환경 정책 기본법은 환경권을, 개인 정보 보호법은 정보인권을, 문화 예술 진흥법은 문화권을, 산업 안전 보건법은 안전권을 보장하기 위해 제정한 법률이다.

029

제시문에 나타난 인권은 문화권이다. 오늘날 문화적 측면에서 인간다운 생활을 누릴 수 있어야 한다는 요구가 증가하고 있다.

바로잡기 ①은 주거권, ②는 환경권, ③은 자유권과 평등권, ④는 정보 인권에 관한 설명이다.

030

A는 주거권이고, B는 환경권이다. 급속한 도시화에 따른 인구 집중은 주거권의 보장을 어렵게 만들었다. 우리나라 헌법에는 환경권을 국민의 권리로 보장함과 동시에 환경 보전을 위해 노력해야할 국민의 의무로 규정하고 있다.

바로잡기 ㄱ. 재난 및 안전 관리 기본법은 안전권의 보장을 목적으로 제정되었다. ㄹ. 헌법에서 재해 예방을 국가의 의무로 규정하고 있는 것은 안전권의 보장과 관련된다.

031

제시문에 나타난 인권은 주거권이다. 주거권은 헌법 제35조 제3항에 보장된 권리로 사생활 보장, 적절한 일조와 통풍, 기본 시설을 이용하기에 편리한 위치 등의 조건이 갖추어질 때 보장될 수 있다.

바로잡기 ㄱ. 정보 사회로 이행함에 따라 강조되는 권리는 정보 인권이다. ㄷ. 일반적으로 도시로 인구가 집중되면 주거권의 안정적인 보장이 어려워진다.

1등급 정리 노트 **현대 사회에서 강조되는 인권과 관련 법률**

구분	관련 법률
주거권	주거 기본법 등
안전권	재난 및 안전 관리 기본법, 산업 안전 보건법 등
환경권	환경 정책 기본법 등
문화권	문화 기본법, 문화 예술 진흥법 등

032

명예혁명의 결과 공포된 영국의 권리 장전은 의회의 권한 확대와 국왕의 권력 제한을 주된 내용으로 삼고 있다. 따라서 ㉠에 들어갈 기관이 의회임을 추론할 수 있다.

033

권리 장전의 승인으로 의회 중심의 입헌 군주제가 등장하여 시민의 자유와 권리가 확대되었다.

채점 기준	수준
입헌 군주제의 성립으로 시민의 자유와 권리가 확대되었다고 서술한 경우	상
시민의 자유와 권리가 확대되었다고만 서술한 경우	하

034

과거에 올린 정보가 인터넷 등에 퍼져 고통을 호소하는 사람이 늘면서 새로운 인권에 관한 논의가 대두하고 있다. 이를 개인 정보 자기 결정권, 즉 '잊힐 권리'라고 한다.

035

정보 사회로 이행함에 따라 온라인상에서 정보의 접근 및 통제와 관련한 권리가 필요하다는 인식이 증대되었다. 이에 알권리, 잊힐 권리 등의 정보 인권이 새롭게 등장하였다.

채점 기준	수준
정보 사회로의 이행, 정보의 접근 및 통제와 관련한 권리의 중요성 부각을 모두 서술한 경우	상
정보 사회로의 이행, 정보의 접근 및 통제와 관련한 권리의 중요성 부각 중 한 가지만 서술한 경우	하

적중 1등급 문제 ━━━━━━━━━━━━━ ● 15쪽

036 ⑤　　**037** ②　　**038** ①　　**039** ③

036 인권 보장의 역사

1등급 자료 분석　　**인간과 시민의 권리 선언과 미국 독립 선언문**

(가) 인간과 시민의 권리 선언

제1조　인간은 자유롭게 그리고 평등한 권리를 누리게 태어나고 또 그렇게 생존한다. 사회적 차별은 오직 공공의 이익에 입각하는 때만 가능하다.
　　　　자유권 및 평등권과 해당 인권의 천부성을 명시하고 있다.

제2조　모든 정치적 결사의 목적은 자유, 소유, 안전, 압제에의 저항 등 인간의 자연적이고 침해할 수 없는 권리를 보전함에 있다.
　　　　국가의 성립 목적이 인간의 자연권 보전에 있다는 사회 계약설이 나타나 있다.

제3조　주권은 국민에게 있다. 어떠한 단체나 개인도 국민으로부터 유래하지 않은 권리를 행사할 수 없다.
　　　　주권이 국민으로부터 유래한다는 국민 주권주의가 나타나 있다.

제6조　법은 일반 의지의 표현이다. 모든 시민은 직접 또는 대표를 통해서 법 제정에 참여할 수 있는 권리가 있다.
　　　　시민이 직접 또는 간접적 방식으로 정치에 참여할 수 있음을 명시하고 있다.

(나) 미국 독립 선언문

모든 사람은 평등하게 태어났고, 조물주는 몇 개의 양도할 수 없는 권리를
　　　　　　천부성　　　　　　　　　　　　　　　　　불가양성
부여하였으며, 그 권리 중에는 생명, 자유, 행복의 추구가 있다. ㉠이 권리를 확
보하기 위해 인류는 정부를 조직하였으며, 이 정부의 권력은 인민의 동의로부
　　　　　　　　사회 계약설
터 유래한다. 이러한 목적을 파괴할 때 인민은 새로운 정부를 조직할 수 있다.
국민 주권주의　　　　　　　　　　저항권

인간과 시민의 권리 선언 제3조와 미국 독립 선언문의 '이 정부의 권력은 인민의 동의로부터 유래한다.'라는 부분에 국민 주권주의

가 나타나 있다.

바로잡기 ① 인간과 시민의 권리 선언은 1789년 프랑스 혁명 중에, 미국 독립 선언문은 1776년 미국 독립 혁명 중에 채택되었다. ② 두 문서 모두 저항권을 인정하고 있다. ③ 두 문서 모두에 사회권 관련 내용은 나타나 있지 않다. ④ 두 문서 모두에 입헌 군주제의 추구 여부는 명시되어 있지 않으며, 실제로 프랑스 혁명과 미국 독립 혁명 이후 공화정이 수립되었다.

선택지 더 보기

⑥ (가)는 (나)와 달리 행복 추구권을 명시하고 있다.	(×)
⑦ (나)는 (가)와 달리 모든 성인의 참정권을 인정하고 있다.	(×)
⑧ (가), (나) 모두 인권의 천부성을 인정하고 있다.	(○)

037 사회 계약설

㉠에 나타난 사상은 사회 계약설이다. 사회 계약설에서는 인간이 자신들의 자연권을 보장받기 위해 국가 또는 정부를 조직하였다고 본다.

바로잡기 ① 사회 계약설은 국가를 인간이 만든 인위적인 산물로 본다. ③은 연대권과 관련이 있다. ④는 사회권과 관련한 설명이다. ⑤는 왕권신수설과 관련이 있다. 이는 절대 왕정의 사상적 기반으로 사회 계약설과 정면으로 배치되는 정치사상이다.

038 인권 보장의 역사

1등급 자료 분석 인권의 종류

(가) 최소한의 인간다운 생활을 보장받을 권리 - 사회권
(나) 국가 권력의 간섭에서 벗어나 자유롭게 생활할 수 있는 권리 - 자유권
(다) 성별, 재산, 인종 등과 관계없이 일정 연령 이상이면 누구든지 정치에 참여할 수 있는 권리 - 참정권

(가)는 사회권, (나)는 자유권, (다)는 참정권이다. 사회권은 국가의 개입을 요구하는 적극적 성격의 권리로 국가에 의한 자유에 해당한다. 자유권은 국가의 개입을 경계하는 소극적 성격의 권리로 국가로부터의 자유에 해당한다.

바로잡기 ㄷ. 바이마르 헌법에서 처음 보장된 것은 사회권이다. ㄹ. 역사적으로 자유권, 참정권, 사회권의 순으로 등장하였다.

선택지 더 보기

ㅁ. (가)는 능동적 권리에 해당한다.	(○)
ㅂ. (나)는 소극적 권리에 해당한다.	(○)
ㅅ. 영국에서 노동자들은 (다)를 보장받고자 차티스트 운동을 전개하였다.	(○)

039 현대 사회의 인권

1등급 자료 분석 현대 사회에서 새롭게 요구되는 인권

제9조   국가는 전통문화의 계승·발전과 민족 문화의 창달에 노력하여야 한다. - 문화권 관련 헌법 조항
제35조 ① 모든 국민은 건강하고 쾌적한 환경에서 생활할 권리를 가지며, 국가와 국민은 환경 보전을 위하여 노력하여야 한다. - 환경권 관련 헌법 조항
③ 국가는 주택 개발 정책 등을 통하여 모든 국민이 쾌적한 주거 생활을 할 수 있도록 노력하여야 한다. - 주거권 관련 헌법 조항

제9조는 문화권, 제35조 제1항은 환경권, 제35조 제3항은 주거권과 관련한 헌법 조항이다. 권리이자 의무로서의 성격을 함께 지니는 인권은 환경권이며, 사생활을 보호받는 데 바탕으로 작용하는 인권은 주거권이다.

바로잡기 ㄱ. 문화권은 사회권의 일종으로 2세대 인권에 해당한다. ㄹ. 정보 사회의 발달과 함께 등장한 것은 정보 인권이다.

선택지 더 보기

ㅁ. 제9조에 나타난 인권을 보장하기 위한 법률로 주거 기본법이 있다.	(×)
ㅂ. 제35조 ①에 나타난 인권은 기후변화에 따른 기상 이변으로 강조되고 있다.	(○)
ㅅ. 제35조 ③에 나타난 인권은 다문화 사회로의 변화에 따라 더욱 중시되고 있다.	(×)

기본 기출 문제 ●17~18쪽

핵심 개념 문제

040 헌법	**041** 복수 정당 제도	**042** 시민불복종	**043** ×
044 ○	**045** ○	**046** ㉢	**047** ㉠	**048** ㉡	**049** ㄱ
050 ㄴ			

051 ②	**052** ②	**053** ④	**054** ②	**055** ③	**056** ⑤
057 ④	**058** ④				

051
국가의 최고법인 헌법에는 국민의 기본권이 규정되어 있다. 입헌주의는 통치 및 공동체의 모든 생활이 헌법에 근거하여 이루어짐을 의미한다.

052
재산권은 재산을 자유롭게 사용, 수익, 처분할 수 있는 권리로서 자유권에 해당하는 기본권이고, 사회권은 국가의 개입을 요구하는 적극적 권리의 성격을 갖는다.

바로잡기 ㄴ. 참정권은 국가의 의사 결정에 참여할 수 있는 정치적 기본권에 해당한다. ㄹ. 국민 투표권은 참정권에 해당한다.

053
신체의 자유, 사생활의 비밀과 자유, 학문과 예술의 자유 등은 소극적 권리인 자유권에 해당한다. 선거권, 공무 담임권, 국민 투표권 등은 능동적 권리인 참정권에 해당한다. 수단적 권리인 청구권에는 청원권, 재판 청구권, 국가 배상 청구권 등이 있다. 학생의 답안 중 자유권의 성격과 청구권의 구체적 내용 부분을 제외한 나머지 답안은 모두 맞았으므로 학생이 받은 총점은 4점이다.

바로잡기 적극적 권리에는 참정권, 청구권, 사회권 등이 있으며, 교육받을 권리, 근로의 권리, 쾌적한 환경에서 살 권리 등은 사회권의 구체적 내용에 해당한다.

054
헌법 제37조 제2항은 기본권 제한의 목적상 한계, 방법상 한계, 형식상 한계, 내용상 한계를 명시함으로써 국가 권력의 자의적인 행사로 기본권이 침해되는 것을 방지하여 국민의 자유와 권리를 최대한 보장하는 것을 그 목적으로 하고 있다. ㉠에는 '국가 안전 보장'이, ㉡에는 '법률'이 적절하다. 국민의 자유와 권리를 제한하는 경우에도 자유와 권리의 본질적인 내용을 침해할 수 없다는 것은 기본권 제한의 내용상 한계에 해당한다.

055
대통령의 대법원장 및 대법관 임명권 행사를 통해 정부는 법원을 견제할 수 있다.

바로잡기 ① 사면권을 통해 정부는 법원을 견제할 수 있다. ② 법률안 거부권

을 통해 정부는 국회를 견제할 수 있다. ④ 명령·규칙 심사권을 통해 법원은 정부를 견제할 수 있다. ⑤ 위헌 법률 심판 제청권을 통해 법원은 국회를 견제할 수 있다.

056
선출된 대표가 국민의 의사를 제대로 반영하지 못하는 것은 대의 민주주의의 한계이다. 시민 참여를 통해 이러한 대의 민주주의의 한계를 보완할 수 있다.

바로잡기 ① 법치주의는 국가 권력에 의한 자의적이고 독단적인 지배를 막고 법률에 근거한 공권력 행사만을 허용함으로써 국민의 자유와 권리를 보장하고자 하는 통치 원리이다. ② 입헌주의는 국가의 모든 권력이 헌법에 따르도록 하여 국가 권력의 자의적 행사를 방지하고 국민의 기본적인 인권을 실질적으로 보장하는 정치 원리이다. ③ 자본주의는 사유 재산 제도를 바탕으로 시장을 통해 경제의 기본 문제를 해결하는 경제 원리이다. ④ 국민 주권주의는 국가 의사를 결정할 수 있는 최고 권력인 주권이 국민에게 있다는 원리이다.

057
가장 기본적인 시민 참여의 방법은 선거와 투표이다. 집회나 시위에 참여하여 표현의 자유를 행사하거나 자원봉사 활동을 통해 사회 문제의 해결 및 공익 실현에 동참할 수 있으며 공청회나 주민 간담회 등에 참석하여 중요 정책 결정에 관한 의견을 제시할 수 있다.

바로잡기 ④ 조례를 제정하는 것은 지방 의회의 권한이다. 따라서 주민 조례 청구는 지방 자치 단체의 입법 과정에 참여하는 방법이다.

058
㉠은 시민불복종이다. 시민불복종은 사회 정의를 훼손하는 법이나 정책에 항의하는 등 공공의 이익에 부합하는 행위 목적의 정당성을 갖추어야 한다. 또한 합법적인 방식이 실패한 경우에만 시행해야 한다는 최후 수단성을 갖추어야 한다.

바로잡기 ㄱ. 시민불복종이 정당화되려면 일체의 폭력적인 수단을 배제하고 오직 평화적인 방법으로만 시행해야 한다는 비폭력성을 갖추어야 한다. ㄷ. 시민불복종이 정당화되려면 법을 어긴 행위에 따르는 처벌을 감수함으로써 기본적으로 법체계를 존중한다는 사실을 분명히 해야 한다.

실력 기출 문제  ●19~22쪽

059 ⑤	**060** ①	**061** ②	**062** ②	**063** ④	**064** ①
065 ①	**066** ①	**067** ②	**068** ③	**069** ①	**070** ①
071 ①	**072** ⑤				

1등급을 향한 서답형 문제

073 **예시 답안** 일조권, 휴식권, 수면권, 생명권, 인격권, 알 권리 등

074 **예시 답안** 국민의 기본적 권리가 헌법에 명시적으로 규정된 권리만을 의미하는 것이 아니라 포괄적인 성격을 가지고 있는 권리임을 인정 또는 확인함으로써 국민의 기본권을 최대한 보장하고자 한다.

075 시민불복종   **076** **예시 답안** 부당한 차별을 바로잡고자 한 운동으로 행위 목적의 정당성이 인정되며, 폭력적인 수단을 배제하고 평화적 방식으로 자신들의 요구 사항을 관철하고자 한 점도 인정된다.

059

우리나라 헌법 제12조 제1항에는 신체의 자유가, 제17조에는 사생활의 비밀과 자유가, 제23조 제1항에는 재산권 보장이 나타나 있다. 신체의 자유, 사생활의 비밀과 자유, 재산권은 모두 자유권에 해당한다. 자유권은 국가 권력의 간섭을 받지 않고 자유롭게 생활할 수 있는 소극적 성격의 기본권이다.

바로잡기 ①은 참정권, ②는 평등권, ③은 청구권, ④는 사회권에 관한 설명이다.

060

A는 자유권, B는 청구권, C는 사회권이다. 자유권은 국가 권력의 간섭을 받지 않을 소극적 권리이고 청구권은 기본권이 침해되었을 때 이를 구제하기 위한 수단적 권리이다.

바로잡기 ㄷ. 청구권과 사회권은 국가의 존재를 전제로 하는 권리이다. ㄹ. 공무 담임권은 참정권에 해당하므로 ㉠에 들어갈 수 없다.

061

다른 기본권 보장을 위한 수단적, 절차적 권리인 A는 청구권이고 다른 기본권 보장의 전제 조건의 성격을 지니는 B는 평등권이다. 따라서 C는 사회권이다. 재판 청구권은 청구권에 해당하는 기본권이며 사회권은 적극적 권리의 성격을 지닌다.

바로잡기 ㄴ. 자본주의 발달 과정에서 인간다운 생활을 보장하기 위해 등장한 기본권은 사회권이다. ㄹ. 사회권은 현대적 권리로서 역사적으로 최근에 등장한 기본권이다.

062

우리나라 헌법 제10조에는 인간의 존엄과 가치 및 행복 추구권이, 제21조 제1항과 제22조 제1항에는 자유권이, 제27조 제1항에는 재판 청구권이 나타나 있다. 인간의 존엄과 가치는 모든 기본권 보장의 궁극적인 목적이라 할 수 있고, 자유권은 소극적 성격의 권리이다.

바로잡기 ㄴ. 표현의 자유와 학문과 예술의 자유는 모두 정신적 자유에 해당한다. ㄹ. 영장주의는 신체의 자유를 실현하기 위한 제도적 장치이다.

1등급 정리 노트 기본권을 보장하기 위한 제도

기본권	기본권을 보장하기 위한 제도
자유권	구속 적부 심사 제도: 구속 영장에 의해 구속되었을 때 구속의 적법성과 필요성을 법원이 심사하는 제도
참정권	선상 투표 제도: 대한민국 국민이 선장으로 있는 배에 탄 선원이 투표일에 투표소에서 투표할 수 없는 경우 선상에서 실시하는 부재자 투표 제도
청구권	국가 배상 제도: 공무원의 직무상 불법 행위나 공공시설의 설치 또는 관리의 잘못으로 손해를 입은 국민에게 국가 또는 지방 자치 단체가 적정한 배상을 해 주는 제도
사회권	국민 기초 생활 보장 제도: 개별 가구의 소득이 기준선에 미달하는 경우 국민의 최저 생활을 보장해 주기 위한 제도

063

A는 국민 주권의 원리, B는 법치주의, C는 권력 분립 제도이다.

국민 주권의 원리는 국회의원과 대통령을 결정하는 선거 제도나 국민 투표에 의한 헌법 개정 등을 통해 구현되고 있다.

바로잡기 ① ㉠에는 '주권'이 들어갈 수 있다. ② ㉡에는 '법률'이 들어갈 수 있다. ③ ㉢에는 '견제와 균형'이 들어갈 수 있다. ⑤ 법치주의와 권력 분립 제도는 모두 국가 권력의 남용으로부터 국민의 기본적 인권을 보호한다.

064

헌법 소원 심판은 위헌 심사형과 권리 구제형으로 구분된다. 헌법재판소는 독립된 국가 기관으로 헌법을 기준으로 분쟁을 심판한다.

바로잡기 ㄷ. 직업 활동의 자유는 자유권에 해당하는 권리로서 소극적인 성격을 갖는다. ㄹ. 헌법 불합치는 법의 공백으로 발생하는 문제를 방지하기 위하여 법 조항이 헌법에 어긋남을 선언하면서도 일정 기한을 두고 개정하도록 하는 헌법재판소의 결정 유형이다. 위헌 결정과 달리 해당 법 조항의 효력이 바로 상실되지 않고 잠정적으로 유지된다.

065

㉠은 국회, ㉡은 정부, ㉢은 법원이다. 국회는 탄핵 소추권을 통해 정부를 견제한다.

바로잡기 ㄴ. 정부는 법률안 거부권을 통해 국회를 견제한다. ㄷ. 법원은 명령·규칙·처분 심사권을 통해 정부를 견제한다.

066

입헌주의는 국가의 모든 권력이 헌법을 따르도록 하여 국가 권력의 자의적 행사를 방지하고 국민의 기본적인 인권을 실질적으로 보장하는 정치 원리이다. 법치주의는 국가 권력에 의한 자의적이고 독단적인 지배를 막고 법률에 근거한 공권력 행사만을 허용하여 국민의 자유와 권리를 보장하고자 하는 통치 원리이다.

바로잡기 ㄷ. 갑~무 중 옳지 않은 내용을 진술한 사람은 한 명(병)이다. ㄹ. 병의 진술에는 기본권 구제 제도가 나타나 있다.

067

A는 위헌 법률 심판, B는 헌법 소원 심판이다. 위헌 법률 심판은 법원의 제청에 따라 헌법재판소가 심판하며, 위헌으로 결정된 법률은 그 결정이 있는 날부터 효력을 상실한다.

바로잡기 ㄴ. ㉢에는 '위헌 심사', ㉣에는 '권리 구제'가 들어갈 수 있다. ㄹ. 위헌 법률 심판과 헌법 소원 심판은 모두 국민의 기본적 인권을 보장하기 위해 마련된 제도이다.

068

기본권을 제한할 때는 최소한으로 제한해야 하며 국민의 대표 기관인 국회가 제정한 법률에 근거해야 한다.

바로잡기 ㄱ. 기본권 제한의 목적은 헌법에 규정된 세 가지로 한정되므로 이외의 다른 목적으로 기본권을 제한하는 것은 허용되지 않는다. ㄹ. 기본권 제한과 관련된 내용을 헌법에 규정하는 것은 기본권을 최대한 보장하기 위함이다.

069

(가)에는 대의 민주주의 방식이, (나)에는 직접 민주주의 방식이 나타나 있다. 헌법을 개정할 때 국민 투표를 하는 것은 대의 민주주의의 한계를 보완하기 위해 직접 민주주의 요소를 도입한 것이다.

070

서명 운동은 어떤 주장이나 의견에 대한 찬성(반대)의 뜻으로 자기의 이름을 써넣는 방식의 시민 참여 방법이고, 입법 청원은 특정 문제와 관련된 법률의 제정 또는 개정을 국회에 요구하는 방식의 시민 참여 방법이다.

071

소금법 폐지 운동은 폭력적 수단을 활용하지 않고 평화적으로 행진했기 때문에 비폭력의 조건을 갖추었고, 처벌이나 제재를 피하지 않고 잘못된 제도의 폐지를 요구했기 때문에 처벌 감수의 조건을 갖추었다. 사회 정의를 훼손하는 제도에 항의했으므로 행위 목적의 정당성을 갖추었고, 영국 정부에 먼저 폐지를 요구하고 받아들여지지 않자 행진을 시작했기 때문에 최후 수단의 조건을 갖추었다.

072

제시문은 시민불복종과 관련한 롤스의 주장이다. '법을 어기기는 하지만'에서 불법적 행위임을 알 수 있고, '비폭력적인 성격'에서 폭력적 수단의 배제를 추구함을 알 수 있다. 또한 '공공적이고'에서 공공적 목적을 갖는 행위임을 알 수 있고, '법적인 결과를 받아들이겠다는 의지이다.'에서 해당 행위에 따른 법적인 결과를 받아들이고자 함을 알 수 있다.

073

제37조 제1항에 따라 헌법에 열거되지 않았지만 보장받을 수 있는 기본권에는 일조권, 휴식권, 수면권, 생명권, 인격권, 알권리 등이 있다.

074

헌법에 열거되지 않은 권리도 경시하지 못하도록 하여 국민의 기본적 권리가 포괄적인 성격을 가지고 있는 권리임을 인정하고 국민의 기본권을 최대한 보장하고자 한다.

채점 기준	수준
기본권의 포괄적인 성격과 국민의 기본권을 최대한 보장하고자 하는 목적을 모두 서술한 경우	상
기본권의 포괄적인 성격과 국민의 기본권을 최대한 보장하고자 하는 목적 중 한 가지만 서술한 경우	하

075

1955년 미국에서 흑인들이 전개한 버스 승차 거부 운동은 시민불복종의 대표적 사례에 해당한다.

076

인종이라는 비합리적인 이유로 이루어지고 있던 부당한 차별을 바로잡고자 한 운동으로 행위 목적의 정당성이 인정되며, 폭력적인 수단을 배제하고 승차 거부라는 평화적 방식으로 자신들의 요구 사항을 관철하고자 한 점도 인정된다.

채점 기준	수준
행위 목적의 정당성과 비폭력성이라는 시민불복종의 정당화 조건을 모두 서술한 경우	상
행위 목적의 정당성과 비폭력성이라는 시민불복종의 정당화 조건 중 한 가지만 서술한 경우	하

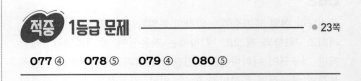

● 23쪽

077 ④   **078** ⑤   **079** ④   **080** ⑤

077 기본권의 특성

1등급 자료 분석 사회권, 자유권, 청구권의 특성

〈과제〉

※ 기본권 A~C 중 제시된 진술에 부합하는 것을 골라 답안에 쓰시오. (단, A~C는 각각 사회권, 자유권, 청구권 중 하나이며, 학생 답변이 맞으면 1점을, 틀리면 0점을 부여함.)

진술	학생 답안	교사 평가
다른 기본권 보장을 위한 기본권에 해당한다. - 청구권	A	㉠
독일의 바이마르 헌법에서 처음으로 규정되었다. - 사회권	C	㉡

다른 기본권 보장을 위한 기본권은 청구권이고, 독일의 바이마르 헌법에서 처음으로 규정된 기본권은 사회권이다. ㄴ. ㉠이 0점이고 ㉡이 1점이면 A는 청구권일 수 없고, C는 사회권이다. 따라서 A는 자유권이고 B는 청구권이다. 청구권은 사회권과 달리 수단적 권리이다. ㄹ. A는 자유권, B는 사회권, C는 청구권이면 A가 청구권이 아니므로 ㉠이 0점이고, C가 사회권이 아니므로 ㉡도 0점이다.

ㄱ. ㉠이 1점이고 ㉡이 0점이면 A는 청구권이며, C는 사회권일 수 없다. 따라서 B는 사회권이고 C는 자유권이다. 청구권과 사회권은 모두 적극적 권리이다. ㄷ. ㉠, ㉡ 모두 1점이면 A는 청구권이고, C는 사회권이다. 따라서 B는 자유권이다. 청구권과 사회권은 모두 국가의 존재를 전제로 한다.

선택지 더 보기

ㅁ. ㉠이 1점이고 ㉡이 0점이면 B는 C보다 역사가 오래된 권리이다.

(×)

ㅂ. ㉠이 0점이고 ㉡이 1점이면 A는 B와 달리 소극적 권리이다. (○)

ㅅ. ㉠, ㉡ 모두 1점이면 C는 A와 달리 국가로부터의 자유이다. (×)

078 권력 분립 제도

1등급 자료 분석 우리나라의 권력 분립 제도

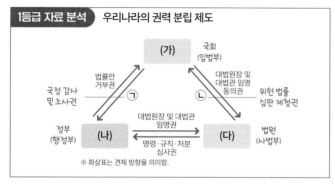

그림은 우리나라의 권력 분립 제도를 나타낸다. 권력 분립 제도는 권력이 남용되지 않도록 함으로써 인권을 보장하는 헌법상 제도적 장치이다.

바로잡기 ① ㉠에는 국정 감사권, 국정 조사권, 탄핵 소추권 등이, ㉡에는 위헌 법률 심판 제청권이 들어갈 수 있다. ② 국회는 행정권이 아닌 입법권을 담당한다. ③ 재판을 통해 국민의 침해된 권리를 구제하는 국가 기관은 법원이다. ④ 사법부의 장인 대법원장은 국회의 동의를 받아 대통령이 임명한다. 국민의 직접 선거로 선출하는 국가 기관은 대통령과 국회의원이다.

079 인권 보장을 위한 제도적 장치

1등급 자료 분석 헌법 소원 심판

갑은 1, 2위에게만 국제 대회에 참가할 기회가 주어지는 전국 기능 경기 대회에서 피부 미용 부문 3위로 입상하였다. 갑은 국제 기능 올림픽 대회에 출전할 수 있는 자격을 얻기 위하여 국내 기능 경기 대회에 다시 참가하고자 하였다. 그런데 전국 기능 경기 대회 입상자는 국내 기능 경기 대회에 다시 참가할 수 없도록 한 법 때문에 국제 대회에 도전할 수가 없었다. 이에 갑은 (㉠)을/를 청구하였고 (㉡)은/는 갑의 (㉢)이/가 침해되었다며
<small>갑이 청구하였으므로 ㉠은 헌법 소원 심판이고, 이를 심판한 ㉡은 헌법재판소이며, ㉢에 해당하는 기본권은 행복 추구권이다.</small>
해당 법 조항에 대해 ㉣ 헌법 불합치 결정을 내렸다.
<small>헌법 불합치는 법 조항이 헌법에 어긋남을 선언하면서도 일정 기한을 두고 개정하도록 하는 헌법재판소의 결정 유형이다.</small>

갑은 전국 기능 경기 대회 입상자는 국내 기능 경기 대회에 다시 참가할 수 없도록 한 법이 자신의 기본권을 침해한다고 보고 헌법 소원 심판을 청구하였다. 헌법재판소는 위헌 법률 심판 및 헌법 소원 심판을 통해 침해된 국민의 기본권을 구제한다. 헌법 불합치 결정이 내려진 경우에는 위헌 결정과 달리 국회가 법을 개정할 때까지 한시적으로 해당 법 조항의 효력이 유지될 수 있다.

바로잡기 ㄱ. 법원은 헌법 소원 심판을 청구할 수 없다. ㄷ. 해당 법 때문에 자

신이 원하는 대회에 참가할 수 없게 되었으므로 갑이 침해당한 기본권은 포괄적 의미의 자유권적 성격을 갖는 행복 추구권이다.

080 시민 참여의 방법

1등급 자료 분석 시민불복종

미국의 헨리 데이비드 소로는 1846년 멕시코 전쟁에 반대하여 그 재원인 인두세 납부를 거부하다가 투옥되었다. 소로는 투옥 중 (㉠)(이)라는 책을
<small>처벌 감수가 나타나 있다.</small>
저술하였다. 노예 해방과 전쟁 반대의 신념을 밝히면서 '우리는 먼저 인간이
<small>행위 목적의 정당성이 나타나 있다.</small>
어야 하고, 그다음에 국민이어야 한다. 법에 관한 존경심보다는 먼저 정의에 관한 존경심을 기르는 것이 바람직하지 않은가? 불의가 당신에게 다른 사람에게 불의를 행하는 하수인이 되라고 요구한다면, 그 법을 어겨라.'라고 주장
<small>악법에 대한 불복종을 주장하고 있다.</small>
하였다. 이처럼 국가나 정부 정책, 법률이 도덕적 정당성을 갖지 못한다고 판단될 때 자신의 양심에 근거하여 법률을 위반하는 행동을 (㉠)(이)라고
<small>불법 행위임을 인식하고 있다.</small>
한다.

㉠은 시민불복종이다. 시민불복종은 합법적인 방식이 실패한 경우 최후의 수단으로 활용해야 한다.

바로잡기 ① 법을 위반하는 행위이므로 그에 따르는 처벌을 감수해야 한다. ② 폭력적인 수단은 배제해야 한다. ③ 사회 정의를 훼손한 법이나 정책에 대한 항의, 즉 공익 증진을 목적으로 수행되어야 한다. ④ '악법은 법이 아니다.'라는 주장에 부합하는 시민 참여의 방법이다.

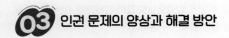 인권 문제의 양상과 해결 방안

 **기출 문제** ━━━━━━━━━ ● 25 ~ 26쪽

핵심 개념 문제

081 사회적 소수자	**082** 빈곤	**083** ×	**084** ○	**085** ○
086 ㉢	**087** ㉡	**088** ㄴ	**089** ㄷ	
090 ②	**091** ②	**092** ⑤	**093** ⑤	**094** ①	**095** ③

090

(가)에는 장애인이, (나)에는 여성이 나타나 있는데 이들은 모두 사회적 소수자에 해당한다. 사회적 소수자는 주류 집단으로부터 부당한 대우를 받거나 차별을 받는 사람이다.

바로잡기 ① 사회적 소수자는 수적 열세와 관계없이 주류 집단에 비해 권력의 열세에 놓여 있는 사람이다. ③ 사회적 소수자는 신체적 또는 문화적 특징에 의해 주류 집단과 구별된다. ④ 사회적 소수자는 후천적인 특성에 의해서도 주류 집단과 구별될 수 있다. ⑤ 사회적 소수자는 정치적 영향력뿐만 아니라 사회적·경제적 영향력까지 모두 고려하여 주류 집단과 구분한다.

091

외국인 근로자의 고용 등에 관한 법률은 이주 외국인이 겪고 있는 차별 문제의 해결을 목적으로 제정되었다. 장애인 차별 금지 및 권리 구제 등에 관한 법률은 장애인이 겪고 있는 차별 문제의 해결을 목적으로 제정되었다.

바로잡기 ㄴ. 기간제 및 단시간 근로자 보호 등에 관한 법률은 비정규직 근로자가 겪고 있는 차별 문제의 해결을 목적으로 제정되었다. ㄹ. 고용상 연령 차별 금지 및 고령자 고용 촉진에 관한 법률은 노인이 겪고 있는 차별 문제의 해결을 목적으로 제정되었다.

092

야간 근로나 휴일 근로를 원칙적으로 금지하고 필요시 고용 노동부 장관의 인가를 받도록 하는 것이나 가족 관계 기록 사항에 관한 증명서와 친권자 또는 후견인의 동의서를 사업장에 갖추도록 하는 것은 연소 근로자에게 적용되는 내용이다.

바로잡기 ㄱ, ㄴ은 성인과 연소 근로자에게 동일하게 적용된다.

093

원칙적으로 15세 이상 18세 미만인 연소 근로자의 근로 시간은 1일에 7시간, 1주에 35시간을 초과하지 못한다. 다만 당사자 사이의 합의에 따라 1일에 1시간, 1주에 5시간을 한도로 연장할 수 있다.

바로잡기 ① 임금 수령은 반드시 본인이 직접 해야 한다. ② 근로 계약은 친권자나 후견인이 대리할 수 없고 반드시 본인이 직접 해야 한다. ③ 구두 계약도 유효하지만, 분쟁에 대비하기 위해서라도 계약서를 반드시 작성해 두어야 한다. ④ 15세 미만인 경우에는 고용 노동부 장관이 발급한 취직 인허증이 있어야만 근로할 수 있다.

094

식량 불안정과 급성 식량 위기 상태와 관련된 세계 인권 문제로는 기아 문제가 가장 적절하다.

095

국제 연합(UN)은 정부 간 국제기구에 해당하고, 국경 없는 의사회는 국제 비정부 기구에 해당한다. 세계 인권 문제의 해결을 위해 개인은 인류가 하나의 공동체임을 인식하고 전 지구적인 문제를 개선하기 위해 적극적으로 노력하는 세계시민 의식을 가져야 한다.

실력 기출 문제 ━━━━━━━━━ ● 27 ~ 28쪽

096 ⑤	**097** ③	**098** ②	**099** ④	**100** ②	**101** ③

1등급을 향한 서답형 문제

102 사회적 소수자　**103** 예시 답안 사회적 소수자를 대상으로 한 적응 유도나 지원 정책의 시행보다는 사회 구성원이 다양성을 존중하는 의식을 갖추도록 교육을 강화하는 정책이 선행되어야 한다.

104 인권 지수　**105** 예시 답안 해당 인권 지수가 어떠한 지표를 반영하고 있는지 그 특성을 파악한 후 인권 지수에 따른 특정 국가의 인권 수준을 이해해야 한다.

096

㉠은 사회적 소수자이다. 여성과 장애인은 모두 사회적 소수자에 해당하고 사회적 소수자가 수적으로 소수인 집단을 의미하는 것은 아니다. 사회적 소수자는 선천적 요소와 후천적 요소 모두를 기준으로 규정될 수 있으며, 주류 집단과 신체적 또는 문화적으로 전혀 구별되지 않으면 사회적 소수자로 규정될 수 없다.

097

사례에 나타난 장애인, 비정규직 근로자, 이주 외국인뿐만 아니라 북한 이탈 주민 또한 사회적 소수자에 해당한다.

바로잡기 ㄱ. 인권 침해나 차별을 당한 사람은 누구나 국가 인권 위원회에 도움을 요청할 수 있다. ㄹ. 사회적 소수자는 수적 열세가 아닌 권력의 열세에 있는 사람을 의미한다. 여성은 오랫동안 정치적·경제적 측면에서 남성에 비해 상대적으로 차별받고 있으므로 사회적 소수자에 해당한다.

098

청소년은 1일 7시간, 1주일 35시간을 초과하여 일할 수 없다. 을의 근로 시간은 1일 8시간, 1주일 40시간이므로 허용된 근로 시간을 초과하였다.

바로잡기 ① 편의점은 청소년이 일할 수 있는 업종이다. ③ 8시간 근무에 휴게 시간이 1시간 주어졌으므로 휴게 시간이 근로 시간에 비해 적게 주어졌다고 볼 수 없다. ④ 계약은 일반적으로 계약을 체결하고 싶다는 의사 표시인 청약과 이를 받아들이겠다는 의사 표시인 승낙이 합치된 때 성립한다. 이때 계약

서를 쓰지 않고 말로만 약속하였더라도 계약 당사자들이 계약 내용을 충분히 이해하고 합의하였다면 법적 효력을 인정받을 수 있다. 즉, 계약서를 작성하지 않아도 계약은 성립하므로 을은 임금을 수령할 수 있다. ⑤ 임금 수령은 친권자 또는 후견인이 대리할 수 없다. 반드시 본인이 직접 해야 한다.

099

갑도 성인과 같이 최저 임금을 보장받는다. 202T년 최저 임금이 9,000원보다 높으므로 고용 노동부에 신고하면 그 부족분을 받을 수 있다. 친권자나 후견인은 미성년자의 근로 계약을 대리할 수 없다.

바로잡기 ㄱ. 갑은 15세 이상이므로 고용 노동부 장관이 발급한 취직 인허증이 없어도 근로할 수 있다. ㄷ. 18세 미만인 연소자의 1일 근로 시간은 7시간 이내이므로 1일 근로 시간을 초과하지 않았다.

100

기아 수준이 '위험'인 예멘, 중앙아프리카 공화국, 콩고 민주 공화국 등은 홍수나 가뭄 등 잇따른 자연재해로 식량 생산이 어렵거나 민주주의가 정착되지 못하고 잦은 내전으로 평화로운 삶이 지속되지 못하는 등의 특징이 있다.

바로잡기 ㄴ. 종교나 관습, 사회 구조와 편견 등에 의한 여성 차별 관행이 남아 있는 것은 성 격차 지수 등에서 순위가 낮은 국가들의 특징이다. ㄹ. 기아 수준이 위험한 국가들은 대부분 산업화가 늦었던 개발 도상국에 해당한다.

101

국제 비정부 기구는 개인이나 민간단체도 가입 대상으로 삼지만, 정부 간 국제기구는 국가만을 가입 대상으로 삼는다.

바로잡기 ㄷ. 정부 간 국제기구의 결의는 일반적으로 권고적 효력에 그치므로 이란 정부가 국제 연합 인권 이사회의 결의를 따라야 할 법적 의무를 진다고 보기는 어렵다.

1등급 정리 노트	국제 사회의 다양한 행위 주체	
구분	가입 대상	사례
정부 간 국제기구	국가	국제 연합(UN), 유럽 연합(EU)
국제 비정부 기구	개인, 민간단체	국제 사면 위원회, 그린피스

102

일반적으로 받아들이거나 이해해야 할 대상이 아님에도 우리가 상대적으로 우위에 있다고 착각하기 쉽다는 점 등을 통해 ㉠에 들어갈 개념이 사회적 소수자임을 추론할 수 있다.

103

필자는 사회적 소수자 차별 문제를 해결하기 위해 다양성을 존중하는 의식을 갖도록 교육을 강화해야 한다고 주장하고 있다.

채점 기준	수준
사회적 소수자에 대한 지원보다는 사회 구성원의 인식 개선이 선행되어야 한다는 취지로 서술한 경우	상
사회적 소수자에 대한 지원과 사회 구성원의 인식 개선을 모두 강조하는 취지로 서술한 경우	하

104

한 국가나 사회의 인권 수준을 종합적으로 나타낸 지수를 인권 지수라고 한다. 이 중 성 격차 지수는 남녀 임금 차이, 출생 성비, 고위직 여성 비율, 기대 수명 등을 주요 지표로 활용하지만, 성 불평등 지수는 모성 사망비, 중등 이상 교육 인구, 경제활동 참가율 등을 주요 지표로 활용한다. 성 격차 지수와 성 불평등 지수가 모두 성평등 관련 통계인데도 우리나라가 차지하는 순위의 차이가 큰 까닭은 지표의 차이 때문이다.

105

같은 인권 지수라도 지표에 따라 그 결과가 다르게 나타날 수 있다. 따라서 해당 인권 지수가 어떠한 지표를 반영하고 있는지 그 특성을 먼저 파악해야 한다.

채점 기준	수준
해당 인권 지수 산출에 반영된 지표와 그 특성을 고려하여 특정 국가의 인권 수준을 이해해야 한다는 취지로 서술한 경우	상
반영 지표에 대한 구체적인 언급 없이 인권 지수를 고려하여 특정 국가의 인권 수준을 이해해야 한다는 취지로 서술한 경우	하

적중 1등급 문제 ————————— ● 29쪽

106 ② 107 ④ 108 ② 109 ①

106 인권 문제의 양상

1등급 자료 분석 사회적 소수자의 사례

(가) A국의 남성 비정규직 근로자는 직장에서는 소수자 집단의 위치에 있지만, 만일 그가 가부장적 문화가 강한 가정에서 가장의 지위를 차지하고 있다면 지배 집단으로 여겨질 수 있다.
남성 비정규직 근로자가 직장에서는 사회적 소수자에 해당하나, 가정에서는 주류 집단에 해당하는 사례는 사회적 소수자가 상대적 개념임을 보여 준다.

(나) 인종 차별법이 존재하던 시절의 B국은 백인이 전체 인구의 10%도 되지 않았고 흑인 인구가 거의 80%에 가까웠다. 그러나 권력을 독점한 소수의 백인이 흑인의 공직 참여 기회를 제한하였다.
인구의 80%에 달하는 흑인이 10%도 되지 않는 백인에 비해 차별을 받은 사례는 집단 구성원의 수가 사회적 소수자의 결정 요인이 아님을 보여 준다.

사회적 소수자인 사람이 상황에 따라 지배 집단의 위치를 차지하고, 인구의 80%인 흑인이 사회적 소수자에 해당하는 사례를 통해 사회적 소수자가 상대적인 개념이라는 것을 알 수 있다.

바로잡기 ㄴ. (나)는 정치적 요인 때문에 사회적 소수자가 나타남을 보여 준다. ㄹ. (가), (나)의 문제를 해결하기 위해서는 차별을 금지하는 법과 불평등을 해소하는 제도의 도입이 필요하며 인권 감수성의 고양과 같은 사회 구성원들의 의식 변화도 동반되어야 한다.

107 인권 문제의 양상과 해결 방안

국내 인권 문제와 세계 인권 문제의 양상과 해결

항목	구체적 내용
국내 인권 문제 양상	우리나라 인권 문제는 과거에는 주로 신체의 자유, 표현의 자유, 노동권 침해와 관련된 것이 많았다.
국내 인권 문제 해결	국가 인권 위원회에 소위원회를 두어 사회적 소수자에 대한 차별 행위를 조사하고 이를 구제하기 위해 노력한다.
세계 인권 문제 양상	국제 사회의 지속적인 노력으로 오늘날 인권 보장의 수준은 국가별·지역별로 그 격차가 사라졌다.
	오늘날 국제 사회에서 발생하는 인권 문제는 개별 국가의 노력만으로 해결하기 어렵다. 각 국가의 문제 해결 의지가 약하거나 문제 해결을 위한 기반이 열악하기 때문이다.
세계 인권 문제 해결	국제 연합(UN)과 같은 정부 간 국제기구뿐만 아니라 국제 인권 문제 해결을 위한 선언, 조약 등을 제정한다.
	사면 위원회와 같은 국제 비정부 기구도 인권 문제 해결에 빈곤 국가 지원, 인권 탄압 방지 등의 활동을 한다. 적극적으로 나서고 있다.
총점	㉠

국내 인권 문제 양상 및 해결, 세계 인권 문제 해결의 내용은 모두 적절하다. 국제 사회의 노력으로 오늘날 인권 보장의 범위가 점차 확대된 것은 맞지만, 국가별·지역별로 경제적 수준 등에 따라 그 격차는 여전히 크게 나타나고 있다.

108 청소년 노동권 침해 문제와 해결

연소 근로자의 근로 계약서

> **연소 근로자 근로 계약서**
>
> 갑(이하 "사업주"라 함.)과 을(이하 "근로자"라 함.)은 다음과 같이 근로 계약을 체결한다.
>
> 1. 계약 기간: 202T년 7월 18일부터 202T년 12월 31일까지
> 2. 근무 장소: ○○ 빵집 – 연소자도 근로 가능한 업종
> 3. 업무 내용: ㉠ 제품 진열 및 계산, 매장 청소 ─추가 업무 거부 가능
> 4. 근로 시간: 9시~13시(㉡ 휴게 시간: 13시~13시 30분)
>   근로 시간이 4시간 이상이므로 도중에 30분의 휴게 시간을 부여해야 함.
> 5. 근무일 및 휴일: 매주 6일 근무, 유급 휴일 매주 수요일
> 6. 임금
>   • ㉢ 시급: 10,000원(202T년 시간당 최저 임금 10,030원)
>   최저 임금 미달
>   • 임금 지급일: 매월 15일(휴일의 경우는 전일 지급)
>   • ㉣ 지급 방법: 해당 금액만큼의 빵 쿠폰을 을에게 직접 줌.
>   임금은 현금으로 지급하는 것이 원칙

사용자가 근로 계약서에 명시된 업무 내용 외의 업무 수행을 요구하는 경우 근로자는 이를 거부할 수 있다. 임금은 통상적으로 사용하는 화폐로 지급해야 한다. 임금을 현금이 아닌 쿠폰 등으로 지급한 것은 임금 체불에 해당하므로 을은 고용 노동부에 이를 신고할 수 있다.

바로잡기 ㄴ. 휴게 시간은 반드시 근로 시간 도중에 부여해야 한다. ㄷ. 연소자도 성인과 동일한 최저 임금을 보장받는다.

ㅁ. 근무 장소가 유해 업종에 해당하지 않아 연소자가 근로하는 것에 문제가 없다.　　　　　　　　　　　　　　　　　　　　　(○)

ㅂ. 근로 시간과 근무일을 고려할 때 반드시 유급 휴일을 부여할 필요는 없다.　　　　　　　　　　　　　　　　　　　　　(×)

ㅅ. 임금을 매월 지급하지 않고 202T년 12월 31일에 한꺼번에 지급하는 것도 가능하다.　　　　　　　　　　　　　　　　　　(×)

109 세계 인권 문제의 양상

국제 사회 행위 주체와 인권 지수

• A에 해당하는 프리덤 하우스는 세계 국가를 대상으로 세계 자유 지수를 발표한다.
  국제 인권 단체인 프리덤 하우스는 국제 비정부 기구에 해당하며 모든 국가와 주요 분쟁 지역의 자유와 정치적 권리의 정도를 측정해서 세계 자유 지수를 발표한다.

• B에 해당하는 국제 연합 개발 계획은 세계 국가를 대상으로 성 불평등 지수를 발표한다.
  국제 연합 총회의 특별 기구인 국제 연합 개발 계획은 정부 간 국제기구에 해당한다. 국제 연합 개발 계획은 모성 사망비, 청소년 출산율, 여성 국회의원 비율, 여성의 중등 교육 이상 비율, 여성의 경제활동 참여율 등을 반영하여 성 불평등 지수를 발표한다.

프리덤 하우스는 세계 자유 지수를 발표하는 국제 비정부 기구의 대표적 사례이고 국제 연합 개발 계획은 성 불평등 지수, 인간 개발 지수 등을 발표하는 정부 간 국제기구의 대표적 사례이다. 정부 간 국제기구는 국가만 가입할 수 있지만 국제 비정부 기구는 개인이나 민간단체도 가입할 수 있다.

바로잡기 ㄷ. 국경 없는 의사회는 국제 비정부 기구, ㄹ. 세계 식량 계획은 정부 간 국제기구의 사례에 해당한다.

 **마무리 문제** ─────────── ● 30~33쪽

01 인권의 변화와 현대 사회의 인권
110 ① **111** ⑤ **112** ③ **113** ② **114** ①
115 안전권 **116** [예시답안] 기후변화에 따른 자연재해의 증가, 과학기술의 발전에 따른 인위적 위험의 증대, 발생했을 때 도시에서 피해가 큰 전염병의 창궐 등 현대 사회에서 인간의 삶을 위협하는 위험 요인이 증가하고 있기 때문이다.

02 인권 보장을 위한 헌법의 역할과 시민 참여
117 ④ **118** ③ **119** ② **120** ① **121** ⑤
122 권력 분립 제도 **123** [예시답안] 국가 권력을 상호 독립된 서로 다른 기관이 맡도록 하여 견제와 균형을 이루도록 함으로써 국가 권력의 남용을 막아 국민의 기본적 인권을 최대한 보호하기 위함이다.

03 인권 문제의 양상과 해결 방안
124 ⑤ **125** ④ **126** ② **127** [예시답안] 국제 연합(UN)과 같은 정부 간 국제기구는 인종 차별 문제를 의제로 다루고 이를 해결하기 위한 권고안, 조약 등을 제정한다. 국제 비정부 기구는 인권 문제를 국제 사회에 알리기 위한 홍보 활동을 하고 기금 조성(경제적 지원), 인권 탄압 방지를 위한 국제 사회의 동참을 이끌어 낸다.

110
보편성은 인권이 인류 구성원 모두가 가지는 권리임을 의미하고, 천부성은 인권이 태어나면서부터 가지게 되는 당연한 권리임을 의미하며, 항구성은 인권이 영구적으로 보장되는 권리임을 의미한다.

111
(가)는 미국 독립 혁명의 과정에서 채택된 미국 독립 선언문이고 (나)는 프랑스 혁명의 과정에서 채택된 인간과 시민의 권리 선언이다. (가)의 '이 권리를 확보하기 위해 인류는 정부를 조직하였으며,'와 (나)의 '모든 정치적 결사의 목적은 인간의 자연적이고 침해할 수 없는 권리를 보전함에 있다.'를 통해 국가를 자연권 보장을 위한 수단으로 보고 있음을 알 수 있다.
[바로잡기] ① 미국 독립 선언문과 인간과 시민의 권리 선언 모두에 사회권과 관련된 언급이 나타나지 않는다. 사회권은 20세기 초 바이마르 헌법에서 처음 명시되었다. ② 미국 독립 혁명 이후와 프랑스 혁명 이후 모두 민주 공화정이 수립되었다. ③, ④ 미국 독립 선언문과 인간과 시민의 권리 선언 모두 저항권을 인정하고 국민 주권주의를 채택하고 있다.

112
인간과 시민의 권리 선언의 영향으로 프랑스에서는 전제 왕권이 무너지고 국민의 대표 기관인 의회에서 제정한 법률에 따라 통치가 이루어졌다.
[바로잡기] ① 미국 독립 선언문이 프랑스 시민들의 바스티유 감옥 습격에 직접적인 영향을 주었다고 보기는 어렵다. ② 미국에서 남녀 모두에게 선거권을 부여한 것은 20세기 이후이다. ④ 인간과 시민의 권리 선언 발표 이후에도 재산, 직업, 성별 등에 따른 차별이 이루어졌다. ⑤ 미국 독립 선언문은 1776년에, 인간과 시민의 권리 선언은 1789년에 각각 발표되었다.

113
1세대 인권에는 자유로운 선거를 통해 정부에 참여할 수 있는 권리가 포함된다. 3세대 인권에는 자결권, 발전의 권리, 평화의 권리 등이 포함된다.
[바로잡기] ㄴ. 재난으로부터 구제받을 권리, 지속가능한 환경에 대한 권리 등은 3세대 인권에 포함된다. ㄹ. 1세대 인권은 국가의 불간섭을, 2세대 인권은 국가의 적극적인 개입을 요구한다.

114
사회적 취약 계층에 임대 주택을 우선 공급하는 것은 주거권 보장을 위한 정책에 해당하며, 외국인들의 고유한 언어와 생활양식을 존중하는 것은 문화권 보장을 위한 노력에 해당한다.
[바로잡기] ㄷ. 우리나라는 헌법 제35조 제3항에서 주거권의 보장을 명시적으로 규정하고 있다. ㄹ. 주거권과 문화권은 모두 2세대 인권으로 국가의 적극적인 개입을 요구한다.

115
안전권은 지하철역 승강장 사고와 같은 각종 위험으로부터 안전을 보호받을 권리이다.

116
오늘날 자연재해뿐만 아니라 각종 안전사고, 감염병 대유행 등과 같은 인위적 위험이 인간의 삶을 위협하면서 안전권이 강조되고 있다.

채점 기준	수준
현대 사회에서 인간의 삶을 위협하는 위험 요인이 증가하고 있음을 두 가지 이상의 사례와 함께 서술한 경우	상
현대 사회에서 인간의 삶을 위협하는 위험 요인이 증가하고 있음을 한 가지 사례와 함께 서술한 경우	중
구체적 사례의 제시 없이 현대 사회에서 인간의 삶을 위협하는 위험 요인이 증가하고 있다는 사실만 서술한 경우	하

117
㉠은 평등권, ㉡은 자유권, ㉢은 참정권, ㉣은 청구권, ㉤은 사회권이다. 청구권은 다른 기본권 보장을 위한 수단적·절차적 권리의 성격을 갖는다.
[바로잡기] ① 국가의 의사 결정에 참여할 수 있는 능동적 권리는 참정권이다. ② 자본주의의 발달 과정에서 등장한 현대적·적극적 권리는 사회권이다. ③ 다른 기본권을 보장하는 데 전제 조건의 성격을 지니는 기본권은 평등권이다. ⑤ 가장 오래된 기본권으로서 소극적·방어적 권리는 자유권이다.

118
C는 자유권이고, (가)에 따라 A, B가 결정된다. 재산권은 자유권에 해당하는 기본권이고, (가)에 '국가로부터의 자유에 해당하는가?'가 들어가면 A, C가 모두 자유권이 되므로 조건에 어긋난다.
[바로잡기] ㄱ. 자유권은 가장 오래된 기본권으로서 역사적으로 가장 먼저 등장하였다. ㄹ. (가)가 '생존권적 기본권으로서의 성격을 갖는가?'라면 A는 사회권이고 B는 참정권이다. 사회권과 참정권은 모두 적극적 권리의 성격을 갖는다.

119

갑은 국립 교육 대학교의 수시 요강이 자신과 같은 검정고시 출신 학생을 불합리하게 차별함으로써 자신의 평등권을 침해한다고 보았다. 위헌 심사형 헌법 소원 심판은 국회가 제정한 법률만을 대상으로 하는데, 국립 교육 대학교의 수시 요강은 법률이 아니므로 해당 헌법 소원 심판은 권리 구제형 헌법 소원 심판이다.

바로잡기 ㄴ. 교육받을 권리는 사회권에 속하는 기본권으로 국가에 의한 자유에 해당한다. ㄹ. 헌법재판소가 당시 국립 교육 대학교의 수시 요강 내용이 헌법에 위반된다고 확인한 것은 해당 내용이 갑의 기본권을 침해했다고 인정했음을 의미한다.

120

제시문과 같은 주장을 한 학자는 피터 싱어이다. 싱어는 공리주의적 입장에서 시민불복종이 산출할 이익과 손해가 불복종의 기준이 된다고 보았다.

바로잡기 ② 사회적 다수에 의해 공유된 정의관이 불복종의 기준이 되어야 한다고 주장한 학자는 존 롤스이다. ③ 시민불복종은 사적인 이익이 아닌 공공의 이익을 위해 수행되어야 한다. ④ 시민불복종은 고의로 법률을 위반하는 행위이다. ⑤ 시민불복종은 최후의 수단으로 활용되어야 한다.

121

(가)는 국민 참여 재판 제도, (나)는 주민 참여 예산 제도, (다)는 입법 공청회 제도이다. (가)~(다)를 통해 시민이 사법, 행정, 입법 과정에 직접 참여함으로써 대의 민주주의가 갖는 한계를 보완할 수 있다.

바로잡기 ① 국민 참여 재판 제도는 시민이 사법 과정에 참여할 수 있는 사례이다. ② 주민 참여 예산 제도는 시민이 행정 과정에 참여할 수 있는 사례이다. ③ 입법 공청회 제도는 시민이 입법 과정에 참여할 수 있는 사례이다. ④ 국민 참여 재판에서 배심원의 평결은 재판부를 구속하지 않으며 입법 공청회에서 나온 의견은 국회를 구속하지 않는다. 즉, 재판부는 배심원의 평결과 다른 판결을 내릴 수 있고 국회는 공청회에서 나온 의견에 배치되는 입법을 할 수도 있다.

122

권력 분립 제도는 입법권, 행정권, 사법권 등 국가 권력을 국회, 정부, 법원 등 각각 다른 기관이 나누어 맡으며 상호 견제와 균형을 이루도록 하는 제도이다.

123

권력 분립 제도의 목적은 국가 권력을 서로 다른 기관이 맡도록 하여 견제와 균형을 이루도록 함으로써 국가 권력의 남용을 막아 국민의 기본적 인권을 최대한 보호하기 위한 것이다.

채점 기준	수준
견제와 균형을 통한 국가 권력의 남용 방지와 이를 통한 국민의 기본권 보장이라는 목적을 모두 서술한 경우	상
국민의 기본권 보장이라는 궁극적인 목적만 서술한 경우	중
견제와 균형, 국가 권력의 남용 방지 등 궁극적인 목적 외의 목적만 서술한 경우	하

124

갑은 외국인으로 주류 집단이 쓰는 언어가 서툴다는 이유로 차별받고 있다. 미국의 히스패닉은 주류 집단과 외모, 언어, 문화 등이 다르다는 이유로 사회적 소수자로서 차별받고 있다.

바로잡기 ① 사회적 소수자를 결정하는 데 피부색, 외모 등 선천적 요인도 크게 작용한다. ② 사회적 소수자는 수적 열세가 아닌 권력의 열세에 있는 사람들이다. ③ 갑은 스리랑카에서는 사회적 소수자가 아니지만 한국에서는 사회적 소수자의 위치에 있다. ④ 제시된 사례들과 직접적인 관련이 없다.

125

임금은 매월 1회 이상 일정한 날짜를 정하여 지급하여야 한다.

바로잡기 ① 식당은 청소년에게 유해하거나 위험한 업종은 아니다. ② 휴게 시간은 근로 시간에 포함되지 않으므로 그에 대한 임금도 지급되지 않는다. ③ 사용자는 근로자에게 1주에 평균 1회 이상의 유급 휴일을 보장하여야 하지만 4주 동안(4주 미만으로 근로하는 경우에는 그 기간)을 평균하여 1주 동안의 소정 근로 시간이 15시간 미만인 근로자에 대해서는 적용하지 않는다. 을은 4시간씩 주 3일 근무이므로 일주일 근로 시간이 15시간 미만이다. 따라서 유급 휴일을 부여하지 않아도 된다. ⑤ 임금은 반드시 근로자 본인에게 지급되어야 한다.

126

워크프리는 국제 비정부 기구로서 개인이나 민간단체 등을 가입 주체로 삼는다. 오늘날 국제 사회에서 발생하는 대부분의 인권 문제는 개별 국가의 노력만으로는 해결하기 어렵다.

바로잡기 ㄴ. 국가는 가장 기본적인 국제 사회의 행위 주체로서 독자성을 지닌다. ㄹ. 정부 간 국제기구 등의 초국가적 행위 주체가 개별 국가 내부의 문제에 대해 일방적으로 개입하는 것은 사실상 불가능하다.

127

제시문에 나타난 세계 인권 문제는 인종 차별 문제이다. 이를 해결하기 위해 국제 연합(UN)과 같은 정부 간 국제기구는 인권 상황을 파악하여 선언, 조약 등을 제정한다. 국제 비정부 기구는 인권 문제의 실상을 알리고 인권 탄압 방지, 경제적 지원 등의 노력을 한다.

채점 기준	수준
정부 간 국제기구, 국제 비정부 기구 등의 구체적인 활동 사례를 포함하여 인종 차별 문제의 해결 방안을 서술한 경우	상
구체적인 사례의 제시 없이 추상적으로 인종 차별 문제의 해결 방안을 서술한 경우	하

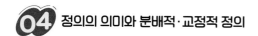

04 정의의 의미와 분배적·교정적 정의

기본 기출 문제 ────────── ● 35~36쪽

핵심 개념 문제

128 정의	**129** 분배적 정의	**130** 교정적 정의
131 사회 통합	**132** ㉠ **133** ㉢	**134** ㉡ **135** ㉠
136 ㉡ **137** ㉢		

138 ④	**139** ⑤	**140** ②	**141** ④	**142** ⑤	**143** ④
144 ②					

138

'정의란 무엇인가'에 관한 논의는 오래전부터 이어져 왔고, 동서양 사상가들은 정의의 의미를 다양하게 해석하였다.

139

정의가 필요한 이유로 갈등을 조정하고 사회 구성원 간의 조화를 이루어 사회 통합을 실현하는 데 도움이 된다는 점 등을 들 수 있다. 하지만 다수의 의견이 거짓으로 꾸며졌거나 부당한 것임에도 사회 통합을 위해 따르는 것을 정의롭다고 말할 수 없는 것처럼 사회 통합 실현을 위해서 다수의 의견을 따라야 한다는 분위기를 조성하는 것을 정의가 필요한 이유라고 보기는 어렵다.

140

각자가 마땅히 받아야 할 몫을 결정하는 기준은 시대나 사회, 혹은 개인에 따라 다를 수 있다. 왜냐하면 시대나 사회마다 적용되는 규범이 다르고, 사람마다 옳고 그름에 대한 신념과 가치관이 다르기 때문이다.

바로잡기 ① 옳고 그름에 대한 신념과 가치관은 사람마다 다르다. ③ 사회 갈등을 해결해 나감으로써 사회 통합을 이룰 수 있으므로 관련성이 없다고 말할 수 없다. ④ 사회생활에서 이해관계에 따른 갈등은 계속해서 발생하므로 이를 해결하기 위해 노력해야 한다. ⑤ 각자가 받아야 할 몫을 결정하는 기준은 시대, 사회, 개인 등에 따라 다르므로 객관적으로 정해져 있다고 보기 어렵다.

141

㉡은 분배적 정의에 대한 설명이다. 분배적 정의의 실현은 사회적 가치를 배분하는 것과 밀접하게 관련된다(ㄴ). ㉢은 교정적 정의에 대한 설명이다. 교정적 정의가 실현되려면 잘못과 처벌 사이에 적정한 균형이 유지되어야 한다(ㄷ).

바로잡기 ㄱ. 마땅히 받을 몫을 공정하게 받는 것이 정의이지만, 마땅히 받을 몫이 얼마만큼인지에 대해서는 사회나 개인마다 다양한 의견이 존재한다. 따라서 사회 구성원들이 수용할 수 있는 공정한 정의 기준을 찾는 것이 중요하다.

142

분배적 정의의 실질적 기준으로 ㉠에는 능력, ㉡에는 필요, ㉢에는 업적이 적용되었다. 필요에 따른 분배는 기회의 평등을 넘어 결과의 평등을 실현하고자 한다.

143

㉠은 교정적 정의, ㉡은 분배적 정의이다. 교정적 정의는 잘못과 처벌 사이에 적정한 균형을 유지하고자 한다(ㄴ). 분배적 정의는 한정된 자원을 분배하는 과정에서 발생하는 갈등을 조정하고자 한다(ㄹ).

바로잡기 ㄱ. 분배적 정의에 해당하는 설명이다. ㄷ. 분배적 정의의 다양한 기준은 각각 장단점이 있어서 어느 한 가지 기준만이 정의롭다고 할 수는 없다. 따라서 분배적 정의가 요구되는 상황에 따라 여러 기준을 고려하여 가장 적합한 분배 기준을 찾으려는 노력이 중요하다.

144

㉠은 교정적 정의, ㉡은 분배적 정의이다. 예술 콩쿠르 1위와 같이 업적을 쌓은 사람에 대해 사회적 혜택을 부여하는 것은 분배적 정의와 관련된 사례이다.

바로잡기 ㄱ. 백신 접종이라는 자원의 분배와 관련되므로 분배적 정의와 관련된 사례이다. 따라서 ㉡과 관련된다. ㄴ. 잘못을 저지른 사람에 대한 처벌과 관련되므로 교정적 정의와 관련된 사례이다. 따라서 ㉠과 관련된다.

실력 기출 문제 ────────── ● 37~40쪽

145 ⑤	**146** ②	**147** ③	**148** ①	**149** ②	**150** ④
151 ④	**152** ③	**153** ③	**154** ①	**155** ④	**156** ⑤
157 ②	**158** ③	**159** ③	**160** ②		

1등급을 향한 서답형 문제

161 ㉠ 분배적 정의 ㉡ 교정적 정의　　**162** **예시 답안** 정당한 이유 없이 차별받지 않고 공정한 절차와 기준에 따라 자신이 받아야 할 몫을 제대로 받는 분배적 정의가 실현되고, 공정한 법 집행과 적절한 처벌이 이루어지는 교정적 정의가 실현될 때 사회 구성원 모두가 인간다운 삶을 살 수 있고 사회 통합도 이룰 수 있기 때문이다.　　**163** 업적

164 **예시 답안** 분배적 정의의 실질적 기준으로서 업적은 각자가 달성한 결과를 객관적으로 평가하고 측정하기가 비교적 쉽고, 개인의 성취동기를 높일 수 있다는 장점이 있다. 반면 업적을 지나치게 강조하면 구성원 간 경쟁이 과열되어 사회적 갈등으로 이어질 수 있고, 상대적으로 업적을 쌓기 어려운 사회적 약자에 대한 배려가 부족할 수 있다는 단점도 있다.

145

제시문의 화자는 정의가 무엇인지 정하는 방법은 시대마다 다르며, 우리 시대에 맞는 정의란 무엇이며 그 정의를 실현하기 위해 어떤 노력이 필요한지를 찾는 것이 중요하다고 본다.

바로잡기 ① 제시문에 따르면 정의가 무엇인지 정하는 방법은 시대에 따라 다르다. ②, ③ 제시문에 따르면 정의론은 유일하지도, 고정되어 있지도 않다. ④ 정의는 사회의 구성과 유지에 핵심적인 덕목이다.

146

아리스토텔레스는 정의를 일반적 정의와 특수적 정의로 구분하고, 특수적 정의를 분배적 정의와 교정적 정의로 나누었다.

일반적 정의	공익을 지향하는 준법으로서의 정의
특수적 정의	• 분배적 정의: 가치와 업적에 비례하여 명예나 보수 등이 분배되어야 한다는 것 • 교정적 정의: 타인에게 해를 끼쳤으면 그만큼 보상해 주고, 이익을 주었으면 그만큼 돌려받아야 한다는 것

147

제시문의 사상가는 롤스이다. 롤스는 전체 사회의 복지를 위한다는 이유로도 자유와 같은 소수의 기본적 권리를 침해해서는 안 된다고 보았다.

바로잡기 ① 제시문에 따르면 사회 제도의 제1덕목은 정의이다. ② 제시문에 따르면 정의에 의해 보장된 권리는 사회적 이득의 계산에 좌우되지 않는다. ④ 제시문에 따르면 정의는 전체 사회의 복지를 위한다는 이유로도 침해될 수 없다. ⑤ 제시문에 따르면 법이나 제도의 효율성이 최고의 가치일 수는 없다.

148

정의로운 사회에서는 구성원들이 성별, 인종, 사회·경제적 지위 등을 이유로 차별받지 않으며 공정한 절차와 기준에 따라 대우받고 기본적 권리가 보장되어 인간다운 삶을 살아갈 수 있다. 하지만 제시문의 사례는 부당한 이유, 즉 인종에 따라 차별하고(ㄱ) 이로 인해 사회 구성원들의 기본적 권리를 보장하지 못하는 사회(ㄴ)이므로 정의롭지 않다고 평가할 수 있다.

바로잡기 ㄷ. 인종 차별이 이루어지는 사회는 서로 신뢰하고 협력할 수 있는 분위기가 조성되어 있다고 보기 어렵다. ㄹ. 인종 차별 정책은 부당한 이유로 사회 구성원들을 차별하는 것이므로 공정한 절차와 기준이 확립된 사회라고 볼 수 없다.

149

장학금 분배 기준에 관해 갑은 잠재력이 뛰어난 것으로 보므로 '능력', 을은 대회에서의 수상으로 학교의 명예를 높인 것으로 보므로 '업적', 병은 가정 형편으로 인해 학업에 전념하기 어려운 상태로 보므로 '필요'를 분배적 정의의 실질적 기준으로 제시한다.

150

분배적 정의의 실질적 기준으로 '능력'을 강조하는 갑은 자격증 소지자, 경력자 등을 우대하는 (다) 사례를 긍정할 것이다. '업적'을 강조하는 을은 실적이나 기여도에 따라 보상이 이루어져야 한다는 점에서 (가) 사례를 긍정할 것이다. '필요'를 강조하는 병은 사회적 약자에게 혜택을 제공하는 것을 정의롭다고 본다는 점에서 (나) 사례를 긍정할 것이다.

151

갑은 '능력', 을은 '업적', 병은 '필요'를 강조한다. 갑이 지지하는 능력, 을이 지지하는 업적은 개인의 성취동기를 높일 수 있는 분배적 정의의 실질적 기준이다.

바로잡기 ① 업적에 따른 분배에 해당한다. ② 필요에 따른 분배에 해당한다. ③ 능력에 따른 분배에 해당한다. ⑤ 업적에 따른 분배에만 해당하는 설명이다.

152

분배적 정의의 실질적 기준으로 갑은 능력, 을은 업적, 병은 필요를 중시한다. 을은 병에게 사회적·경제적 자원이 한정되어 있기 때문에 모든 사람의 필요를 충분히 충족시킬 수 없다는 점을 간과한다고 비판할 수 있다.

바로잡기 ① 업적에 따른 분배를 강조하는 을은 개인의 성취동기를 높이는 분배의 기준이 필요하다고 보므로 을에 대한 비판으로 적절하지 않다. ② 업적, 능력에 따라 분배할 경우 환경과 같은 우연적 요소가 개입될 수 있다. 따라서 을이 제시할 비판이라고 보기 어렵다. ④ 능력에 따른 분배를 강조하는 갑은 개인이 지닌 잠재력을 실현할 수 있는 기회를 마련해야 한다는 점을 강조하므로 갑에 대한 비판으로 적절하지 않다. ⑤ 업적에 따른 분배를 강조하는 을은 평가와 측정이 쉬운 분배의 기준이 필요하다고 보므로 을에 대한 비판으로 적절하지 않다.

153

신호 위반이라는 위법 행위에 대해 수상이라고 예외를 두지 않고 범칙금 부과라는 적절한 처벌을 하였기 때문에 이 행동을 정의롭다고 할 수 있다.

154

케이크를 자른 사람이 가장 나중에 케이크를 가져가게 하는 절차를 마련하면 케이크를 자르는 사람은 자신의 몫을 보장받기 위해 케이크를 균등하게 자를 것이므로 공정한 분배가 가능해진다. 따라서 ㉠의 목적은 공정한 분배 절차를 마련하기 위함이다.

155

갑 사상가는 칸트이다. 칸트에 따르면 범죄에 상응하는 해악을 가하는 엄격한 보복법만이 형벌의 질과 양을 명확하게 제시할 수 있다(ㄴ). 그리고 인간은 자율적 존재이므로 범죄에 합당한 처벌을 받음으로써 스스로의 행동에 대해 책임져야 한다(ㄷ).

바로잡기 ㄱ. 칸트는 처벌의 목적이 범죄의 예방이 아니라 응보에 있다고 보았다.

156

을 사상가는 베카리아이다. 베카리아는 처벌의 목적이 범죄의 예방에 있다고 보아, 범죄자에 대한 처벌을 통해 범죄자의 행동을 통제 및 교화해야 하며(ㄴ), 이를 본보기로 보여 잠재적인 범죄를 억제해야 한다고 보았다(ㄷ). 즉, 베카리아는 처벌을 사회적 이익 증진을 위한 수단으로 파악하였다(ㄱ).

157

갑은 칸트, 을은 베카리아이다. '형벌 집행의 정당성은 사회적 이익 증진에 근거해야 하는가?'라는 질문에 처벌의 목적이 응보에 있다고 보는 칸트는 부정, 처벌의 목적이 예방에 있다고 보는 베카리아는 긍정의 대답을 할 것이다.

바로잡기 ① 갑과 을이 모두 긍정의 대답을 할 질문이다. ③, ④, ⑤ 갑은 긍정, 을은 부정의 대답을 할 질문이다.

158

갑은 칸트, 을은 베카리아이다. 베카리아는 단기간에 강렬한 인상

을 남기는 사형보다 오랫동안 고통의 본보기가 되어 범죄 예방 효과가 큰 종신 노역형이 더 바람직하다고 보아 사형에 반대하였다. 칸트는 범죄자가 자신의 행위에 책임을 지게 함으로써 인간존엄성을 지킬 수 있다고 보았다. 따라서 살인자에 대한 사형은 범죄자의 인간존엄성을 지킬 수 있다고 보고 사형에 찬성하였다.

바로잡기 ①, ② 칸트는 처벌의 목적이 응보에 있다고 보았다. 따라서 타인의 목숨을 빼앗은 살인자에게는 그의 목숨을 빼앗는 사형만이 정당한 형벌이라고 보아 사형에 찬성하였다. ④ 베카리아는 사형이 종신 노역형보다 범죄 예방 효과가 적다고 보아 사형에 반대하였다. ⑤ 베카리아가 사형에 반대한 것은 맞지만 그 주장의 근거가 범죄자의 인간존엄성 훼손은 아니다.

159

갑은 처벌의 목적을 응보, 을은 예방으로 본다. 따라서 갑은 처벌의 본질을 범죄 행위에 대해 응당한 보복을 가하는 것으로 본다(ㄴ). 반면 을은 범죄자에게 처벌을 가함으로써 그의 행동을 통제 및 교화하는 것이 처벌의 목적이라고 본다(ㄷ).

바로잡기 ㄱ. 을의 주장에 해당한다. ㄹ. 법에 따라 범죄 행위를 공정하게 처벌하는 것은 교정적 정의의 실현과 관련된다. 따라서 갑, 을 모두의 주장에 해당한다.

160

제시문은 능력에 따른 분배의 공정성에 이의를 제기한다. 어떤 재능을 갖게 된 것도, 이를 후하게 보상하는 사회에 사는 것도 행운의 결과이므로, 재능이든 유전이든 그것이 행운 혹은 우연의 결과라면 우리는 거기서 비롯된 혜택을 온전히 누릴 자격이 있다고 자만해서는 안 된다고 보기 때문이다.

161

정의는 의미에 따라 사회적 혜택이나 부담을 나누는 문제와 관련된 분배적 정의(㉠), 잘못된 행위를 바로잡는 문제와 관련된 교정적 정의(㉡)로 나눌 수 있다.

162

정당한 이유 없이 차별받지 않고 공정한 절차와 기준에 따라 자신이 받아야 할 몫을 제대로 받는 분배적 정의가 실현되고, 공정한 법 집행과 적절한 처벌이 이루어지는 교정적 정의가 실현될 때 사회 구성원 모두가 인간다운 삶을 살 수 있고 사회 통합도 이룰 수 있기 때문이다.

채점 기준	수준
분배적 정의와 교정적 정의가 요청되는 이유로 인간다운 삶과 사회 통합을 모두 서술한 경우	상
분배적 정의와 교정적 정의가 요청되는 이유로 인간다운 삶과 사회 통합 중 한 가지만 서술한 경우	중
정의가 요청되는 이유만을 미진하게 설명한 경우	하

163

㉠ 성과 연봉제는 더 높은 성과를 낸 사람에게 더 많은 보상을 하는 분배 방식이다. 따라서 이에 적용된 분배적 정의의 실질적 기준은 업적이다.

164

분배적 정의의 실질적 기준으로서 업적은 각자가 달성한 결과를 객관적으로 평가하고 측정하기가 비교적 쉽고 개인의 성취동기를 높일 수 있다는 장점이 있다. 반면 업적을 지나치게 강조하면 구성원 간 경쟁이 과열되어 사회적 갈등으로 이어질 수 있고 상대적으로 업적을 쌓기 어려운 사회적 약자에 대한 배려가 부족할 수 있다는 단점도 있다.

채점 기준	수준
업적에 따른 분배의 장점과 단점을 모두 적절하게 설명한 경우	상
업적에 따른 분배의 장점과 단점 중 어느 한쪽만을 설명한 경우	하

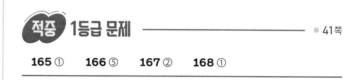

● 41쪽

165 ① **166** ⑤ **167** ② **168** ①

165 정의의 의미와 필요성

1등급 자료 분석 정의의 의미와 필요성

<형성 평가>
※ 정의의 의미와 필요성에 대한 설명이 맞으면 '예', 틀리면 '아니요'에 ✔표 시하시오.
[설명 1] 정의란 사회적 대우나 보상, 처벌 등에 있어 마땅히 받을 몫을 공정하게 받는 것을 의미한다.   예 ✔ 아니요 □ … ㉠
[설명 2] 정의는 사회생활에서 일어나는 갈등을 조정하기 위해 필요하다.
정의에 대한 올바른 설명이다.   예 □ 아니요 ✔ … ㉡
[설명 3] 정의가 무엇인지 정하는 방법은 시대마다 다를 수 있다.
정의에 대한 올바른 설명이다.   예 □ 아니요 ✔ … ㉢

제시문은 정의의 의미와 필요성을 다룬다. 정의는 사회적 대우나 처벌 등에 있어 마땅히 받을 몫을 공정하게 받는 것이다.

바로잡기 정의는 사회생활에서 일어나는 갈등을 조정하고 사회 구성원 간의 조화를 이루는 데 도움을 준다(㉡). 다양한 정의론이 존재하는 것에서 알 수 있듯이 정의가 무엇인지 정하는 방법은 시대마다 다를 수 있다(㉢).

166 분배적 정의의 실질적 기준

1등급 자료 분석 분배적 정의의 실질적 기준: 업적, 필요

갑: 사회적 재화는 업적에 따라 분배되어야 한다. 더 많은 업적을 이룬 사람
   갑은 더 많은 업적을 이룬 사람에게 더 많은 보상이 이루어져야 정의롭다고 본다.
   에게는 많은 보상이, 더 적은 업적을 이룬 사람에게는 적은 보상이 이루어져야 공정하기 때문이다.
을: 사회적 재화는 사회 구성원들의 필요에 따라 분배되어야 한다. 의식주를
   을은 사회 구성원들의 필요에 따라 사회적 재화가 분배되어야 정의롭다고 본다.
   비롯한 기본적 욕구를 충족하기 어려운 사회 구성원의 인간다운 삶을 보장해야 정의로운 사회를 실현할 수 있기 때문이다.

업적에 따른 분배를 중시하는 갑은 기회의 평등이 실현된 상태에서 자유롭게 경쟁하고 이를 통해 획득한 업적에 따라 보상해야 정의롭다고 본다. 필요에 따른 분배를 중시하는 을은 능력이나 배경

등의 사회적 조건이 불리한 사람에게 다양한 혜택을 제공하여 모든 사람이 인간다운 삶을 살아갈 수 있게 하는 결과의 평등이 실현된 상태를 정의롭다고 본다.

바로잡기 ①, ② 을의 입장에 해당한다. ③, ④ 갑의 입장에 해당한다.

167 정의에 대한 아리스토텔레스의 주장

1등급 자료 분석 아리스토텔레스의 정의론

- 동등한 사람들이 동등하지 않은 몫을, 혹은 동등하지 않은 사람들이 동등한 몫을 분배받으면 싸움과 불평이 생겨난다. 분배는 모든 사람이 동일한 것을 가지는 것이 아니라 가치에 따라 비례적으로 이루어질 때 정의롭다.
  아리스토텔레스는 가치에 비례하여 부, 명예 등과 같은 사회적 재화가 분배되어야 한다는 분배적 정의를 주장하였다.
- 어떤 사람은 때리고 다른 사람은 맞은 경우, 또 어떤 사람은 손해를 입히고 다른 사람은 손해를 입은 경우, 재판관은 그 손해의 차이에 주목하여 이익을 삭감함으로써 손해와 동등하게 만들기 위해 노력한다.
  아리스토텔레스는 손해가 동등하게 교정되어야 한다는 교정적 정의를 주장하였다.

제시문의 사상가는 아리스토텔레스이다. 아리스토텔레스는 정의를 일반적 정의와 특수적 정의로 구분하고, 특수적 정의를 분배적 정의와 교정적 정의로 구분하였다. 아리스토텔레스는 분배적 정의는 각 사람의 가치에 따라 재화, 권력, 명예와 같은 사회적 가치를 공정하게 분배하는 것이라고 보았다.

바로잡기 ① 아리스토텔레스는 동등한 사람들이 동등한 몫을, 동등하지 않은 사람들이 동등하지 않은 몫을 가질 때 정의가 실현된다고 보았다. ③ 재화, 권력, 명예 등의 배분은 분배적 정의와 관련된다. ④ 타인에게 해를 끼쳤으면 손해를 교정할 수 있는 만큼의 처벌을 받아야 한다. ⑤ 배상과 처벌에 대한 처분은 교정적 정의와 관련이 깊다.

선택지 더 보기

⑥ 각 사람의 가치와 무관하게 동일한 몫이 분배되어야 한다. (×)
⑦ 잘못으로 인한 손해와 동등한 처벌이 이루어져야 한다. (○)
⑧ 재판관은 권력, 명예 등을 사회 구성원에게 분배한다. (×)

168 교정적 정의 실현을 위한 처벌의 목적

1등급 자료 분석 교정적 정의와 처벌의 목적

갑: 사법적 처벌이 정당화되려면 그 처벌은 오직 범죄자가 시민에게 새로운 해악을 입힐 가능성을 방지하고 타인의 범죄를 억제하기에 충분한 정도의 강도만을 가져야 한다. - 베카리아   예방

을: 사법적 처벌은 범죄자 자신이나 시민 사회와 관련된 다른 선을 증진하는 수단으로 행해져서는 절대 안 되고, 어떠한 경우든 처벌을 받은 개인이 범죄를 저질렀다는 이유만으로 부과되어야 한다. - 칸트   응보

갑은 처벌의 목적이 예방에 있다고 보는 베카리아, 을은 응보에 있다고 보는 칸트이다. 베카리아는 예방주의 입장에서 처벌을 통해 범죄자의 행동을 통제 및 교화해야 한다고 보았고(ㄱ), 칸트는 응보주의 입장에서 처벌의 본질은 범죄 행위에 상응하는 응당한 보복을 가하는 것이라고 보았다(ㄴ).

바로잡기 ㄷ. 베카리아는 사형이 종신 노역형보다 범죄 예방 효과가 적다고 보아 사형에 반대하였다. ㄹ. 사법적 처벌이 사회적 이익을 증진하기 위한 수단이어야 함을 강조하는 것은 베카리아만의 입장이다. 칸트는 사법적 처벌이 다른 선을 증진하기 위한 수단이 되어서는 안 된다고 보았다.

---

05 다양한 정의관의 특징과 적용

기본 기출 문제
● 43 ~ 44쪽

핵심 개념 문제

169 자유주의	**170** 공동체주의	**171** 소유 권리
172 서사적 존재	**173** × **174** ○	**175** × **176** ㉢
177 ㉠ **178** ㉣	**179** ㉢ **180** ㉡	**181** ㉠
182 ⑤ **183** ②	**184** ① **185** ③	**186** ⑤ **187** ⑤
188 ④		

182

㉠은 자유주의이다. 자유주의에서는 다른 사람의 자유를 침해하지 않는 한에서 개인의 자유와 권리를 최대한 보장하고, 이를 통해 자신의 행복 추구나 자아실현 등 개인이 사적으로 누릴 수 있는 이익인 사익(개인선)을 실현하는 것이 정의롭다고 본다.

183

제시문의 사상가는 롤스이다. 롤스는 정의를 공정성 실현의 문제로 보아, 공정한 절차를 통해 합의한 정의의 원칙을 준수하여야 한다고 주장하였다.

바로잡기 ① 최소 국가에 관한 주장은 노직과 관련된다. 롤스는 국가의 적극적 역할을 강조하였다. ③ 롤스는 평등주의적 자유주의의 입장에서 정의는 다수 혹은 일부가 아니라 모든 구성원이 평등한 자유를 누릴 수 있도록 공정성을 실현하는 것이라고 보았다. ④ 롤스에 따르면 국가는 사회적 약자의 처지 개선을 위한 혜택을 제공하는 등 사회적 약자를 포함한 모두의 이익을 위해 적극적인 역할을 수행해야 한다. ⑤ 롤스에 따르면 사회적·경제적 불평등은 최소 수혜자에게 최대의 혜택이 돌아갈 때 정당화할 수 있다. 따라서 사회적·경제적 불평등 개선이 필요하지 않다고 말할 수 없다.

184

제시문의 사상가는 노직이다. 노직은 자유 지상주의 입장에서 개인의 소유 권리가 최대한 보장되어야 한다고 보았다. 그는 최소 수혜자에게 최대의 이익을 보장해야 한다는 것에는 동의하지 않았다. 왜냐하면 타인에게 피해를 주지 않고 정당하게 소유물을 취득하거나 양도받았다면 해당 개인은 그 소유물에 대한 정당한 소유 권리를 갖는다고 보았기 때문이다. 또한 개인의 소유물을 어떻게 사용할 것인가에 대해서는 개인의 자유로운 선택에 맡겨야 한다고 보았다.

바로잡기 ②, ③, ④, ⑤ 노직이 긍정의 대답을 할 질문이다.

185

제시문의 사상가는 매킨타이어이다. 매킨타이어는 공동체주의적 정의관을 바탕으로 개인은 공동체로부터 독립하여 존재할 수 없으며(ㄷ), 공동체의 전통과 역사를 바탕으로 책임감 있는 시민이자 공동체 구성원으로서의 의무를 다하며(ㄴ) 살아가야 한다고 보았다.

바로잡기 ㄱ, ㄹ. 자유주의적 정의관에서 주장할 내용이다.

186

제시문의 사상가는 샌델이다. 샌델은 공동체주의적 정의관을 바탕으로 개인은 공동체 속에서 정체성을 형성해 나가는 존재라고 보고, 개인은 공동체의 구성원으로서 공동체가 공유하는 좋은 삶의 모습을 추구하며, 공동체가 공유하는 가치와 목적을 실현하기 위해 노력해야 한다고 보았다.

바로잡기 ①, ②, ③, ④ 자유주의적 정의관에서 지지할 내용이다.

187

(가)의 시위대는 자유주의적 정의관에 근거하여 마스크 착용 의무화가 개인의 자유를 과도하게 제한하는 조치라고 생각하여 반대 시위를 하는 반면, (나)의 시민들은 공동체주의적 정의관에 근거하여 마스크 착용 의무화를 정당하게 여기고 이를 실천하고 있다.

188

용병제 도입에 찬성하는 입장은 자유주의적 정의관에 근거하여 지원자의 국적에 상관없이 개인과의 자유로운 계약을 통해 국방 문제를 해결할 수 있다고 볼 것이다. 반면 용병제 도입에 반대하는 입장은 공동체주의적 정의관에 근거하여 임금을 받고 복무하는 외국인은 해당 국가 공동체의 구성원에 비해 외부의 침략에 대비하고 국토를 방위하는 일을 제대로 수행하지 못할 것이라고 보아 국가 공동체 구성원이 공동으로 국방의 의무를 다하는 것이 바람직하다고 볼 것이다.

🍎실력 기출 문제 ──────── ● 45~48쪽

189 ②	190 ⑤	191 ④	192 ①	193 ③	194 ③
195 ④	196 ⑤	197 ②	198 ⑤	199 ④	200 ①
201 ⑤	202 ③	203 ②			

1등급을 향한 서답형 문제

204 ㉠ 사익(개인선) ㉡ 공익(공동선) **205** **예시 답안** 감염병 예방을 위한 마스크 착용 의무화 조치에 대해 자유주의는 개인의 자유와 권리를 침해하여 사익(개인선) 실현을 방해한다는 점에서 부정적으로 평가하고, 공동체주의는 감염병 예방이라는 공익(공동선) 실현을 가능하게 한다는 점에서 긍정적으로 평가할 것이다. **206** 최소 국가

207 **예시 답안** 노직은 개인의 소유 권리 보장 등 최소한의 역할만 하는 최소 국가만이 정당화될 수 있다고 보았다. 하지만 롤스는 국가가 최소한의 역할이 아닌 적극적 역할을 해야 한다고 보았다. 즉, 사회적 약자를 포함한 모두의 이익을 위해 국가가 복지를 위한 재분배 정책을 실시하는 등의 적극적인 역할을 수행해야 한다고 주장하였다.

189

갑은 자유주의 관점을 지지한다. 자유주의에 따르면 개인은 어떠한 삶이 좋은 삶인지 스스로 결정할 수 있으므로 공동체는 개인에게 특정한 가치를 강요해서는 안 된다.

바로잡기 ㄱ. 자유주의는 다른 사람의 자유를 침해하지 않는 한에서 개인의 자유와 권리를 최대한 보장해야 한다고 본다. ㄷ. 자유주의는 개인의 자유와 권리를 보장하는 수단으로서의 공동체의 역할을 인정한다.

190

을은 공동체주의 관점을 지지한다. 공동체주의에서는 개인이 공동체의 영향을 받으며 소속감과 정체성을 형성해 나가는 존재임을 강조한다(ㄷ). 그리고 공동체 구성원은 사회적 유대감과 배려와 같은 공동체적 가치를 함양하고(ㄴ), 공동체가 공유하는 좋은 삶의 모습을 추구하는 등 공동체의 발전을 위해 노력해야 할 의무를 지닌다고 본다(ㄱ).

191

자유주의적 정의관에 따르면 개인은 공동체의 가치 실현이 아닌 개인선의 실현을 우선해야 한다. 반면 공동체주의적 정의관에 따르면 개인은 공동체가 공유하는 가치와 목적 실현을 중시해야 한다.

바로잡기 ①, ②, ③, ⑤는 갑은 긍정, 을은 부정의 대답을 할 질문이다.

192

자유주의적 정의관을 지지하는 갑은 개인의 자유는 타인의 자유를 침해하지 않는 범위 내에서 최대한 보장되어야 한다고 본다. 따라서 ①은 갑이 제시할 비판으로 적절하지 않다.

193

자유주의적 정의관을 지닌 갑은 의무 투표제 도입에 반대할 수 있는데, 그 이유는 투표 행위는 개인의 자유의 영역에 속하므로 강제할 수 없다고 볼 것이기 때문이다(ㄴ). 반면 공동체주의적 정의관을 지닌 을은 의무 투표제 도입에 찬성할 수 있는데, 그 이유는 국가의 미래와 공동체의 발전을 위해 지혜롭고 현명한 대표자를 선출하는 것이 국민의 책무라고 볼 것이기 때문이다(ㄷ).

바로잡기 ㄱ. 갑은 개인의 권리를 중시한다. ㄹ. 을은 개인의 선택보다 공동체의 의무를 중시한다.

194

갑은 자유주의적 정의관의 대표적인 사상가 롤스이다. 롤스는 정의가 공정성을 실현하는 문제라고 보고, 원초적 입장에서 무지의 베일을 쓰고 합의한 정의의 원칙에 따라 운영되는 사회가 공정한 사회라고 보았다. 롤스에 따르면 정의로운 사회에도 사회·경제적 불평등이 존재하는데, 이것이 최소 수혜자에게 최대 이익이 되고, 모든 사람에게 기회가 균등하게 주어진다면 정당화될 수 있다.

195

을은 자유주의적 정의관의 대표적인 사상가 노직이다. 노직은 개인의 소유 권리를 최대한 보장하고, 최소한의 역할만을 하는 국가만이 정당화될 수 있다고 보았다. 그는 취득과 이전 과정에서 발생하는 부정의에 대해서는 국가가 최소한의 개입을 통해 교정해야 한다고 보았다.

196

갑은 평등주의적 자유주의 관점을 지닌 롤스, 을은 자유 지상주의

관점을 지닌 노직이다. 노직은 개인의 소유 권리를 배타적으로 보장하는 것을 정의로 본 반면, 롤스는 모든 구성원이 평등한 자유를 누릴 수 있도록 공정성을 실현하는 것을 정의라고 보았다(ㄴ). 그리고 '구성원이 공동체가 공유하는 좋은 삶의 모습을 추구해야 한다.'는 주장은 공동체주의적 정의관이 지지하는 내용으로, 노직과 롤스는 모두 자유주의적 정의관에 근거하여 반대하였다(ㄷ). 롤스는 국가가 사회적 약자의 처지 개선을 위해 적극적 역할을 수행해야 한다고 보았지만 노직은 최소 국가를 강조하였다(ㄹ).

바로잡기 ㄱ. 자유주의적 정의관이 강조하는 내용으로, 롤스와 노직 모두 긍정의 대답을 할 질문이다.

197

롤스는 국가가 사회적 약자의 처지 개선을 위해 적극적 역할을 수행해야 한다고 보았다. 이에 근거할 때 상속세 강화는 부의 재분배를 통해 사회적 약자에게 최대 이익이 돌아가게 하는 공정한 사회를 실현할 수 있게 하므로 찬성할 것이다(ㄱ). 반면 노직은 국가가 개인의 소유 권리를 보호하는 등의 제한적 역할만을 수행하는 최소 국가로서 존재해야 한다고 보았다. 이에 근거할 때 상속세 강화는 정당한 취득 및 이전 절차를 거쳐 획득한 개인의 소유 권리를 침해하는 것이므로 반대할 것이다(ㄹ).

198

갑은 매킨타이어, 을은 샌델이다. 매킨타이어와 샌델은 공통적으로 공동체주의적 정의관을 주장하였다. 공동체주의는 국가나 사회와 같은 공동체는 개인이 좋은 삶을 살아가는 데 중요한 기반으로, 이러한 공동체와 분리되어 독립적으로 존재하는 개인은 존재할 수 없다고 본다. 그리고 개인은 공동체 내에서 자신에게 부여된 책임과 역할, 의무 등을 수행함으로써 자신의 정체성을 형성해 나가는 존재라고 본다. 반면 자유주의적 정의관에서는 개인이 독립적 자아로서 사회에 우선하며, 사회는 개별적인 개인들의 총합에 지나지 않는다고 여긴다.

바로잡기 ①, ②, ③, ④ 공동체주의적 정의관의 공통된 입장이다.

199

제시문의 화자는 자유주의적 정의관에 근거하여 조상의 잘못에 대한 후손의 배상 책임을 반대한다. 공동체주의적 정의관을 지지하는 매킨타이어와 샌델은 제시문의 화자에 대해 인간은 공동체의 일원으로서 역사적 유산과 책무를 물려받기 때문에 후손은 조상의 잘못에 대해 배상할 책임을 지닌다고 반론을 제기할 것이다.

바로잡기 ①, ②, ⑤ 자유주의적 정의관의 입장이다. ③ 공동체주의적 정의관과 관련이 없는 내용이다.

200

제시문의 갑은 노직, 을은 롤스이다. 노직은 국가의 역할이 개인의 소유권을 보호하는 등의 역할에 한정되는 최소 국가를 옹호하였다.

바로잡기 ⓒ 롤스는 모든 사람이 기본적 자유를 최대한 누릴 수 있는 평등한 권리를 가져야 한다고 보았다. ⓒ 노직과 롤스는 모두 자유주의적 정의관의 관점에서 공동체의 미덕을 개인에게 강요하지 말아야 한다고 보았다.

201

제시문의 병은 매킨타이어이다. 매킨타이어는 공동체주의적 정의관을 지지하므로 자유주의적 정의관을 옹호하는 노직과 롤스에게 공동체 구성원 누구나 공동선을 달성하기 위해 자신의 사회적 책임과 의무를 성실히 이행함으로써 정의를 실현할 수 있음을 간과한다고 반론을 제기할 수 있다.

바로잡기 ①, ② 자유주의적 정의관이 강조하는 내용이다. 노직과 롤스는 자유주의적 정의관에 근거하므로 반론으로 적절하지 않다. ③ 롤스의 주장이므로 반론으로 적절하지 않다. ④ 노직의 주장이므로 반론으로 적절하지 않다.

1등급 정리 노트 자유주의적 정의관과 공동체주의적 정의관 비교

구분	자유주의적 정의관	공동체주의적 정의관
인간에 대한 관점	독립적·추상적 자아	연고적 자아
중시하는 가치	개인의 자유와 권리	사회적 책임과 의무, 유대감
국가 공동체의 주된 역할	개인의 자유와 권리 보장	구성원의 공동체적 가치 함양

202

제시문의 사상가는 왈처이다. 왈처는 공동체주의적 정의관에 근거하여 공동체의 역사적·문화적 맥락에 따른 다양한 정의의 기준이 필요하다고 보았다(ㄴ). 그리고 부, 명예와 같은 사회적 가치는 공동체의 역사적이고 문화적인 소산이므로(ㄱ), 가치를 분배할 때 공동체의 특수성과 차이를 고려해야 한다고 보았다.

바로잡기 ㄷ. 왈처는 보편적이고 단일한 정의의 원칙을 주장하지 않았다. 그는 공동체의 각 영역에 따라 그에 맞는 다양한 분배 기준이 필요하다고 보았다.

203

(가), (나)에는 각각 자유주의와 공동체주의를 과도하게 강조할 때 발생할 수 있는 문제점이 들어가야 한다. 공동선보다 개인의 권리 보장을 우선하면 공동체 구성원 상호 간의 책임이 갖는 중요성을 간과할 수 있다(ㄱ). 공동선을 개인의 권리 보장보다 우선하면, 공동체의 불합리한 관행과 제도를 비판하기 어렵다는 문제가 발생할 수 있다(ㄷ).

바로잡기 ㄴ. (나)에 적절한 내용이다. ㄹ. (가)에 적절한 내용이다.

204

자유주의에서는 개인의 행복 추구나 자아실현 등 사익(개인선)(ㄱ)을 실현하는 것이 정의롭다고 보고, 공동체주의에서는 공익(공동선)(ㄴ)을 실현하는 것이 정의롭다고 본다.

205

감염병 예방을 위한 마스크 착용 의무화 조치에 대해 자유주의는 개인의 자유와 권리를 침해하여 사익(개인선) 실현을 방해한다는 점에서 부정적으로 평가하고, 공동체주의는 감염병 예방이라는 공익(공동선) 실현을 가능하게 한다는 점에서 긍정적으로 평가할 것이다.

채점 기준	수준
자유주의와 사익(개인선), 공동체주의와 공익(공동선)을 연결하여 적절하게 서술한 경우	상
자유주의와 사익(개인선), 공동체주의와 공익(공동선) 중 어느 한쪽만 연결하여 서술한 경우	하

206

노직은 개인의 소유 권리를 보호하는 제한적 역할만 하는 최소 국가를 옹호하였다.

207

노직은 개인의 소유 권리 보장 등 최소한의 역할만 하는 최소 국가만이 정당화될 수 있다고 보았다. 하지만 롤스는 국가가 최소한의 역할이 아닌 적극적 역할을 해야 한다고 보았다. 즉, 사회적 약자를 포함한 모두의 이익을 위해 국가가 복지를 위한 재분배 정책을 실시하는 등의 적극적인 역할을 수행해야 한다고 주장하였다.

채점 기준	수준
국가의 역할에 대한 노직과 롤스의 입장 차이를 비교하여 서술한 경우	상
국가의 역할에 대한 노직과 롤스의 입장 차이를 서술하였으나 그 내용이 미흡한 경우	하

 **적중 1등급 문제** ──────── ● 49쪽

208 ①   **209** ③   **210** ④   **211** ①

208 자유주의적 정의관

> **1등급 자료 분석**   자유주의적 정의관 - 롤스, 노직
>
> 갑: 어떤 사람이 우월한 재능을 가지고 태어난 것은 정의롭지도 부정의하지도 않다. 하지만 한 개인에게 주어진 타고난 재능은 그 개인이 누릴 자격이 있는 마땅한 것이 아니다. 따라서 불리한 처지에 있는 사람의 여건을 향상시켜 준다는 조건에서만 그가 가진 타고난 우월한 재능으로부터 더 큰 이익을 얻을 수 있다.
> 롤스는 평등주의적 자유주의에 근거하여 최소 수혜자에게 이익이 될 때에만 천부적 재능으로부터 얻은 이익이 정당할 수 있다고 보았다.
> 을: 각 개인의 타고난 재능이 그가 마땅히 받을 만한 것이라고 말할 수는 없다고 해도, 개인은 자신의 타고난 재능에 대한 소유 권리를 가지며 그 타고난 재능으로부터 산출되는 것에 대해서도 소유 권리를 가진다.
> 노직은 자유 지상주의에 근거하여 천부적 재능과 그로부터 얻은 이익 모두 해당 개인이 소유 권리를 갖는다고 보았다.

갑은 롤스, 을은 노직이다. 롤스는 어떤 사람이 우월한 재능을 가지고 태어난 것은 정의롭지도 부정의하지도 않다고 보았다. 다만 롤스는 아주 불리한 처지에 있는 사람들, 즉 최소 수혜자에게 이익이 되도록 천부적 재능을 사용해야 한다고 주장하였다.

209 자유주의적 정의관

롤스는 자연적 우연성의 영향을 최소화할 때 공정하다고 보았다.

따라서 최소 국가 형태를 지지하는 노직에 대해 자연적 우연성의 영향을 최소화하려는 국가의 개입이 정당하다는 점을 간과한다고 비판할 수 있다.

바로잡기 ① 롤스, 노직 모두 경제적 불평등을 허용하는 분배 원칙이 부당하다고 보지 않았다. 따라서 롤스가 제시할 비판으로 적절하지 않다. ② 노직은 최소 국가를 지지하였다. 따라서 노직에 대한 비판으로 적절하지 않다. ④ 롤스는 정의를 공정성 실현의 문제로 보므로 부정의한 이전 과정을 바로잡는 국가의 개입을 정당하다고 볼 것이다. 따라서 롤스가 제시할 비판으로 적절하지 않다. ⑤ 노직은 자신의 타고난 사회적 지위에 대해 소유 권리를 지닌다고 보았다. 따라서 노직에 대한 비판으로 적절하지 않다.

210 공동체주의적 정의관

> **1등급 자료 분석**   공동체주의적 정의관 - 매킨타이어
>
> 개인만이 궁극적 가치를 지닌다는 자유주의 관점에서 보면, 나는 내가 존재하기로 선택한 것이고, 나의 자아는 사회적·역사적 역할과 지위로부터 분리될 수 있습니다. 그러나 나는 가족, 도시, 친족, 민족, 국가 등 다양한 공동체의 구성원입니다. 이는 내 삶에 주어진 사실이며, 내 도덕의 출발점이기도 합니다.   매킨타이어는 공동체주의적 정의관에 근거하여 개인은 공동체와 분리되어 독립적으로 존재할 수 없다고 보았다.

강연자는 매킨타이어이다. 매킨타이어는 공동체주의적 정의관을 주장하므로 공동체는 개인의 자유와 권리를 보호하는 수단으로서만 가치가 있는 것이 아니라 개인이 좋은 삶을 살아가게 하는 중요한 기반이라는 견해를 지지할 것이다.

바로잡기 ①, ②, ③, ⑤ 자유주의적 정의관에서 지지할 내용이다.

211 자유주의적 정의관과 공동체주의적 정의관

> **1등급 자료 분석**   롤스와 왈처
>
> 갑: 원초적 입장에서 무지의 베일을 쓴 계약 당사자들은 사회적 약자의 처지
> 정의의 원칙을 도출하기 위한 가상 상황이다.
> 가 개선된다는 전제하에 재화가 불평등하게 분배될 수 있다는 데 합의할 것이다. - 롤스
> 을: 사회적 가치는 각 공동체의 역사적이고 문화적인 소산이다. 이에 상이한 사회적 가치들은 상이한 근거들에 따라 상이한 절차에 맞게 상이한 주체에 의해 분배되어야 한다. 정의의 원칙들은 다원적이다.
> 왈처는 공동체마다 다양한 영역에서 다양한 정의 원칙에 따라 분배되어야 정의롭다고 보았다.

갑은 자유주의적 정의관을 지지하는 롤스, 을은 공동체주의적 정의관을 지지하는 왈처이다. 롤스는 정의의 원칙이 원초적 입장이라는 가상 상황에서 도출된다고 본 반면, 왈처는 공동체의 역사와 맥락에 따라 정의의 원칙은 다원적이라고 보았다(ㄱ). 롤스는 정의로운 사회에서도 사회적·경제적 불평등은 차등의 원칙과 기회균등의 원칙이 충족될 때 정당화될 수 있다고 보았다(ㄴ).

바로잡기 ㄷ. 롤스가 부정의 대답을 할 질문으로 B에 적절하지 않다. ㄹ. 왈처는 서로 다른 사회적 가치들은 서로 다른 기준에 따라 분배되어야 한다고 보았다. 따라서 왈처가 부정의 대답을 할 질문이므로 C에 적절하지 않다.

> **선택지 더 보기**
>
> ㅁ. B: 공동체마다 각기 다른 정의의 원칙이 존재해야 하는가?   (×)
> ㅂ. C: 모든 사회에 적용되는 보편적이고 단일한 정의의 원칙이 존재하는가?   (×)

기본 기출 문제

● 51~52쪽

핵심 개념 문제

212 사회 불평등 현상 **213** 양극화 **214** 사회적 약자
215 공간 불평등 현상 **216** ○ **217** ○ **218** ○ **219** ㉢
220 ㉠ **221** ㉡ **222** ㉠ **223** ㉡

224 ⑤ **225** ⑤ **226** ③ **227** ① **228** ③ **229** ②
230 ④ **231** ①

224

㉠은 사회 불평등 현상으로, 누구나 사회적 자원을 가지고 싶어 하지만 그 양이 한정되어 있어서 자원을 많이 가진 사람과 그렇지 못한 사람이 생기면서 나타나는 현상이다. 사회 불평등 현상은 어느 정도는 자연스러운 현상이지만, 그 정도가 심각할 경우 정의로운 사회 실현을 가로막을 수 있다.

225

㉠은 공간 불평등 현상으로, 수도권과 비수도권, 도시와 농촌, 신도심지와 구도심지 등 공간을 기준으로 불평등 현상이 나타나는 것을 말한다. 공간 불평등의 가장 큰 원인은 과거 경제 발전 과정에서 추진된 성장 거점 개발 정책으로, 이는 빠른 경제 성장을 위해 성장 가능성이 큰 수도권과 대도시를 중심으로 투자를 집중하는 정책이다. 이로 인해 발생한 공간 불평등 현상을 해결하기 위해 도입된 정책 중 하나가 지역 격차 완화 정책이다.

226

공간 불평등 현상은 낙후된 공간에 사는 사람들이 경제적 차원뿐만 아니라 교육, 의료, 문화 등 생활 환경 전반에서 불평등을 겪게 되고, 이것이 지역 간 갈등을 심화할 수 있다는 문제가 있다.

227

㉠은 사회 불평등 현상, ㉡은 공간 불평등 현상이다. 사회 불평등 현상에는 사회 계층의 양극화, 사회적 약자에 대한 차별 등이 해당하고(ㄱ), 공간 불평등 현상에는 선진국과 개발 도상국의 격차, 수도권과 비수도권의 격차, 도시 내에서 고소득층과 저소득층의 거주 환경 차이 등이 포함된다(ㄴ).

바로잡기 ㄷ. ㉠은 사회 불평등 현상, ㉡은 공간 불평등 현상이다. ㄹ. 사회 불평등 현상과 공간 불평등 현상은 사회 통합을 저해하여 정의로운 사회 실현을 어렵게 한다.

228

사회적 약자에는 어린이, 노인, 장애인, 여성, 경제적 빈곤층, 이주 노동자, 북한 이탈 주민 등이 있다. 이들에 대한 대표적인 차별 사례로, 이주 노동자는 열악한 노동 환경에서 저임금을 받으며 고통받고 있고(ㄱ), 여성들은 출산과 육아에 따른 업무 공백을 이유로

취업 및 승진, 임금 등에서 어려움을 겪고 있으며(ㄷ), 북한 이탈 주민은 선입견과 편견 때문에 한국 사회에 적응하는 데 어려움을 겪고 있다.

바로잡기 ㄴ. 북한 이탈 주민에 대한 정착 지원금 제공, 주거 환경 보장 등은 사회적 약자에 대한 차별이 아닌 보호와 배려를 위한 정책이다.

229

㉠은 사회 계층의 양극화이다. 이는 사회 불평등 현상의 일종이다. 사회 계층의 양극화의 대표적인 원인은 재산과 소득에 따른 경제적 격차의 확대인데, 이외에도 교육의 기회나 학력의 격차 등도 그 원인이 될 수 있다. 사회 계층의 양극화가 심화되면 개인의 능력이나 업적에 따른 계층 이동을 어렵게 하여 폐쇄적인 사회 구조를 형성하므로 문제가 될 수 있다.

230

사회 복지 제도에는 도움이 필요한 국민에게 상담, 돌봄 등을 제공하는 사회 서비스, 국가 지원으로 빈곤 계층에게 최소한의 생활을 보장하는 공공 부조, 국민이 사회적 위험에 사전에 대비할 수 있게 하는 사회 보험 등이 있다.

231

사회 복지 제도 중 사회 서비스에는 노인 돌봄 서비스, 장애인 활동 지원, 가사·간병 서비스 등이 있다.

바로잡기 ㄴ. 노인 장기 요양 보험과 산업 재해 보상 보험은 사회 보험에 해당한다. ㄷ. 기초 연금, 의료 급여, 국민 기초 생활 보장 제도는 공공 부조에 해당한다.

실력 기출 문제

● 53~54쪽

232 ⑤ **233** ③ **234** ③ **235** ② **236** ④ **237** ③
238 ④

1등급을 향한 서답형 문제

239 장애인 의무 고용 제도 **240** 예시 답안 ㉡에는 사회적 배려 대상자 전형, 농어촌 학생 전형, 기회균등 전형 등이 있다. 이와 같은 대학 입학 전형을 통해 경제적 상황이 좋지 못한 사회적 배려 대상 학생이나 비교적 교육 환경의 수준이 낮은 농어촌 학생에게 혜택을 제공함으로써 사회적 약자의 처지를 개선할 수 있다는 점에서 정의로운 사회 실현에 기여하고 있다고 볼 수 있다.

241 ㉠ 사회 서비스 ㉡ 공공 부조 ㉢ 사회 보험

242 예시 답안 사회 서비스로는 노인 돌봄 서비스, 장애인 활동 지원, 가사·간병 서비스가 있고, 공공 부조는 국민 기초 생활 보장 제도, 의료 급여, 기초 연금이 있으며, 사회 보험으로는 국민 건강 보험, 국민연금, 고용 보험이 있다.

232

제시문의 화자는 한국 사회의 불평등은 단순한 빈부 격차의 문제만이 아니라 전반적인 생활 영역의 불평등으로 연쇄적으로 이어지기 때문에 더 심각한 문제라고 본다.

바로잡기 ① 제시문에 따르면 소득과 자산의 불평등이 주거 불평등의 심화로 이어진다. ② 제시문에 따르면 다중 격차란 여러 영역에서 격차가 벌어지는 것이다. ③ 제시문에 따르면 교육 불평등은 대학 진학에 영향을 미친다. ④ 제시문에 따르면 한국 사회의 불평등은 단순한 빈부 격차가 아닌 다중 격차의 문제로 나타난다.

233

제시문은 공간 불평등 현상을 다루고 있다. 구도심을 재개발하여 편의 시설을 설치하는 것은 공간 불평등을 해소하기 위한 노력에 해당한다.

바로잡기 ①, ④ 수도권에 인구, 교통, 산업 시설 등이 집중된 반면 비수도권은 이러한 자원이 부족하다. 이로 인해 수도권은 인구 과밀 문제, 비수도권은 인구 소멸 위험 문제가 발생한다. ②, ⑤ 대도시에 비해 중소도시, 도시에 비해 농촌에는 문화, 교통, 의료 시설 등이 부족하다.

234

'나'는 적극적 평등 실현 조치에 찬성하는 입장이고, '어떤 사람'은 이에 반대하는 입장이다. 적극적 평등 실현 조치로 또 다른 차별이 생길 수 있음을 간과한다는 것은 반대하는 입장에서 찬성하는 입장에 제기할 반론이다.

1등급 정리 노트	적극적 평등 실현 조치
의미	사회적 약자의 불리한 조건을 완화하고 실질적인 기회의 평등을 보장하기 위해 일정한 혜택을 제공하는 제도
우리나라의 사례	• 여성의 사회·공직 진출을 위해 「공직 선거법」에 따라 국회 의원 선거에 여성 할당제를 도입함. • 「고등 교육법 시행령」에 따라 장애인, 기초 생활 수급자, 차상위 계층 등을 대상으로 기회균형 특별 전형을 실시함.

235

공공 기관 지방 이전 정책은 수도권과 대도시 중심의 성장 거점 개발로 심화된 공간 불평등을 해소하기 위해 지역 격차를 완화하고자 하는 것이다.

236

자립형 지역 발전 기반을 구축하기 위해서 지방 자치 단체에서는 지역 브랜드 구축이나 관광 마을 조성 및 지역 축제와 같은 장소 마케팅을 추진하고 있다.

바로잡기 ㄱ, ㄷ. 공간 불평등 현상을 심화시킬 수 있는 정책이다.

237

사회 보험은 구성원의 사회적 위험을 공적 보험의 방식으로 대비하는 제도이고, 공공 부조는 생활 능력이 없거나 어려운 국민의 최저 생활을 보장하고 자립을 지원하는 제도이다. 공공 부조가 사후적 대책인 것과는 달리 사회 보험은 사전적 대책이라는 점이 그 특징

이고, 사회 보험은 일정 수준의 소득이 있는 개인, 기업, 정부가 보험료를 분담하는 기여금, 부담금 형식인 것과 달리 공공 부조는 조세 부담 능력이 있는 국민이 낸 세금을 재원으로 한다.

238

㉠은 사회 보험, ㉡은 공공 부조이다. 비금전적 지원을 원칙으로 하는 사회 복지 제도는 사회 서비스이다. 공공 부조는 금전적 지원을 원칙으로 한다.

1등급 정리 노트	사회 복지 제도
사회 보험	• 개인, 기업, 정부가 비용을 분담하여 질병이나 실업, 산업 재해 등 구성원에게 발생하는 사회적 위험에 대비하는 제도 • 국민 건강 보험, 국민연금, 고용 보험, 산업 재해 보상 보험, 노인 장기 요양 보험 등
공공 부조	• 국가와 지방 자치 단체가 복지 비용을 전액 부담하여 생활 유지 능력이 없거나 생활이 어려운 국민의 최저 생활을 보장하고, 자활을 지원하는 제도 • 국민 기초 생활 보장 제도, 의료 급여, 기초 연금 등
사회 서비스	• 국가와 지방 자치 단체 및 민간 부분의 도움이 필요한 모든 국민에게 상담, 재활, 돌봄, 정보 제공, 관련 시설 이용, 사회 참여 지원 등 다양한 서비스 혜택을 제공하는 제도 → 비금전적 지원을 원칙으로 함 • 노인 돌봄 서비스, 장애인 활동 지원, 가사·간병 서비스 등

239

우리나라는 적극적 평등 실현 조치로 기업이나 관공서에서 일정 비율 이상의 장애인을 고용하도록 하는 장애인 의무 고용 제도를 시행하고 있다.

240

㉡에는 사회적 배려 대상자 전형, 농어촌 학생 전형, 기회균등 전형 등이 있다. 이와 같은 대학 입학 전형을 통해 경제적 상황이 좋지 못한 사회적 배려 대상 학생이나 비교적 교육 환경의 수준이 낮은 농어촌 학생에게 혜택을 제공함으로써 사회적 약자의 처지를 개선할 수 있다는 점에서 정의로운 사회 실현에 기여하고 있다고 볼 수 있다.

채점 기준	수준
대학 입학 전형에서의 적극적 평등 실현 조치 예시를 제시하고, 이러한 방안이 정의로운 사회 실현에 어떻게 기여하는지를 적절하게 서술한 경우	상
대학 입학 전형에서의 적극적 평등 실현 조치 예시를 제시하였으나, 이러한 방안이 정의로운 사회 실현에 어떻게 기여하는지를 미흡하게 서술한 경우	중
대학 입학 전형에서의 적극적 평등 실현 조치 예시만을 제시한 경우	하

241

금전적 지원이 아닌 비금전적 지원에 해당하는 사회 복지 제도는 사회 서비스(㉠)이다. 금전적 지원 방식을 활용하며 사전 예방적 성격을 갖지 않는 사회 복지 제도는 공공 부조이다(㉡). 사전 예방적 성격을 지니며 금전적 지원 방식을 활용하는 사회 복지 제도

는 사회 보험이다(ⓒ).

242

사회 서비스로는 노인 돌봄 서비스, 장애인 활동 지원, 가사·간병 서비스 등이 있고, 공공 부조는 국민 기초 생활 보장 제도, 의료 급여, 기초 연금 등이 있으며, 사회 보험으로는 국민 건강 보험, 국민연금, 고용 보험 등이 있다.

채점 기준	수준
세 가지 사회 복지 제도에 해당하는 구체적인 제도를 각각 두 가지 이상씩 적절하게 제시한 경우	상
세 가지 사회 복지 제도에 해당하는 구체적인 제도를 각각 한 가지 이상씩 제시한 경우	중
세 가지 사회 복지 제도에 해당하는 구체적인 제도를 각각 한 가지 이상씩 제시하지 못한 경우	하

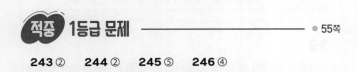 **적중 1등급 문제** ━━━━━━━━━━━━ ● 55쪽

243 ② **244** ② **245** ⑤ **246** ④

243 사회 및 공간 불평등 현상

1등급 자료 분석 　사회 및 공간 불평등 현상

<형성 평가>

※ 사회 및 공간 불평등 현상에 대한 진술이 맞으면 'O', 틀리면 'x'를 표시하시오.

진술 ＼ 학생	갑	을	병	정	무
사회 계층의 양극화는 중층 비중이 줄면서 상층과 하층으로 사람들이 몰리는 현상이다.	O	O	O	O	x
사회적 약자에 대한 차별의 주요 원인은 선입견과 편견, 차별을 용인하는 사회적 환경이다.	O	O	O	x	x
사회 불평등 현상은 <u>무한한 사회적 자원이</u> 차등 분배되어 개인이나 집단이 서열화된 것이다. 사회적 가치는 희소하여 모두의 욕구를 충족하기에 충분치 않으며, 이로 인해 어느 정도의 사회 불평등 현상은 발생할 수밖에 없다.	O	x	x	x	x
공간 불평등 현상의 대표적인 원인은 수도권을 중심으로 한 성장 거점 개발 정책의 추진이다.	O	O	x	x	x

사회적 불평등은 한 사회에서 희소한 자원이 개인이나 집단에 차등적으로 분배되어 사회 구성원들이 차지하는 위치가 서열화되어 있는 현상을 말한다.

244 적극적 평등 실현 조치

1등급 자료 분석 　적극적 평등 실현 조치

(가) 「남녀 고용 평등법」은 고용 시장에서 행해진 여성의 채용·승진·임금 차별을 막기 위해서 제정되었다. 하지만 법이 시행된 이후에도 성차별적 인식으로 인해 여전히 많은 여성들이 고통과 차별을 받고 있다.
(나) 장애인 의무 고용 제도란 국내 사업주에게 일정 비율 이상의 장애인을 고용하도록 의무를 부과하는 제도이다. 그러나 아직 장애인에 관한 사회적 인식이 크게 바뀌지 않아 여전히 장애인 고용은 저조한 수준이다.

　(가), (나)는 적극적 평등 실현 조치의 사례이다. 제도가 갖추어졌다고 해도 시민들의 의식 개선이 없으면 사회 불평등 현상을 해소하는 데 한계가 있음을 보여 준다.

(가), (나)는 사회 불평등 현상을 해소하기 위해 도입된 적극적 평등 실현 조치이다. (가), (나)를 통해 법과 제도가 시행된다고 해서 사회 불평등 문제가 해결되는 것이 아니며, 그와 더불어 시민들의 의식 개선도 함께 이루어져야 함을 알 수 있다.

바로잡기 ㄱ. 적극적 평등 실현 조치 시행이 부정적인 결과를 야기한다는 내용일 경우, 역차별 문제 해소와 연결될 수 있다. (가)는 적극적 평등 실현 조치가 시행 중이지만 실질적으로는 사회 불평등 현상이 해결되지 않아 적극적 평등이 실현되지 않고 있음을 지적하므로 역차별 문제 해소와 무관한 내용이다. ㄴ. (나)는 장애인 의무 고용 제도가 시행되고 있지만 사회적 인식으로 인해 장애인 고용 수준이 저조함을 지적한다. 이를 통해 장애인에 대한 사회적 차별은 장애인 개인이 지닌 능력 차이에서 기인한다는 내용을 찾기는 어렵다.

245 사회 복지 제도

1등급 자료 분석 　공공 부조

교사: 사회 복지 제도의 종류를 구분하는 탐구 활동을 해 보겠습니다. (가)가 공공 부조만 될 수 있도록 ㉠, ㉡에 들어갈 수 있는 질문 카드를 찾아봅시다.

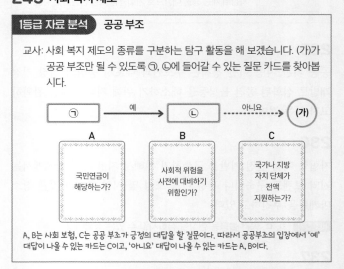

A, B는 사회 보험, C는 공공 부조가 긍정의 대답을 할 질문이다. 따라서 공공부조의 입장에서 '예' 대답이 나올 수 있는 카드는 C이고, '아니요' 대답이 나올 수 있는 카드는 A, B이다.

공공 부조는 생활 능력이 없거나 생활이 어려운 사람에게 국가 및 지방 자치 단체가 비용을 전액 부담하여(C) 이들의 최저 생활을 보장하고 자립할 수 있도록 하는 것이 목적이다. 국민 연금(A)은 사회적 위험에 사전에 대비하기 위한(B) 사회 보험에 해당한다.

246 지역 격차 완화 정책

지역 격차 완화 정책

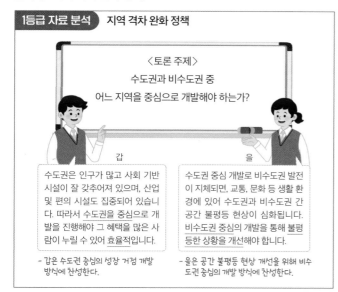

〈토론 주제〉
수도권과 비수도권 중
어느 지역을 중심으로 개발해야 하는가?

갑

수도권은 인구가 많고 사회 기반 시설이 잘 갖추어져 있으며, 산업 및 편의 시설도 집중되어 있습니다. 따라서 수도권을 중심으로 개발을 진행해야 그 혜택을 많은 사람이 누릴 수 있어 효율적입니다.

- 갑은 수도권 중심의 성장 거점 개발 방식에 찬성한다.

을

수도권 중심 개발로 비수도권 발전이 지체되면, 교통, 문화 등 생활 환경에 있어 수도권과 비수도권 간 공간 불평등 현상이 심화됩니다. 비수도권 중심의 개발을 통해 불평등 상황을 개선해야 합니다.

- 을은 공간 불평등 현상 개선을 위해 비수도권 중심의 개발 방식에 찬성한다.

갑은 수도권 중심의 효율적인 국토 개발을, 을은 비수도권 중심의 균형 있는 국토 개발을 주장한다. 갑은 인구가 많은 수도권 중심으로 개발을 진행해야 많은 사람이 혜택을 누릴 수 있다고 보기 때문에 인구가 적은 지역을 중심으로 하는 개발에 찬성하지 않을 것이다.

 **마무리 문제** ────────── ● 56 ~ 59쪽

04 정의의 의미와 분배적·교정적 정의

247 ④ **248** ② **249** ① **250** ① **251** 예시 답안 사례와 밀접하게 관련된 분배적 정의의 실질적 기준은 '필요'이다. 필요에 따른 분배의 장점은 많은 이들이 인간다운 삶을 살아가는 데 필요한 최소한의 조건을 충족하게 한다는 것이다. 반면에 열심히 노력하여 업적을 쌓고자 하는 개인의 성취동기를 저하할 수 있다는 단점이 있다.

05 다양한 정의관의 특징과 적용

252 ③ **253** 예시 답안 다른 사람의 자유를 침해하지 않는 한에서 개인의 자유와 권리를 최대한 보장하고, 이를 통해 자신의 행복 추구나 자아실현 등 사익(개인선)을 실현하는 것 **254** ④ **255** ② **256** ③
257 ⑤ **258** ④ **259** ④ **260** 예시 답안 개인은 공동체의 영향을 받으면서 소속감과 정체성을 형성해 나가는 존재이다. 이에 개인이 속한 공동체 구성원 모두에게 유익한 공익을 실현하는 것이 정의롭다. 마스크 착용 의무화는 공공 안전과 공동체의 건강을 지키는 중요한 방법이다. 따라서 마스크 착용 의무화를 개인이나 사회 전체의 자유를 위협하는 것으로 이해하기보다 개인의 건강뿐만 아니라 공동체의 건강을 보호하는 공동선의 측면에서 필요한 것으로 받아들여야 한다.

06 사회 정의 실현을 위한 노력

261 ④ **262** 예시 답안 사회 계층의 양극화. 사회 계층의 양극화 현상이 지속 및 심화되면 계층 간 위화감이 조성되고 갈등이 발생하여 사회 통합을 이루기 어렵게 된다. 이로 인해 정의로운 사회를 실현하기 힘들어진다.
263 ⑤ **264** ④

───────────────────────

247

정의는 사회적 대우나 보상, 처벌 등에 있어 마땅히 받을 몫을 공정하게 받는 것을 의미한다. 정의에 대한 설명은 시대와 장소에 따라 다양하지만, 다양한 이해 갈등 문제를 공정하게 해결하기 위해서 공정한 정의 기준이 필요하다는 점에서 공통적이다.

바로잡기 ① 동양 사상, 서양 사상 모두 각각의 시대적 배경을 바탕으로 정의에 대해 설명하므로 그 우열을 가리기 어렵다. ③ 정의에 대한 설명은 시대와 장소에 따라 다양할 수 있다. ②, ⑤ 정의는 어떤 잘못에 대한 처벌과 배상의 문제와 관련된 교정적 정의, 사회적 가치나 권리와 의무의 분배 문제와 관련된 분배적 정의를 아우른다.

248

㉠은 분배적 정의, ㉡은 교정적 정의이다. 분배적 정의는 기본적 권리, 기회, 지위와 직책, 부와 소득 등과 같은 사회적 가치를 어떤 기준으로 분배하는 것이 공정한지에 관한 문제와 관련된다(ㄱ). 교정적 정의는 주로 법적 정의와 관련되는데, 잘못과 처벌 사이에 적정한 균형이 유지될 때 실현될 수 있다(ㄷ).

바로잡기 ㄴ. 교정적 정의는 개인이나 집단에 입힌 손해에 관한 처벌과 배상의 공정함을 말한다. ㄹ. 아리스토텔레스에 따르면 일반적 정의는 법을 준수하는 것이고, 특수적 정의는 분배적 정의와 교정적 정의로 구분된다.

249

제시문은 분배적 정의의 의미와 실질적 기준의 특징을 다룬다. 분배적 정의는 사회적 재화를 공정하게 분배하는 원칙과 밀접한 관련이 있다(㉠). 분배적 정의의 실질적 기준으로 능력, 업적, 필요 등이 있는데, 전문적 자질을 갖춘 사람에게 어떤 지위나 자격을 부여하는 것은 능력에 따른 분배에 해당한다(㉡).

바로잡기 ㉢ 업적에 따른 분배는 각자가 달성한 결과를 객관화·수량화할 수 있고 주관적 편견을 배제할 수 있다는 장점이 있지만, 사회적 약자에 대한 배려가 부족할 수 있다는 단점이 있다. ㉣ 능력에 따른 분배는 개인의 성취동기를 높이고 개인이 지닌 잠재력을 실현하여 사회 발전에 이바지하게 할 수 있다는 장점이 있지만, 능력을 평가하는 정확한 기준을 마련하기 어렵다는 단점도 있다.

250

갑은 베카리아, 을은 칸트이다. 교정적 정의에 있어 베카리아는 공리주의 입장에서 예방주의를 지지하며 처벌이 범죄 예방과 같은 사회적 이익을 증진하기 위한 수단이라고 보았다. 따라서 범죄 예방 효과를 형벌 타당성의 기준으로 보았다.

바로잡기 ② 베카리아는 살인범에 대한 처벌은 사형보다 범죄 예방 효과가 큰 종신 노역형이 바람직하다고 보았다. ③, ④ 칸트는 응보주의를 지지하였다. 그래서 형벌은 사회적 선을 촉진하기 위한 수단이 아니라 범죄 행위에 대한 응당한 보복을 가하는 것이라고 보았다. ⑤ 베카리아와 칸트 모두 형벌은 공적 차원의 정의 실현이어야 한다고 보았다.

251

사례와 밀접하게 관련된 분배적 정의의 실질적 기준은 '필요'이다. 필요에 따른 분배의 장점은 많은 이들이 인간다운 삶을 살아가는 데 필요한 최소한의 조건을 충족하게 한다는 것이다. 반면에 열심히 노력하여 업적을 쌓고자 하는 개인의 성취동기를 저하할 수 있다는 단점이 있다.

채점 기준	수준
'필요'에 따른 분배임을 제시하고, 장점과 단점을 모두 적절하게 서술한 경우	상
'필요'에 따른 분배임을 제시하였으나 장점과 단점 중 한 가지만 적절하게 서술한 경우	중
'필요'에 따른 분배만을 제시한 경우	하

252

가상 편지를 쓴 사상가는 자유주의적 정의관을 지지하는 롤스이다. 롤스는 공정한 절차를 통해 합의된 정의의 원칙에 의해 사회 제도가 규제되어야 한다고 보는 공정으로서의 정의를 주장하였다. 롤스에 따르면 평등한 기본적 자유의 원칙은 다른 원칙에 우선하여 적용되어야 하는 첫 번째 원칙이다.

바로잡기 ①, ②, ④, ⑤ 롤스가 긍정의 대답을 할 질문이다.

253

다른 사람의 자유를 침해하지 않는 한에서 개인의 자유와 권리를 최대한 보장하고, 이를 통해 자신의 행복 추구나 자아실현 등 사익(개인선)을 실현하는 것

채점 기준	수준
개인의 자유와 권리 보장, 사익 실현 등 자유주의적 정의관의 내용을 적절하게 서술한 경우	상
개인의 자유와 권리 보장, 사익 실현 중 자유주의적 정의관의 내용을 일부만 서술한 경우	중
개인의 자유와 권리 보장, 사익 실현 등 자유주의적 정의관의 내용을 미흡하게 서술한 경우	하

254

제시문의 사상가는 자유 지상주의 입장을 지지한 노직이다. 노직은 재화의 취득과 이전의 과정이 정당하다면 그 과정을 통해 얻은 소유물에 대한 배타적 소유 권리를 보장하는 것이 정의롭다고 보았다[첫 번째 진술]. 그리고 국가의 역할을 개인의 소유권을 보호하는 것에 한정하는 최소 국가만이 정당화될 수 있다고 보아, 취득과 이전 과정이 부정의했다면 정의 실현을 위해 국가가 분배 과정에 개입하여 그 부정의를 교정하는 역할을 할 수 있다고 보았다[두 번째 진술]. 또한 결과의 평등을 추구하는 정의 원칙은 사적 소유권을 침해한다고 보아 거부하였다[세 번째 진술].

바로잡기 네 번째 진술. 노직은 분배 과정이 공정하다면 그 결과의 정의도 보장된다고 보았다.

255

제시문의 갑은 노직, 을은 롤스이다. 롤스는 자신의 성별, 인종, 재능 등을 모르는 무지의 베일을 쓴 원초적 입장이라는 공정한 조건에서 정의의 원칙을 도출해야 한다고 보았다(ㄴ).

바로잡기 ㄱ. 노직은 개인의 소유 권리를 보호하는 등의 제한적 역할만 하는 최소 국가를 옹호하였는데, 노직에 따르면 최소 국가는 분배 과정이 불의했을 경우 이를 교정하기 위해 개입할 수 있다. ㄷ. 노직과 롤스 모두 정의로운 사회에서도 사회적·경제적 불평등은 정당화될 수 있다고 보았다.

256

(가)의 갑은 자유 지상주의 입장의 노직, 을은 평등주의적 자유주의 입장의 롤스, 병은 공동체주의적 정의관의 매킨타이어이다. 매킨타이어는 공동체주의 입장에서 초과 이윤세를 통해 재원을 마련하여 공동선을 증진할 수 있으므로 초과 이윤세 도입에 대해 찬성할 것이다.

바로잡기 ① 노직은 초과 이윤세가 개인의 자유와 권리를 침해한다고 보고 이에 반대할 것이다. ② 롤스는 초과 이윤세 도입이 사회의 최소 수혜자에게 이익을 준다면 이에 찬성할 것이다. ④ 노직은 개인의 자유와 권리를 우선 보호해야 한다고 보고 초과 이윤세에 반대할 것이다. ⑤ 매킨타이어는 사익보다 공익 실현에 더 가치를 두어야 한다고 보고 초과 이윤세에 찬성할 것이다.

257

공동체주의적 정의관은 공공 기관 인터넷 게시판 실명제 합헌 결정에 대해 지지할 것이다. 왜냐하면 사이버 공간은 공적 영역이기 때문에 공동체 구성원으로서 책임감 있게 행동할 필요가 있다고 볼 것이기 때문이다.

바로잡기 ①, ② 자유주의적 정의관이 지지할 내용이다. ③, ④ 공동체주의적 정의관이 제시할 근거로 적절하지 않다.

258

자료의 질문들에 대해 공동체주의적 정의관은 부정의 대답을, 자유주의적 정의관은 긍정의 대답을 할 것이다. 이때 갑이 2점이므로 A는 공동체주의적 정의관(①)이며 B는 자유주의적 정의관임을 알 수 있다. 그리고 을은 1점이므로 ㉠에는 '아니요'가 들어가야 한다(②). 갑이 'A(공동체주의적 정의관)는 개인을 무연고적 자아로 간주하는가?'에 대해 '예'로 답하면 오답이므로 해당 질문은 (가)에 들어갈 수 있다(③). 'B(자유주의적 정의관)는 국가를 개인의 자유와 권리 보호를 위한 수단으로 보는가?'에 대해 갑이 '예'라고 대답하면 정답이므로 해당 질문은 (가)에 들어갈 수 없다(⑤).

바로잡기 ④ 'B(자유주의적 정의관)는 국가가 개인의 삶에 개입하지 말아야 한다고 보는가?'에 대해 갑이 '예'라고 답하면 정답이므로 해당 질문은 (가)에 들어갈 수 없다.

259

'나'는 자유주의적 정의관을 지지하고, '어떤 사람'은 공동체주의적 정의관을 지지한다. 자유주의적 정의관은 공동체주의적 정의관에 대해 '공동체의 목표를 지나치게 강조하면 개인의 희생이 강요될 수 있음을 간과한다'고 지적할 수 있다.

바로잡기 ① 자유주의적 정의관은 다른 사람에게 피해를 주지 않는 한에서 개인의 자유와 권리를 보장해야 한다고 본다. ②, ③, ⑤ 공동체주의적 정의관에서 자유주의적 정의관에 대해 제기할 수 있는 견해이다.

260

개인은 공동체의 영향을 받으면서 소속감과 정체성을 형성해 나가는 존재이다. 이에 개인이 속한 공동체 구성원 모두에게 유익한 공익을 실현하는 것이 정의롭다. 마스크 착용 의무화는 공공 안전과 공동체의 건강을 지키는 중요한 방법이다. 따라서 마스크 착용 의무화를 개인이나 사회 전체의 자유를 위협하는 것으로 이해하기보다 개인의 건강뿐만 아니라 공동체의 건강을 보호하는 공동선의 측면에서 필요한 것으로 받아들여야 한다.

채점 기준	수준
공동체주의적 정의관의 입장에서 마스크 착용 의무화가 공동선 실현에 기여한다는 내용을 적절하게 서술한 경우	상
공동체주의적 정의관의 입장에서 서술하였으나 마스크 착용 의무화와 다소 미흡하게 연관 지어 서술한 경우	중
공동체주의적 정의관의 입장만을 서술한 경우	하

261

우리나라는 공간 불평등 현상을 완화하기 위해 지역 격차 완화 정책을 추진하고 있는데, 대표적인 사례로 수도권 소재 공공 기관의 지방 이전을 들 수 있다.

바로잡기 ① 성장 거점 개발은 투자의 효율성을 강조하는 정책이다. ② 수도권과 비수도권 간의 격차는 공간적 불평등이 심화되었음을 보여 준다. ③ 지역 격차는 사회 통합을 저해하는 요인으로 작용할 수 있다. ⑤ 수도권에 기업, 대학교, 의료 기관 등이 몰려 있게 되면서 지역 격차가 더 심화되었다.

262

사회 계층의 양극화. 사회 계층의 양극화 현상이 지속 및 심화되면 계층 간 위화감이 조성되고 갈등이 발생하여 사회 통합을 이루기 어렵게 된다. 이로 인해 정의로운 사회를 실현하기 힘들어진다.

채점 기준	수준
사회 계층의 양극화 용어를 제시하고, 이 현상이 정의로운 사회 실현을 저해하는 이유를 적절하게 서술한 경우	상
사회 계층의 양극화 용어는 제시하였으나, 이 현상이 정의로운 사회 실현을 저해하는 이유를 미흡하게 서술한 경우	중
사회 계층의 양극화 용어만을 제시한 경우	하

263

적극적 평등 실현 조치에 대해 갑은 찬성하는 입장, 을은 반대하는 입장이다. 사회적 약자를 우대하는 입학 정책은 부당한 역차별을 심화시킨다고 보는 것은 을에게만 해당한다.

264

㉠은 사회 서비스, ㉡은 공공 부조, ㉢은 사회 보험이다. 사회 서비스는 공공 부조와 사회 보험과 달리 비금전적 지원을 원칙으로 한다(ㄱ). 공공 부조는 조세 부담 능력이 있는 국민이 낸 세금으로 저소득 계층을 지원하는 것이므로 사회 보험보다 소득 재분배 효과가 크다(ㄷ). 사회 보험은 공공 부조와 달리 국민에게 발생할 수 있는 사회적 위험을 보험 방식으로 사전에 대처하여 국민의 건강과 생활 보전을 보장하고자 한다(ㄹ).

바로잡기 ㄴ. 공공 부조가 아니라 사회 보험에 대한 설명이다. 공공 부조는 조세 부담 능력이 있는 국민이 낸 세금을 재원으로 하여 저소득 계층을 지원한다.

기본 기출 문제 ● 61 ~ 62쪽

핵심 개념 문제

265 사유 재산	**266** 중상주의, 상업	**267** 애덤 스미스
268 ×	**269** ○ **270** ○ **271** ㉠	**272** ㉠ **273** ㉡
274 ㄱ	**275** ㄴ	

276 ④	**277** ⑤	**278** ②	**279** ①	**280** ⑤	**281** ④
282 ③					

276

㉠은 자본주의이다. ㄴ, ㄹ. 자본주의는 일반적으로 시장경제 체제와 결합하며, 경제활동의 자유 및 사적 이익 추구를 인정한다.

바로잡기 ㄱ. 자본주의는 사유 재산권을 법적으로 보장한다. ㄷ. 정부의 계획과 통제에 따라 자원이 배분되는 경제 체제는 계획경제 체제이다.

277

A는 상업 자본주의, B는 산업 자본주의이다. 16세기 유럽의 신항로 개척과 이로 인한 교역 확대의 결과 상업 자본주의가 나타나기 시작하였다. 따라서 해당 내용은 (가)에 들어갈 수 있다.

바로잡기 ① A는 상업 자본주의, B는 산업 자본주의이다. ② 애덤 스미스의 자유방임주의는 산업 자본주의의 사상적 배경이 되었다. ③ 산업 자본주의는 상품의 유통보다 생산 활동을 통한 이윤 추구에 중점을 둔다. ④ 산업 자본주의는 경제활동의 자유를 중시한다.

278

A는 시장경제 체제, B는 계획경제 체제이다. 시장경제 체제에서는 계획경제 체제보다 기업의 이윤 추구 동기가 높다.

바로잡기 ① 시장경제 체제에서는 계획경제 체제보다 자원 배분의 효율성이 높다. ③ 시장경제 체제에서는 계획경제 체제와 달리 민간 경제 주체들 간의 자유로운 경쟁을 중시한다. ④ 시장경제 체제에서는 계획경제 체제와 달리 자원 배분 과정에서 '보이지 않는 손'의 역할을 강조한다. ⑤ 계획경제 체제에서는 시장경제 체제와 달리 원칙적으로 생산 수단의 사적 소유를 인정하지 않는다.

279

18세기 중·후반 유럽에서 산업 혁명이 발생하여 기술이 급격히 발전하고 제조업이 이윤 창출의 핵심으로 자리 잡으면서 산업 자본주의가 성장하였다. 19세기 후반에는 경제활동의 자유가 지나치게 중시되면서 거대한 소수 기업이 시장을 지배하는 독점 자본주의가 나타났고, 이후 정부가 시장에 개입하여 경제 문제를 해결해야 한다는 목소리가 커짐에 따라 수정 자본주의가 등장하였다.

280

(가)는 산업 자본주의, (나)는 수정 자본주의이다. 자유방임주의가 사상적 배경으로 작용한 산업 자본주의 시기에는 정부의 시장 개입 최소화를 강조하였으며, 수정 자본주의 시기에는 시장에 대한 정부의 적절한 개입과 통제를 강조하였다. 따라서 정부의 개입 정도는 산업 자본주의보다 수정 자본주의 시기가 크다.

바로잡기 ① 다양한 복지 정책이 시행된 것은 수정 자본주의 시기이다. ② 세계 대공황은 수정 자본주의가 등장하는 배경으로 작용하였다. ③ 스태그플레이션은 신자유주의가 등장하는 배경으로 작용하였다. ④ 수정 자본주의 시기에는 개인의 이익 추구 등에 대해 적절한 정부의 개입이 인정되었다.

281

제시된 경제 상황은 석유 파동이다. ④ 석유 파동으로 발생한 스태그플레이션을 해결하는 과정에서 시장의 자율성을 강화하는 방향, 즉 신자유주의로 변화되었다.

바로잡기 ① 석유 파동은 공급 부족으로 발생하였다. ② 뉴딜 정책은 대공황을 극복하기 위해 실시된 정책이다. ③ 시장에 대한 정부 개입을 줄이는 계기가 되었다. ⑤ 상업과 수출을 장려하고 수입을 억제하는 중상주의 정책이 추진된 것은 상업 자본주의와 관련 있다.

282

우리나라는 시장경제 체제를 기반으로 계획경제 체제의 특성이 일부 더해진 혼합 경제 체제를 채택하고 있다. 따라서 A는 시장경제 체제, B는 계획경제 체제이다. ㄱ. 시장경제 체제에서는 시장 가격 기구에 의한 자원 배분을 비롯한 시장의 자율성이 중시된다. ㄷ. 시장경제 체제와 계획경제 체제는 경제 문제 해결 방식의 차이에 따라 구분된다.

바로잡기 ㄴ. 계획경제 체제에서는 중앙 정부가 자원 대부분을 소유한 채 경제활동을 통제한다.

실력 기출 문제 ● 63 ~ 66쪽

283 ②	**284** ①	**285** ③	**286** ④	**287** ①	**288** ⑤
289 ④	**290** ②	**291** ④	**292** ①	**293** ⑤	**294** ④
295 ⑤	**296** ③				

1등급을 향한 서답형 문제

297 (나) - (다) - (가) - (라) **298** 예시답안 공기업을 민영화한다. 노동 시장 유연화를 진행한다. 복지를 축소한다. 감세 정책을 시행한다.

299 경제 체제

300 예시답안 시장경제 체제와 계획경제 체제의 구분 기준은 '경제 문제를 해결하는 방식'이다. 우리나라 경제 체제는 시장경제 체제를 기반으로 계획경제 체제 요소가 더해진 혼합 경제 체제이다.

283

㉠에 들어갈 개념은 자본주의이다. 자본주의는 사유 재산권을 법적으로 보장하고 경제활동에 참여하는 행위 주체의 자유로운 경제활동과 사적 이익 추구가 인정되며 시장에서 다수의 참여자가 자유롭게 경쟁하는 과정에서 시장 가격이 결정된다.

바로잡기 ② 일반적으로 자본주의는 자유로운 경쟁을 바탕으로 하는 시장경제 체제와 결합하므로 자원 배분의 효율성보다 형평성을 강조한다고 보기 어렵다.

284

제시문은 애덤 스미스의 《국부론》 중 일부이다. ㄱ, ㄴ. 애덤 스미스의 자유방임주의에 따르면, 사회의 자원은 '보이지 않는 손', 즉 가격 기구에 의해 효율적으로 배분되며, 자유 경쟁을 보장하는 경제 체제가 바람직하다.

바로잡기 ㄷ. 애덤 스미스는 시장 가격 기구에 의해 자원 배분의 효율성이 달성된다고 보았다. ㄹ. 애덤 스미스는 시장에서 발생한 문제는 시장의 자율 조정 기능에 의해 해결된다고 보았다.

285

(가)는 산업 자본주의, (나)는 수정 자본주의이다. ㄴ. 산업 자본주의 시기에는 자유방임주의에 따라 정부의 역할을 치안 유지 및 국방 강화에 한정하는 것이 최선이라고 보았다. ㄷ. 독점 자본주의의 폐해로 발생하게 된 세계 대공황은 수정 자본주의가 등장하게 된 배경으로 작용하였다.

바로잡기 ㄱ. 수정 자본주의 시기에는 각종 복지 정책이 시행되었다. ㄹ. 신자유주의 시기에는 공기업의 민영화가 적극적으로 추진되었다.

286

제시된 자료에는 세계 대공황 상황이 나타나 있다. 이를 극복하는 과정에서 수정 자본주의가 등장하였다. 수정 자본주의 체제에서 미국의 루스벨트 정부는 뉴딜 정책을 시행하였다. 테네시강 유역을 개발하는 등 대규모 공공사업을 추진하여 일자리를 제공함으로써 수요 부족 문제를 해결하였고, 사회 보장 제도를 강화하였다.

바로잡기 ① 수정 자본주의에서는 시장에 대한 정부의 역할이 강화되었다. ② 자유방임주의는 '보이지 않는 손', 즉 시장 가격을 통한 문제 해결을 강조하였고, 수정 자본주의는 정부의 적극적인 역할을 강조하였다. ③ 세계 대공황은 애덤 스미스가 강조한 자유방임주의에 변화를 가져온 계기가 되었다. ⑤ 신자유주의는 1970년대 석유 파동 이후 등장하였다.

1등급 정리 노트	**뉴딜 정책**
목적	대공황 발생 당시 미국의 루스벨트 대통령이 수정 자본주의에 근거하여 국가의 경제적 위기를 타개하기 위해 시행함.
방법	재기 가능한 은행에 자금을 빌려줌으로써 파산을 막았고, 농산물 가격 폭락을 막기 위해 자금을 지원하였으며, 대규모 공공사업을 통해 일자리를 만들어 유효 수요를 창출함.

287

갑은 애덤 스미스, 을은 케인스에 해당한다. ㄱ. 애덤 스미스와 케인스는 모두 기본적으로 자본주의 체제를 옹호한다. 따라서 해당 내용은 (가)에 들어갈 수 있다. ㄴ. '보이지 않는 손'은 시장 가격 기구를 의미하며, 애덤 스미스는 시장 가격 기구에 의한 자원 배분을 강조하였다.

바로잡기 ㄷ. '풍요 속의 빈곤'은 대공황의 원인이 된 초과 공급과 유효 수요의 부족 현상을 비유적으로 표현한 것이다. ㄹ. 신자유주의는 케인스보다 애덤 스미스의 입장에 가깝다.

288

A는 1930년대 대공황 이후 등장한 자본주의, 즉 수정 자본주의이

다. ㄷ. 산업 혁명 결과 자본주의는 상업 자본주의에서 산업 자본주의로 변화하였다. 따라서 (가)에는 '산업 혁명'이 들어갈 수 있다. ㄹ. 1970년대 발생한 석유 파동의 결과 자본주의는 수정 자본주의에서 신자유주의로 변화하였다. 따라서 (나)에는 '석유 파동'이 들어갈 수 있다.

바로잡기 ㄱ. 수정 자본주의는 정부의 적극적인 시장 개입이 필요하다고 보았다. ㄴ. 수정 자본주의를 대표하는 학자로는 케인스를 들 수 있다. 하이에크와 프리드먼은 신자유주의를 대표하는 학자이다.

1등급 정리 노트	**스태그플레이션**

- 경기 침체(stagnation)와 인플레이션(inflation)의 합성어로, 경기 침체 상황에서 물가가 상승하는 현상을 말함.
- 일반적으로 경기가 침체될 경우 물가는 하락하지만, 1970년대 석유 파동에 따른 경기 침체는 물가 상승까지 동반하여 경제 전반에 악영향을 미침.

289

제시된 자료는 영국 대처 총리의 정책으로, 노동 시장의 유연화, 공기업의 민영화 등은 신자유주의 정책에 해당한다. 신자유주의는 시장에 정부가 개입하던 수정 자본주의에서 벗어나 자유 시장 경제 원리에 충실할 것을 강조한다.

바로잡기 ① 신자유주의는 자원 배분의 형평성보다 효율성을 중시한다. ② 신자유주의는 생산 요소 시장에 대한 국가 통제 강화와 거리가 멀다. ③ 국가가 유효 수요를 창출해야 한다는 이론은 케인스주의이다. ⑤ 국가가 대규모 공공사업과 복지 정책을 통해 시장에 적극적으로 개입하고자 한 것은 수정 자본주의와 관계있다.

290

갑은 시장의 자동 조절 기능을 확신하고 있는 반면, 을은 시장의 완전성에 대해 의문을 제기하고 정부의 보완적인 역할을 중시하고 있다. ㄱ. 갑은 을과 달리 시장이 모든 문제를 해결할 수 있다고 본다. ㄷ. 갑은 정부가 시장 기능을 보완할 수 없다고 보는 반면, 을은 정부의 개입이 시장의 기능을 보완하여 효율성 실현에 이바지한다고 본다.

291

제시된 헌법 조항을 통해 갑국은 시장경제 체제를, 을국은 계획경제 체제를 채택하고 있음을 알 수 있다. 개별 경제 주체의 경제적 자율성을 중시하는 것은 시장경제 체제의 특징에 해당한다. 따라서 갑국은 을국과 달리 개별 경제 주체의 경제적 자율성을 중시할 것이다.

바로잡기 ① 갑국은 시장경제 체제를 채택하고 있으므로 생산 수단의 사적 소유를 인정한다. ② 을국은 계획경제 체제를 채택하고 있으며, 제시된 헌법 조항에는 시장경제 체제의 요소가 나타나 있지 않다. ③ 자원 배분의 효율성보다 형평성을 강조하는 것은 시장경제 체제의 특징으로 보기 어렵다. ⑤ 시장 가격 기구의 역할을 강조하는 것은 시장경제 체제의 특징에 해당한다.

292

A를 채택하고 있는 갑국에서는 사유 재산권을 토대로 시장 가격 기구를 통해 기본적인 경제 문제가 결정되고 있다. 반면, B를 채택하고 있는 을국에서는 토지에 대한 국가 소유권을 토대로 기본

적인 경제 문제가 정부의 명령에 따라 결정되고 있다. 따라서 A는 시장경제 체제, B는 계획경제 체제이다. ㄱ, ㄴ. 시장경제 체제에서는 '보이지 않는 손'의 기능을, 계획경제 체제에서는 정부의 계획과 통제에 의한 자원 배분을 중시한다.

바로잡기 ㄷ. 시장경제 체제에서는 경제 문제 해결에 있어 형평성보다 효율성을 강조한다. ㄹ. 시장경제 체제와 계획경제 체제 모두에서 희소성에 따른 경제 문제가 발생한다.

293

밑줄 친 ㉠은 계획경제 체제이다. 계획경제 체제는 경제 문제와 관련된 의사 결정을 중앙 정부가 담당하므로 개별 경제 주체들의 요구를 정확하게 파악하기 어렵다. 반면, 시장 가격에 기초하여 개별 경제 주체들이 자유롭게 의사 결정하는 시장경제 체제는 시장 정보를 더욱 잘 활용할 수 있다는 장점이 있다. 계획경제 체제는 생산 수단을 사회 공동으로 소유하는 사회주의와 결합하여 부와 소득의 불평등을 완화하려는 목표를 지닌다.

바로잡기 ① 계획경제 체제는 형평성을 중요한 목표로 삼는 경제 체제이다. 이를 위해 중앙 정부가 소득 분배 등의 경제 문제에 대한 의사 결정을 직접 내린다. ② 자유로운 경쟁에 따라 경제 문제를 해결하는 경제 체제는 시장경제 체제이다. ③ 계획경제 체제에서와 달리 시장경제 체제에서는 개별 경제 주체가 경제적 유인에 반응하여 경제활동을 한다. ④ 가격 기구에 의해 희소한 자원이 배분되는 시장경제 체제와 달리 계획경제 체제는 중앙 정부의 계획에 기초하여 지시와 명령에 따라 자원 배분 과정이 조정된다.

294

'보이지 않는 손'에 의한 경제 문제 해결을 강조하고, 개별 경제 주체의 자유로운 사익 추구 활동을 중시하는 것은 시장경제 체제의 특징이며, 원칙적으로 생산 수단의 사적 소유를 인정하지 않는 것은 계획경제 체제의 특징이다. 학생이 받은 점수가 2점이므로 A는 계획경제 체제, B는 시장경제 체제이다. ㄱ. 계획경제 체제에서는 정부의 명령이나 계획에 의해 자원을 배분한다. ㄷ. 시장경제 체제에서는 계획경제 체제에 비해 경제적 유인 체계를 중시한다.

바로잡기 ㄴ. 시장경제 체제에서는 민간 경제 주체 간 자유로운 경쟁을 강조한다.

295

제시문은 신자유주의가 시장의 효율성을 강조하면서도 그 결과 사회적 문제를 초래했음을 비판하고 있다. 즉, 제시문은 규제 없는 시장의 한계와 이에 대한 정부 개입의 필요성을 역설하고 있다. 따라서 '시장은 만능이 아니다, 정부의 역할을 인정하자'라는 제목이 가장 적절하다.

296

원칙적으로 생산 수단의 사적 소유가 허용되지 않는 경제 체제는 계획경제 체제이다. 따라서 A는 계획경제 체제, B는 시장경제 체제이다. 시장경제 체제와 계획경제 체제 모두에서 자원의 희소성으로 인한 경제 문제가 발생한다. 따라서 해당 내용은 (가)에 들어갈 수 있다.

바로잡기 ① 시장경제 체제에서는 경제적 유인을 강조한다. ② 계획경제 체

제에서는 정부의 명령에 의한 자원 배분을 중시한다. ④ 시장경제 체제는 계획경제 체제와 달리 경제 주체들의 자율적인 의사 결정을 중시한다. 따라서 해당 내용은 (다)에 들어갈 수 있다. ⑤ 계획경제 체제는 시장경제 체제와 달리 소득 분배의 형평성을 중시한다. 따라서 해당 내용은 (나)에 들어갈 수 있다.

297

(가)는 수정 자본주의, (나)는 상업 자본주의, (다)는 산업 자본주의, (라)는 신자유주의 당시의 상황이다. 이를 발생 순서대로 나열하면 (나) – (다) – (가) – (라) 순이다.

298

신자유주의에서는 작은 정부를 중심으로 한 경제 체제를 지향하면서 공기업 민영화, 노동 시장 유연화, 복지 축소, 감세 정책 등이 추진되었다.

채점 기준	수준
신자유주의의 주요 정책 세 가지를 서술한 경우	상
신자유주의의 주요 정책 두 가지를 서술한 경우	중
신자유주의의 주요 정책을 한 가지만 서술한 경우	하

299

경제 체제는 생산물의 종류와 수량, 생산 방법, 분배 방식 등의 기본적인 경제 문제를 해결하기 위해 합의된 제도나 방식이다.

300

경제 체제는 생산자와 소비자가 시장 가격에 따라 자유롭게 의사 결정을 함으로써 경제 문제를 해결하는 시장경제 체제와 정부의 계획과 명령, 통제에 의해 경제 문제를 해결하는 계획경제 체제로 나눌 수 있다.

채점 기준	수준
시장경제 체제와 계획경제 체제의 구분 기준과 우리나라 경제 체제의 특징을 모두 서술한 경우	상
시장경제 체제와 계획경제 체제의 구분 기준을 쓰고 우리나라 경제 체제의 특징을 혼합 경제 체제라고만 서술한 경우	중
시장경제 체제와 계획경제 체제의 구분 기준만 서술한 경우	하

적중 1등급 문제

67쪽

301 ③ **302** ④ **303** ④ **304** ③

301 자본주의의 역사적 전개

1등급 자료 분석 상업 자본주의, 산업 자본주의, 수정 자본주의

(가) 정부의 적극적인 재정 지출로 일자리를 창출하고 소비를 증진하여 불황을 극복해야 한다는 주장이 주목받았다. - 수정 자본주의
(나) 유럽에서는 신항로 개척 이후 교역망이 확대되고 대량의 금, 은이 유입되면서 초기 단계로서의 자본주의가 나타나기 시작하였다. - 상업 자본주의
(다) 영국에서 시작된 산업 혁명을 거치며 공장제 기계 공업이 발달하고 대량 생산이 가능해짐에 따라 제조업을 바탕으로 이윤을 창출하는 자본주의가 발전하였다. - 산업 자본주의

수정 자본주의의 등장 배경으로는 미국에서 시작된 세계 경제 대공황을 들 수 있다. 수정 자본주의의 발전 과정에서 발생한 석유 파동으로 인한 스태그플레이션은 신자유주의 등장에 영향을 미쳤다. 산업 자본주의가 형성되는 과정에서는 '보이지 않는 손'으로 대표되는 애덤 스미스의 자유방임주의 사상이 큰 영향을 미쳤다. 자본주의는 역사적으로 상업 자본주의 - 산업 자본주의 - 수정 자본주의의 순으로 전개되었다.

바로잡기 ③ 상업 자본주의에서는 이윤이 상품의 생산 과정이 아닌 유통 과정에서 발생한다고 인식되었다.

선택지 더 보기

⑥ (가)는 석유 파동에 따른 국제적 불황을 해결하는 과정에서 등장하였다. (×)
⑦ (나)의 등장 배경으로는 절대 왕정의 중상주의 정책을 들 수 있다. (○)
⑧ (가)는 (다)와 달리 작은 정부를 추구하였다. (×)

302 자본주의의 역사적 전개

1등급 자료 분석 수정 자본주의와 신자유주의

'㉠ 케인스주의'라고 불리는 경제 정책에 근거하여 국가는 (가)[수요] 을/를 창출하였으며, 노동자들은 안정적인 생활과 임금을 보장받았고, 금융 자본의 투기는 억제되었다. 그러나 이러한 풍요와 안정은 오래가지 않았다. 미국 경제는 독일, 일본의 추격에 힘을 잃게 되었고, '㉡ 석유 파동'으로 세계 경제는 큰 혼란에 빠져들었다. 그 과정에서 등장한 것이 바로 (나)[신자유주의] 이다.

ㄴ. 세계 대공황 이후 등장한 케인스주의는 시장에서 발생한 문제를 해결하기 위해 정부의 개입이 필요하다고 주장한다. 따라서 케인스주의는 정부 실패보다 시장 실패에 대한 대응이다. ㄹ. 석유 파동으로 석유 가격이 상승하자 물가가 상승하고, 생산 활동은 둔화되어 실업률이 증가하는 스태그플레이션이 발생하였다. 따라서 석유 파동은 물가 상승률과 실업률이 반비례하지 않을 수 있음을 보여 주었다.

바로잡기 ㄱ. (가)에는 '수요', (나)에는 '신자유주의'가 들어갈 수 있다. ㄷ. 석유 파동은 신자유주의가 힘을 얻게 된 계기가 된 사건으로, 정부가 시장에 개입하지 않아야 한다는 주장을 강화하는 계기가 되었다.

선택지 더 보기

ㅁ. ㉠은 정부가 시장에 적극적으로 개입하는 큰 정부를 추구하였다. (○)
ㅂ. (나)는 시장에서 발생한 문제 해결을 위해 정부의 적극적 개입이 필요하다고 본다. (×)
ㅅ. ㉡의 결과 수정 자본주의가 등장하였다. (×)

303 경제 문제를 해결하는 방식

1등급 자료 분석 시장경제 체제와 계획경제 체제

전형적인 A[계획경제 체제]를 채택하고 있는 갑국은 다음의 목적을 달성하기 위해 B[시장경제 체제]의 요소를 도입하는 ㉠ 경제 체제 개혁을 추진하였다.

<추구하고자 하는 목적>

- 경제 성장률을 올리고, 산업의 생산성을 향상시킨다.
- 자율과 경쟁을 통해 자원 배분의 효율성을 높인다.
(시장경제 체제의 특징)
- (가)

시장경제 체제는 경제 주체 간 자율과 경쟁을 강조하여 자원 배분의 효율성이 높다. 제시된 자료의 '추구하고자 하는 목적'은 시장경제 체제 요소의 도입과 관련 있다. 따라서 A는 계획경제 체제, B는 시장경제 체제이다. '보이지 않는 손'은 가격을 의미한다. 시장경제 체제는 자율적으로 형성된 시장 가격에 따라 자원이 배분되는 경제 체제이다.

바로잡기 ① 시장경제 체제는 계획경제 체제와 달리 생산 수단의 사적 소유를 인정한다. ② 계획경제 체제는 시장경제 체제와 달리 정부의 명령에 의한 자원 배분을 중시한다. ③ ㉠을 통해 기업의 이윤 추구 동기가 강화된다. ⑤ 시장경제 체제와 계획경제 체제는 모두 자원의 희소성으로 인한 경제 문제가 발생한다. 따라서 해당 내용은 (가)에 들어갈 수 없다.

선택지 더 보기

⑥ A는 시장경제 체제, B는 계획경제 체제이다. (×)
⑦ A는 B와 달리 자원 배분의 형평성보다 효율성을 중시한다. (×)
⑧ B는 A와 달리 경제적 유인을 강조한다. (○)

304 경제 문제를 해결하는 방식

1등급 자료 분석 시장경제 체제와 계획경제 체제

표는 각 질문에 관한 갑, 을의 답변 및 점수를 나타낸다. 단, 질문별로 점수를 부여하고, 옳은 답변당 1점씩 부여한다.

질문	답변	
	갑	을
A[계획경제 체제]에서는 경제 주체 간 자율적 의사 결정을 중시하는가?	~~예~~	~~예~~
(가)	㉠	㉡
A보다 B[시장경제 체제]에서 경제에 대한 정부의 통제 정도가 강한가?	(아니요)	~~예~~
점수	2점	1점

A가 시장경제 체제, B가 계획경제 체제라면, 을의 점수는 1점이 넘는다. 따라서 A는 계획경제 체제, B는 시장경제 체제이다. ㄴ. 기업의 영리 추구 활동을 보장하는 경제 체제는 시장경제 체제이다. ㄹ. 경제적 유인을 강조하는 경제 체제는 시장경제 체제이며, (가)에 대해 갑과 을은 모두 옳은 응답을 해야 한다. 따라서 (가)에 해당 질문이 들어가면 ㉠과 ㉡은 모두 '아니요'이다.

바로잡기 ㄱ. 시장경제 체제는 '보이지 않는 손'의 기능을 강조한다. ㄷ. 시장경제 체제와 계획경제 체제는 모두 자원의 희소성에 따른 기본적인 경제 문제가 발생한다.

선택지 더 보기

ㅁ. A는 시장경제 체제, B는 계획경제 체제이다.	(×)
ㅂ. A는 B와 달리 자원 배분의 형평성보다 효율성을 중시한다.	(×)
ㅅ. B는 A와 달리 생산 수단의 사적 소유가 허용된다.	(○)

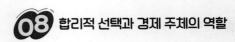

08 합리적 선택과 경제 주체의 역할

기본 기출 문제 ━━━━━━━━━━━ ● 69~70쪽

핵심 개념 문제

305 희소성		306 매몰 비용		307 시장 실패
308 ×	309 ×	310 ㉡	311 ㉠	312 ㉠	313 ㉠
314 ㄴ	315 ㄷ				
316 ②	317 ②	318 ⑤	319 ①	320 ③	321 ③
322 ③					

316

희소성은 사람의 욕구는 무한한데, 이를 충족해 줄 자원은 상대적으로 부족한 상황을 의미한다.

317

선택으로 인해 포기한 것의 가치를 고려해야 하는데 이를 기회비용이라고 한다. 기회비용은 직접 화폐로 지출하여 눈에 보이는 회계적 비용인 명시적 비용과 어떤 대안을 선택함에 따라 얻을 수 있었으나 포기한 다른 기회의 가치인 암묵적 비용으로 구성된다.

318

갑이 밤늦게 귀가하는 가족을 위해 자신의 집 밖에 설치한 등이 어두운 골목길을 밝혀 주자 갑의 가족뿐만 아니라 동네 사람들이 비용을 지불하지 않고 밤에 안전하게 다닐 수 있게 되었다. 이는 어떤 경제 주체의 활동이 다른 경제 주체에게 의도하지 않은 이익을 주면서도 대가를 받지 않는 상태인 긍정적 외부 효과에 해당한다.

319

콩코드 오류는 돈이나 노력, 시간 등을 투자하는 과정에서 손실이나 실패로 이어질 것을 알면서도 그동안 쓴 비용과 시간, 즉 매몰 비용이 아까워 그만두지 못하는 잘못된 경제적 행동을 의미한다. 이를 통해 합리적 선택을 위해서는 매몰 비용을 고려해서는 안 된다는 것을 파악할 수 있다.

320

제시문에서 정부는 공정한 경쟁을 해치는 교복 업체의 행위를 규제하여 소비자의 권익을 보호하고 경제의 원활한 작동을 돕는 역할을 하고 있다. 이를 통해 공정 거래 질서를 확립하는 정부의 역할을 파악할 수 있다.

321

기업의 사회적 책임이란 단순히 사회에서 필요로 하는 재화와 서비스를 생산한다는 의미를 넘어 건전한 이윤을 추구하는 것과 함께 환경을 보호하고 소비자의 권익을 고려하는 것이다.

바로잡기 ③ 비용 절감을 위해 친환경적이지 않은 공법의 생산 방식을 도입하는 것은 기업의 사회적 책임에 부합하지 않는다.

322

노동조합이 사용자와 근로 조건에 관하여 교섭하고 협약을 체결할 수 있는 권리는 단체 교섭권이다. 노동 조건에 관한 협상이 원만하게 이루어지지 않을 경우 쟁의 행위를 통해 사용자에게 대항할 수 있는 권리는 단체 행동권이다. 노동자가 사용자와 대등한 위치에서 근로 조건을 개선하고 경제적 지위 향상을 도모하기 위해 단체를 결성할 수 있는 권리는 단결권이다.

실력 기출 문제 ●──── ● 71 ~ 74쪽

323 ③	324 ②	325 ①	326 ③	327 ①	328 ②
329 ⑤	330 ③	331 ②	332 ②	333 ④	334 ④
335 ①	336 ⑤				

1등급을 향한 서답형 문제

337 ㉠ 비배제성 ㉡ 비경합성　　**338** 예시 답안 ㉢의 의미 - 무임승차자 문제란 공공재의 비배제성으로 소비자들이 대가를 지불하지 않고 소비하려는 경향이 나타나는 것을 의미한다. ㉣의 해결 방안 - 정부가 직접 공공재의 특성을 지닌 재화나 서비스를 생산하여 공급한다.

339 (가) 부정적 외부 효과 (나) 긍정적 외부 효과

340 예시 답안 부정적 외부 효과를 개선하기 위해 정부는 부정적 외부 효과를 발생시키는 생산자 또는 소비자에게 세금이나 과징금, 과태료 등을 부과할 수 있다. 긍정적 외부 효과를 개선하기 위해 정부는 긍정적 외부 효과를 발생시키는 생산자 또는 소비자에게 보조금 지급, 세금 감면 등의 혜택을 제공할 수 있다.

323

㉠과 ㉡의 경우 각 선택에 따른 편익, 명시적 비용, 암묵적 비용, 기회비용 및 순편익(편익-기회비용)을 나타내면 다음과 같다.

<샌드위치 가격이 ㉠ 2천 원인 경우>　　(단위: 천 원)

구분	만두	샌드위치
편익	8	5
명시적 비용	4	2
암묵적 비용	3	4
기회비용	7	6
순편익	1	-1

<샌드위치 가격이 ㉡ 3천 원인 경우>　　(단위: 천 원)

구분	만두	샌드위치
편익	8	5
명시적 비용	4	3
암묵적 비용	2	4
기회비용	6	7
순편익	2	-2

㉡일 경우 만두 선택의 기회비용은 6천 원(=4천 원+2천 원)이다.

바로잡기 ① ㉠일 경우 샌드위치 선택의 순편익은 -1천 원이다. ② ㉠일 경우 샌드위치 선택의 암묵적 비용은 4천 원이다. ④ 만두 선택의 순편익은 ㉠일 경우가 ㉡일 경우보다 작다. ⑤ ㉠일 경우 샌드위치 선택의 기회비용은 만두 선택의 기회비용보다 작다. ㉡일 경우 샌드위치 선택의 기회비용은 만두 선택의 기회비용보다 크다.

324

현재를 기준으로 기능성 마스크 개발이 성공적으로 완료될 경우와 기능성 장갑 개발로 전환할 경우 각각의 편익, 기회비용 및 순편익을 나타내면 다음과 같다.

(단위: 억 원)

구분		기능성 마스크 개발이 성공적으로 완료될 경우	기능성 장갑 개발로 전환할 경우
편익		6	10
기회 비용	명시적 비용	4	5
	암묵적 비용	5	2
순편익		-3	3

ㄱ. ㉠은 이미 지출되어 회수할 수 없는 비용, 즉 매몰 비용이므로 ㉡을 선택할 때 고려하지 않아야 한다. ㄷ. ㉡ 선택의 명시적 비용은 5억 원으로 암묵적 비용인 2억 원보다 크다.

바로잡기 ㄴ. ㉡ 선택의 순편익은 음(-)의 값이다. ㄹ. ㉡ 선택의 기회비용은 7억 원이므로 ㉡ 선택의 기회비용인 9억 원보다 작다.

325

A는 공공재, B는 부정적 외부 효과이다. 공공재는 대가를 지급하지 않은 사람도 소비할 수 있다는 점에서 비배제성의 특징을 가지며, 한 사람이 소비한다고 해서 다른 사람의 소비 기회가 줄어들지 않는다는 점에서 비경합성의 특징을 갖는다.

바로잡기 ②, ③ 공공재는 시장에 맡길 경우 기업이 생산을 통해 이윤을 얻을 수 없어 사회적 최적 수준보다 과소 생산된다. 따라서 정부는 공공재를 공급하는 역할을 담당한다. ④ B는 부정적 외부 효과이다. ⑤ A의 공급 부족과 B는 모두 자원이 비효율적으로 배분되는 시장 실패에 해당한다.

1등급 정리 노트　공공재의 특징

비배제성	대가를 지불하지 않은 사람을 소비에서 배제시킬 수 없음.
비경합성	한 사람의 소비가 다른 사람의 소비 기회를 감소시키지 않음.
무임승차자 문제	비배제성으로 인해 소비자들이 대가를 지불하지 않고 소비하려는 경향이 나타남.

326

(가)는 정보의 비대칭성으로 인해 발생한 시장 실패, (나)는 공유 자원의 비배제성과 경합성으로 인해 발생한 시장 실패, (다)는 부정적 외부 효과로 인해 발생한 시장 실패의 사례이다. (다)에서 여행객들의 쓰레기 무단 투기는 부정적 외부 효과로 인해 발생한 시장 실패를 설명하는 데 적합하다.

바로잡기 ① (가)는 거래 당사자 간 정보의 비대칭성으로 발생한 시장 실패를 설명하는 데 적합하다. ② (나)는 공유 자원의 남용으로 자원 고갈의 문제가 발생한 사례이다. 이는 공유 자원의 경합성과 비배제성으로 인한 시장 실패를 설명하는 데 적합하다. ④ (가)는 거래 당사자 간 정보의 비대칭성으로 발생한 시장 실패를, (나)는 공유 자원의 남용으로 발생한 시장 실패를 설명하는 데 적합하다. ⑤ (나)는 공유 자원의 남용, (다)는 부정적 외부 효과로 과다 거래가 나타나고 있으므로 재화가 사회적 최적 수준보다 적게 거래되는 시장 실패를 설명하는 데 적합하다고 볼 수 없다.

327

시장 실패는 시장이 자원을 효율적으로 배분하지 못하는 상태를 의미하며, 독점·과점 등으로 인한 불완전 경쟁, 외부 효과, 공공재의 부족, 정보의 비대칭성 등이 있다. 불완전 경쟁은 시장 지배력의 남용, 부당한 공동 행위(담합 등), 불공정 거래 행위 등으로 경쟁이 제한된 상태를 말한다.

328

첫 번째 사례에는 긍정적 외부 효과가, 두 번째 사례에는 부정적 외부 효과가 나타난다. 따라서 제시된 두 사례를 통해 공통으로 도출할 수 있는 경제 개념은 외부 효과이다. ㄱ. 외부 효과는 자원의 비효율적인 배분을 초래한다. ㄹ. 외부 효과는 정부가 과징금 부과(부정적 외부 효과), 보조금 지급(긍정적 외부 효과) 등의 방법으로 문제를 개선할 수 있다.

바로잡기 ㄴ. 사회적 최적 수준보다 적게 생산되는 것은 긍정적 외부 효과이다. ㄷ. 외부 효과의 발생은 시장에 대한 정부 개입의 필요성을 주장하는 근거가 될 수 있다.

329

(가)와 (나)는 모두 거래 당사자들이 가진 거래에 필요한 정보의 양이 서로 달라 발생하는 문제, 즉 정보의 비대칭성으로 인해 발생하는 시장 실패의 사례이다.

바로잡기 ① (가)는 생산 측면의 부정적 외부 효과와 관련이 없다. ② (가)와 (나)는 모두 비효율적 자원 배분을 유발한다. ③ (가)와 (나)는 모두 재화의 비경합성으로 인해 발생하는 문제와 관련이 없다. ④ (가)와 (나)는 모두 시장의 자원 배분 기능만으로 해결할 수 없는 문제인 시장 실패에 해당한다.

330

정부의 경제적 역할에 대해 갑은 국방과 치안에 국한되어야 한다고 보는 반면, 을은 시장경제 활성화를 위한 적극적인 역할이 포함되어야 한다고 본다. 정부의 신기술 개발, 기업 투자 활성화 등은 시장경제를 활성화하여 경제 성장을 촉진하는 경제적 역할로 볼 수 있다.

바로잡기 ① 갑은 국방, 치안과 같은 공공재를 정부가 생산해야 한다고 본다. ② 갑은 국방과 치안 외의 경제활동에 있어 정부의 개입이 필요 없다고 보고 시장의 자유로운 선택을 강조한다. ④ 정부에 의한 시장경제 활성화가 정부에 이윤을 가져다주는 것은 아니다. 이윤을 추구하는 기업과 달리 정부는 공익 실현을 추구한다. ⑤ 정부의 적극적인 역할이 필요하다고 보는 것은 갑보다 을의 주장에 가깝다.

331

피보험자를 직업, 나이 등으로 분류하고 유형별 사고 발생률을 분석한 후 이에 따라 피보험자의 보험료를 차등적으로 부과하면, 보험 회사와 피보험자 간 정보의 비대칭성으로 인해 발생하는 문제를 개선할 수 있다.

332

지속가능발전을 위해 소비자는 합리적 소비를 넘어 윤리적 소비를 해야 할 필요성이 커지고 있다. 제시된 사례에서 A는 환경, 동물, 공동체를 배려한 윤리적 소비를 실천하고 있다.

333

A는 기업가 정신이다. ㄱ. 기업의 목적은 이윤을 극대화하는 것이고, 기업가 정신은 이러한 이윤을 추구하는 과정이다. ㄴ. 기업가 정신은 새로운 방식을 추구하는 것이므로 기술 발전의 원동력이 될 수 있다. ㄹ. 기존의 시장을 벗어나 새로운 시장을 개척하는 것은 기업가 정신의 사례에 해당한다.

바로잡기 ㄷ. 생산량 증가를 위해 노동 투입량을 증가시키는 것은 새로운 생산 방식이 아니므로 기업가 정신에 해당하지 않는다.

334

갑은 기업의 목적을 이윤 극대화 한 가지만으로 단정 짓고 있다. 반면, 을은 기업의 사회적 책임을 강조하며, 기업이 사회적 책임을 다하는 것이 기업의 이윤 추구에도 도움이 된다고 주장하고 있다. 을은 기업이 건전한 이윤을 추구하면서 소비자의 권익을 존중하는 사회적 책임을 중요하게 여길 것이다.

바로잡기 ① 갑의 주장과 관련 없는 내용이다. ② 을은 기업이 낙후된 지역에 공장을 설립하는 등 사회적 책임을 다해야 한다고 볼 것이다. ③ 을은 기업의 사회적 책임 수행이 경제 발전에 도움이 된다고 볼 것이다. ⑤ 'A 우유 회사는 기업에 주어진 책임을 다하고 있다고 볼 수 있습니다.'는 (나)에 들어갈 수 있다.

335

시장 실패는 시장에서 자원이 효율적으로 배분되지 못하는 현상을 말한다. 을. 시장에서 생산이 어려운 공공재를 직접 생산하여 공급한 것은 공공재의 부족 문제를 개선하기 위한 정부의 노력에 해당한다. 병. 환경 오염을 유발하는 생산업체에 환경 개선 분담금을 부과한 것은 부정적 외부 효과를 개선하기 위한 정부의 노력에 해당한다. 정, 무. 독점이 형성된 시장에 새롭게 진출하려는 기업에 세금 혜택을 제공한 것과 가구 생산업체 간의 가격 담합 정황이 드러나 해당 업체들에 과징금을 부과한 것은 독과점 문제를 개선하기 위한 정부의 노력에 해당한다.

바로잡기 갑. 만성적인 적자에 시달리는 일부 공기업을 민영화한 것은 시장에 대한 정부의 개입을 줄이는 노력에 해당한다.

336

노동자는 사용자와 맺은 근로 계약에 따라 자신의 업무를 성실히 수행하고 생산성 향상을 위해 노력해야 한다. 이를 위해 자신이 맡은 임무에 대한 사명감과 직업 윤리가 요구된다.

바로잡기 ⑤ 노동자가 정당한 사유 없이 잦은 결근과 태업(겉으로는 일을 하지만 의도적으로 일을 게을리함으로써 사용자에게 손해를 주는 노동 쟁의 행위)으로 생산 활동을 방해할 경우 기업 운영에 손실을 끼치게 되며, 이는 시장 경제의 원활한 작동과 지속가능발전을 저해할 수 있다.

337

공공재는 대가를 지불하지 않아도 누구나 사용할 수 있는 특징인 비배제성과 한 사람이 소비하더라도 다른 사람의 소비 기회가 줄어들지 않는 특징인 비경합성을 갖는다.

338

채점 기준	수준
©의 의미와 @의 해결 방안을 모두 서술한 경우	상
©의 의미와 @의 해결 방안 중 한 가지만 서술한 경우	하

339

어떤 경제 주체의 경제활동이 다른 경제 주체에게 의도하지 않은 피해를 주는데도 이에 대한 경제적 대가를 치르지 않는 상태를 부정적 외부 효과라고 한다. 어떤 경제 주체의 경제활동이 다른 경제 주체에게 의도하지 않은 이익을 주는데도 이에 대한 경제적 대가를 받지 않는 상태를 긍정적 외부 효과라고 한다.

340

채점 기준	수준
부정적 외부 효과와 긍정적 외부 효과를 개선하기 위한 방안을 두 가지 이상 서술한 경우	상
부정적 외부 효과와 긍정적 외부 효과를 개선하기 위한 방안을 한 가지 서술한 경우	중
부정적 외부 효과와 긍정적 외부 효과를 개선하기 위한 방안 중 한 가지만 서술한 경우	하

 **1등급 문제** ● 75쪽

341 ② **342** ⑤ **343** ③ **344** ④

341 합리적 선택

1등급 자료 분석 편익과 기회비용

갑은 주말 여가 활동으로 독서, 운동, 음악 감상 중 하나를 선택하고자 한다. 독서, 운동, 음악 감상은 모두 명시적 비용이 같고, 명시적 비용이 편익보다 작다. 각 선택에 따라 갑이 얻는 편익은 독서가 10만 원, 운동이 9만 원, 음악 감상이 (㉠)만 원이다. 갑은 순편익이 양(+)의 값인 (㉡)을/를 선택하였다.

독서, 운동, 음악 감상의 명시적 비용은 동일하고, 암묵적 비용은 ㉠의 크기에 따라 달라지므로 합리적 선택을 위한 순편익과 합리적 선택 역시 ㉠의 크기에 따라 달라짐.

ㄱ. ㉠이 10보다 작다면, 운동 선택의 암묵적 비용과 음악 감상 선택의 암묵적 비용은 모두 독서 선택의 '편익-명시적 비용'이다.
ㄷ. ㉡이 음악 감상이라면, ㉠은 10보다 크다. 독서 선택의 암묵적 비용과 운동 선택의 암묵적 비용은 모두 음악 감상 선택의 '편익-명시적 비용'이다. 명시적 비용은 독서 선택과 운동 선택이 같으므로 독서 선택의 기회비용과 운동 선택의 기회비용은 동일하다.

바로잡기 ㄴ. ㉠이 10보다 크다면, 독서 선택의 암묵적 비용과 운동 선택의 암묵적 비용은 모두 음악 감상 선택의 '편익-명시적 비용'이다. 명시적 비용은 독서 선택과 운동 선택이 각각 동일하므로 독서 선택의 기회비용과 운동 선택의 기회비용은 동일하다. ㄹ. ㉡이 독서라면, ㉠은 10보다 작다. 독서 선택의 암묵적 비용은 운동이나 음악 감상 선택의 '편익-명시적 비용' 중 큰 것이다.

선택지 더 보기

ㅁ. ㉠이 '10'보다 크다면, 독서 선택의 기회비용과 운동 선택의 기회비용은 같다. (○)
ㅂ. ㉡이 '독서'라면, 독서 선택의 암묵적 비용은 운동 선택의 '편익-명시적 비용'과 음악 감상 선택의 '편익-명시적 비용' 중 작은 값이다. (×)

342 공공재의 특징

1등급 자료 분석 경합성과 배제성

구분	경합성	비경합성
배제성	A 대부분의 사적 재화	B 유료로 누구나 사용이 가능한 재화
비배제성	C 공유 자원	D 공공재

ㄷ. 비배제성을 갖는 D와 달리 B는 배제성을 갖는 재화이므로 대가를 지불하지 않을 경우 소비에서 배제될 수 있다. ㄹ. C는 공유 자원에 해당하므로 남용으로 인한 자원 고갈 문제가 발생할 수 있으며, D는 공공재에 해당하므로 사회적 최적 수준보다 적게 생산되는 문제가 발생할 수 있다.

바로잡기 ㄱ. '공해상의 어족 자원'은 공유 자원의 사례에 해당한다. ㄴ. B는 비경합성을 갖는 재화이고, C는 경합성을 갖는 재화이므로 B와 달리 C는 자신의 소비가 타인의 소비 기회를 감소시킨다.

선택지 더 보기

ㅁ. A의 사례로는 국방이나 치안 서비스를 들 수 있다. (×)
ㅂ. D는 정부에 의해 공급된다. (○)

343 시장 실패의 유형

1등급 자료 분석 외부 효과

표는 X재와 Y재 시장에서 발생한 외부 효과와 이를 해결하기 위한 정부의 정책을 나타낸다. 각 시장에서는 하나의 외부 효과만 발생하였고, 정부의 정책 시행으로 두 시장에서 모두 사회적 최적 수준이 달성되었다.

구분	외부 효과	정부 정책
X재 시장	㉠ 부정적 외부 효과	생산자에게 생산에 대한 세금을 부과함. - 부정적 외부 효과에 대한 대책
Y재 시장	㉡ 긍정적 외부 효과	소비자에게 소비에 대한 보조금을 지급함. - 긍정적 외부 효과에 대한 대책

ㄱ. 생산자에게 생산에 대한 세금을 부과하는 것은 부정적 외부 효과에 대한 대책이며, 소비자에게 소비에 대한 보조금을 지급하는 것은 긍정적 외부 효과에 대한 대책이다. 따라서 ㉠은 부정적 외부 효과, ㉡은 긍정적 외부 효과이다. ㄷ. 생산 측면의 부정적 외부 효과가 발생하면 시장 균형 거래량은 사회적 최적 수준보다 많고, 소비 측면의 긍정적 외부 효과가 발생하면 시장 균형 거래량은 사회적 최적 수준보다 적다. 정책 시행 이후 X재는 시장 균형 거래량이 감소하고, Y재는 시장 균형 거래량이 증가한다.

바로잡기 ㄴ. X재의 경우 정책 시행 이전에는 사회적 최적 수준보다 과다 생산되었다.

선택지 더 보기

ㄹ. Y재의 경우 정책 시행 이전에는 사회적 최적 수준보다 과소 소비되었다. (○)
ㅁ. ㉡의 사례로는 '길거리에서 담배를 피우는 행위'를 들 수 있다. (×)

344 지속가능발전을 위한 정부의 경제적 역할

1등급 자료 분석 시장 실패 해결 방안

A재 시장	배제성과 경합성이 없어 시장에서 충분한 양이 공급되지 않음. - 공공재 공급 부족의 문제
B재 시장	거래 당사자 외의 제3자에게 이로운 효과를 미치지만, 사회적 최적 수준보다 시장 생산량이 부족함. - 생산 측면에서 긍정적 외부 효과의 문제
C재 시장	거래 당사자 외의 제3자에게 해로운 효과를 미치지만, 사회적 최적 수준보다 시장 소비량이 많음. - 소비 측면에서 부정적 외부 효과의 문제
D재 시장	하나의 기업이 독점 생산하고 있어 가격이 과도하게 높을 뿐만 아니라 공급량이 적정한 수준에 미치지 못함. - 독점으로 인한 문제

ㄴ. 생산 측면에서 긍정적 외부 효과의 문제가 나타날 때는 생산 보조금을 지급하여 공급을 증가시킴으로써 시장 생산량이 사회적

최적 수준을 충족하도록 할 수 있다. ㄹ. 독점 기업으로 인한 문제가 나타날 때는 새로운 기업의 시장 진입이 가능하도록 규제를 완화함으로써 공급자 간 경쟁이 활발해지고 상품의 거래량과 가격이 적정한 수준에 이를 수 있다.

바로잡기 ㄱ. 일반적으로 공공재 공급 부족의 문제가 나타날 때는 정부가 직접 생산함으로써 시장의 수요를 충족시킨다. 시장 참여자 간 정보 불균형을 해소하여 거래 비용을 낮춘다고 하더라도 배제성과 경합성이 없는 재화가 시장에서 거래되기는 어렵다. ㄷ. 일반적으로 소비 측면에서 부정적 외부 효과의 문제가 나타날 때는 소비세를 부과하여 수요가 감소하도록 유도한다. 소비세를 인하하면 수요가 늘어나게 되어 소비 측면의 부정적 외부 효과가 심화될 수 있다.

선택지 더 보기

ㅁ. A재 - 정부가 직접 생산하여 시장에 공급한다. (○)
ㅂ. C재 - 소비에 대한 세금을 부과한다. (○)

기본 기출 문제 ——————— ● 77 ~ 78쪽

핵심 개념 문제

345 정기 예금	**346** 정기 적금	**347** ×	**348** ○
349 ㉡	**350** ㉠, ㉤	**351** ㄱ	**352** ㄷ · **353** ㄴ
354 ①	**355** ② · **356** ③ · **357** ③ · **358** ⑤ · **359** ③
360 ①			

354

안전성은 투자한 자산의 가치가 보전될 수 있는 정도를, 수익성은 투자한 자산의 가치 상승이나 이자 수익 등을 기대할 수 있는 정도를, 유동성은 보유하고 있는 자산을 현금으로 쉽게 바꿀 수 있는 정도를 의미한다.

355

A는 예금, B는 주식이다. ㄱ, ㄷ. 주식은 예금과 달리 배당 수익과 시세 차익을 기대할 수 있다.

[바로잡기] ㄴ, ㄹ. 예금은 주식과 달리 이자 수익을 기대할 수 있으며, 예금자 보호 제도의 대상이 된다.

356

밑줄 친 ㉠은 펀드이다. 펀드는 자산 운용 회사가 투자자들로부터 자금을 모아 주식, 채권 등에 투자하고 수익을 분배하는 간접 투자 상품이다. 전문가에게 투자를 맡긴다는 장점이 있지만 자산 운용 결과에 따라 원금 손실이 발생할 가능성이 있다.

357

C는 A, B에 비해 수익성이 높으므로 주식이다. A는 B에 비해 유동성이 높으므로 A는 요구불 예금, B는 채권이다. ㄴ. 채권에 투자할 경우 이자 수익과 시세 차익을 기대할 수 있다. ㄷ. 주식은 가격 변동에 따라 원금 손실이 발생할 수 있다.

[바로잡기] ㄱ. 요구불 예금은 일반적으로 예금자 보호 제도의 적용을 받는다. ㄹ. 요구불 예금, 채권, 주식 중 안전성이 가장 높은 금융 자산은 요구불 예금이고, 안전성이 가장 낮은 금융 자산은 주식이다.

358

A는 중·장년기, B는 노년기, C는 청년기이다. 연령에 따른 생애 주기의 단계는 '유소년기-청년기-중·장년기-노년기'의 순서로 진행된다.

[바로잡기] ① A는 중·장년기, B는 노년기, C는 청년기이다. ② 생애 주기의 모든 단계에서 재무 설계는 필요하다. ③ 평균 수명의 연장으로 B는 점차 늘어나는 추세이다. ④ 일반적으로 C는 소득보다 소비가 많다.

359

(가)는 재무 설계안 실행, (나)는 재무 상태 분석, (다)는 재무 목표

설정, (라)는 재무 설계안 작성, (마)는 재무 실행 평가와 수정 단계이다. 재무 설계 과정은 '재무 목표 설정-재무 상태 분석-재무 설계안 작성-재무 설계안 실행-재무 실행 평가와 수정'의 단계로 이루어진다.

360

금리가 상승하면 이자 소득을 얻는 예금이나 채권 등 안전 자산의 선호가 높아지고 주식과 같이 위험성이 높은 자산에 대한 투자는 위축될 수 있다. 반대로 금리가 하락하면 이자 소득이 감소하므로 사람들은 은행에 돈을 맡기기보다 수익성이 높은 자산에 투자를 늘린다.

실력 기출 문제 ——————— ● 79 ~ 80쪽

361 ①	**362** ⑤	**363** ④	**364** ④	**365** ④	**366** ④

1등급을 향한 서답형 문제

367 A - 주식, B - 채권, C - 정기 예금

368 [예시 답안] 수익성은 A>B>C 순으로 높고, 안전성은 C>B>A 순으로 높다.

369 [예시 답안] 주주로서의 지위 부여 여부, 이자 수익의 기대 가능성 여부, 배당 수익의 기대 가능성 여부

370 예금, 채권   **371** [예시 답안] 경제적 요인에는 물가, 환율 등이 있고, 정치적 요인에는 정부 정책, 국제 관계 변화 등이 있다.

361

정기 예금과 채권은 이자 수익을 기대할 수 있으며, 채권과 주식은 시세 차익을 기대할 수 있다. 따라서 A는 정기 예금, B는 채권, C는 주식이다. 정기 예금은 예금자 보호 제도의 대상이 되어 소정의 원리금이 보장된다.

[바로잡기] ② 배당 수익을 기대할 수 있는 것은 주식이다. ③ 채권은 발행 주체 입장에서 부채에 해당한다. ④ 정기 예금은 주식과 달리 만기가 존재한다. 따라서 해당 질문으로 정기 예금과 주식을 구분할 수 있다. ⑤ 정기 예금, 채권, 주식 중 수익성이 가장 높은 금융 자산은 주식이다.

> **1등급 정리 노트**   **예금자 보호 제도**
>
> 금융 기관이 영업 정지나 파산 등으로 고객이 맡긴 예금을 돌려주지 못하게 될 때를 대비하여 우리나라에서는 고객의 예금을 보호하고 있는데, 이를 예금자 보호 제도라고 한다. 즉, 예금자 보호법에 따라 설립된 예금 보험 공사는 평소에 금융 기관으로부터 예금 보험료를 받아 예금 보호 기금을 적립하였다가 금융 기관이 예금을 지급할 수 없게 되면 금융 기관을 대신하여 원리금을 지급하고 있다. 보호 대상 예금은 예금 보험 가입 금융 기관에서 취급한 예금만 해당한다.

362

입출금이 자유로운 금융 자산의 비율은 변함이 없으므로 A는 요구불 예금이다. 요구불 예금을 제외하고 이자 수익을 기대할 수 있는 금융 자산의 비율은 70%가 되었으므로 B와 C는 각각 정기 예금과 채권 중 하나이다. 시세 차익을 기대할 수 있는 금융 자산

의 비율이 모두 높아졌으므로 C와 D는 각각 주식과 채권 중 하나이다. 따라서 B는 정기 예금, C는 채권, D는 주식이다. ㄷ. 배당 수익을 기대할 수 있는 금융 자산은 주식으로 그 총액은 10만 원에서 20만 원으로 증가하였다. ㄹ. 예금자 보호 제도의 적용을 받는 금융 자산은 요구불 예금과 정기 예금으로 그 총액은 40만 원에서 25만 원으로 감소하였다.

바로잡기 ㄱ. 요구불 예금은 채권에 비해 유동성이 높다. ㄴ. 주식은 정기 예금에 비해 안전성이 낮다.

363

수익성은 주식>채권>요구불 예금 순으로 높고, 안전성은 요구불 예금>채권>주식 순으로 높으며, 유동성은 요구불 예금이 채권과 주식에 비해 높다. 따라서 A는 주식, B는 요구불 예금, C는 채권이며, (가)는 안전성, (나)는 유동성이다. ㄴ. 주식은 기업만 발행할 수 있으나 채권은 정부와 기업 모두 발행할 수 있다. ㄹ. (나)는 유동성으로, 이는 필요할 때 자산을 현금으로 전환할 수 있는 정도를 의미한다.

바로잡기 ㄱ. 주식은 배당 수익과 시세 차익을 기대할 수 있고, 요구불 예금은 이자 수익을 기대할 수 있다. ㄷ. (가)는 안전성이다. 가격 상승이나 이자 수익을 기대할 수 있는 정도는 수익성이다.

> **1등급 정리 노트** **수익성과 안전성의 상충 관계**
>
>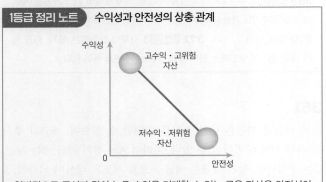
>
> 일반적으로 주식과 같이 높은 수익을 기대할 수 있는 금융 자산은 안전성이 낮고, 예금과 같이 원금 손실의 위험성이 낮은 금융 자산은 수익성이 낮다.

364

노년기에는 지출이 수입보다 크므로 노후 보장을 위한 자산 관리가 필요하다. 개인의 소비 생활은 평생에 걸쳐 이루어지므로 이를 대비하기 위한 금융 설계가 필요하다. 생애 주기별로 과업이 다르므로 이에 따른 수입과 지출의 차이가 발생한다. 생애 주기의 각 시기에 따른 자신의 수입과 지출 변화를 예상하여 계획적으로 경제생활을 하는 것이 바람직하다.

바로잡기 ④ 개인의 소비 생활은 생애 주기의 각 시기에 따라 차이를 보인다.

365

제시된 자료는 금리 상승에 따라 만기가 짧은 단기 예·적금 상품이 인기를 끌고 있음을 설명하고 있다. 이를 통해 금리 변화가 개인의 금융 의사 결정에 어떤 영향을 미치는지 파악할 수 있다.

366

금융 위기, 전쟁이나 테러, 팬데믹 등과 같은 사회적 환경의 변화는 개인의 금융 의사 결정에 영향을 미친다. 분쟁 등으로 인해 외국과의 외교 관계가 악화하면 관련 기업에 대한 전망이 악화되어 주가가 하락하기도 한다. 팬데믹으로 인해 국가 간 봉쇄 조치가 발생하면 기업 운영이 어려워지고, 매출 전망이 어두워진다. 이에 따라 소비와 투자가 위축된다. 전쟁이 일어나 국제 원자재 가격이나 국제 유가가 급등하면 물가가 상승하여 개인의 소비와 저축의 비중이 달라질 수 있다. 2008년 세계 금융 위기와 같이 경제 위기가 발생하면 은행과 기업이 파산하고 주식 등과 같은 금융 자산의 가격이 하락한다. 이에 따라 소비와 투자가 줄어든다.

바로잡기 정. 전 세계적인 물가 상승이 발생하면 투자자들은 물가 상승에 대처하기 위해 현금 보유보다 실물 자산 보유를 선호한다.

367

배당금을 기대할 수 있는 것은 주식에만 해당하는 특징이고, 시세 차익의 기대 가능성은 주식과 채권에 공통적으로 해당하는 특징이다. 따라서 A는 주식, B는 채권, C는 정기 예금이다.

368

수익성은 주식(A)>채권(B)>정기 예금(C) 순으로 높고, 안전성은 정기 예금(C)>채권(B)>주식(A) 순으로 높다.

채점 기준	수준
A~C의 수익성과 안전성을 비교하여 서술한 경우	상
A~C의 수익성과 안전성 중 한 가지만 서술한 경우	하

369

(가)에는 채권과 정기 예금을 구분할 수 없는, 즉 채권과 정기 예금에 공통적으로 해당하거나 공통적으로 해당하지 않는 특징이 들어갈 수 있다.

채점 기준	수준
채권과 정기 예금을 구분할 수 없는 기준 두 가지를 서술한 경우	상
채권과 정기 예금을 구분할 수 없는 기준을 한 가지만 서술한 경우	하

370

금리가 상승하면 이자 소득을 얻는 금융 자산인 예금과 채권에 대한 선호가 높아진다.

371

금리 변동 외에도 물가·환율·경기 변동 등의 경제적 요인과 정부 정책, 국제 관계 변화 등의 정치적 요인이 개인의 금융 의사 결정에 영향을 미친다.

채점 기준	수준
개인의 금융 의사 결정에 영향을 미치는 경제적 요인과 정치적 요인을 각각 두 가지 서술한 경우	상
개인의 금융 의사 결정에 영향을 미치는 경제적 요인과 정치적 요인을 각각 한 가지 서술한 경우	중
개인의 금융 의사 결정에 영향을 미치는 경제적 요인과 정치적 요인 중 한 가지만 서술한 경우	하

372 자산 관리의 원칙과 금융 자산의 유형

1등급 자료 분석　안전성과 수익성

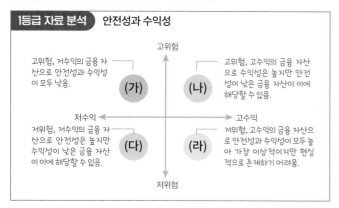

안전성을 중시하는 투자자는 고위험 금융 자산보다 저위험 금융 자산을 선호할 것이다.

바로잡기 ① 고위험, 저수익의 금융 자산을 선택하는 것은 합리적이라고 볼 수 없다. ② 주식은 대표적인 고위험, 고수익의 금융 자산이다. ③ 예금은 대표적인 저위험, 저수익의 금융 자산이다. 일반적으로 예금은 유동성이 높은 편이다. ④ 일반적으로 보험은 수익을 목적으로 하는 금융 자산이 아니다.

선택지 더 보기

⑥ 주식은 (다)보다 (나)에 가까운 금융 자산이다.　　(○)
⑦ 채권은 (다), 정기 예금은 (라)에 해당한다.　　(×)

373 금융 자산의 유형

1등급 자료 분석　일반적인 금융 자산의 유형별 특징

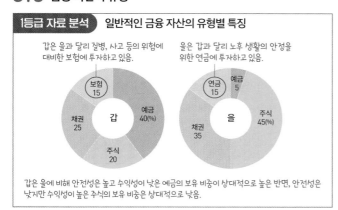

ㄱ. 이자 수익을 기대할 수 있는 금융 자산에는 예금, 채권 등이 있다. 갑은 예금, 채권에 금융 자산의 65%를 투자하고 있다. ㄴ. 시세 차익을 기대할 수 있는 금융 자산에는 주식, 채권 등이 있다. 을은 주식, 채권에 금융 자산의 80%를 투자하고 있다.

바로잡기 ㄷ. 갑은 위험 관리를 위한 금융 자산인 보험에 금융 자산의 15%를 투자하고 있다. ㄹ. 갑에 비해 을은 예금에 대한 투자 비중이 상대적으로 낮고, 주식에 대한 투자 비중이 상대적으로 높다. 따라서 갑에 비해 을이 수익성보다 안전성을 더 중시한다고 보기 어렵다.

선택지 더 보기

ㅁ. 을은 노후 생활의 안정을 위해 필요한 자금을 적립하여 노령, 퇴직 등의 사유가 발생했을 때 약속된 금액을 받는 금융 자산에 투자하고 있다.
　　(○)
ㅂ. 갑은 을과 달리 배당 수익을 기대할 수 있는 금융 자산에 투자하고 있다.
　　(×)

374 생애 주기를 고려한 금융 생활 설계

1등급 자료 분석　생애 주기에 따른 소득·소비 곡선

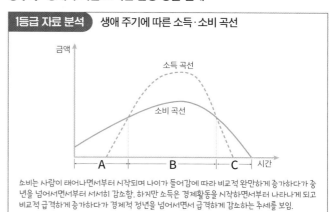

소비는 사람이 태어나면서부터 시작되며 나이가 들어감에 따라 비교적 완만하게 증가하다가 중년을 넘어서면서부터 서서히 감소함. 하지만 소득은 경제활동을 시작하면서부터 나타나게 되고 비교적 급격하게 증가하다가 경제적 정년을 넘어서면서 급격하게 감소하는 추세를 보임.

ㄱ. A 시기는 유년기부터 사회 초년기에 이르는 시기이다. 이 시기에는 일반적으로 부모의 소득에 의존하여 소비 생활을 하는 경우가 많다. ㄷ. C 시기가 길어질수록 노후 대비를 위해 필요한 자금의 규모가 증가하여 B 시기 저축의 필요성이 증가한다. ㄹ. 생애 주기에 따라 소득과 소비의 수준이 달라지므로 이에 따라 적합한 재무 목표가 달라진다.

바로잡기 ㄴ. B 시기에는 주택 마련, 노후 대비 저축 등으로 일반적으로 자산이 증가한다.

선택지 더 보기

ㅁ. A 시기는 C 시기와 달리 소득보다 지출이 크다.　　(×)
ㅂ. 정년이 연장될 경우 B 시기의 기간은 짧아진다.　　(×)

375 거시적 변화 요인과 금융 의사 결정

1등급 자료 분석　경제적 환경 변화에 따른 금융 의사 결정

t년 4분기 현재 투자 전문가 갑~병은 t+1년 1분기 국내 주요 경제 지표에 대해 다음과 같이 예측하였다.

구분	갑	을	병
금리	지속적 상승	지속적 하락	지속적 상승
주가 (현재 2,500 포인트)	2,200~2,300 포인트	2,900~3,000 포인트	2,700~2,800 포인트
원/달러 환율	변화 없음.	상승	하락

금리는 상승하고 주가는 하락하므로 주식보다 예금에 투자

금리는 하락하고 주가는 상승하므로 예금보다 주식에 투자

을의 전망이 맞을 경우 금리는 하락하고 주가는 상승하므로 수익성 측면에서 정기 예금보다 주식에 투자하는 것이 유리하다.

바로잡기 ① 갑의 전망이 맞을 경우 금리가 지속적으로 상승하므로 대출 시 같은 금리라면 변동 금리로 대출받는 것보다 고정 금리로 대출받는 것이 유리하다. ③ 병의 전망이 맞을 경우 자산을 현금으로 보유하는 것보다 은행 예금으로 보유하는 것이 유리하다. ④ 갑의 전망과 달리 을의 전망은 예금 자산 보유자보다 실물 자산 보유자에게 유리하다. ⑤ 을과 달리 병은 원/달러 환율이 하락할 것으로 보고 있다. 따라서 병의 전망은 달러화로 부채를 상환해야 하는 국내 투자자에게 유리하다.

선택지 더 보기

⑥ 갑의 전망이 맞을 경우 수익성 측면에서 주식보다 정기 예금에 투자하는 것이 유리하다. (○)

⑦ 병의 전망이 맞을 경우 대출을 받아 투자하는 사람들의 이자 상환 부담은 감소한다. (×)

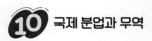

10 국제 분업과 무역

기출 문제 —————— ● 83~84쪽

핵심 개념 문제

376 무역	377 국제 분업		378 ×	379 ○	380 ○
381 ㉠	382 ㉡	383 ㄱ	384 ㄴ		

385 ⑤	386 ①	387 ③	388 ③	389 ①	390 ④

385

국가마다 보유한 생산 요소의 양과 질이 다르고, 기술 수준, 지식 수준 등에 차이가 있기 때문에 같은 종류의 상품을 만들더라도 생산비가 서로 다르다. 따라서 생산 조건에 따라 다른 국가보다 더 잘 만들 수 있는 재화와 서비스에 특화하여 교환하면 이익을 얻을 수 있다.

바로잡기 ⑤ 생산 비용이 적게 드는 상품에 특화하는 것이 유리하다.

386

각 국가는 천연자원, 기후 조건, 산업 기반 등이 서로 다르므로 이에 따라 수출품도 다르게 나타난다.

387

밑줄 친 ㉠은 비교 우위론이다. ㄴ, ㄷ. 비교 우위론은 모든 제품의 생산에 있어 절대 우위가 없는 저개발국이라도 비교 우위 상품에 특화하여 무역에 참여하면 소비자들이 더 많은 제품을 소비할 수 있게 되며, 생산 자원의 효율적인 사용이 가능하다고 본다.

바로잡기 ㄱ. 비교 우위론에 따르면 여러 나라의 상호 의존성이 높아지며 개별 국가들의 경제적 독립성은 약화될 수 있다. ㄹ. 비교 우위론에 따르면 상대적으로 경쟁력이 부족한 자국의 산업을 보호하기 어렵다.

1등급 정리 노트	무역 발생에 관한 이론
절대 우위론	각국이 생산비가 절대적으로 적게 드는 재화 생산에 특화하여 상호 교환함으로써 무역 이익이 발생
비교 우위론	다른 나라에 비해 더 작은 기회비용으로 생산할 수 있는 재화의 생산에 특화하여 상호 교환함으로써 참여국 모두에 무역 이익이 발생 → 어느 한 나라의 두 재화가 모두 절대 우위에 있을 때도 무역 이익이 발생

388

글로벌 가치 사슬은 생산 과정이 여러 나라에 걸쳐 진행되므로 국제 분업이 복잡해지는 현상을 나타낸다. 따라서 생산의 세분화와 국제적 배치가 국경을 초월한 국제 분업 구조를 더욱 복잡하게 만들고 있다는 점을 강조하고 있다.

389

갑과 을이 각각 감자 1kg을 캐는 것의 기회비용과 물고기 1kg을 잡는 것의 기회비용을 나타내면 다음과 같다.

구분	갑	을
감자 1kg을 캐는 것의 기회비용	물고기 1/4kg	물고기 1/2kg
물고기 1kg을 잡는 것의 기회비용	감자 4kg	감자 2kg

감자 1kg을 캐는 것의 기회비용은 갑이 을보다 작으므로 갑은 감자 캐기에 비교 우위가 있다. 물고기 1kg을 잡는 것의 기회비용은 을이 갑보다 작으므로 을은 물고기 잡기에 비교 우위가 있다. ㄱ. 갑은 하루에 8시간 일할 수 있으므로 감자 4kg을 캐는 데 1시간을 사용하고, 물고기 7kg을 잡는 데 7시간을 사용할 수 있다. ㄴ. 감자 1kg을 캐는 것의 기회비용은 갑이 물고기 1/4kg, 을이 물고기 1/2kg이다. 따라서 감자 1kg을 캐는 것의 기회비용은 갑이 을보다 작다.

바로잡기 ㄷ. 갑은 감자 캐기와 물고기 잡기 모두에서 을보다 많은 시간이 걸린다. 따라서 을은 감자 캐기와 물고기 잡기 모두에 절대 우위가 있다. ㄹ. 갑과 을이 모두 물고기만 잡을 경우 갑은 최대 8kg의 물고기를, 을은 최대 24kg의 물고기를 잡을 수 있다.

390

공정 무역 원칙 중 '기후변화에 대응하는 환경 보호'의 내용으로는 이산화 탄소 배출을 줄이고 지속가능한 생산을 장려하며 폐기물과 플라스틱을 줄이기 위해 노력하는 것을 들 수 있다.

바로잡기 ④ 공정 무역은 이윤 극대화보다 기후변화 대응과 환경 보호를 강조한다. 따라서 이산화 탄소 저감 비용을 줄이고 이윤을 극대화하는 것은 공정 무역의 원칙에 어긋난다.

 **기출 문제** ──────── ●85~86쪽

| 391 ⑤ | 392 ⑤ | 393 ① | 394 ⑤ | 395 ④ | 396 ③ |

1등급을 향한 서답형 문제

397 X재: 을국, Y재: 을국 **398** **예시 답안** X재 1단위 생산의 기회비용은 갑국의 경우 Y재 1/2단위, 을국의 경우 Y재 1/4단위이므로 을국이 갑국보다 작다. 따라서 을국이 X재 생산에 비교 우위를 가진다. Y재 1단위 생산의 기회비용은 갑국의 경우 X재 2단위, 을국의 경우 X재 4단위이므로 갑국이 을국보다 작다. 따라서 갑국이 Y재 생산에 비교 우위를 가진다.

399 **예시 답안** 친환경적인 생산 및 운송 방식을 도입하여 환경에 미치는 영향을 최소화한다. 각국의 환경 관련 국제 협약을 철저히 이행한다. 친환경 기술에 관한 연구 개발을 확대한다. 선진국의 기술 이전 및 협력을 통한 개발 도상국에 대한 지원을 늘린다.

391

1960년대에는 중석과 같은 천연자원이 주요 수출품 중 하나였다. 1970년대에는 섬유, 가발 등 노동 집약적인 산업이 수출을 이끌었다. 1980년대에는 선박, 기계 등 중화학 공업 제품의 수출이 증가하여 주요 수출품이 되었다. 2000년대의 주요 수출품에는 반도체, 컴퓨터, 자동차 등이 있으므로 이를 통해 우리나라 첨단 산업의

국제 경쟁력이 향상되어 많은 수출을 하게 되었음을 알 수 있다.

바로잡기 ⑤ 제시된 자료만으로는 전체 수출액 중 자본 집약적 산업(전자, 자동차, 반도체 등)이 차지하는 비율이 감소하고 있는지의 여부를 알 수 없다.

392

갑국과 을국이 각각 X재 1개, Y재 1개를 생산하는 것의 기회비용을 나타내면 다음과 같다.

구분	갑국	을국
X재 1개 생산의 기회비용	Y재 2개	Y재 3/4개
Y재 1개 생산의 기회비용	X재 1/2개	X재 4/3개

X재 1개 생산을 위해 갑국은 Y재 2개, 을국은 Y재 3/4개를 포기해야 한다. 따라서 을국은 X재 생산에 비교 우위를 가진다. Y재 1개 생산을 위해 갑국은 X재 1/2개, 을국은 X재 4/3개를 포기해야 한다. 따라서 갑국은 Y재 생산에 비교 우위를 가진다.

바로잡기 ㄱ. 갑국은 을국보다 X재와 Y재 모두 더 적은 비용으로 생산이 가능하다. 따라서 갑국은 X재 생산과 Y재 생산 모두에 절대 우위를 가진다. ㄴ. X재 1개 생산의 기회비용은 갑국이 Y재 2개로 을국의 Y재 3/4개보다 크다.

393

첫 번째 사례는 한 나라에서 충분히 생산되지 않는 재화도 다른 나라와의 무역을 통해 충분히 소비할 수 있다는 점을 보여 주며, 두 번째 사례는 특화와 교환을 통해 자신이 생산하지 않는 재화도 소비할 수 있음을 보여 준다. 따라서 제시된 사례를 통해 공통적으로 교환을 통해 더 풍부한 소비를 할 수 있음을 알 수 있다.

394

(가)는 을국이 A재 생산에 절대 우위가 있는 상황이고, (나)는 갑국이 A재 생산과 B재 생산 모두에 절대 우위가 있는 상황이며, (다)는 갑국이 A재 생산에 절대 우위가, 을국이 B재 생산에 절대 우위가 있는 상황이다. ㄷ. (나)의 경우 갑국이 A재 생산과 B재 생산 모두에 절대 우위가 있으므로 절대 우위론에 따라 갑국과 을국 간에는 무역이 발생하지 않는다. ㄹ. (다)는 갑국이 A재 생산비가 더 저렴하고, 을국이 B재 생산비가 더 저렴한 상황이다. 따라서 (다)의 경우 갑국은 A재 생산에, 을국은 B재 생산에 절대 우위가 있다.

바로잡기 ㄱ. (가)의 경우 을국은 A재 생산에 절대 우위가 있다. ㄴ. (가)의 경우 을국의 B재 생산비가 더 저렴하다면, 을국이 A재 생산과 B재 생산 모두에 절대 우위가 있다. 따라서 절대 우위론에 따라 갑국과 을국 간에는 무역이 발생하지 않는다.

395

비교 우위의 원리에 따른 무역은 상대적 생산비가 높은 재화를 간접 생산하는 방식(수입)을 통해 소비함으로써 무역 이전보다 더 많은 양을 소비할 수 있다. 국내보다 저렴한 가격으로 생산에 필요한 원자재를 수입할 수 있다면 이는 산업 전반의 생산 비용 절감 효과를 가져와 물가 안정에 기여할 수 있다. 무역을 통해 상품뿐만 아니라 상품과 관련한 아이디어와 기술 등도 함께 전파되므로 이는 혁신의 원동력으로 작용할 수 있다.

바로잡기 을. 규모의 경제는 제품 단위당 평균 생산 비용이 감소하는 현상이다.

긍정적 영향	• 다양한 상품이나 서비스를 낮은 가격에 소비할 기회 증대 • 규모의 경제가 발생하여 생산비 절감 • 기업의 생산량 증가에 따른 고용 창출로 경제 활성화 및 일자리 증가 • 해외 기업과의 경쟁 과정에서 기업의 기술 수준 향상 및 상품의 질 개선 • 외국과 교역하는 과정에서 선진 기술의 전파 및 경제 발전의 기회 마련 가능
부정적 영향	• 해외 기업에 비해 경쟁력을 갖추지 못한 국내 산업의 위축, 실업의 증가 • 무역에 따른 이해 관계자의 증가로 정부가 경제 정책을 자율적으로 운영하는 데 제한이 따를 수 있음. • 선진국과 개발 도상국 간의 경제 격차가 더욱 확대됨. → 선진국에 비해 경쟁력이 낮은 개발 도상국의 경우 무역 과정에서 손해를 볼 수 있음. • 국가 간 상호 의존도가 높아져 어느 한 지역의 경제 문제가 다른 나라로 확대됨. → 무역 의존도가 높은 국가의 경우 더욱 큰 영향을 주고받음.

396

ㄴ. 친환경 기술 개발의 지원, 환경 보호를 위한 규제 강화 등은 지속가능발전을 위한 정부의 노력에 해당한다. ㄷ. 환경 오염을 줄이는 생산 방법을 개발하고, 사회적 책임을 다하는 것 등은 지속가능발전을 위한 기업의 노력에 해당한다.

바로잡기 ㄱ. 각 국가가 비교 우위 상품에 특화하여 교역하는 것은 지속가능발전을 위한 노력과 거리가 멀다. ㄹ. 지속가능발전을 위한 소비자의 역할은 공정 무역 상품을 소비하여 지속가능발전에 기여하는 것이다. 따라서 저렴한 상품을 우선 소비하는 것은 지속가능발전에 기여하는 노력으로 볼 수 없다.

397

을국은 X재와 Y재 모두를 갑국보다 더 적은 노동 시간으로 생산할 수 있으므로 X재와 Y재 생산 모두에 절대 우위가 있다.

398

채점 기준	수준
X재, Y재 생산에 비교 우위를 가지는 국가를 그 이유와 함께 각각 서술한 경우	상
X재, Y재 생산에 비교 우위를 가지는 국가 중 한 국가만 그 이유와 함께 서술한 경우	중
X재, Y재 생산에 비교 우위를 가지는 국가만 쓴 경우	하

399

국제 무역이 지속가능발전에 기여할 수 있도록 각 경제 주체의 노력이 필요하다.

채점 기준	수준
지속가능발전에 기여하는 국제 무역의 방안 세 가지를 서술한 경우	상
지속가능발전에 기여하는 국제 무역의 방안 두 가지를 서술한 경우	중
지속가능발전에 기여하는 국제 무역의 방안을 한 가지만 서술한 경우	하

 **1등급 문제** ● 87쪽

400 ⑤   **401** ④   **402** ④   **403** ②

400 비교 우위

1등급 자료 분석 기회비용과 비교 우위

표는 갑국과 을국의 교역 전 대비 교역 후 X재와 Y재 1개 소비의 기회비용 변화를 나타낸다. 갑국과 을국은 직선인 생산 가능 곡선상에서 X재와 Y재만을 생산하고, 생산된 재화는 전량 소비된다. 양국은 비교 우위가 있는 재화만을 생산하여 양국 모두 이익이 발생하는 교환 비율에 따라 교역하고, 교역은 거래 비용 없이 양국 간에만 이루어진다.

구분	갑국	을국
교역 후 X재 1개 소비의 기회비용	증가	㉠ 감소
교역 후 Y재 1개 소비의 기회비용	㉡ 감소	증가

교역 전 소비의 기회비용은 생산의 기회비용과 같다. 교역 후 비교 우위 재화 1단위 소비의 기회비용은 해당 재화 1단위와 교환되는 다른 재화의 수량이고, 이 수량이 비교 우위 재화 1단위 생산의 기회비용보다 커야 이익이 발생한다. 따라서 교역으로 인해 이익이 발생하는 경우 비교 우위 재화 1단위 소비의 기회비용은 교역 전보다 교역 후가 크다. 갑국은 교역 후 X재 1개 소비의 기회비용이 증가하였으므로 X재 생산에 비교 우위를 가지고, 을국은 교역 후 Y재 1개 소비의 기회비용이 증가하였으므로 Y재 생산에 비교 우위를 가진다.

ㄷ. 을국의 경우 Y재 1개 소비의 기회비용은 교역 전보다 교역 후 증가한다. 따라서 을국은 Y재 생산에 비교 우위를 가진다. ㄹ. 갑국은 X재 생산에 비교 우위를 가지므로 X재 1개 생산의 기회비용은 갑국이 을국보다 작다.

바로잡기 ㄱ. 갑국은 X재 생산에 비교 우위를 가지므로 을국의 경우 교역 후 X재 1개 소비의 기회비용은 감소한다. 을국은 Y재 생산에 비교 우위를 가지므로 갑국의 경우 교역 후 Y재 1개 소비의 기회비용은 감소한다. 따라서 ㉠과 ㉡은 모두 '감소'이다. ㄴ. 제시된 자료만으로는 갑국과 을국의 X재 1개 생산비를 알 수 없다. 따라서 갑국이 X재 생산에 절대 우위를 갖는지의 여부는 알 수 없다.

선택지 더 보기

ㅁ. 교역 시 갑국은 X재 수출국이다.	(○)
ㅂ. 교역 시 을국은 Y재 수입국이다.	(✕)

401 무역 발생의 원리

1등급 자료 분석 절대 우위와 비교 우위

갑국과 을국은 X재와 Y재만을 생산·소비하고 있었으나 양국 모두 이득이 _{무역 전 양국의 기회비용 사이에서 결정된다.} 발생하는 조건에서만 비교 우위가 있는 재화에 특화하여 무역하기로 합의하였다. 표는 갑국과 을국의 각 재화 1개 생산에 필요한 노동자 수를 나타낸다. 단, 갑국과 을국은 노동만을 생산 요소로 사용하며, 국가 간 노동 이동은 발생하지 않고, 무역에 따른 거래 비용은 없다.

구분	갑국	을국
X재	6명	5명
Y재	4명	10명

X재 1개를 생산하는 데 필요한 노동자 수는 을국이 갑국보다 적으므로 을국은 X재 생산에 절대 우위를 가진다. Y재 1개를 생산하는 데 필요한 노동자 수는 갑국이 을국보다 적으므로 갑국은 Y재 생산에 절대 우위를 가진다.

갑국과 을국의 X재, Y재 1개 생산의 기회비용을 나타내면 다음과 같다.

구분	갑국	을국
X재 1개 생산의 기회비용	Y재 3/2개	Y재 1/2개
Y재 1개 생산의 기회비용	X재 2/3개	X재 2개

을국은 X재 생산에, 갑국은 Y재 생산에 비교 우위가 있다.

ㄴ. 을국은 X재 생산에 비교 우위와 절대 우위를 모두 가진다. ㄷ. 갑국과 을국 모두 이득이 발생하는 교역 조건은 'Y재 1/2개<X재 1개<Y재 3/2개'이다. X재 생산에 비교 우위가 있는 을국은 X재 1개를 Y재 1/2개보다 큰 조건에서 무역하고자 할 것이므로 무역 후 을국의 X재 1개 소비의 기회비용은 무역 이전보다 증가한다.

바로잡기 ㄱ. 갑국은 을국보다 Y재 1개 생산에 필요한 노동자 수가 적으므로 Y재 생산에 절대 우위를 가진다.

선택지 더 보기

ㄹ. 갑국은 Y재 생산에 절대 우위를 가진다. (○)

ㅁ. 갑국은 을국과 달리 Y재 생산에 비교 우위를 가진다. (○)

ㅂ. 갑국은 Y재 1개를 X재 2/3개보다 크고 X재 2개보다 작은 조건에서 무역할 경우 이득이 발생한다. (○)

402 국제 무역

1등급 자료 분석 국제 무역 확대에 따른 긍정적 영향

<통합사회 형성 평가>
※ 문제: 그림은 우리나라의 무역 규모 추이를 나타낸다. 이와 같은 변화가 우리나라에 미치는 긍정적 영향을 쓰시오.

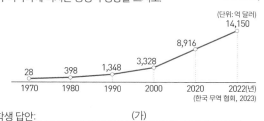

무역 규모 확대
(단위: 억 달러)
14,150
8,916
3,328
1,348
28 398
1970 1980 1990 2000 2020 2022(년)
(한국 무역 협회, 2023)

• 학생 답안: (가)

• 교사의 평가: 옳게 서술하였음.

무역 규모 확대에 따른 긍정적 영향
• 다양한 상품이나 서비스를 낮은 가격에 소비할 기회 증대
• 무역의 확대에 따른 기업의 생산량 증가로 규모의 경제가 발생하여 생산비 절감
• 기업의 생산량 증가에 따른 고용 창출로 경제 활성화 및 일자리 증가
• 해외 기업과의 경쟁 과정에서 기업의 기술 수준 향상 및 상품의 질 개선
• 외국과 교역하는 과정에서 선진 기술의 전파 및 경제 발전의 기회 마련 가능

ㄱ. 무역 규모가 확대되면 국가 경제는 성장하고 관련 일자리가 창출된다. ㄴ. 무역의 확대에 따른 기업의 생산량 증가로 규모의 경제가 발생하여 생산비가 절감된다. ㄹ. 무역의 확대로 외국과 교역하는 과정에서 선진 기술이 전파되고 경제 발전의 기회가 마련된다.

바로잡기 ㄷ. 무역 확대로 인해 경쟁력이 약한 국내 산업은 위축되며, 이에 따라 관련 일자리가 감소할 수 있다.

선택지 더 보기

ㅁ. 한 지역의 경제 문제가 다른 나라로 확대 (×)
ㅂ. 기업의 기술 수준 향상 및 상품의 질 개선 (○)

403 국제 분업과 무역

1등급 자료 분석 분업과 특화

교사: 분업과 특화에 대해 발표해 볼까요?
갑: 분업은 공정의 분화가 가능하다는 것을 전제로 상품 생산의 과정을 여러 개의 공정으로 나누어 생산하는 방식을 의미하며, (가) 은/는 긍정적 효과가 있습니다.
　　　　　　　　　　　　　　　　　　노동 생산성이 향상된다
을: 특화는 (나) 을/를 하기 위해 상대적으로 생산성이 높은 분야에 전념하여 생산하는 것을 의미하며, 자원의 효율적 사용이라는 긍정적 효과가 있습니다.
　　　　　교환
교사: 맞아요. 두 개념은 서로 다르므로 ⊙특화된 분업과 ⓒ특화되지 않은 분업 등의 개념 조합이 가능해요.

ㄱ. 분업은 노동 생산성이 향상된다는 긍정적 효과가 있다. ㄹ. 회사에서 추첨으로 직원들에게 업무를 배정하는 경우는 특화되지 않은 분업의 사례에 해당한다.

바로잡기 ㄴ. 일반적으로 특화는 교환을 전제로 절대적인 생산성이 높거나 상대적으로 생산에 따른 기회비용이 작은 재화를 집중적으로 생산하는 것이다. ㄷ. 비교 우위에 따른 교역에서는 특화된 분업이 나타난다.

선택지 더 보기

ㅁ. 절대 우위에 따른 교역과 비교 우위에 따른 교역 모두 ⊙이 나타난다.
(○)

ㅂ. (나)에는 '교환'이 들어갈 수 있다. (○)

단원 마무리 문제 —————— ● 88~91쪽

07 자본주의의 전개와 시장경제

404 ⑤ **405** ③ **406** ③ **407** 생산 수단

408 예시 답안 시장 가격 기구의 역할이 중시될 것이다. 경제활동에서 경제적 유인이 강화될 것이다. 경제활동에 있어 가계와 기업의 자율성이 높아질 것이다. 민간 경제 주체 간 자유로운 경쟁이 보장될 것이다.

08 합리적 선택과 경제 주체의 역할

409 ② **410** ② **411** ⑤ **412** ②

413 예시 답안 윤리적 소비란 소비자가 상품, 서비스 등을 구매할 때 원료 재배, 생산, 유통 등의 전 과정이 소비와 연결되어 있다는 것을 인식하고 생명과 인권, 동물, 환경, 공동체를 배려하는 것을 말한다. 그 사례로는 사회적 책임을 다하지 않은 기업의 상품을 구매하지 않는 불매 운동, 친환경 제품과 공정 무역 상품을 구매하는 활동, 동물 실험을 하지 않았거나 동물성 원료를 함유하지 않은 제품을 구매하는 활동 등을 들 수 있다.

09 자산 관리와 금융 생활 설계

414 ④ **415** ⑤ **416** ④ **417** ③ **418** ⑤

10 국제 분업과 무역

419 ④ **420** ② **421 예시 답안** 절대 우위는 한 나라가 어떤 상품을 생산하는 비용이 다른 나라보다 절대적으로 적게 드는 것을 의미하며, 비교 우위는 한 나라가 다른 나라보다 상품 생산의 기회비용이 상대적으로 작은 것을 의미한다. (가) 두 나라 중 한 나라가 모든 분야의 생산에 절대 우위에 있고, 다른 한 나라가 그렇지 않은 경우

422 예시 답안 나라마다 지형, 기후 등의 자연환경이 다르기 때문이다. 나라마다 생산 요소(토지, 노동, 자본)의 양과 수준이 다르기 때문이다. 나라마다 기술 수준이 다르기 때문이다.

404

효율적인 경제 운영을 위해 갑은 적정 수준의 정부 개입이 필요하다는 입장(수정 자본주의)이고, 을은 불필요한 정부 개입을 자제해야 한다는 입장(신자유주의)이다. 갑은 시장 실패 가능성을 강조하고 있으므로 정부 개입의 필요성을 주장하고, 을은 정부 실패 가능성을 강조하고 있으므로 정부 개입의 철폐를 주장한다.

바로잡기 ① 케인스는 정부의 적극적인 경제 개입을 주장하였으므로 을보다 갑의 주장에 더 가깝다. ② 불황 시 정부의 적극적인 개입을 주장하는 입장은 을보다 갑의 주장에 더 가깝다. ③ 시장의 자기 조절 능력을 신뢰하는 입장은 갑보다 을의 입장에 더 가깝다. ④ 규제 철폐에 더 적극적으로 찬성하는 입장은 갑보다 을의 주장에 더 가깝다.

405

(가)는 수정 자본주의, (나)는 신자유주의이다. 수정 자본주의는 큰 정부를, 신자유주의는 작은 정부를 지향하였다. ㄴ. 신자유주의는 석유 파동으로 인해 발생한 스태그플레이션을 극복하려는 과정에서 등장하였다. ㄷ. 수정 자본주의는 신자유주의에 비해 정부의 적극적 역할을 강조하였다.

바로잡기 ㄱ. 공기업의 민영화, 감세 정책은 신자유주의에서 추진되었다. ㄹ. 정부의 적극적 역할을 중시한 수정 자본주의는 신자유주의에 비해 분배의 형평성을 강조하였다.

406

시장경제 체제는 계획경제 체제와 달리 자유로운 경쟁을 통한 이윤 추구를 보장한다. 따라서 A는 시장경제 체제, B는 계획경제 체제이다. 시장경제 체제에서는 자원 배분 과정에서 시장 가격 기구에 해당하는 '보이지 않는 손'의 역할을 강조하고, 경제활동 과정에서 경제적 유인 체계를 중시한다. 계획경제 체제에서는 정부의 결정과 통제에 의한 자원 배분을 강조한다. 시장경제 체제와 계획경제 체제에서는 모두 자원의 희소성에 의한 경제 문제가 발생한다. 따라서 제시된 질문에 모두 옳게 응답한 학생은 병이다.

407

정부의 계획과 명령에 의해 경제 문제를 해결하는 경제 체제는 계획경제 체제이다. 계획경제 체제에서는 생산 수단의 사적 소유가 허용되지 않는다.

408

채점 기준	수준
시장경제 체제 요소의 도입으로 을국 경제에 나타날 변화 세 가지를 서술한 경우	상
시장경제 체제 요소의 도입으로 을국 경제에 나타날 변화 두 가지를 서술한 경우	중
시장경제 체제 요소의 도입으로 을국 경제에 나타날 변화를 한 가지만 서술한 경우	하

409

제시문은 공공재의 특성인 비경합성과 비배제성에 관해 설명하고 있다. 공공재는 비배제성으로 인해 무임승차자 문제가 발생한다. 따라서 공공재는 시장의 원리에 맡길 경우 사회적 최적 수준보다 과소 공급되는 문제가 발생하게 된다.

바로잡기 ① 공공재는 비경합성을 가지므로 과도한 소비로 인해 자원 고갈을 일으킨다고 볼 수 없다. ③ 제시문은 독점 기업에 대해 언급하고 있지 않다. ④ 제시문은 기업 간 담합에 대해 언급하고 있지 않다. ⑤ 제시문에서는 계층 간 격차 확대와 관련한 부분을 언급하고 있지 않다.

410

ㄱ. X재는 사회적 최적 수준보다 적게 소비되고 있으므로 ㉠은 긍정적 외부 효과이다. Y재는 사회적 최적 수준보다 많이 생산되고 있으므로 ㉢은 부정적 외부 효과이다. ㄷ. 소비자에게 보조금을 지급하는 것은 소비 측면의 긍정적 외부 효과를 해결하기 위한 대책에 해당한다.

바로잡기 ㄴ. '간접 흡연으로 인한 폐해'는 부정적 외부 효과에 해당한다. ㄹ. 생산자에게 보조금을 지급하는 것은 생산 측면의 긍정적 외부 효과를 개선하기 위한 방안이다.

411

제시된 자료를 바탕으로 ㉠, ㉡ 선택에 따른 편익, 기회비용(명시

적 비용+암묵적 비용) 및 순편익을 나타내면 다음과 같다.

(단위: 만 원)

구분	㉠ 점포를 계속 운영할 경우	㉡ 해외여행을 떠날 경우
편익	200	250
기회비용	150(=100+50)	300(=200+100)
순편익	50	-50

ㄷ. ㉠의 선택에 따른 순편익이 크므로 ㉠을 선택하는 것이 합리적이다. ㄹ. ㉠에서 판매 수입이 400만 원이 되면, ㉠과 ㉡의 선택에 따른 순편익은 각각 250만 원, -250만 원이다. 따라서 ㉢이 '400만 원'이 되더라도 합리적 선택은 달라지지 않는다.

바로잡기 ㄱ. ㉠을 선택할 경우 명시적 비용은 100만 원이다. ㄴ. ㉡을 선택할 경우 암묵적 비용은 100만 원이다.

412

갑은 A국의 기존 소득세 제도가 소득 격차를 줄이는 데 한계가 있음을, 을은 A국 정부가 이를 개선하기 위해 누진세 제도를 도입하기로 했음을 언급하고 있다. 이를 통해 소득 불균형을 완화하는 정부의 역할을 파악할 수 있다.

413

지속가능발전을 위해 소비자는 인권이나 환경, 사회 등에 미치는 영향을 고려한 윤리적 소비를 할 필요가 있다.

채점 기준	수준
윤리적 소비의 의미를 쓰고, 그 사례 두 가지를 서술한 경우	상
윤리적 소비의 의미를 쓰고, 그 사례 한 가지를 서술한 경우	중
윤리적 소비의 의미만 쓰거나 윤리적 소비의 사례 한 가지만 서술한 경우	하

414

주식은 요구불 예금에 비해 원금 손실의 가능성이 높으므로 안전성은 요구불 예금이 주식보다 높다. 따라서 A는 요구불 예금, B는 주식이다. 수익성은 주식이 요구불 예금보다 높은 반면, 유동성은 주식이 요구불 예금보다 낮다. 따라서 (가)는 수익성, (나)는 유동성이다. ㄴ. 주식은 주식회사가 경영 자금 확보를 위해 투자자의 지분을 표시하여 발행하는 증권이다. ㄹ. (나)는 유동성이다. 은행에서 인출할 경우 바로 자산을 현금화할 수 있는 요구불 예금에 비해 주식 시장에서의 매매를 통해 자산을 현금화해야 하는 주식이 유동성이 낮다.

바로잡기 ㄱ. 요구불 예금은 예금자 보호 제도의 적용 대상에 해당한다. ㄷ. (가)는 수익성이다. 금융 자산의 가치가 보전될 수 있는 정도는 안전성이다.

415

A는 보험, B는 펀드, C는 연금이다. ㄱ. 보험은 수익 극대화 목적보다 위험을 관리하기 위해 가입한다. ㄴ. 펀드에 투자할 경우 예금보다 높은 수익을 기대할 수는 있으나 자산 운용의 결과에 따라 원금 손실이 발생할 수 있다. ㄷ. 연금에는 국가가 보장하는 국민연금, 여러 금융 기관을 통해 운영되는 개인연금 등이 있다.

416

채권과 주식은 시세 차익을 기대할 수 있으며, 정기 예금과 채권은 만기가 존재한다. 따라서 A는 정기 예금, B는 주식, C는 채권이다. 안전성은 주식에 비해 정기 예금이 높다.

바로잡기 ① 주식은 배당 수익을 기대할 수 있다. ② 정기 예금과 채권은 이자 수익을 기대할 수 있다. ③ 정기 예금은 예금자 보호 제도를 통해 금융 기관별 1인당 일정액의 원리금이 보장된다. ⑤ 주식은 채권에 비해 수익성이 높다.

417

제시된 생애 주기 곡선에서 소득이 ㉠ 시점까지는 늘다가 점점 줄어들고 있으며, A와 C는 소득보다 소비가 많은 것을, B는 소득이 소비보다 많은 것을 의미한다. ㄴ. 생애 주기 곡선에서 (가)는 소득 곡선, (나)는 소비 곡선에 해당한다. ㄷ. 은퇴 이후의 삶은 소득 없이 생활할 가능성이 높기 때문에 중·장년기의 저축으로 C 영역을 대비해야 한다.

바로잡기 ㄱ. ㉠ 시점은 생애 동안 소득이 가장 많은 시점이다. 소득이 소비보다 많은 시점까지는 저축이 가능하므로 B 영역이 끝나는 지점에서 저축 총액이 가장 많다. ㄹ. A와 C의 합이 B의 크기와 항상 동일한 것은 아니다.

418

ㄷ. 제시된 자료에서 소득이 발생하는 시기는 아르바이트, 직장 생활을 하는 20~50대 구간이다. 그러나 60~70대 구간에서도 자녀 대학 교육, 자녀 결혼, 은퇴 후 노후 생활 등 지출이 지속적으로 예상되고 있어 이에 대한 대책이 필요함을 알 수 있다. ㄹ. 제시된 자료를 통해 연령대에 따라 대학 생활, 자녀 출산 및 교육, 자녀 결혼 등 주요 지출 분야가 달라지고 있음을 알 수 있다.

바로잡기 ㄱ. 제시된 자료를 통해 알 수 없다. ㄴ. 일반적으로 청년기 이후부터 소득 활동을 시작한다.

419

무역을 통해 자국에서 생산되지 않는 상품을 수입하여 소비할 수 있고 소비자의 상품 선택의 폭이 넓어진다. 국제 분업을 통해 자원을 효율적으로 사용할 수 있고 다른 나라보다 상대적으로 생산비가 적게 드는 상품은 수출하고 생산비가 많이 드는 상품은 수입하여 경제적 이득을 볼 수 있다.

바로잡기 ④ 특정 국가에 경제적 불균형이 초래될 수 있다는 내용은 국제 분업과 무역으로 발생할 수 있는 부정적 측면에 해당한다.

420

갑국은 X재와 Y재 생산 모두에 절대 우위가 있다. 한편 갑국은 X재 생산에, 을국은 Y재 생산에 비교 우위가 있다. ㄱ. X재 1개 생산의 기회비용은 갑국의 경우 Y재 1/2개, 을국의 경우 Y재 3/5개이다. 따라서 갑국은 X재 생산에 비교 우위가 있다. ㄷ. 을국의 Y재 1개 생산의 기회비용은 X재 5/3개이다.

바로잡기 ㄴ. 갑국은 X재와 Y재 생산 모두에 절대 우위가 있다. ㄹ. 을국의 Y재 1개 생산에 필요한 노동자 수가 7명으로 증가하는 경우 갑국은 Y재 생산에, 을국은 X재 생산에 비교 우위가 있다.

421

다른 나라보다 생산비가 적게 드는 상품을 생산하여 수출하고 생

산비가 많이 드는 상품을 수입하여 소비하면 무역 당사국 모두에 이익이 된다. 이때 한 나라가 어떤 상품을 생산하는 비용이 다른 나라보다 절대적으로 적게 드는 것을 절대 우위에 있다고 한다. 한 나라가 다른 나라보다 모든 상품의 생산에서 절대 우위가 있을 때도 무역은 필요하다. 이는 비교 우위에 따른 것으로, 비교 우위는 한 나라가 다른 나라보다 상품 생산의 기회비용이 상대적으로 작은 것이다.

채점 기준	수준
절대 우위와 비교 우위의 의미를 서술하고, 절대 우위의 관점에서 무역이 발생하지 않는 상황을 서술한 경우	상
절대 우위와 비교 우위의 의미만 서술하거나 절대 우위의 관점에서 무역이 발생하지 않는 상황만 서술한 경우	중
절대 우위와 비교 우위 중 하나의 의미만을 서술한 경우	하

422

나라마다 비교 우위가 다르게 나타나는 까닭은 각 나라가 가지고 있는 경제 여건이 서로 다르기 때문이다.

채점 기준	수준
나라마다 비교 우위가 다르게 나타나는 까닭 세 가지를 서술한 경우	상
나라마다 비교 우위가 다르게 나타나는 까닭 두 가지를 서술한 경우	중
나라마다 비교 우위가 다르게 나타나는 까닭 한 가지만 서술한 경우	하

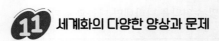

11 세계화의 다양한 양상과 문제

기본 기출 문제

● 93 ~ 94쪽

핵심 개념 문제

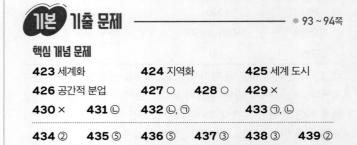

423 세계화	**424** 지역화	**425** 세계 도시
426 공간적 분업	**427** ○ **428** ○	**429** ×
430 × **431** ㉡	**432** ㉡, ㉠	**433** ㉠, ㉡

434 ②	**435** ⑤	**436** ⑤	**437** ③	**438** ③	**439** ②

434

㉠은 세계화, ㉡은 지역화에 해당한다. 국경을 넘어 세계가 하나로 통합되는 현상을 세계화, 특정 지역의 고유한 특성이 세계적인 차원에서 가치를 인정받는 현상을 지역화라고 한다.

바로잡기 현지화란 상품이나 일을 실제 진행하는 곳의 특성에 맞추는 것을 의미한다.

435

제시된 글은 일본의 홋카이도 삿포로 눈 축제가 지역 축제의 규모를 넘어서 세계적인 축제로 발전한 사례에 해당한다. 이와 같이 지역의 고유한 특성과 문화가 담긴 다양한 축제가 전 세계에 소개되고, 동시에 세계인이 함께 즐기는 세계적인 경쟁력을 지니게 되는 경우가 많다. 또한 세계화와 지역화는 서로 밀접한 관련이 있으며 동시에 진행되는 경우가 많다.

436

㉠ 도시는 미국 뉴욕이다. 뉴욕은 미국의 북동부 해안에 위치하는 세계 도시로, 지도의 E에 해당한다. 미국 뉴욕은 국제 연합(UN) 본부, 월 스트리트, 브로드웨이가 위치하며 세계의 정치·경제·문화의 중심지 역할을 한다.

바로잡기 ① A는 영국의 런던, ② B는 프랑스의 파리, ③ C는 중국의 상하이, ④ D는 일본의 도쿄이다.

437

제시된 사례는 이슬람 관습법이 인권과 같은 보편적 가치와 충돌하는 상황을 보여 준다. 이와 같이 세계화로 인해 보편 윤리와 특수 윤리 간의 갈등이 초래되기도 한다.

438

원조는 세계화 시대에 분배적 정의를 실현하고 지구촌 이웃이 겪는 어려움을 해결하는 데 이바지할 수 있는 방안이다. 싱어와 롤스는 어려운 처지에 있는 국가에 대한 원조가 도덕적 의무라고 주장하였다. (가)는 공리주의와 세계시민주의적 입장에서 원조를 통해 인류의 고통을 줄여야 한다고 본 싱어의 입장이다. (나)는 빈곤의 문제가 정치·사회 제도의 결함에서 비롯된다고 보고, 원조를 통해 불합리한 사회 구조나 제도를 개선해야 한다고 주장한 롤스의 입장이다.

46 바른답·알찬풀이

439

세계화에 따른 문화의 획일화를 경계하기 위해 2001년 유네스코 (UNESCO)는 「문화 다양성 선언」을 채택하여 문화의 고유성과 다양성을 보존하고자 하였다. 또한 국제적 차원에서 분배적 정의를 실현하기 위한 노력의 일환으로 공정 무역을 확대하려는 움직임도 늘어나고 있다.

바로잡기 ㄱ. 유네스코(UNESCO)에서 「문화 다양성 선언」을 채택하였다. ㄷ. 공정 무역은 제품 생산비가 다소 증가하더라도 개발 도상국이나 저개발 국가의 생산자에게 정당한 대가를 지불하는 무역을 의미한다.

실력 기출 문제

● 95 ~ 98쪽

440 ⑤	441 ⑤	442 ④	443 ①	444 ④	445 ④
446 ②	447 ②	448 ②	449 ④	450 ⑤	451 ②
452 ①	453 ②				

1등급을 향한 서답형 문제

454 공간적 분업   455 예시 답안 경영의 효율성을 높이고 이윤을 극대화하기 위해서이다.   456 (가) 문화의 획일화 (나) 문화 소멸

457 예시 답안 문화의 다양성을 증진하기 위해 지역 문화의 고유성을 인정하고 보존하려는 자세를 가져야 한다.

440

① 세계화로 인해 지역 간 경쟁이 심화되기도 한다. ② 교통·통신의 발달로 지역 간 시간 거리가 단축되면서, 세계가 점점 좁아지는 시·공간의 수렴화 현상이 나타났다. ③ 세계화로 경제활동의 범위가 확대되면서 다국적 기업이 성장하고, 다국적 기업의 영향력이 더욱 커지고 있다. ④ 세계화로 선진국의 문화가 보편화되면서 약소국이나 원주민, 소수 민족 등의 고유한 문화가 점차 사라질 위험에 처하기도 한다.

바로잡기 ⑤ 뉴욕의 'I♥NY'은 지역 브랜드의 사례이다. 장소 마케팅의 사례로는 이탈리아 로마의 콜로세움 등을 들 수 있다.

441

제시된 자료는 교통수단의 발달에 따라 시·공간이 압축되고 있는 것을 나타낸 것이다. (가) 시기보다 (나) 시기는 물리적 거리의 제약이 감소하고, 지역 간 사람·물자의 교류가 증가하였다.

바로잡기 (나) 시기에는 교통수단의 발달로 ㄱ. 생활권이 확대되었다. ㄴ. 지역 간 교류가 증대되어 국경의 의미가 약화되었다.

442

제시된 내용은 세계화로 지역·국가 간 교류가 확대되어 전염병이 급속히 확산되고, 지역·국가 간 갈등이 세계적 차원에서 영향을 주고 있는 사례이다. 이는 세계화로 인해 지역 간 상호 작용이 증가하고 있는 것을 보여 준다.

443

제시된 사례는 지역화 전략에 대한 것이다. 사례 1은 지역 브랜드, 사례 2는 지리적 표시제에 해당한다.

1등급 정리 노트	지역화 전략	
구분	**특징**	**사례**
지역 브랜드	특정 지역에서 생산되는 상품·서비스·축제 등을 브랜드로 인식시켜 지역 이미지를 높이고 지역의 경제를 활성화하는 전략	미국 뉴욕의 'I♥NY'
지리적 표시제	상품의 특성과 품질에 특정 지역의 지리적 특성이 반영된 경우, 해당 지역에서 생산·가공한 상품이라는 표시를 할 수 있도록 인정하는 제도	콜롬비아의 커피
장소 마케팅	지역의 특정 장소를 하나의 상품으로 인식하여 매력적으로 보이도록 이미지와 시설 등을 개발하는 전략을 말하며, 축제 개최와 랜드마크 개발이 있음.	이탈리아 로마의 콜로세움

444

㉠은 세계화로 지역 간 교류와 협력이 강화되면서 경제, 정치, 문화 등 다양한 분야에서 전 세계의 중심지 역할을 하는 세계 도시이다. ㉡은 지역의 상품, 서비스, 축제 등을 브랜드로 인식시켜 지역의 이미지를 높이고 지역 자체에 하나의 상표를 부여하여 지역의 경제를 활성화하는 지역 브랜드이다.

445

제시된 그래프는 세계 도시의 경쟁력 상위 10개국을 나타낸 것이다. ㄴ. 경제 점수가 가장 높은 도시인 미국 뉴욕에 국제 연합 (UN) 본부가 위치해 있다. ㄹ. 1~8위 내에 포함된 세계 도시 중 유럽에 위치한 도시는 4개(런던, 파리, 암스테르담, 베를린)이고, 아시아에 위치한 도시는 3개(도쿄, 싱가포르, 서울)이다.

바로잡기 ㄱ. 런던은 뉴욕보다 연구 개발 점수가 낮지만, 순위가 높다. ㄷ. 1~10위 내 세계 도시 중 9위인 오스트레일리아의 멜버른은 남반구에 위치한다.

446

제시된 글의 N사는 세계 여러 나라에 걸쳐 연구·개발·생산·판매·서비스 등의 활동을 하는 다국적 기업이다.

447

표는 세계 각국의 음식 문화를 반영한 피자의 특성을 나타낸 것이다. 이는 세계화의 과정 속에서 지역의 특성이 반영된 것을 보여 준다.

448

㉠은 세계화, ㉡은 지역화이다. ㄱ. 교통과 통신의 발달로 지역 간 교류가 증대되어 세계화(㉠)가 나타나게 되었다. ㄹ. 세계화(㉠)와 지역화(㉡)는 서로 밀접한 관련이 있으며 동시에 이루어지는 경우가 많다.

바로잡기 ㄴ. 세계화(㉠)로 인해 전 세계 문화가 선진국 문화를 중심으로 비슷해지는 문화의 획일화가 야기되기도 한다. ㄷ. 세계 무역 기구(WTO)는 무역 장벽을 낮추고 경제 분야의 세계화(㉠)를 추구하기 위해 출범하였다.

449

지도를 보면 주로 선진국으로 이루어진 앵글로아메리카 및 유럽에서 수치가 높고, 주로 저개발국과 개발 도상국으로 이루어진 아프리카 및 라틴 아메리카에서 수치가 낮은 것을 알 수 있다. 따라서 지도에 표현된 지표는 1인당 국내 총생산이다.

바로잡기 ① 총인구 수는 1위 인도, 2위 중국, 3위 미국 순으로 나타난다. ② 석유 생산량은 미국, 사우디아라비아, 러시아, 캐나다, 이라크 등에서 높게 나타난다. ③ 영아 사망률은 저개발국에서 대체로 높게 나타난다. ⑤ 1차 산업 종사자 비율은 경제 수준이 낮은 국가에서 높게 나타난다.

450

제시된 사례는 바누아투에서 '난골'이라고 불리는 전통적 성인식이 인권과 같은 보편적 가치와 충돌하는 모습을 보여 준다. 세계화로 인해 자유, 평등, 인권과 같은 보편적 가치를 중시해야 한다는 보편 윤리의 입장과 관습법과 같이 특정 집단 내에서 중요하다고 여기는 가치를 강조하는 특수 윤리의 입장 간의 충돌이 나타나기도 한다.

451

제시된 그래프는 세계의 빈부 격차 현황을 나타낸 것이다. 교사는 국가 간 빈부 격차가 심화된 문제에 대한 해결 방안을 묻고 있다. 불공정한 무역 구조 개선을 이야기한 갑과 저개발국에 대한 공적 개발 원조(ODA) 확대를 이야기한 병이 옳게 답한 학생이다.

바로잡기 을. 다국적 기업의 상품 소비를 늘리면 대체로 다국적 기업의 본사가 위치한 선진국으로 경제적 이익이 수렴하여 국가 간 빈부 격차가 심화될 수 있다. 정. 경제의 세계화가 진행되는 상황에서 보호 무역 조치를 취한다면 경제적 고립의 위기에 처할 수 있다.

452

공정 무역과 공정 여행은 빈부 격차를 해소하고 분배적 정의를 실현하고자 하는 노력의 일환이다.

1등급 정리 노트 공정 무역과 공정 여행

구분	특징
공정 무역	개발 도상국의 생산자에게 정당한 대가가 돌아가도록 하여 생산자들이 자립할 수 있도록 돕는 무역 방식
공정 여행	여행지의 환경을 훼손하지 않고, 현지 문화를 존중하며 여행지의 주민들에게 적절한 비용을 지불함으로써 지역 경제에 혜택이 돌아가게 하는 여행 방식

453

세계화의 문제점으로는 빈부 격차 심화, 전염병 확산, 불공정한 무역 구조, 문화의 획일화, 보편 윤리와 특수 윤리 간 갈등 등이 있다.

바로잡기 ② 전염병 확산의 문제를 해결하기 위해서는 방역 체계 강화, 백신 개발 등의 국제적 협력이 이루어져야 한다.

454

공간적 분업이란 기업의 규모가 커지면서 기업의 각 기능이 공간적으로 분리되는 현상을 말한다.

455

다국적 기업은 경영의 효율성을 높여 경쟁력을 확보하고 이윤을 극대화하기 위해 공간적 분업을 하고 있다.

채점 기준	수준
경영의 효율성을 높이고 이윤을 극대화하기 위함이라고 바르게 서술한 경우	상
경쟁력 확보 또는 이윤의 극대화라고만 서술한 경우	중
다국적 기업이 공간적 분업을 실시하는 목적을 썼으나 미흡한 경우	하

456

(가)는 격식이 요구되는 자리에서 양복이 보편화되는 문화의 획일화, (나)는 소수 언어가 사라질 위기에 처한 문화 소멸에 해당하는 내용이다.

457

문화의 획일화와 소멸을 막으려면 문화의 고유성과 다양성을 보존해야 한다.

채점 기준	수준
문화의 다양성 증진을 위한 지역 문화의 고유성 보존에 관해 바르게 서술한 경우	상
문화 다양성 증진에 관해서만 바르게 서술한 경우	중
(가), (나) 문제점에 관한 개인적 차원의 해결 방안을 썼으나 미흡한 경우	하

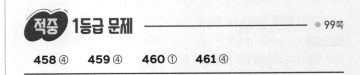

적중 1등급 문제 ━━━━━━━ ● 99쪽

458 ④   459 ④   460 ①   461 ④

458 지역화 전략

1등급 자료 분석 지역화 전략의 사례

- 덴마크의 수도 코펜하겐의 슬로건은 'Open for You'이다. 'OPEN'은 창의적인 아이디어가 가득한 도시이자 관광객을 환영하는 도시라는 뜻이 담겨 있다. 이는 지역의 이미지를 상품화하여 개발하는 (㉠)의 대표적인 사례이다. <u>지역 그 자체 또는 지역의 상품을 특별한 브랜드로 인식시켜 지역 이미지를 높이는 전략</u> 지역 브랜드: 🔵 미국 뉴욕의 'I ♥ NY'
- 카망베르 드 노르망디 치즈는 프랑스의 노르망디 지방에서 생산되는 부드러운 질감의 치즈이다. 치즈 이름에는 카망베르 마을에서 처음 만들어졌다<u>상품의 품질, 명성 등이 근본적으로 해당 지역의 지리적 특성에서 비롯된 것이다.</u>는 의미가 들어 있다. 프랑스 정부는 이 치즈를 (㉡)에 등록하여 치즈의 제조 전통과 품질을 보증하고 있다. <u>지리적 표시제: 🔵 미국 플로리다 오렌지, 우리나라 보성 녹차 등</u>

제시된 자료는 지역화 전략에 대한 사례이다. ㉠은 지역 브랜드, ㉡은 지리적 표시제이다.

바로잡기 장소 마케팅은 축제 개최, 랜드마크 개발 등의 방법을 사용한다.

459 세계 도시

1등급 자료 분석 세계 도시의 대표적인 사례

(가) 세계 금융 시장의 중심인 월 스트리트가 위치하며 자유의 여신상, 센트럴 파크 등이 유명하다. └ 뉴욕의 랜드마크
- 뉴욕: 미국 북동부에 위치한 도시로, 국제 연합(UN) 본부가 위치하여 국제 외교에서 중요한 역할을 한다.

(나) 2024년 하계 올림픽이 개최되었다. 세계 문화·예술의 중심지이며 에펠탑이 도시의 상징이다. └ 파리의 랜드마크
- 파리: 프랑스의 수도로서 유럽을 넘어 전 세계에서 외교·상업·패션·예술의 중심지 역할을 한다.

(가)는 국제 연합(UN) 본부가 위치한 미국의 뉴욕, (나)는 에펠탑으로 유명한 프랑스의 파리이다. 미국 뉴욕은 아메리카, 프랑스 파리는 유럽에 위치한다.

바로잡기 ㄷ. 미국의 수도는 워싱턴 D.C.이고, 프랑스의 수도는 파리이다.

선택지 더 보기

ㄹ. (가), (나)는 모두 생산자 서비스업이 발달하였다. (○)

ㅁ. (가), (나)는 모두 문화 활동의 중심축 역할을 하는 세계 도시이다. (○)

460 다국적 기업의 현지화 전략

1등급 자료 분석 다국적 기업의 현지화 전략 사례 ─ 다국적 기업들은 판매를 극대화하기 위해 제품 개발에 지역성을 적극적으로 반영하는 현지화 전략을 사용한다.

⟨주제: _____(가)_____⟩

• 사례 1: 서울에 본사를 둔 자동차 업체 A사는 'S' 발음을 좋아하는 인도 소비자들의 기호에 맞추어 차량 이름을 지었다. 또한 비포장 도로가 많은 도로 사정과 터번을 쓰는 인도인의 편의에 맞추어 차량을 개발하였다.
  – 현지화 전략의 사례: A 자동차 회사는 인도 소비자들의 기호에 맞추어 차량 이름을 기획하고, 인도의 도로 사정과 의복 문화를 반영하여 차량을 개발하였다.

• 사례 2: 최근 한국 음식이 이슬람 문화권에서 큰 인기를 끌면서 국내의 식품 회사인 B사는 말레이시아에서 할랄 인증을 받은 '한국식 치킨'을 밥과
  – 현지화 전략의 사례: B 식품 회사는 이슬람 문화권에 진출하기 위해 할랄 인증을 받은 식품을 개발하였다.

곁들여 먹는 제품을 출시하였다. 또 다른 C사는 이슬람 율법에 따라 만들어진 비빔밥을 출시하면서 '할랄 식품' 시장에 본격적으로 진출하였다.
  – 현지화 전략의 사례: C 식품 회사는 이슬람 율법에 따라 식품을 만들었다.

할랄(halal)은 아랍어로 '허용된, 합법적인'이라는 뜻을 가지고 있으며, 할랄 인증은 이슬람 율법에 안전하고 깨끗한 공정에서 생산되는 제품 및 서비스에 대해 주어지는 인증이다.

제시된 사례는 우리나라의 다국적 기업들이 제품 판매 상대국의 특색을 파악하여 이를 반영한 제품을 개발하고, 판매를 극대화하는 현지화 전략을 나타낸 것이다.

바로잡기 ② 공간적 분업이란 기업의 규모가 커지면서 기업의 각 기능이 공간적으로 분리되는 현상을 말한다. ③ 장소 마케팅은 개성 있고 매력적인 지역 이미지를 창출하여 부가 가치를 확대하고자 하는 지역화 전략이다. ④ 지리적 표시제는 지역의 지리적 특색을 반영한 우수한 상품에 대해 그 지역에서 생산·제조·가공된 상품임을 나타내는 표시를 할 수 있도록 인정하는 제도이다. ⑤ 공정 무역이란 개발 도상국이나 저개발국의 생산자에게 정당한 대가를 지불하는 무역을 말한다.

461 다국적 기업의 공간적 분업

1등급 자료 분석 공간적 분업

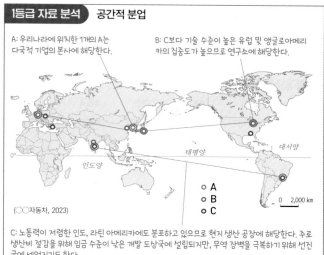

A: 우리나라에 위치한 1개의 A는 다국적 기업의 본사에 해당한다.

B: C보다 기술 수준이 높은 유럽 및 앵글로아메리카의 집중도가 높으므로 연구소에 해당한다.

C: 노동력이 저렴한 인도, 라틴 아메리카에도 분포하고 있으므로 현지 생산 공장에 해당한다. 주로 생산비 절감을 위해 임금 수준이 낮은 개발 도상국에 설립되지만, 무역 장벽을 극복하기 위해 선진국에 세워지기도 한다.

(○○자동차, 2023)

지도는 우리나라에 본사를 둔 다국적 기업의 기능별 입지를 나타낸 것이다. 하나의 A가 우리나라에 입지하는 것으로 보아 A는 본사이다. B, C 중 상대적으로 선진국으로의 집중도가 높은 B는 연구소이고, 저렴한 노동력이 풍부한 인도와 라틴 아메리카에도 분포하고 있는 C는 현지 생산 공장에 해당한다. ④ 다국적 기업의 현지 생산 공장은 주로 생산비 절감을 위해 임금 수준이 낮은 개발 도상국에 설립하지만, 무역 장벽을 극복하기 위한 목적으로 유럽과 앵글로아메리카와 같은 선진국에 설립하기도 한다.

바로잡기 ① 본사(A)는 아시아 대륙에 위치한다. ② 연구소(B)는 아프리카, 남아메리카, 오세아니아에 분포하지 않는다. ③ 저렴한 노동력 확보가 중요한 현지 생산 공장(C)은 연구소(B)보다 선진국으로의 집중도가 낮다. ⑤ 우수한 연구 인력이 풍부한 곳에 주로 입지하는 것은 연구소(B)이다.

선택지 더 보기

⑥ A는 경영 기획 및 관리 기능을 주로 담당한다. (○)

⑦ C는 생산비 절감을 위해 임금 수준이 낮은 개발 도상국에 입지한다. (○)

⑧ C는 B보다 고급 전문 인력이 더 요구된다. (×)

 **기출 문제** ━━━━━━━━━━━━━━━ ● 101 ~ 102쪽

핵심 개념 문제

462 소극적 평화	**463** 적극적 평화	**464** 국가
465 정부 간 국제기구	**466** ×	**467** ○	**468** ×	**469** ㉡
470 ㉠	**471** ㉠	**472** ㉡	**473** ㉡

474 ⑤	**475** ④	**476** ②	**477** ②	**478** ⑤	**479** ②
480 ⑤	**481** ⑤				

474

㉠은 소극적 평화, ㉡은 적극적 평화이다. 소극적 평화는 물리적 폭력이 제거된 상태를 의미하고, 적극적 평화는 직접적·물리적 폭력뿐만 아니라 구조적 폭력과 문화적 폭력까지 제거된 상태를 의미한다. 진정한 평화는 소극적 평화가 아닌 적극적 평화의 실현에 있다.

475

물리적 폭력은 직접적 폭력에 해당하고, 구조적 폭력이나 문화적 폭력은 간접적 폭력에 해당한다(ㄴ). 빈곤, 기아, 각종 억압과 차별 등 사회적·경제적 억압은 사회 구조에서 기인하는 구조적 폭력에 해당한다(ㄷ).

[바로잡기] ㄱ. 인간에게 가해지는 폭력에는 직접적 폭력뿐만 아니라 간접적 폭력도 포함된다.

476

빈곤, 기아, 억압, 차별, 불평등 등은 사회 구조에서 기인하는 구조적 폭력이고, 이를 종교나 예술 그리고 언어 등의 영역을 통해 정당화하는 것은 문화적 폭력이다. 구조적 폭력과 문화적 폭력은 간접적 폭력에 해당한다. 전쟁, 테러, 범죄 등은 물리적 폭력이자 직접적 폭력이다.

477

국제 사회에서 평화가 실현되지 않으면 분쟁, 전쟁 등으로 많은 사람이 생명을 위협받을 뿐만 아니라 자아실현의 기회도 얻지 못하게 된다. 따라서 오늘날 국제 사회에서 평화를 실현하는 것이 중요한 이유는 국제 평화가 인류의 안전과 생존을 보장하고, 국제 정의의 실현과 인류 번영을 가능하게 하기 때문이다.

[바로잡기] ㄴ. 국제 사회에서 평화를 실현한다는 것은 인종 간의 차별과 불평등을 공고화하는 것이 아니라 해소한다는 것을 의미한다. ㄷ. 강대국 중심의 국제 사회 권력 구조 확립은 세계 평화의 실현과 거리가 멀다.

478

(가)는 남중국해를 둘러싼 다국가 간 해양 영토 분쟁을 다룸으로써 국제 사회의 갈등 모습을, (나)는 캐나다 대규모 산불 진화에 여러 국가가 협력하는 모습을 다룸으로써 국제 사회의 협력 모습을 보여 준다. 국제 사회의 갈등이나 협력은 영구적으로 이어지지 않으며, 심화되기도 하고 해결되기도 하는 등 가변적이다.

479

국제 사회의 행위 주체에는 가장 기본적인 행위 주체인 국가(㉠), 국가를 가입 주체로 하는 정부 간 국제기구(㉡), 민간단체나 개인을 가입 주체로 하는 국제 비정부 기구(㉢) 등이 있다.

480

㉡은 정부 간 국제기구, ㉢은 국제 비정부 기구이다. 다른 국가와 분쟁이 발생했을 때 당사국끼리 합의하거나 협약을 맺어 외교적으로 문제를 해결하는 행위 주체는 국가이다.

481

㉠은 국가, ㉡은 정부 간 국제기구, ㉢은 국제 비정부 기구이다. 세계 평화 실현을 위해 국가는 어려움에 처한 국가에 도움을 주고(ㄱ), 정부 간 국제기구는 국가 간 분쟁을 중재하며(ㄴ), 국제 비정부 기구는 국제 사회가 힘의 논리에 지배되지 않도록 감시하고 견제하는 역할을 해야 한다(ㄷ).

기출 문제 ━━━━━━━━━━━━━━━ ● 103 ~ 106쪽

482 ③	**483** ①	**484** ②	**485** ④	**486** ④	**487** ①
488 ④	**489** ①	**490** ⑤	**491** ④	**492** ④	**493** ⑤
494 ②	**495** ②				

1등급을 향한 서답형 문제

496 ㉠ 소극적 평화 ㉡ 적극적 평화 **497** [예시 답안] 전쟁, 테러, 범죄 등 직접적 폭력이 제거되었다고 해서 진정한 평화가 실현되었다고 볼 수 없는 이유는 빈곤, 억압과 착취 등 사회 구조에 의해 발생하는 간접적 폭력으로도 고통을 겪게 되어 평화를 누리지 못할 수 있기 때문이다.

498 ㉠ 국가 ㉡ 국제 비정부 기구 **499** [예시 답안] A에는 '국제 사회의 가장 기본적인 행위 주체이다.'가 들어갈 수 있다. B에는 '지구촌 공동의 문제에 관심을 두고 협력한다.'가 들어갈 수 있다. C에는 '원칙적으로 국가적 이익에 상관없이 활동한다.'가 들어갈 수 있다.

482

㉠은 소극적 평화, ㉡은 적극적 평화이다. 소극적 평화는 전쟁이나 테러, 범죄와 같은 무력 충돌 즉, 직접적·물리적 폭력이 없는 상태이다. 이러한 소극적 평화가 실현된다고 하더라도 빈곤, 기아 문제 등의 구조적 폭력이 완전히 해소되지는 않는다. 따라서 적극적 평화를 실현하기 위해 노력해야 하는데, 적극적 평화는 직접적 폭력뿐만 아니라 구조나 문화에 의해 발생하는 간접적 폭력까지 모두 제거된 상태이다. 그래서 갈퉁은 적극적 평화 실현을 위해서는 사회 제도의 개선이 필요하다고 보았다.

구분	내용
구조적 폭력	빈곤, 정치적 독재, 경제적 착취 등 불공정한 사회 구조나 제도로 인해 발생하는 폭력
문화적 폭력	물리적 폭력이나 구조적 폭력을 정당화하는 데 종교, 예술, 언어 등의 영역이 이용되는 폭력

483

제시문의 사상가는 칸트이다. 칸트는 영원한 평화를 실현하기 위해 국가 간에 도덕적인 관계를 형성하고 전쟁 방지를 위한 평화 연맹을 결성해야 한다고 보았다. 따라서 칸트는 '세계 평화를 위해서 전쟁의 영원한 종식이 필요한가?'라는 질문에 긍정의 대답을 할 것이다.

바로잡기 ② 칸트는 이방인이 평화적으로 행동하는 한 우호적으로 대우해야 한다는 환대권을 주장하였다. 따라서 칸트가 부정의 대답을 할 질문이다. ③ 칸트에 따르면 어떤 국가가 평화 연맹에 참여한다고 해서 주권을 포기하거나 양도하는 것이 아니다. 따라서 칸트가 부정의 대답을 할 질문이다. ④ 칸트에 따르면 평화 조약이 하나의 전쟁을 종식시키고자 한다면 평화 연맹은 모든 전쟁을 영구히 종식시키고자 한다. 따라서 칸트가 부정의 대답을 할 질문이다. ⑤ 칸트는 국제 사회에서 주권국은 하나의 도덕적 인격체로서의 지위를 지니므로 어떤 국가도 다른 주권국의 체제와 통치에 폭력으로 간섭해서는 안 된다고 보았다. 따라서 칸트가 부정의 대답을 할 질문이다.

484

지구촌 곳곳에서 발생하는 갈등과 분쟁은 인류의 안전과 생존을 위협하고 있으므로 평화 실현의 중요성을 깨닫게 한다(ㄴ).

바로잡기 ㉠ 인간답게 살아갈 수 있는 삶을 만들어 주는 상태는 적극적 평화 실현으로 달성될 수 있다. ㉢ 국제 사회의 상호 의존성이 높은 오늘날 국제 갈등은 전 세계에 영향을 미치기 때문에 전지구적으로 평화를 실현하기 위해 애써야 한다.

485

(가)는 빈곤, 기아와 같은 구조적 폭력이 발생하고 있는 상황이므로 평화롭지 않다고 판단할 수 있다. (나)는 피부색이나 인종 차이에 따른 차별, 불평등과 같은 구조적 폭력을 보여 주는 상황이므로 평화롭지 않다고 판단할 수 있다.

486

밑줄 친 ㉠에 해당하는 국제 사회의 행위 주체는 국가이다. 국가는 자국의 이익과 자국민 보호를 위한 외교 활동을 최우선으로 하며(ㄴ), 양보와 타협을 통한 외교적 협상을 하는 등(ㄷ) 갈등을 해결하기 위해 노력함으로써 평화 실현에 기여한다.

바로잡기 ㄱ. 국가는 국민의 수나 영토의 크기와 상관없이 독립적인 주권을 행사한다.

487

국제 사면 위원회는 국제 사회의 행위 주체 중 국제 비정부 기구에 해당한다. 국제 비정부 기구는 개인이나 민간단체의 주도로 만들어진다.

바로잡기 두 번째 설명. 국제 비정부 기구는 특정 개인이나 기업, 국가의 이익이 아닌 생명 존중, 인권 보장, 환경 보호 등 인류의 보편적 가치를 위해 활동한다. 세 번째 설명. 유럽 연합, 유니세프, 세계 보건 기구, 국제 통화 기금 등은 각국의 정부를 회원으로 하는 정부 간 국제기구에 해당한다.

488

국제 연합(UN) 안전 보장 이사회는 정부 간 국제기구이다. 정부 간 국제기구는 각국의 정부를 회원으로 하며, 국가 간 이해관계를 조정하고 국제 규범을 정립하면서, 힘의 논리를 앞세우기보다는 분쟁 당사국 간에 원만한 해결을 모색할 수 있도록 중재자 역할을 담당함으로써 평화 실현에 이바지한다.

489

마리아 레사는 국제 사회의 행위 주체 중 영향력 있는 개인에 해당한다. 노벨 평화상 수상자, 교황, 전직 국가 원수 등과 같은 영향력 있는 개인도 국제 사회의 행위 주체가 될 수 있다.

바로잡기 ㄷ. 국제 연합 안전 보장 이사회는 정부 간 국제기구에 해당한다. ㄹ. 굿네이버스는 국제 비정부 기구에 해당한다.

490

(가)의 행위 주체는 정부 간 국제기구, (나)의 행위 주체는 국제 비정부 기구이다. 정부 간 국제기구는 국가 간의 이해관계를 조정하거나 분쟁을 중재하고(ㄴ), 국제 비정부 기구는 인종, 정치적 이익 등에 관계없이 독립적으로 활동하며(ㄷ), 인권, 박애 등 인류의 보편적 가치를 실현하고자 한다. 정부 간 국제기구와 국제 비정부 기구 모두 세계 평화 실현을 위해 역할을 다하고 있다(ㄹ).

바로잡기 ㄱ. 독립적인 주권을 행사하는 행위 주체는 국가이다.

491

세계 평화 실현을 위해 국제 비정부 기구인 국제 사면 위원회가 소년병 징집 문제의 심각성을 전 세계에 알려 지구촌이 관심을 가지고 소말리아 소년병 문제 해결에 도움을 줄 수 있도록 하는 것이 가장 적절하다.

바로잡기 ①, ⑤ 강대국의 전쟁 선포, 전쟁을 위해 이용되는 소년병의 용기를 칭찬하는 것은 국제 평화를 저해하는 행위이므로 적절하지 않다. ② 세이브 더 칠드런과 같은 국제 비정부 기구는 외교권을 가지고 있지 않다. ③ 국가는 독립적인 주권을 가지는 국제 사회의 행위 주체이다. 국제 연합과 같은 정부 간 국제기구가 국가의 주권을 침해할 수는 없다.

492

제시문의 '하얀 헬멧'은 민간인 구조대로 국제 사회의 행위 주체 중 국제 비정부 기구에 해당한다. 그린피스(ㄴ), 국경 없는 의사회(ㄷ), 국제 사면 위원회 등이 국제 비정부 기구에 해당한다.

바로잡기 ㄱ. 국제 통화 기금은 정부 간 국제기구에 해당한다.

493

(가)의 행위 주체는 국제 비정부 기구, (나)의 행위 주체는 영향력 있는 개인이다. 국제 비정부 기구와 영향력 있는 개인은 인권, 박애 등 인류의 보편적 가치 실현을 위해 노력하므로 국제 사회에서 힘의 논리를 활용한다고 보기 어렵다.

494

제시문은 국제 사회의 가장 기본적인 행위 주체인 국가가 세계 평화 실현을 위해 어떤 노력을 기울이고 있는지를 보여 준다. 한국은 쌀의 생산과 보급을 지원함으로써 세계 식량 위기를 극복하여 지구촌 평화를 실현하기 위해 노력하고 있다.

495

국제 노동 기구는 국제 사회의 행위 주체 중 정부 간 국제기구에 해당한다. 정부 간 국제기구에 해당하는 예시는 세계 보건 기구, 국제 통화 기금, 국제 연합 등이 있다.

바로잡기 ㄱ, ㄷ. 국제 적십자 위원회와 국제 사면 위원회는 국제 비정부 기구에 속한다.

496

평화학자 요한 갈퉁은 평화의 의미를 두 가지로 제시하였는데, 직접적 폭력이 없는 상태인 소극적 평화(㉠)와 직간접적 폭력이 모두 없는 상태인 적극적 평화(㉡)이다.

1등급 정리 노트 갈퉁의 평화 구분

구분	내용
소극적 평화	• 범죄, 테러, 전쟁 등과 같은 직접적·물리적 폭력이 없는 상태 • 인류가 생존 위협에서 벗어나 안전하게 살아갈 수 있는 환경을 조성해 줌. • 평화의 진정한 의미를 실현하는 데 한계가 있음.
적극적 평화	• 직접적·물리적 폭력뿐만 아니라 빈곤, 정치적 억압, 경제적 착취와 같은 구조적 폭력과 종교와 사상, 언어와 예술 등 문화적 영역에 존재하는 문화적 폭력까지 제거된 상태 • 인류가 인간답게 살아갈 수 있게 해 줌. • 진정한 평화는 적극적 평화를 실현할 때 이루어질 수 있음.

497

전쟁, 테러, 범죄 등 직접적 폭력이 제거되었다고 해서 진정한 평화가 실현되었다고 볼 수 없는 이유는 빈곤, 억압과 착취 등 사회 구조에 의해 발생하는 간접적 폭력으로도 고통을 겪게 되어 평화를 누리지 못할 수 있기 때문이다.

채점 기준	수준
빈곤, 억압과 착취 등 간접적 폭력도 고통을 야기하여 평화 실현을 방해한다는 내용을 타당하게 서술한 경우	상
간접적 폭력도 고통을 야기하여 평화 실현을 방해한다는 내용은 서술하였으나 빈곤, 억압과 착취 등 구체적인 내용은 누락한 경우	중
간접적 폭력의 예시와 평화 실현과의 관계를 명확하게 서술하지 못한 경우	하

498

㉠은 독립적인 주권을 행사하는 행위 주체인 국가, ㉡은 개인이나 민간단체를 회원으로 하는 행위 주체인 국제 비정부 기구이다.

499

A에는 '국제 사회의 가장 기본적인 행위 주체이다.'가 들어갈 수

있다. B에는 '지구촌 공동의 문제에 관심을 두고 협력한다.'가 들어갈 수 있다. C에는 '원칙적으로 국가적 이익에 상관없이 활동한다.'가 들어갈 수 있다.

채점 기준	수준
A, B, C에 들어갈 내용을 모두 타당하게 서술한 경우	상
A, B, C에 들어갈 내용 중 두 가지만 서술한 경우	중
A, B, C에 들어갈 내용 중 한 가지만 서술한 경우	하

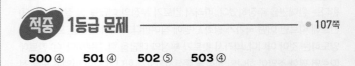

적중 1등급 문제 ━━━━━━━━━━ • 107쪽

500 ④ **501** ④ **502** ⑤ **503** ④

500 갈퉁의 평화론

1등급 자료 분석 갈퉁의 평화론

> 폭력을 줄이는 것도 중요하지만, 폭력을 예방하는 것이 더 중요합니다. 전자는 소극적 평화를 목표로 하지만, 후자는 적극적 평화를 지향합니다. 진정한 평화를 실현하려면 전쟁, 테러 등 신체에 직접적으로 해를 가하는 물리적 폭력이 제거된 소극적 평화 상태뿐만 아니라 억압, 착취 등의 구조적 폭력과 종교와 사상, 언어와 예술 등의 내부에 존재하는 문화적 폭력까지 사라진 적극적 평화 상태를 추구해야 합니다. – 갈퉁
>
> 갈퉁은 소극적 평화 상태뿐만 아니라 적극적 평화 상태를 추구해야 진정한 평화를 실현할 수 있다고 보았다.

강연자는 갈퉁이다. 갈퉁은 평화를 소극적 평화와 적극적 평화로 구분하고, 진정한 평화는 모든 폭력이 제거된 상태인 적극적 평화 실현에 있다고 보았다. 갈퉁은 구조적 폭력과 문화적 폭력을 제거하는 예방적 처방으로 진정한 평화를 실현할 수 있다고 보았다.

바로잡기 ① 소극적 평화는 직접적·물리적 폭력이 제거한 상태를 의미하므로, 소극적 평화가 실현된다고 해서 구조적 폭력도 해소된다고 볼 수 없다. ② 갈퉁은 문화적 폭력과 같이 의도성이 없는 경우에도 폭력은 성립한다고 보았다. ③ 갈퉁은 진정한 평화는 모든 폭력이 제거된 적극적 평화 달성으로 실현될 수 있다고 보았다. 따라서 소극적 평화가 달성되어도 여전히 구조적 폭력이나 문화적 폭력은 존재할 수 있으므로 진정한 평화가 실현되었다고 볼 수 없다. ⑤ 적극적 평화는 물리적 폭력은 물론이고 구조적 폭력과 문화적 폭력이 모두 제거된 상태이다.

선택지 더 보기

⑥ 문화적 폭력은 구조적 폭력을 정당화할 수 있다. (○)

⑦ 진정한 평화를 달성하기 위해서는 폭력적인 수단을 사용할 수 있다. (×)

⑧ 진정한 평화를 실현하기 위해서는 사회 구조와 사회 제도를 개선해야 한다. (○)

501 국제 사회의 행위 주체

국제 사회의 행위 주체

각국의 정부를 가입 주체로 하는가? → 예 → A
- 정부 간 국제기구

↓ 아니요

자국의 이익을 위한 외교 활동을 우선시하는가? → 예 → B
- 국가

↓ 아니요

C - 국제 비정부 기구

국제 비정부 기구(C)는 각국의 정부를 가입 주체로 하는 정부 간 국제기구와 달리 개인이나 민간단체를 가입 주체로 하며, 자국의 이익을 추구하는 국가와 달리 개별 국가의 이해관계와 무관하게 인류의 보편적 가치 실현을 위해 활동한다.

A는 정부 간 국제기구, B는 국가, C는 국제 비정부 기구이다. 정부 간 국제기구는 국가 간 분쟁을 조정하는 역할을 한다. 국가는 자국의 이익을 위한 외교 활동을 우선시하고, 빈곤 국가나 재난에 처한 국가를 원조하기도 한다. 국제 비정부 기구는 특정 개인이나 기업, 국가의 이익이 아니라 인류의 보편적 가치를 위해 활동한다. 정부 간 국제기구가 각국의 정부를 가입 주체로 하는 것과 달리 국제 비정부 기구는 개인이나 민간단체를 가입 주체로 한다.

바로잡기 ④ 독립적인 주권을 행사하는 것은 정부 간 국제기구가 아니라 국가이다.

502 국제 사회의 행위 주체

국제 사회의 행위 주체

행위 주체	예시
㉠ 국가	한국, 미국, 영국 등
정부 간 국제기구	㉡
㉢ 국제 비정부 기구	㉣
㉤	노벨상 수상자, 전직 국가 원수 등

국제 사회의 행위 주체에는 국가, 정부 간 국제기구, 국제 비정부 기구, 영향력 있는 개인 등이 있다. 국가는 독립적인 주권을 행사하는 행위 주체이고, 정부 간 국제기구는 주권을 가진 국가들로 결성된 국제 협력체이며, 국제 비정부 기구는 개인이나 민간단체를 중심으로 구성된 조직이다. 그 외에도 국제적으로 영향력이 있는 개인, 다국적 기업 등도 국제 사회의 행위 주체라고 할 수 있다.

노벨상 수상자, 전직 국가 원수 등은 국제 사회의 행위 주체 중 영향력 있는 개인에 해당한다.

바로잡기 ① 국제 비정부 기구(㉢)에 해당한다. ② 국제 비정부 기구의 예시이므로 ㉣에 해당한다. ③ 국가(㉠)에 해당한다. ④ 정부 간 국제기구의 예시이므로 ㉡에 해당한다.

선택지 더 보기

⑥ ㉠은 분쟁이 발생하면 당사국끼리 합의하거나 협약을 맺어 외교적으로 문제를 해결한다. (○)

⑦ ㉡에 해당하는 행위 주체는 국가 간의 이해관계를 조정하거나 분쟁을 중재한다. (○)

⑧ ㉢은 개별 국가의 이해관계를 중심으로 인류 공통의 문제에 관심을 둔다. (×)

503 칸트와 갈퉁의 평화론

칸트와 갈퉁의 평화론

갑: 영원한 평화를 실현하기 위해서는 모든 전쟁을 끝낼 수 있는 평화 연맹이 필요하다. 이를 위해 각국은 시민의 자유를 보장하는 공화 정체를 확립하고 평화 연맹에 가입해야 한다. 세계시민법을 준수하여 평화적 방문권도 보장해야 한다.

칸트는 영원한 평화를 실현하기 위해 평화 연맹 가입, 공화 정체 확립, 평화적 방문권(환대권) 등을 주장하였다.

을: 폭력은 인간의 기본권을 무시하는 것이다. 폭력에는 살인·상해와 같은 직접적 폭력과 착취·억압과 같은 구조적 폭력, 법·교육·종교·미디어 등을 통해 직접적 폭력과 구조적 폭력을 정당화하는 문화적 폭력이 있다. 진정한 평화는 이러한 폭력을 모두 제거하는 것이다.

갈퉁은 직접적 폭력과 구조적 폭력, 문화적 폭력이 모두 제거된 진정한 평화 상태를 추구하였다.

갑은 칸트, 을은 갈퉁이다. 칸트는 영원한 평화를 실현하기 위해 국가 간에 도덕적인 관계를 형성하고 전쟁 방지를 위한 제도를 마련해야 한다고 보았다(ㄱ). 갈퉁은 적극적 평화 상태에서 진정한 평화가 실현된다고 보고, 이러한 적극적 평화 상태에서 인간존엄성이 보장되는 삶을 살아갈 수 있다고 보았다(ㄷ). 그리고 칸트와 갈퉁 모두 진정한 평화 정착을 위해 정치 체제에 대한 고려가 필요하다고 보았다(ㄹ). 칸트는 공화 정체의 확립과 평화 연맹의 가입을 주장하였고, 갈퉁은 구조적 폭력의 주요 형태가 정치와 경제에서 나타나는 억압과 착취이므로 불공정한 정치 체제와 구조를 변화시켜야 한다고 주장하였다.

바로잡기 ㄴ. 갈퉁은 직접적 폭력이 제거된 소극적 평화뿐만 아니라 간접적 폭력까지 제거된 적극적 평화 상태를 지향해야 한다고 보았으며, 이러한 적극적 평화가 실현될 때 궁극적으로 진정한 평화가 실현된다고 보았다.

기본 기출 문제 ━━━━━━━━━━━━━ ● 109 ~ 110쪽

핵심 개념 문제

504 냉전	**505** 신탁 통치	**506** 역사
507 공적 개발 원조	**508** ○ **509** ×	**510** ○ **511** ㉠
512 ㉡ **513** ㉠		

514 ①	**515** ④	**516** ①	**517** ③	**518** ③	**519** ①
520 ②					

514

㉠에 해당하는 용어는 냉전, ㉡은 신탁 통치, ㉢은 6·25 전쟁이다. 남북 분단의 국제적 배경으로는 미소 간 냉전 대결 심화를 들수 있다. 남북 분단의 국내적 배경으로는 신탁 통치에 관한 찬반 논쟁과 민족 내의 이념적 갈등, 이후 발발한 6·25 전쟁으로 인한 분단의 고착화를 들 수 있다.

515

동아시아 역사 갈등 사례로는 고구려와 발해 등의 역사를 중국 역사의 일부라고 주장하는 중국과의 역사 갈등(ㄴ), 침략 전쟁과 식민 지배를 미화하는 역사 교과서를 만들어 배포한 일본과의 역사 갈등(ㄷ)이 있다.

바로잡기 ㄱ. 공동 역사 연구를 통한 공동 역사 교재 출판은 역사 갈등의 해결 방안에 해당한다.

516

중국이 동북 3성의 역사, 지리, 문화에 관해 연구한 사업을 동북 공정이라고 한다. 이 과정에서 우리나라 역사의 일부를 중국의 지방사의 일부라고 주장하는 등 우리의 역사를 왜곡하였다. 중국이 동북공정을 추진한 까닭은 현재의 중국 영토 내에 있는 소수 민족을 통합하여 이들의 분리 독립을 막고 국경 지역을 안정화하기 위해서이다.

517

1876년 일부의 시마네현의 요청 이후, 내무성은 메이지 정부 최고 행정 기관인 태정관에 최종 결정을 넘겼고, 태정관은 "죽도(울릉도) 외 1도(독도)의 건에 관해 본방(일본)은 관계가 없다는 것을 명심할 것"의 내용이 담긴 지령을 내렸다[태정관 지령문(1877)]. 이와 같이 역사적 근거가 명확함에도 불구하고 일본은 독도가 일본 영토로 편입되었다는 왜곡된 주장을 펼치고 있어 우리나라와 외교 분쟁 상태에 있다.

518

동아시아 역사 갈등을 해결하고 평화를 정착하기 위한 노력에는 공동 역사 연구 진행(㉠), 인적 교류의 확대(㉡), 우리 역사 연구 성과 알리기(㉢) 등이 있다.

519

남북이 통일을 해야 하는 이유는 통일을 하면 전쟁의 위협이 줄어들어 한반도의 안전과 평화를 실현할 수 있으며 빈곤한 삶으로 어려움을 겪고 있는 북한 주민의 인권을 개선할 수 있기 때문이다(ㄱ). 또한 통일은 오랫동안 이어져 온 민족 문화의 전통을 계승·발전시켜 국력을 증진하기 위해 필요하다(ㄴ).

바로잡기 ㄷ. 서로 다른 이념과 체제를 갖춘 두 나라로 인정받는 것은 통일을 해야 하는 이유로 볼 수 없다. ㄹ. 통일을 통해 민족 동질성을 회복해야 하므로 통일을 해야 하는 이유로 볼 수 없다.

520

독일이 평화 통일을 이룰 수 있었던 까닭은 동독과 서독 간에 평화적 교류와 협력이 이루어졌고, 서독이 외교적 노력을 통해 주변국을 설득하여 독일 통일에 관한 동의를 이끌어 냈기 때문이다. 이러한 독일의 통일 사례를 참고하면 남북은 평화 통일을 이루기 위해서 남북한의 평화적 교류와 협력을 지속적으로 추진해야 하고(ㄹ), 한반도 통일이 국제 사회의 평화와 번영을 가져올 수 있다는 점을 근거로 주변국을 설득하여 남북 통일에 우호적인 국제 환경을 조성해야 한다(ㄱ).

바로잡기 ㄴ, ㄷ. 제시된 독일 통일 사례를 통해 군사적 긴장 상태 유지, 신속한 정치 체제 통합은 파악하기 어려우며, 오히려 이러한 조치들은 평화 통일 실현을 저해할 수 있다.

실력 기출 문제 ━━━━━━━━━━━━━ ● 111 ~ 112쪽

521 ②	**522** ①	**523** ⑤	**524** ②	**525** ③	**526** ①

1등급을 향한 서답형 문제

527 ㉠ 자본주의 ㉡ 공산주의 **528** **예시 답안** 유라시아 대륙과 태평양을 연결하는 지정학적 요충지인 우리나라는 냉전 심화의 영향으로 광복과 동시에 남쪽은 미국, 북쪽은 소련의 영향력 아래 들어갔다.

529 참배 **530** **예시 답안** 야스쿠니 신사에는 전쟁을 일으킨 범죄자가 신으로 모셔져 있는데, 고위 정치인들이 야스쿠니 신사 참배를 하는 것은 일본이 전쟁을 일으켜 주변 국가를 침략했던 역사적인 잘못을 깊이 반성하지 않는다는 것을 의미하기 때문이다.

521

우리나라는 광복(㉠) 후 모스크바 3국 외상 회의(㉣)에서 결정된 한반도의 신탁 통치에 관한 찬반 논쟁과 민족 내부의 이념 갈등으로 인해 외세에 의한 분단을 효과적으로 막아 내지 못했다. 국제 연합은 총선거를 통해 통일 정부를 구성하는 방안을 마련하였지만, 소련과 북한의 거부로 남한에서만 5·10 총선거를 실시하였고, 이후 1948년 남북한에 서로 다른 정부가 수립되었다(㉢). 이후 1950년 발발한 6·25 전쟁(㉡)은 남북 분단을 고착화하는 결과를 낳았다.

1등급 정리 노트 · 남북 분단의 과정

지역적 분단	1945년 광복 이후부터 북위 38도선을 기준으로 지역이 분단됨.
체제상의 분단	남북한에 각각 자본주의, 사회주의 체제가 수립됨.
정부상의 분단	1948년 남북한에 서로 다른 정부가 수립됨.

522

일본은 1905년 시네마현 고시로 독도가 일본 영토에 편입되었다고 주장하면서 역사를 왜곡하고 있다. 하지만 《세종실록지리지》 등 다양한 옛 문헌들이 독도가 명백하게 한국의 영토라는 근거를 제시하고 있다.

1등급 정리 노트 · 옛 문헌 속 우리 땅, 독도

• 《삼국사기(1145)》: 신라 지증왕 13년인 512년에 독도가 신라 영토에 포함되었다는 내용이 담겨 있다.
• 《만기요람(1808)》: "독도가 울릉도와 함께 우산국의 영토였다."라는 내용이 기록되어 있다.
• 《은주시청합기(17세기)》: 일본 북쪽 경계를 오키섬으로 규정함으로써 독도가 일본 땅이 아님을 밝히고 있다.

523

중국이 한국 고대 역사 연표에서 고구려와 발해를 제외한 까닭은 고구려와 발해를 중국의 지방 정권의 하나로 주장하기 위함이다. 즉, 고구려와 발해의 역사를 소수 민족의 역사로 편입하여 중국 고유의 역사라고 주장하려는 것이다.

524

일본은 자국 역사 교과서에 한국 침략(ㄱ)을 '진출'로, 조선어 말살(ㄷ) 정책을 '조선어와 일본어를 공용으로 사용'으로 미화 및 축소하는 등 역사를 왜곡하고 있다. 특히 침략 전쟁과 식민 지배에 대한 미화, 전쟁 범죄 은폐를 다룬 교과서를 제작 및 배포하여 학생들에게 왜곡된 역사 인식을 심어 주고 있다.

바로잡기 ㄴ, ㄹ. 일본은 역사 교과서에 토지 약탈을 토지 소유권 확인으로 미화하고, 일본군 '위안부' 문제를 축소 및 은폐하였다.

525

갑은 급진적 통일이 남북 간 이질감 해소와 신뢰 회복에 한계가 있다고 보아 사회적·문화적 협력을 통해 단계적으로 통일을 해야 한다고 본다. 즉 점진적 방식에 의한 남북 간 민족 동질감 회복을 강조한다. 반면 을은 점진적 교류를 통한 통일은 이산가족 문제를 조속히 해결하기 어렵다고 보아 정치적 일괄 타결을 통한 급진적 통일을 강조한다.

바로잡기 ㄱ, ㄹ. 을의 입장에 해당한다.

526

제시문은 공통적으로 과거에는 경제 원조를 받던 한국이 고도의 경제 성장을 이룩하여 개발 도상국을 원조하고, 대외 무상 협력 사업을 진행하는 점을 다룬다. 이를 통해 우리나라가 높아진 국제

적 위상을 바탕으로 개발 도상국의 경제 개발과 사회 복지 향상을 위해 지원함으로써 세계 평화 실현에 기여하고 있음을 알 수 있다.

527

제2차 세계 대전이 끝나고 세계는 미국을 중심으로 한 자본주의(ㄱ) 진영과 소련을 중심으로 한 공산주의(ㄴ) 진영의 대결 구도로 나뉘어 이념적 갈등 상태에 놓였다.

528

유라시아 대륙과 태평양을 연결하는 지정학적 요충지인 우리나라는 냉전 심화의 영향으로 광복과 동시에 남쪽은 미국, 북쪽은 소련의 영향력 아래 들어갔다.

채점 기준	수준
이념적 갈등에 바탕한 국제 정세와 연결하여 남쪽과 북쪽이 어떤 영향을 받았는지를 타당하게 서술한 경우	상
국제 정세와 연결하여 남쪽과 북쪽이 어떤 영향을 받았는지를 서술한 경우	중
남쪽과 북쪽이 어느 나라의 영향을 받았는지만 서술한 경우	하

529

일본은 야스쿠니 신사 참배(ㄱ) 문제로 우리나라와 지속적인 역사 갈등을 겪고 있다.

530

야스쿠니 신사에는 전쟁을 일으킨 범죄자가 신으로 모셔져 있는데, 일본의 고위 정치인들이 이러한 곳에 참배하는 것은 일본이 전쟁을 일으키고 주변 국가를 침략했던 역사적인 잘못을 깊이 반성하지 않는다는 것을 의미하기 때문이다.

채점 기준	수준
일본 고위 정치인들의 야스쿠니 신사 참배에 반대하는 이유를 역사적 잘못에 대한 반성을 하지 않는다는 의미와 연결하여 타당하게 서술한 경우	상
일본 고위 정치인들의 야스쿠니 신사 참배에 반대하는 이유를 신사의 의미와 연결하여 서술한 경우	중
일본 고위 정치인들의 야스쿠니 신사 참배에 반대하는 이유를 미흡하게 서술한 경우	하

적중 1등급 문제 ────────── ● 113쪽

531 ② **532** ③ **533** ③ **534** ③

531 남북 분단의 배경

<형성 평가>

※ 남북 분단의 배경에 대한 설명이 맞으면 '예', 틀리면 '아니요'에 ✔표시하시오.

[설명 1] 남북 분단의 국제적 배경으로는 미소 간 냉전 대결의 심화를 들 수 있다.   예 ✔   아니요 □ … ㉠

[설명 2] 남북 분단의 국내적 배경으로는 민족 내부의 응집력 부족을 들 수 있다.   예 □   아니요 ✔ … ㉡

[설명 3] 광복 후 신탁 통치에 관한 찬반 논쟁과 민족 내부의 이념 갈등은 외세에 의한 분단을 효과적으로 막지 못한 원인이 되었다.
└ 신탁 통치에 대한 찬반 논쟁, 민족 내부의 이념 갈등으로 인해 민족 내부의 응집력이 부족했고 이는 남북 분단의 국내적 배경으로 작용하였다.   예 ✔   아니요 □ … ㉢

[설명 4] 6·25 전쟁 발발은 오늘날까지 남북 분단을 고착화하는 결과를 가져왔다.   예 □   아니요 ✔ … ㉣
└ 1950년 발발한 6·25 전쟁은 남북 분단을 고착화하였다.

남북 분단의 국제적 배경으로는 미소 간 냉전 대결의 심화를 들 수 있다(㉠). 그리고 우리나라는 광복 이후 모스크바 3국 외상 회의에서 결정한 신탁 통치에 관한 찬반 논쟁, 민족 내부의 이념 갈등 등으로 인해 민족 내부의 응집력이 부족했다. 이는 외세에 의한 분단을 효과적으로 막아 내지 못한 원인이 되었고, 남북 분단의 국내적 배경으로 작용하였다(㉡, ㉢). 이후 6·25 전쟁이 발발하였고 이는 오늘날까지 남북 분단을 고착화하는 결과를 낳았다(㉣).

532 독일의 통일 사례

독일의 통일 사례는 통일을 준비하는 우리에게 중요한 교훈을 준다. 독일은 통일 전 많은 교류와 협력을 추진해 왔음에도 불구하고, 통일 이후 구 동독 지역 주민들과 구 서독 지역 주민이 서로를 비하하고 무시하는 등 심각한 갈등을 겪었다. 또한 사회·문화적인 이질성을 줄이지 못한 상황에서 통일이 되면서 통일 이후에 사회를 통합하는 데 막대한 비용을 지불해야 했다. 따라서 우리는 _____(가)_____
동독과 서독은 분단 초기부터 많은 교류와 협력을 추진해 왔음에도 불구하고 통일 이후 사회 통합에 많은 비용이 들었다. 이는 통일 전에 사회·문화적 이질성을 줄이고 민족 동질성을 회복하는 것이 중요함을 나타낸다.

독일은 통일 이전부터 교류와 협력을 추진해 왔음에도 통일 이후 사회 통합에 막대한 비용이 들었다. 이러한 사례에서 얻을 수 있는 교훈은 민족의 동질성 회복을 위해 점진적인 통일을 준비해야 한다는 점(ㄴ), 사회·문화적 통합을 이루기 위한 장기적 대책을 강구해야 한다는 점이다(ㄷ).

바로잡기 ㄱ. 독일 통일을 통해 평화 통일을 이루기 위해서는 체제의 우위를 공고히 하기보다는 교류와 협력이 중요함을 알 수 있다. ㄹ. 독일 통일을 통해 신속한 이념적 통합은 통일 이후 막대한 사회 통합 비용을 필요로 하므로 교류와 협력을 통한 민족의 동질성 회복이 선행되어야 함을 알 수 있다.

선택지 더 보기

ㅁ. 남북 정상 회담, 스포츠 대회 단일팀 구성 등 상호 신뢰를 회복해야 한다.   (○)

ㅂ. 통일 과정에서 분란이 발생하지 않도록 단기간 내에 사회·문화적 통합을 추진해야 한다.   (×)

533 독도

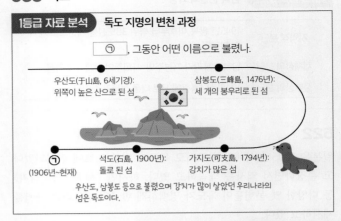

㉠ , 그동안 어떤 이름으로 불렸나.

우산도(于山島, 6세기경): 위쪽이 높은 산으로 된 섬

삼봉도(三峰島, 1476년): 세 개의 봉우리로 된 섬

㉠ (1906년~현재)

석도(石島, 1900년): 돌로 된 섬

가지도(可支島, 1794년): 강치가 많은 섬

우산도, 삼봉도 등으로 불렸으며 강치가 많이 살았던 우리나라의 섬은 독도이다.

㉠은 독도이다. 《삼국사기》에 "신라 지증왕 13년(512년)에 이사부 장군이 우산국을 정복하여 신라의 영토로 삼았다."라고 기록되어 있으며, 조선 후기에는 안용복이 두 차례에 걸쳐 일본으로 건너가 울릉도와 독도가 우리의 영토임을 확인하였다. 이처럼 독도는 512년 신라의 영토로 편입된 이후 변함없는 한국 고유의 영토이다.

바로잡기 ①, ② 독도는 행정구역상 경상북도에 속하며 동해에 있는 영토이다. ④ 일본의 왜곡된 주장에 해당한다. ⑤ 독도는 맑은 날 울릉도에서 육안으로 볼 수 있다.

선택지 더 보기

⑥ 현재 일본이 실효 지배하고 있는 영토이다.   (×)
⑦ 하야시 시헤이가 그린 《삼국접양지도(1785)》에서 조선의 것임을 명시하였다.   (○)
⑧ 1877년 일본 정부 최고 행정 기관인 태정관에서 일본 영토가 아님을 분명히 하였다.   (○)

534 한국이 세계 평화에 기여할 수 있는 방안

국제 연합 무역 개발 회의(UNCTAD)가 제68차 무역 개발 이사회(2021)에서 195개 회원국의 만장일치로 한국의 지위를 '개발 도상국 그룹'에서 '선진국 그룹'으로 변경하였다. 1965년 국제 연합 무역 개발 회의 설립 이래 개발 도상국 그룹에서 선진국 그룹으로 지위가 변경된 나라는 한국이 처음이다. 그렇다면 ㉠ 높아진 국제적 위상을 바탕으로 한국이 세계 평화에 기여할 수 있는 방안은 무엇일까?
한국은 식민 통치와 국토 분단 등의 어려움 속에서도 짧은 기간에 산업화와 민주화를 동시에 달성한 국가로 인정받으며 국제적 위상이 높아졌다.

우리나라는 높아진 국제적 위상을 바탕으로 분쟁 지역에 평화 유지군을 파견하고, 대량 살상 무기와 테러 확산 방지를 위해 여러 국가와 협력할 수 있다. 또한 개발 경험과 기술이 필요한 개발 도상국을 지원하고, 재난을 당한 국가에 긴급 구호 물품 및 재건 사업을 후원함으로써 세계 평화에 기여할 수 있다.

바로잡기 ③ 높아진 국제적 위상을 바탕으로 한국이 세계 평화에 기여하기 위해서는 남북 분단을 극복하기 위해 노력하되, 급진적 방법이 아니라 평화 통일을 위한 방법을 강구해야 한다. 즉, 정부와 민간 차원의 지속적인 교류와 협력을 바탕으로 민주적이고 평화적인 통일을 위해 노력한다면 군사적 대립과

긴장을 해소함으로써 한반도는 물론, 동아시아와 국제 사회에 평화를 정착시키는 데 기여할 수 있다.

단원 마무리 문제 ———————————— ● 114 ~ 117쪽

⑪ 세계화의 다양한 양상과 문제

535 ② **536** ③ **537** ④ **538** ③ **539** ⑤

540 빈부 격차의 심화 **541 예시답안** 선진국은 공적 개발 원조(ODA), 기술 이전 등을 통해 개발 도상국이나 저개발국의 경제적 자립을 지원해야 하고, 공정 무역을 확대하여 불공정한 무역 구조를 개선해야 한다.

⑫ 평화 실현을 위한 국제 사회 행위 주체의 역할

542 ③ **543** ① **544** ⑤ **545 예시답안** 국제 사회에서 평화 실현이 중요한 이유는 평화가 실현될 때 인류의 생존을 보장하고 인류의 삶의 질을 높일 수 있기 때문이다. **546** ③ **547** ⑤ **548** ③

549 예시답안 전직 국가 원수, 국제 연합의 사무총장, 유명 가수나 영화배우, 스포츠 선수 등 **550** ⑤

⑬ 세계 평화를 위한 우리의 노력

551 ③ **552** ⑤ **553** ② **554 예시답안** 동북공정은 중국이 2002년부터 추진한 동북 3성의 역사, 지리, 문화에 관한 연구 사업이다. 중국이 동북공정을 추진한 까닭은 현재의 중국 영토 내에 있는 소수 민족을 통합하여 이들의 분리 독립을 막고 국경 지역을 안정화하기 위해서이다.

535

㉠은 장소 마케팅, ㉡은 지리적 표시제이다.

바로잡기 지역 브랜드는 지역의 상품과 서비스, 축제 등을 특별한 브랜드로 인식시켜 지역 이미지를 높이고 지역의 경제를 활성화하는 전략이다.

536

세계 도시는 회계·법률·광고 등 생산자 서비스업이 발달하여 관련 종사자 비중이 높다.

537

지도와 같이 청바지 생산에 국제적 분업이 이루어지는 것은 국가별로 임금 및 기술 수준이 달라 생산의 전문화를 통해 기업의 이윤을 극대화할 수 있기 때문이다.

바로잡기 ㄱ. 교통·통신의 발달로 국가 간 교류가 활발해지고 국경의 의미가 약화되었다. ㄷ. 교통수단의 발달로 운송비 부담이 작아지면서 국제적 분업이 활성화되었다.

538

세계화의 진전으로 다국적 기업의 활동이 확대되고 국가 간 무역량도 증가하였지만, 지역 및 국가 간 경제 격차가 심화되었다.

539

제시된 자료는 싱가포르의 태형이 인권과 같은 보편적 가치와 충돌하는 모습을 보여 준다. 이러한 갈등을 해결하기 위해서는 세계 시민 의식을 통해 평화적으로 갈등을 해결해야 하며, 보편 윤리의 존중과 함께 특수 윤리를 성찰하는 태도가 필요하다.

바로잡기 ㄱ. 보편 윤리를 존중하고 특수 윤리를 인정해야 한다. ㄴ. 관습법이 보편적 가치를 침해하는지 비판적으로 성찰해야 한다.

540

경제의 세계화로 인해 세계 부의 불평등한 분배 현상이 나타나 빈부 격차가 더욱 심화되었다.

541

세계화가 진행되면서 개인뿐만 아니라 국가 간 빈부 격차가 커지고 있다. 따라서 국제적 차원에서 분배적 정의를 실현해야 한다. 개발 도상국이나 저개발국의 생산자에게 정당한 대가를 지불하는 공정 무역은 불공정한 무역 구조를 개선하는 노력의 대표적 사례이다.

채점 기준	수준
공적 개발 원조와 공정 무역 등 해결 방안을 두 가지 모두 바르게 서술한 경우	상
공적 개발 원조와 공정 무역 등 해결 방안을 한 가지만 바르게 서술한 경우	중
공적 개발 원조와 공정 무역 등 해결 방안 한 가지를 대략적으로 서술한 경우	하

542

제시문의 사상가는 평화학자 요한 갈퉁이다. 갈퉁은 전쟁·분쟁 등이 없는 상태를 평화라고 규정한 기존의 평화론을 비판하고, 착취·차별 등의 간접적 폭력까지 사라진 상태를 진정한 평화라고 주장하였다. 그는 평화의 개념을 인간존엄성을 실현할 수 있는 상태인 적극적 평화로 확대하였다. 또한 목적이 수단을 정당화할 수 없듯이, 평화는 평화적 수단으로만 이루어져야 한다고 보았다.

543

갑은 갈퉁, 을은 칸트이다. 갈퉁은 진정한 평화 실현을 위해 잘못된 사회 제도로 인해 발생하는 억압 및 착취 구조의 개선이 필요하다고 보았다. 칸트는 모든 전쟁의 영구적 종식을 실현하기 위해서는 개별 국가의 주권을 인정하는 평화 연맹의 설립이 필요하다고 보았다. 갈퉁과 칸트는 공통적으로 국가 간 분쟁의 해소가 영원한 평화 실현의 충분조건은 아니라고 보았다.

바로잡기 ① 갈퉁은 범죄나 전쟁 등과 같은 물리적 폭력이 사라진다고 해서 사회 구조나 제도로 인해 발생하는 구조적 폭력과 물리적·구조적 폭력을 정당화하는 데 이용되는 문화적 폭력이 함께 사라지는 것은 아니라고 보았다. 그는 이러한 모든 폭력이 제거된 상태를 적극적 평화 상태로 보았다.

544

직접적 폭력의 제거만으로 평화를 실현할 수 있다고 보므로 A는 소극적 평화이다. 따라서 B는 적극적 평화이다. '평화는 폭력의 제거를 통해 실현될 수 있는가?'라는 질문에 소극적 평화나 적극적 평화 모두 '예'라고 대답할 것이므로 (가)에 들어갈 질문이라고 할 수 없다.

바로잡기 ① 적극적 평화는 직접적 폭력의 제거만으로는 실현할 수 없으므로 ㉠은 '아니요'이다. ② 소극적 평화는 전쟁, 테러, 범죄 등의 직접적 폭력이 제거된 상태를 의미한다. ③ 빈곤, 기아, 각종 억압과 차별은 구조적 폭력에 해당하며 직접적 폭력과 구조적·문화적 폭력이 모두 제거된 상태가 적극적 평화 상태이다. ④ 진정한 평화는 소극적 평화가 아닌 적극적 평화를 통해 이루어진다.

545

국제 사회에서 평화 실현이 중요한 이유는 평화가 실현될 때 인류의 생존을 보장하고 인류의 삶의 질을 높일 수 있기 때문이다.

채점 기준	수준
평화 실현이 중요한 이유로 인류의 생존 보장과 인류의 삶의 질 개선을 모두 적절하게 서술한 경우	상
인류의 생존 보장이나 인류의 삶의 질 개선 중 한 가지만 적절하게 서술한 경우	하

546

밑줄 친 ㉠과 같은 국제 사회의 행위 주체는 국가이다. 국가는 국민의 수나 영토의 크기와 관계없이 독립적인 주권을 행사한다.

바로잡기 ①, ④ 정부 간 국제기구는 주권을 가진 국가들로 결성된 국제 협력체로서, 국가 간 이해관계를 조정하고 국제 규범을 정립한다. ②, ⑤ 개인이나 민간단체의 주도로 만들어지는 조직인 국제 비정부 기구는 특정 개인이나 기업, 국가의 이익을 위해 활동하지 않고 인류의 보편적 가치 실현을 위해 노력한다.

547

가로 ㉠은 국가, 세로 ㉠은 국제 연합, 가로 ㉡은 국제 비정부 기구이다. 국제 연합은 정부 간 국제기구에 해당하고, 세계 보건 기구는 국제 비정부 기구가 아니라 정부 간 국제기구에 해당한다.

548

㉠은 정부 간 국제기구, ㉡은 국가, ㉢은 국제 비정부 기구이다. 국가는 위기에 처한 국가에 대한 구호 활동을 통해 다른 나라와 협력하기도 하며(ㄴ), 이러한 각국의 정부를 회원으로 하는 정부 간 국제기구는 국가들 사이의 이해관계를 조정한다(ㄱ).

바로잡기 ㄷ. 국제 비정부 기구는 특정 개인이나 기업, 국가의 이익이 아닌 생명 존중, 인권 보장, 환경 보호 등 인류의 보편적 가치를 실현하기 위해 활동한다.

549

전직 국가 원수, 국제 연합의 사무총장, 유명 가수나 영화배우, 스포츠 선수 등

채점 기준	수준
전직 국가 원수, 국제 연합의 사무총장, 유명 가수나 영화배우, 스포츠 선수 중에서 세 가지 이상 서술한 경우	상
전직 국가 원수, 국제 연합의 사무총장, 유명 가수나 영화배우, 스포츠 선수 중에서 두 가지만 서술한 경우	중
전직 국가 원수, 국제 연합의 사무총장, 유명 가수나 영화배우, 스포츠 선수 중에서 한 가지만 서술한 경우	하

550

세계시민으로서 우리는 세계 평화를 추구하면서 인권을 존중하고 인류의 삶의 질을 높이고자 노력해야 한다. 세계시민의 노력에는 윤리적 소비 실천, 국제 비정부 기구에 기부하기, 국제 사회 문제에 관심 가지기 등이 있다.

551

일본군 성 노예 문제 해결을 위한 민간 법정 개최, 역사 교재의 공동 발간, 청소년 역사 체험 캠프 등과 같은 동아시아 역사 갈등의 평화적 해결을 위한 다양한 노력은 공통적으로 동아시아의 평화를 실현하고 각 국가 간의 불신을 완화하는 데 이바지할 수 있다.

552

(가)는 사회 문화적 통합을, (나)는 정치 체제의 통합을 강조한다. (가)의 입장에 비해 (나)의 입장이 갖는 상대적 특징은 정치 제도적인 측면의 통합을 우선시하는 정도(X)는 높고, 사회 문화적인 측면의 통합을 우선시하는 정도(Y)는 낮으며, 통일의 선결 과제로 비정치적 분야에서의 교류와 신뢰 확산을 강조하는 정도(Z)는 낮다. 따라서 ㉣이 적절한 지점이다.

553

남북 분단의 국제적 배경으로는 미소 간 냉전 대결의 심화를 들 수 있고, 국내적 배경으로는 민족 내부의 응집력 부족을 들 수 있다.

바로잡기 ①, ③, ⑤ 남북 분단의 국내적 배경으로는 광복 후 신탁 통치에 관한 찬반 논쟁, 민족 내부의 이념 갈등 등과 같은 민족 내부의 응집력 부족을 들 수 있다. ④ 6·25 전쟁의 발발은 오늘날까지 남북 분단을 고착화하는 결과를 낳았다.

554

동북공정은 중국이 2002년부터 추진한 동북 3성의 역사, 지리, 문화에 관한 연구 사업이다. 중국이 동북공정을 추진한 까닭은 현재의 중국 영토 내에 있는 소수 민족을 통합하여 이들의 분리 독립을 막고 국경 지역을 안정화하기 위해서이다.

채점 기준	수준
중국이 동북공정을 추진한 까닭을 소수 민족 통합과 분리 독립 통제 등을 중심으로 타당하게 서술한 경우	상
중국이 동북공정을 추진한 까닭으로 소수 민족 통합과 분리 독립 통제 중 한 가지만 서술한 경우	하

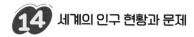

14 세계의 인구 현황과 문제

기본 기출 문제 ● 119~120쪽

핵심 개념 문제

555 중위 연령	**556** 기후 난민	**557** 생산 가능 인구
558 저출생	**559** ㉠	**560** ㉡
561 ㉠	**562** ㉠ **563** ㉡ **564** ㉢ **565** ㉠ **566** ○
567 ○	**568** × **569** ○

570 ②	**571** ②	**572** ②	**573** ⑤	**574** ⑤	**575** ②
576 ④	**577** ④				

570

② 해발 고도가 높고 험준한 고원 지역보다 농경에 유리한 하천 주변 평야 지역의 인구 밀도가 높다.

바로잡기 ① 세계 인구의 대부분은 북반구에 거주한다. ③ 한대 기후 지역은 인구 밀도가 낮고, 인간 거주에 유리한 냉·온대 기후 지역은 인구 밀도가 높다. ④ 건조 기후 지역은 대체로 인구가 희박하다. 산업 혁명 이후 일찍이 산업이 발달하여 인구가 집중한 곳은 온대 기후가 나타나는 서부 유럽 지역이다. ⑤ 오늘날에는 기후, 지형 등의 자연환경보다 산업, 교통 등의 인문환경이 인구 분포에 더 큰 영향을 준다.

571

대륙별 인구 비율은 아시아, 아프리카, 유럽, 남아메리카, 북아메리카, 오세아니아 순으로 높다. 따라서 그래프의 (가)는 유럽, (나)는 아프리카, (다)는 아시아이다.

572

(가)의 인구 구조는 유소년층의 비율이 높고 노년층의 비율이 낮다. 따라서 (가)는 개발 도상국에 해당하는 니제르이다. (나)의 인구 구조는 유소년층의 비율이 낮고 노년층의 비율이 높다. 따라서 (나)는 선진국에 해당하는 독일이다. ② 독일에서는 여성이 남성보다 평균 수명이 길어 노년층에서 여초 현상이 나타난다.

바로잡기 ① 니제르(가)는 1차 산업 중심의 사회이다. ③ 니제르(가)는 독일(나)보다 중위 연령이 낮다. ④ 독일(나)은 니제르(가)보다 유소년층 인구 비율이 낮다. ⑤ 니제르(가)는 아프리카, 독일(나)은 유럽에 위치한다.

573

(가)는 기후변화로 인한 해수면 상승으로 침수 위기에 처한 투발루의 주민들이 주변국으로 이주하는 환경적 이동의 사례이다. (나)는 이슬람교 신자들이 성지 순례를 위해 사우디아라비아 메카를 방문하는 종교적 이동의 사례이다.

574

국제적 인구 이동의 결과 인구 유출 지역에서는 해외 이주 노동자의 송금으로 외화가 유입되지만, 생산 가능 인구(15~64세 인구) 감소의 문제가 나타나기도 한다.

575

인구 성장이 인구 부양력의 한계를 넘어 인구 과잉 상태가 되면 여러 가지 문제가 발생한다. 인구 과밀로 인한 교통 혼잡, 도시 과밀화, 사회 기반 시설 부족 문제가 발생하고, 식량과 자원 부족에 따른 기아와 빈곤이 나타난다.

바로잡기 ② 노동력 부족은 인구가 정체 혹은 감소하는 국가에서 발생할 수 있는 문제이다. 인구 과잉 상태에서는 일자리 부족에 따른 실업 문제가 나타난다.

576

(가)는 출산 억제 정책을 실시하는 개발 도상국, (나)는 노인 복지 정책과 출산 장려 정책을 실시하는 선진국에 해당한다. ④ 저출생·고령화 문제를 해결하기 위한 인구 정책을 실시하는 선진국 (나)은 개발 도상국(가)보다 합계 출산율이 낮다.

바로잡기 ① 개발 도상국(가)은 선진국(나)보다 노년층 인구 비율이 낮다. ② 개발 도상국(가)은 선진국(나)보다 경제 수준이 낮으므로 절대 빈곤층의 비율이 높다. ③ 여성의 사회 진출은 개발 도상국(가)보다 선진국(나)에서 활발하다. ⑤ 선진국(나)은 개발 도상국(가)보다 1차 산업 종사자 비율이 낮고, 3차 산업 종사자 비율이 높다.

577

제시된 글은 저출생·고령화 현상으로 인해 서울에서 나타나는 변화 모습을 나타낸 내용이다. ㄴ, ㄹ. 저출생·고령화 현상으로 인해 서울의 노년 부양비가 증가하고, 유소년 부양비가 감소할 것이다.

바로잡기 ㄱ. 고령화로 인해 중위 연령이 높아질 것이다. ㄷ. 저출생으로 인해 합계 출산율이 낮아질 것이다.

1등급을 향한 서답형 문제

592 (가) 인구 유출국 (나) 인구 유입국

593 **예시 답안** (가) 국가군에서는 인구 유출로 인해 청장년층 노동력이 빠져 나가는 문제가 발생하고, (나) 국가군에서는 인구 유입으로 인해 이주민과 기존 주민 간의 문화적 갈등이 발생할 수 있다.

594 저출생 **595** **예시 답안** 저출생 문제를 해결하기 위해서는 출산·육아 비용 지원, 보육 시설 확충 등의 정책적 차원과 가족 친화적 가치관 형성 등의 의식적 차원의 노력이 필요하다.

578

제시된 세계의 인구 성장 추이를 나타낸 그래프에서 2060년 인구 1위 국가인 (가)는 인도, 2위 국가인 (나)는 중국으로 예상된다. (다)는 아시아 다음으로 인구 비중이 높은 아프리카이다.

579

세계의 인구 분포는 자연환경과 인문환경의 영향을 받아 지역적으로 불균등하게 나타난다. ⑤ E 지역은 아마존 분지로, 연중 고온 다습하고 열대 우림이 분포하여 인구 밀도가 낮다.

바로잡기 ① A 지역은 서부 유럽으로, 산업 혁명이 시작된 곳이며 경제 발전 수준이 높아 인구 밀도가 높다. ② B 지역은 사하라 사막으로, 농경과 거주에 불리하여 인구 밀도가 낮다. ③ C 지역은 동아시아로, 계절풍의 영향으로 벼농사가 발달하여 인구 밀도가 높다. ④ D 지역은 그린란드로, 기후가 한랭하여 인구 밀도가 낮다.

580

2020년 기준 (가)는 (나)보다 유소년층의 인구 비율이 높고 노년층의 인구 비율이 낮으므로 (가)는 니제르, (나)는 독일이다. ⑤ 1950~2020년 간 인구 증가율은 니제르(가)가 독일(나)보다 높다.

바로잡기 ① 1950년에 니제르(가)는 독일(나)보다 생산 가능 인구(청장년층 인구) 비율이 낮다. ② 1950년에 독일(나)은 니제르(가)보다 청장년층 인구 비율이 높으므로 총부양비가 낮다. ③ 2020년에 니제르(가)는 독일(나)보다 중위 연령이 낮다. ④ 2020년에 니제르(가)의 총인구는 약 2,400만 명이고, 독일(나)의 총인구는 약 8,400만 명이다. 따라서 독일(나)은 니제르(가)보다 총인구의 3.5배 정도 많다.

581

(가)는 유소년층의 비율이 낮고 노년층의 비율이 높으므로 프랑스이고, (나)는 유소년층의 비율이 높고 노년층의 비율이 낮으므로 가나이다. 프랑스(가)는 가나(나)보다 유소년 부양비와 인구의 자연 증가율이 낮으며, 중위 연령이 높다.

582

(가)는 세 시기 모두 합계 출산율이 가장 낮은 유럽이다. (다)는 세 시기 모두 합계 출산율이 가장 높은 아프리카이다. (나)와 (라) 중에서 2020년 기준 상대적으로 합계 출산율이 높은 (라)는 아시아, (나)는 라틴 아메리카이다. ㄱ. 아시아(라)에는 전 세계에서 인구가 가장 많은 국가인 인도가 있다(2024년 기준). ㄴ. 2020년 기준 유럽(가)은 라틴 아메리카(나)보다 인구가 많다.

바로잡기 ㄷ. 열대 우림과 사막이 분포하는 아프리카(다)는 아시아(라)보다 인구 밀도가 낮다. ㄹ. 1960년 합계 출산율은 아프리카>라틴 아메리카>아시아 순으로 높다.

583

제시된 인구 변천 모형 그래프의 (나) 단계에서 감소하는 B는 사망률, (다) 단계에서 감소하는 A는 출생률이다. ③ 선진국이 많은 유럽에는 (다) 단계보다 (라) 단계에 해당하는 국가가 많다.

바로잡기 ① 출생률과 사망률이 모두 높은 (가) 단계는 사망률이 감소하는 (나) 단계보다 자연적 인구 증가율이 낮다. ② (나) 단계는 고령화가 나타나는 (마) 단계보다 노년 부양비가 낮다. ④ (나) 단계의 B(사망률) 하락은 의학 발달

및 생활 수준의 향상에서 비롯되었다. ⑤ (다) 단계의 A(출생률) 하락은 가족 계획, 여성의 사회 활동 증가가 주된 원인이다.

1등급 정리 노트 **인구 변천 모형**

인구 변천 모형은 경제 발전 과정에서 특정 인구 집단의 변화를 보여 주는 것으로, 출생률과 사망률 사이의 관계를 통해 인구 성장 과정을 파악하는 데 이용한다.
- 1단계는 출생률과 사망률이 모두 높아 인구 증가율이 낮으며, 주로 산업화 이전의 전통 사회에서 나타난다.
- 산업화가 진전되면서 인구 증가율이 높아졌으나, 고도의 산업화가 이루어진 4단계에 들어서면 출생률과 사망률이 모두 낮아 인구 증가율도 낮아진다.
- 현재 일부 선진국에서는 출생률이 사망률보다 낮은 5단계에 진입하여 인구의 자연 감소가 나타나기도 한다.

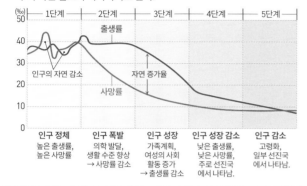

584

제시된 자료의 (1)은 고령화, (2)는 기대 수명에 해당하는 내용으로, (1)과 (2)의 글자를 지우면 (가)에는 성비에 대한 내용이 들어가야 한다. ① 성비는 여성 100명당 남성의 수를 나타낸 지표이다.

바로잡기 ②는 인구 부양비, ③은 생산 가능 인구, ④는 합계 출산율, ⑤는 중위 연령에 해당하는 내용이다.

585

대륙별 인구 순이동 그래프에서 아시아는 유출 인구가 가장 많고 아프리카는 아시아 다음으로 유출 인구가 많으므로 (가)는 아프리카, (나)는 아시아이다. 경제 수준이 높은 유럽은 유출 인구보다 유입 인구가 많으므로 (다)에 해당한다.

586

지도는 전쟁이나 분쟁이 발생한 지역에서 주변국으로의 인구 이동을 나타낸 것이다. 따라서 지도에 나타난 인구 이동은 분쟁을 피하기 위한 난민의 이동에 해당한다.

587

제시된 글은 인구 과잉으로 인한 문제점에 대한 내용이다. 인구 과잉으로 인한 문제를 해결하기 위해서는 인구의 빠른 증가 추세를 둔화하기 위한 출산 억제 정책이 필요하다. ①은 식량 부족 문제의 해결 방안, ②는 실업 문제의 해결 방안, ④, ⑤는 대도시 과밀 문제의 해결 방안에 해당한다.

바로잡기 ③ 출산 장려 정책은 저출생 문제에 대한 해결 방안이다.

588

지도를 보면 산업화가 진행 중인 아프리카와 일부 아시아 국가들에서 수치가 높은 반면, 일찍이 산업화를 이루고 경제 발전 수준이 높은 앵글로아메리카와 유럽에서 수치가 낮게 나타나고 있다. 따라서 지도에 표현된 지표는 합계 출산율이다.

바로잡기 ① 총인구는 인도, 중국, 미국에서 많다. ② 기대 수명, ③ 중위 연령, ④ 노년 부양비는 개발 도상국보다 선진국에서 높게 나타나는 지표이다.

589

전체 인구에서 65세 이상 인구가 차지하는 비율이 높아지는 현상을 고령화라고 한다. 노년층 인구 비율이 14% 이상인 ㉠은 고령 사회, 노년층 인구 비율이 20% 이상인 ㉡은 초고령 사회라고 한다. 고령화가 진행되어 노년층 인구 비율이 증가하면 노동력 부족 문제가 발생할 수 있다.

바로잡기 ㄱ. ㉠은 고령 사회에 해당한다. ㄹ. 세대 간 정의 실현을 위해 복지 제도를 현세대에게만 유리하게 적용하지 않고 미래 세대의 부담을 줄이는 방향으로 운용해야 한다.

590

고령화로 인해 전체 인구 중 노년층 인구 비율이 높아지면서 여러 문제점이 나타나고 있다.

바로잡기 ⑤ 고령화 문제를 해결하기 위해서는 정년 연장, 노인 일자리 확대 등을 통해 노인들의 경제적 기반을 마련해야 한다.

1등급 정리 노트 **고령화 문제와 해결 방안**

고령화 문제	노동력 부족으로 인한 경제 성장 둔화, 의료비·연금 등 노년층을 위한 사회적 비용 증가, 청장년층의 노년층 부양 부담이 가중되어 세대 간 갈등 유발
해결 방안	노인 관련 연금 제도 등 사회 보장 제도 강화, 노인 일자리 확대, 정년 연장, 노인 복지 시설 확충 등

591

㉠은 인도, ㉡은 불가리아이다. ② 인도(㉠)는 불가리아(㉡)보다 합계 출산율이 높아 유소년 부양비가 높다.

바로잡기 ① 인도(㉠)는 불가리아(㉡)보다 중위 연령이 낮다. ③ 여성의 사회 진출은 인도(㉠)보다 불가리아(㉡)에서 활발하다. ④ 인구 과잉 문제는 불가리아(㉡)보다 인도(㉠)에서 심각하다. ⑤ 불가리아(㉡)는 인도(㉠)보다 1차 산업 종사자 비율이 낮다.

592

국제 인구 이동은 대체로 경제 수준이 낮은 지역에서 경제 수준 및 임금 수준이 높은 지역으로 이루어진다. 따라서 (가)는 인구 유출국, (나)는 인구 유입국이다.

593

인구 유출국(가)에서는 이주 노동자의 송금으로 외화가 늘어나지만, 청장년층의 노동력이 빠져 나가 장기적으로 경제가 침체될 수 있다. 인구 유입국(나)에서는 다양한 문화가 공존하고 노동력이 풍부해지지만, 기존 주민과 이주민 간의 갈등이 나타나기도 한다.

채점 기준	수준
인구 유출국(가)과 인구 유입국(나)에서 발생할 수 있는 문제를 모두 한 가지씩 바르게 서술한 경우	상
인구 유출국(가)이나 인구 유입국(나)에서 발생할 수 있는 문제 중 한 가지만 서술한 경우	중
인구 유출국(가)과 인구 유입국(나)에서 발생할 수 있는 문제를 썼으나 미흡한 경우	하

594

제시된 글은 합계 출산율이 낮아지는 저출생 문제에 해당하는 내용이다.

595

저출생 문제 해결을 위한 정책적 방안으로는 출산·육아 비용 지원, 보육 시설 확충, 유급 출산 휴가 기간 연장, 세금 감면 등이 있다.

채점 기준	수준
정책적 차원과 의식적 차원에서 저출생 문제의 해결 방안을 모두 바르게 서술한 경우	상
정책적 차원과 의식적 차원에서 저출생 문제의 해결 방안 중 한 가지만 바르게 서술한 경우	중
저출생 문제의 해결 방안을 썼으나 미흡한 경우	하

적중 1등급 문제 ───────── ● 125쪽

596 ①   **597** ④   **598** ③   **599** ③

596 대륙별 연평균 합계 출산율

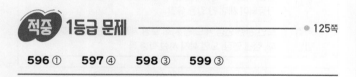

1등급 자료 분석   **대륙별 연평균 합계 출산율**

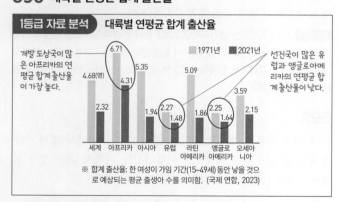

② 2021년 세계 합계 출산율은 2.32명으로 여전히 인구는 증가하고 있다. ③ 2021년 연평균 합계 출산율은 아프리카가 가장 높으며 오세아니아, 아시아, 라틴 아메리카, 앵글로아메리카, 유럽 순이다. ④ 1971~2021년 간 연평균 합계 출산율의 감소 폭은 앵글로아메리카가 가장 작으며, 아시아가 가장 크다. ⑤ 두 시기 모두

아프리카의 연평균 합계 출산율이 가장 높으므로 유럽보다 유소년층의 비율이 높고 노년층의 비율은 낮을 것이다.

바로잡기 ① 1971년에 앵글로아메리카의 연평균 합계 출산율이 2.25명으로 가장 낮다.

597 난민의 이동

1등급 자료 분석   **미얀마의 로힝야족**

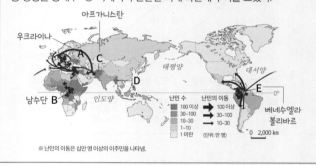

(㉠)에서 이슬람교를 믿는 로힝야족에 대한 정부의 탄압이 격화하면서 로힝야족 난민이 가파르게 늘고 있는 것으로 나타났다. 최근 로힝야족 약 4만 5천 명이 주변국으로 탈출하여 난민이 된 것으로 밝혀졌다. 유럽 연합 (EU), 미국, 오스트레일리아, 영국, 캐나다, 한국, 뉴질랜드, 스위스 등은 공동 성명을 통해 (㉠)에서의 민간인 피해 확산에 우려를 표했다.

난민의 발생 원인은 전쟁 및 내전, 경제난, 종교적 차이 등으로 다양하다. 미얀마에서는 이슬람교를 믿는 로힝야족에 대한 탄압이 심화되면서 로힝야족이 대거 주변국으로 탈출하여 난민이 발생하였다. 따라서 ㉠은 미얀마로, 지도의 D에 해당한다.

바로잡기 지도의 A는 우크라이나, B는 남수단, C는 아프가니스탄, E는 베네수엘라 볼리바르에 해당한다. 우크라이나, 아프가니스탄, 남수단은 전쟁 및 내전이 난민 발생의 주된 원인이고, 베네수엘라 볼리바르는 경제난이 난민 발생의 주된 원인이다.

598 인구 부양비

1등급 자료 분석   **독일의 인구 부양비**

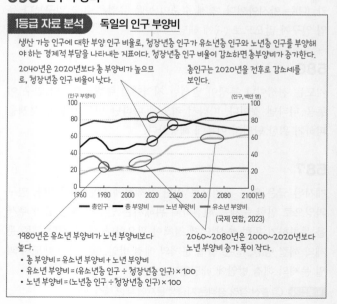

ㄴ. 1980년에 유소년 부양비가 노년 부양비보다 높은 것으로 보아 유소년층 인구 비율이 노년층 인구 비율보다 높았을 것이다.
ㄷ. 2020년보다 2040년에 총 부양비가 높은 것으로 보아 2040년은 2020년보다 청장년층 인구 비율이 낮을 것이다.

바로잡기 ㄱ. 1960년~2100년 중 2020년을 전후로 총인구는 대체로 증가하다가 감소할 것이다. ㄹ. 2060~2080년은 2000~2020년보다 노년 부양비의 증가 폭이 작을 것이다.

599 인구 이동에 따른 지역의 변화

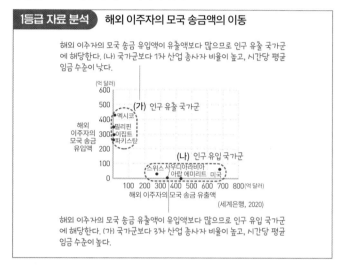

1등급 자료 분석 해외 이주자의 모국 송금액의 이동

해외 이주자의 모국 송금 유입액이 유출액보다 많으므로 인구 유출 국가군에 해당한다. (나) 국가군보다 1차 산업 종사자 비율이 높고, 시간당 평균 임금 수준이 낮다.

해외 이주자의 모국 송금 유출액이 유입액보다 많으므로 인구 유입 국가군에 해당한다. (가) 국가군보다 3차 산업 종사자 비율이 높고, 시간당 평균 임금 수준이 높다.

(가)는 해외 이주자의 모국 송금 유입액이 해외 이주자의 모국 송금 유출액보다 많은 것으로 보아 인구 유출 국가군이다. (나)는 해외 이주자의 모국 송금 유출액이 해외 이주자의 모국 송금 유입액보다 많은 것으로 보아 인구 유입 국가군이다. ㄴ. 개발 도상국으로 이루어진 (가) 국가군은 선진국과 산유국으로 이루어진 (나) 국가군보다 시간당 평균 임금 수준이 낮다. ㄷ. 경제 발달 수준이 높은 (나) 국가군은 (가) 국가군보다 경제적 요인에 의한 유입 인구가 많다.

바로잡기 ㄱ. 인구 유출 국가군(가)은 인구 유입 국가군(나)보다 3차 산업 종사자 비율이 낮다. ㄹ. 청장년층의 노동력 유출로 인한 문제는 인구 유입 국가군(나)보다 인구 유출 국가군(가)에서 뚜렷하게 나타난다.

선택지 더 보기
⑥ (가)는 (나)보다 1인당 국내 총생산이 많다. (×)
⑦ (나)는 (가)보다 인구 천 명당 의사 수가 많다. (○)
⑧ 이주민 유입으로 인한 문화적 갈등은 (가)보다 (나)에서 뚜렷하게 나타난다. (○)

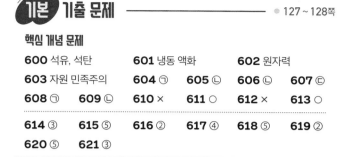

15 자원의 분포와 소비 실태

기본 기출 문제 ● 127 ~ 128쪽

핵심 개념 문제

600 석유, 석탄	**601** 냉동 액화	**602** 원자력	
603 자원 민족주의	**604** ㉠	**605** ㉡	**606** ㉡ **607** ㉢
608 ㉠	**609** ㉡	**610** ×	**611** ○ **612** × **613** ○
614 ③	**615** ⑤	**616** ②	**617** ④ **618** ⑤ **619** ②
620 ⑤	**621** ③		

614
제시된 글은 경제적 의미의 자원이 기술적 의미의 자원으로 변화한 사례이므로, 그림의 C에 해당한다.

615
㉠은 자원이 일부 지역에 편중되어 분포하는 편재성, ㉡은 자원의 매장량이 한정되어 있는 유한성에 해당한다.

바로잡기 가변성은 자원이 기술적 수준, 경제적 조건, 문화적 배경 등에 따라 의미와 가치가 달라지는 특성이다.

616
세계 1차 에너지 자원의 소비량은 석유 > 석탄 > 천연가스 > 신·재생 에너지 > 수력 > 원자력 순으로 많다(2022년 기준). 따라서 (가)는 석유, (나)는 천연가스, (다)는 석탄이다.

617
지도를 통해 (가) 자원의 주요 수출국은 미국, 러시아, 카타르, 노르웨이, 오스트레일리아 등이며 주요 수입국은 중국, 일본, 미국, 한국, 멕시코 등인 것을 알 수 있다. 따라서 (가) 자원은 천연가스이다. ④ 천연가스는 냉동 액화 기술의 발달과 수송관 건설로 대량 운반이 가능해지면서 수요가 급증하였다.

바로잡기 ①, ③은 석탄, ②, ⑤는 석유에 대한 설명이다.

618
자원의 확보와 이동을 둘러싼 갈등의 원인인 ㉠은 자원의 편재성이다. 자원 보유국이 자국의 이익을 위해 자원의 수출을 제한하거나 가격을 인상하는 움직임을 의미하는 ㉡은 자원 민족주의이다.

619
남아메리카의 동남쪽 남대서양에 위치한 포클랜드 제도는 영국과 아르헨티나의 영토 분쟁 지역이다. 따라서 ㉠은 영국이다.

620
지도에서 선진국이나 자원의 매장량이 풍부한 국가는 수치가 높은 편이지만, 중·남부 아프리카와 남부 아시아 국가는 수치가 낮은 편이다. 따라서 지도에 표현된 지표는 1인당 에너지 소비량이다.

621

에너지 자원의 분포와 소비에 따른 문제를 해결하기 위해서는 현세대뿐만 아니라 미래 세대까지 고려하여 지속가능하고 친환경적인 방식으로 자원을 이용해야 한다.

● 129 ~ 132쪽

실력 기출 문제

622 ④	623 ①	624 ⑤	625 ④	626 ③	627 ④
628 ③	629 ②	630 ①	631 ①	632 ②	633 ④
634 ②	635 ②				

1등급을 향한 서답형 문제

636 (가) 석탄 (나) 석유 (다) 천연가스
637 예시 답안 (가)는 (나)보다 세계 소비량이 적고, (나)는 (다)보다 연소 시 대기 오염 물질의 배출량이 많다.　　**638** 원자력
639 예시 답안 원자력 발전의 장점은 화력 발전보다 대기 오염 물질을 적게 배출하는 것이고, 단점은 방사능 누출의 위험성이 있고 방사성 폐기물 처리가 어렵다는 것이다.

622

ㄱ. 이슬람 문화권에서 돼지고기를 금기시하는 것은 자원의 가변성의 사례이다. ㄴ. 자원의 편재성은 자원 민족주의 등장의 배경이 되었다. ㄹ. 2차 에너지는 1차 에너지를 변화·변형·가공할 때 생기는 에너지로, 전기와 도시가스가 해당된다.

바로잡기 ㄷ. 원자력 발전은 발전 시 화력 발전보다 대기 오염 물질을 적게 배출한다.

623

(가)는 사우디아라비아, 미국, 러시아 등에서 주로 수출되는 석유이다. (나)는 인도네시아, 오스트레일리아에서 전체 수출량의 절반 이상을 차지하는 석탄이다. (다)는 미국, 러시아, 카타르 등에서 주로 수출되는 천연가스이다.

624

석유와 천연가스가 가장 많이 매장되어 있는 대륙(지역)은 서남아시아이다. 석유는 서남아시아와 남아메리카에 2/3 정도 매장되어 있으며, 천연가스는 서남아시아와 유럽에 2/3 이상이 매장되어 있다. 따라서 (가)는 서남아시아, (나)는 남아메리카, (다)는 유럽이다.

625

(가)는 중국, 인도, 인도네시아, 미국, 오스트레일리아에서 주로 생산되는 석탄이다. (나)는 미국, 사우디아라비아, 러시아, 캐나다, 이라크에서 주로 생산되는 석유이다. (다)는 미국, 러시아, 이란, 중국, 캐나다에서 주로 생산되는 천연가스이다. ④ 석유(나)는 천연가스(다)보다 연소 시 대기 오염 물질의 배출량이 많다.

바로잡기 ① 석유(나)에 대한 설명이다. ② 석탄(가)에 대한 설명이다. ③ 석탄(가)은 석유(나)보다 국제 이동량이 적다. ⑤ 천연가스(다)는 석탄(가)보다 상용화된 시기가 늦다.

626

석유, 석탄, 천연가스 중에서 주로 고생대 지층에 분포하는 (가)는 석탄이다. 세계 소비량이 가장 많은 (나)는 석유, 가정용으로 이용되는 비율이 가장 높은 (다)는 천연가스이다. ③ 천연가스(다)의 최대 생산 국가는 미국이다.

바로잡기 ① 천연가스(다)에 대한 설명이다. ② 석탄(가)에 대한 설명이다. ④ 석유(나)는 석탄(가)보다 가채 연수가 짧다. ⑤ 천연가스(다)는 석탄(가)보다 공업에 본격적으로 이용된 시기가 늦다.

1등급 정리 노트	에너지 자원의 특징
석탄	화석 에너지 중 가장 먼저 상용화된 에너지 자원으로, 18세기 산업 혁명 이후 본격적으로 사용되었다.
석유	19세기 내연 기관의 발명으로 자동차 보급이 확산하면서 수요가 급격하게 증가하였다.
천연 가스	석유나 석탄보다 오염 물질의 배출량이 적어 청정에너지라 불리며, 냉동 액화 기술의 개발과 대형 수송관의 건설로 운반·저장이 편리해지면서 국제 이동량이 크게 증가하였다.

627

세계 1차 에너지 소비 비중은 석유 > 석탄 > 천연가스 > 기타(신·재생 에너지 포함) > 수력 > 원자력 순으로 높다. 따라서 (가)는 수력, (나)는 원자력, (다)는 천연가스, (라)는 석탄, (마)는 석유이다. ④ 수력(가)은 천연가스(다)보다 고갈의 위험성이 작다.

바로잡기 ① 원자력(나)에 대한 설명이다. ② 수력(가)에 대한 설명이다. ③ 천연가스(다)는 수송용보다 가정용으로 이용되는 비율이 높다. ⑤ 석유(마)는 석탄(라)보다 지역적 편재성이 커서 국제 이동량이 많다.

628

(가)의 주요 수출국은 인도네시아, 오스트레일리아, 러시아, 미국 등이고, (나)의 주요 수출국으로는 사우디아라비아, 미국, 러시아 등인 것을 알 수 있다. 따라서 (가)는 석탄, (나)는 석유이다.

629

석유(나)는 석탄(가)보다 수송용으로 이용되는 비중이 높고, 전 세계 소비량과 국제 이동량이 많다. 따라서 석탄(가) 자원에 대한 석유(나) 자원의 상대적 특성은 그림의 B에 해당한다.

630

세 화석 에너지의 대륙별 생산량 비율을 나타낸 그래프에서 아시아·오세아니아가 80% 정도를 차지하는 (가)는 석탄이고, 서남아시아가 35% 정도를 차지하는 (나)는 석유이며, 서남아시아와 유럽에서 생산량 비율이 상대적으로 높은 (다)는 천연가스이다. 석탄(가)은 주로 산업용으로 이용되므로 A, 석유(나)는 주로 수송용으로 이용되므로 B, 천연가스(다)는 주로 가정용으로 이용되므로 C에 해당한다.

631

제시된 글은 천연가스의 주요 수출국인 러시아가 천연가스 공급량을 감축하자 천연가스를 수입하는 유럽 국가들에서 에너지 가격이 상승하는 경제적 어려움이 발생한 내용을 담고 있다. 따라서 발표 주제로는 자원 민족주의의 경제적 영향이 가장 적절하다.

632

㉠은 지구 온난화로 인해 자원 개발이 가능해지면서 영유권 갈등이 나타나고 있는 지역으로, 지도의 A에 해당하는 북극해이다. ㉡은 영국과 아르헨티나 간의 영유권 분쟁이 나타나고 있는 지역으로, 지도의 D에 해당하는 포클랜드 제도이다.

633

화석 에너지 중 가채 연수가 긴 순서대로 (가)는 석탄, (나)는 석유, (다)는 천연가스이다. ㉠에 들어갈 자원의 특성은 유한성이다.

바로잡기 ④ 고체인 석탄(가)은 파이프라인을 이용한 수송이 거의 이루어지지 않는 반면, 천연가스(다)는 파이프라인을 이용한 수송 비율이 높다.

634

지도를 보면 ㄱ. 1인당 에너지 소비량은 남반구보다 북반구가 많은 편이고, ㄷ. 1인당 에너지 소비량이 15GJ 미만인 국가는 아프리카 대륙에 가장 많음을 알 수 있다.

바로잡기 ㄴ. 1인당 에너지 소비량은 국가별 경제 수준과 대체로 비례한다. ㄹ. 인구수 상위 3개국에 해당하는 인도, 중국, 미국 중에서 미국만 1인당 에너지 소비량이 100GJ 이상에 해당한다.

635

갑. 자원의 편재성에 따른 분포의 차이로 자원의 확보와 이동을 둘러싼 국가 간 갈등이 심화되고 있다. 정. 자원 문제를 해결하기 위해서는 지속가능한 신·재생 에너지를 개발해야 한다.

바로잡기 을. 화석 에너지 자원의 사용으로 배출되는 온실가스로 인해 지구의 기온이 상승하고 있다. 병. 자원의 안정적인 확보를 위해 수입국을 다변화해야 한다.

636

(가)는 전 세계 생산량의 절반 이상이 중국에서 생산되므로 석탄이다. (나)는 미국, 사우디아라비아, 러시아 등에서 생산량 비율이 높으므로 석유이다. (다)는 미국, 러시아, 이란 등에서 생산량 비율이 높으므로 천연가스이다.

637

세계의 에너지 소비량은 석유, 석탄, 천연가스 순으로 많으며, 천연가스는 연소될 때 석탄과 석유보다 대기 오염 물질을 적게 배출한다.

채점 기준	수준
석탄(가)과 석유(나)의 세계 소비량, 석유(나)와 천연가스(다)의 연소 시 대기 오염 물질 배출량을 모두 바르게 비교하여 서술한 경우	상
석탄(가)과 석유(나)의 세계 소비량, 석유(나)와 천연가스(다)의 연소 시 대기 오염 물질 배출량 중 한 가지만 바르게 비교하여 서술한 경우	중
두 가지 내용을 비교하여 서술하였으나 미흡한 경우	하

638

㉠은 미국, 중국, 프랑스, 러시아, 한국, 캐나다 등에서 발전량 비율이 높은 원자력이다.

639

원자력 에너지는 우라늄이나 플루토늄의 핵분열 혹은 핵융합 시 발생하는 에너지로, 적은 양의 원료로 많은 양의 전력을 생산할 수 있다.

채점 기준	수준
원자력 발전의 장점과 단점을 모두 바르게 서술한 경우	상
원자력 발전의 장점과 단점 중 한 가지만 바르게 서술한 경우	중
원자력 발전의 장점과 단점을 서술하였으나 미흡한 경우	하

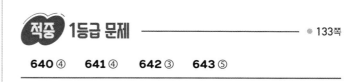

적중 1등급 문제 ───────── ● 133쪽

640 ④　　**641** ④　　**642** ③　　**643** ⑤

640 세계 1차 에너지 소비 구조의 변화

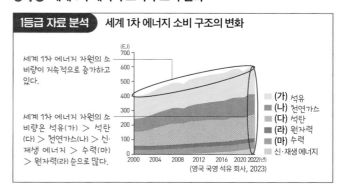

1등급 자료 분석 세계 1차 에너지 소비 구조의 변화

세계 1차 에너지 자원의 소비량이 지속적으로 증가하고 있다.

세계 1차 에너지 자원의 소비량은 석유(가) > 석탄(다) > 천연가스(나) > 신·재생 에너지 > 수력(마) > 원자력(라) 순으로 많다.

(가) 석유
(나) 천연가스
(다) 석탄
(라) 원자력
(마) 수력
신·재생 에너지

(영국 국영 석유 회사, 2023)

세계 1차 에너지 자원의 소비량은 석유 > 석탄 > 천연가스 > 신·재생 에너지 > 수력 > 원자력 순으로 많다. 따라서 (가)는 석유, (나)는 천연가스, (다)는 석탄, (라)는 원자력, (마)는 수력이다. ④ 원자력(라)은 발전 시 방사능 누출의 위험성이 크다.

바로잡기 ①, ② 석탄(다)에 대한 설명이다. ③ 석탄(다)은 천연가스(나)보다 국제 이동량이 적다. ⑤ 수력(마)은 석탄(다)보다 재생 가능성이 높다.

선택지 더 보기

⑥ (가)의 세계 최대 소비 국가는 미국이다. (○)
⑦ (나)는 냉동 액화 기술의 개발로 수요가 급증하였다. (○)
⑧ (마)는 방사성 폐기물 처리에 어려움이 있다. (×)

641 주요 국가의 화석 에너지 소비량 비율

주요 화석 에너지의 소비량 상위 3개국

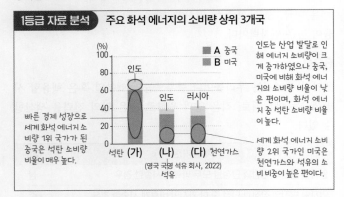

인도는 산업 발달로 인해 에너지 소비량이 크게 증가하였으나 중국, 미국에 비해 화석 에너지의 소비량 비율이 낮은 편이며, 화석 에너지 중 석탄 소비량 비율이 높다.

빠른 경제 성장으로 세계 화석 에너지 소비량 1위 국가가 된 중국은 석탄 소비량 비율이 매우 높다.

세계 화석 에너지 소비량 2위 국가인 미국은 천연가스와 석유의 소비 비중이 높은 편이다.

(영국 국영 석유 회사, 2022)

A 국가가 (가) 자원 소비량의 대부분을 차지하고 있으므로, 전 세계 석탄 소비량 비율의 50% 이상을 차지하는 A는 중국, (가)는 석탄이다. 석탄(가) 소비량이 중국, 인도 다음으로 많은 B는 미국이다. (나), (다) 중에서 미국(B)의 소비량 비율이 높은 (다)는 천연가스이고, (나)는 석유이다. ④ 중국(A)과 인도는 서로 국경의 일부를 접한다.

① 석탄(가)은 석유(나)보다 전 세계의 소비량이 적다. ② 석탄(가)은 산업용 이용 비중이 높고, 석유(나)는 수송용 이용 비중이 높다. ③ 천연가스(다)는 석유(나)보다 연소 시 대기 오염 물질을 적게 배출한다. ⑤ 미국(B)은 중국(A)보다 총인구가 적다.

642 대륙별 화석 에너지 자원

대륙별 화석 에너지 자원의 생산량과 소비량

경제 발전 수준에 따라 일반적으로 개발 도상국은 화석 에너지 소비량보다 생산량이 많고, 선진국은 화석 에너지 생산량보다 소비량이 많은 편이다.

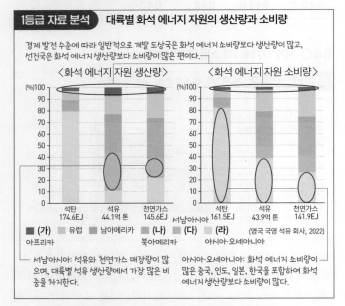

(영국 국영 석유 회사, 2022)

서남아시아: 석유와 천연가스 매장량이 많으며, 대륙별 석유 생산량에서 가장 많은 비중을 차지한다.

아시아·오세아니아: 화석 에너지 소비량이 많은 중국, 인도, 일본, 한국을 포함하여 화석 에너지 생산량보다 소비량이 많다.

(가)는 화석 에너지 자원 소비량이 가장 적은 아프리카이다. (나)는 천연가스의 생산량과 소비량이 가장 많은 북아메리카이다. (다)는 석유의 생산량이 가장 많은 서남아시아이다. (라)는 화석 에너지 자원의 소비량이 가장 많은 아시아·오세아니아이다. ㄴ. 아프리카(가)는 북아메리카(나)보다 경제 발전 수준이 낮다. ㄷ. 북아메리카(나)는 서남아시아(다)보다 주민의 영어 사용 비율이 높다.

ㄱ. (가)는 아프리카이다. ㄹ. 서남아시아(다)는 아시아·오세아니아(라)보다 총인구가 적다.

643 자원을 둘러싼 분쟁 지역

남중국해(난사 군도)의 분쟁

(㉠)은/는 인도양과 태평양을 잇는 요충지이며, 인근 해역은 수산 자원
남중국해(난사 군도)
이 풍부하다. 최근 300억 톤 이상의 석유가 매장되어 있는 것으로 알려지면서 중국, 필리핀, 타이완, 베트남, 말레이시아, 브루나이 간의 영유권 갈등이 고조되고 있다.

남중국해(난사 군도)의 분쟁 당사국

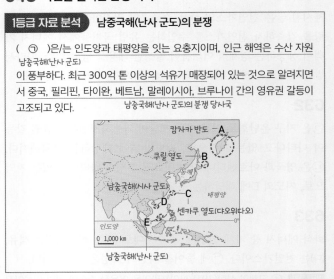

㉠은 해양 생물, 석유 및 천연가스, 해상 교통로를 두고 중국, 필리핀, 타이완, 베트남, 말레이시아, 브루나이 간의 분쟁이 나타나고 있는 남중국해의 난사 군도이고, 지도의 E에 위치한다.

A는 캄차카 반도, B는 쿠릴 열도, C는 센카쿠 열도(댜오위다오), D는 남중국해의 시사 군도에 해당한다.

16 지속가능한 발전과 미래 사회

기본 기출 문제 ────────── ● 135~136쪽

핵심 개념 문제

644 기후변화   **645** 지속가능한 발전

646 파리 협정   **647** 하이퍼루프

648 사물 인터넷(IoT)   **649** ⓒ   **650** ⓒ   **651** ⓒ   **652** ㉠

653 ○   **654** ×   **655** ○   **656** ×

657 ①   **658** ④   **659** ④   **660** ④   **661** ①   **662** ③

663 ①   **664** ①   **665** ④

657

지구 온난화로 인해 빙하의 축소와 해수면 상승으로 해안 저지대가 침수되고 생태계가 급격하게 변화할 수 있다.

바로잡기 ① 지구 온난화로 인해 북극해 일대의 평균 기온이 상승하여 빙하가 녹은 물(담수)이 바다에 더 많이 유입되므로 해수의 염도는 낮아질 것이다.

658

ㄴ. 경제 협력 개발 기구(OECD)는 공적 개발 원조(ODA)를 통해 개발 도상국 및 저개발 국가를 지원한다. ㄹ. 이산화 탄소와 메테인은 지구의 평균 기온을 상승시키는 대표적인 온실가스에 해당한다.

바로잡기 ㄱ. 국제 연합(UN)의 본부는 미국의 뉴욕에 위치해 있다. 벨기에의 브뤼셀에 위치한 것은 유럽 연합(EU)의 본부이다. ㄷ. 파리 협정은 온실가스 감축 의무 대상국을 선진국과 개발 도상국으로 확대하였다.

659

지속가능한 발전을 위해 국제적·국가적 차원의 제도적 방안과 개인적 노력이 필요하다.

바로잡기 ④ 지속가능한 발전을 위해 저탄소 에너지 경제 구조를 확립하여 온실가스 배출을 줄여야 한다.

660

지속가능한 발전을 위한 개인적 차원의 노력으로는 공정 무역 제품 구매, 대중교통 이용, 취약 계층이나 빈곤국 주민 후원 등이 있다.

바로잡기 정. 국제적 유통망을 거친 수입 농산물보다는 로컬푸드를 구매하는 것이 지속가능한 발전에 도움이 된다.

661

연료 전지, 수소 에너지, 석탄 액화·가스화 등은 신 에너지에 해당하고 수력, 풍력, 태양광(열), 지열 등은 재생 에너지에 해당한다.

바로잡기 화석 에너지에는 석유, 석탄, 천연가스가 있다.

662

풍력(가)은 바람이 강한 해안이나 섬 또는 고원 지대에서 주로 이루어지며 중국, 미국, 독일, 브라질 등에서 발전량 비율이 높다. 지열(나)은 화산 활동이 활발한 지역에서 주로 이루어지며 미국, 인도네시아, 필리핀, 튀르키예 등에서 발전량 비율이 높다.

바로잡기 수력은 빙하 지형과 산지가 발달한 지역, 유량이 풍부한 지역에서 주로 이루어지며 중국, 브라질, 캐나다, 미국 등에서 발전량 비율이 높다.

663

미래 사회에는 세계 평화 수호를 위한 정부 간 국제기구의 활동이 활발해지는 한편, 국가 간 이해관계의 대립이나 문화적 차이로 인해 갈등과 분쟁이 발생할 수 있다.

바로잡기 ㄷ. 다양한 형태의 지역 무역 협정이 체결되어 자유 무역이 확대될 것이다. ㄹ. 국가 간 경쟁이 치열해지면서 선진국과 개발 도상국 간의 경제적 격차가 커질 것이다.

664

(가)는 하이퍼루프, (나)는 도심 항공 교통에 대한 설명이다. 과학기술이 발전하면서 하이퍼루프, 도심 항공 교통, 자율 주행 자동차 등의 새로운 교통수단이 생겨나고 있다.

665

ㄱ, ㄷ. 정보통신기술의 발달로 개인 정보 유출, 사생활 침해 문제가 발생할 수 있다. ㄹ. 유전 공학 기술과 관련된 윤리적 문제가 발생할 수 있다.

바로잡기 ㄴ. 로봇과 인공지능이 인간의 일자리를 대체하게 되면서 실업이 증가하고 취업난이 발생할 수 있다.

실력 기출 문제 ────────── ● 137~138쪽

666 ②   **667** ⑤   **668** ②   **669** ④   **670** ②   **671** ④

1등급을 향한 서답형 문제

672 지속가능 발전   **673** 예시답안 친환경적인 생활 방식을 실천하며, 사회적 연대 의식을 바탕으로 취약 계층이나 빈곤국 주민을 후원한다.

674 세계시민   **675** 예시답안 문화와 가치의 다양성을 존중하고, 직업 선택 시 공동체의 미래에 이바지 할 수 있는가를 고려한다.

666

제시된 그래프와 같이 지구의 지표면 온도가 지속적으로 상승하면 기후가 한랭한 러시아에서는 밀 재배 가능 지역이 확대될 것이다.

바로잡기 ① 캐나다의 영구 동토층 범위가 줄어들 것이다. ③ 고산 식물은 주로 기온이 낮은 고산 지대에서 서식하는 식물이므로, 지구 온난화로 인해 히말라야산맥의 고산 식물 분포 범위가 축소될 것이다. ④ 남태평양 섬 해안 저지대의 침수 피해가 늘어날 것이다. ⑤ 온대 기후 지역에서는 열대성 질병 발생률이 높아질 것이다.

667

㉠은 선진국의 온실가스 감축 목표를 제시하고 탄소 배출권 거래제를 도입한 교토 의정서(1997년)에 해당한다. ㉡은 선진국과 개발 도상국 모두 온실가스 감축 의무에 동참하도록 규정한 파리 협정(2015년)에 해당한다.

바로잡기 런던 협약(1972년)은 폐기물의 해양 투기로 인한 해양 오염을 방지하기 위해 체결된 환경 협약이다.

1등급 정리 노트 **기후변화에 대응하기 위한 환경 협약**

교토 의정서 (1997년)	미국, 유럽, 일본 등 선진국 38개국의 온실가스 감축 목표를 구체적으로 제시하고 탄소 배출권 거래제를 도입함 (2020년 만료).
파리 협정 (2015년)	선진국과 개발 도상국 모두 온실가스 감축을 포함한 포괄적 대응에 동참하도록 규정함.

668

지속가능한 발전을 위해서는 제도적 방안과 더불어 개인 모두가 환경과 사회 구성원을 고려하는 친환경적인 생활 방식을 실천해야 한다.

바로잡기 ② 지속가능한 발전을 위해서는 제도적 차원에서 탄소 중심의 산업 구조에서 벗어나 온실가스 배출을 감축할 필요가 있다.

669

(가)는 수력, (나)는 태양광(열), (다)는 지열이다. ④ 세계 총 발전량은 수력(가)이 태양광·태양열(나)보다 많다.

바로잡기 ①은 태양광·태양열(나), ②는 지열(다), ③은 수력(가)에 대한 설명이다. ⑤ 발전 시 기상 조건의 영향은 (나)가 (다)보다 많이 받는다.

670

전문가 합의법(㉠)은 각 분야 전문가의 의견을 종합하여 미래를 예측하는 기법으로, 델파이 기법이라고도 한다.

바로잡기 ㄴ. 시나리오 기법은 일반적으로 3~4개 정도 복수의 미래를 가정한 시나리오를 작성하여 미래를 예측하는 기법이다. ㄹ. 미래 사회의 경제 분야에서는 지역 무역 협정이 체결되어 자유 무역이 확대될 것으로 예측된다.

671

로봇과 인공지능(AI) 등의 기술 도입으로 많은 일자리가 감소할 것으로 예상되지만 빅데이터 분석, 기계 학습, 사이버 보안 등의 분야에서는 일자리가 증가할 것으로 전망된다.

672

여러 정부 간 국제기구와 세계 각국, 기업은 상황에 맞게 지속가능발전 목표(SDGs) 달성을 위해 노력하고 있다.

673

지속가능한 발전을 위해서는 개인 모두가 환경과 사회 구성원을 고려하는 친환경적인 생활 방식을 실천해야 하며, 사회적 연대 의식을 바탕으로 취약 계층이나 빈곤국 주민 후원하기, 재능 기부 봉사 활동 참여하기 등을 실천할 수도 있다.

채점 기준	수준
개인적 실천 방안 두 가지를 모두 바르게 서술한 경우	상
개인적 실천 방안을 한 가지만 바르게 서술한 경우	중
개인적 실천 방안을 썼으나 미흡한 경우	하

674

세계시민 의식은 스스로를 세계 공동체의 구성원으로 여기고 세계시민으로서 권리와 의무가 있다는 생각을 가지는 것이다.

675

우리는 세계시민으로서 문화와 가치의 다양성을 존중하며 서로의 차이를 이해하고 갈등을 해결하는 개방적 태도와 관용적인 자세를 지녀야 한다. 또 직업을 선택할 때 개인의 흥미와 적성뿐만 아니라 자신이 속한 공동체의 미래에 이바지할 수 있는 가치를 고려하는 자세가 필요하다.

채점 기준	수준
제시어 두 가지를 모두 사용하여 바르게 서술한 경우	상
제시어 두 가지 중 한 가지만 사용하여 서술한 경우	중
제시어를 모두 사용하여 서술하였으나 미흡한 경우	하

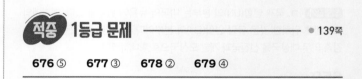

적중 1등급 문제 ● 139쪽

676 ⑤   **677** ③   **678** ②   **679** ④

676 지구 온난화

1등급 자료 분석 **지구 온난화에 따른 변화**

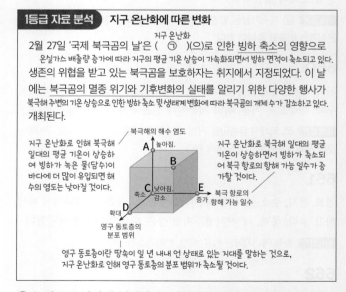

2월 27일 '국제 북극곰의 날'은 (㉠)(으)로 인한 빙하 축소의 영향으로 [지구 온난화 / 온실가스 배출량 증가에 따라 지구의 평균 기온 상승이 가속화되면서 빙하 면적이 축소되고 있다.] 생존의 위협을 받고 있는 북극곰을 보호하자는 취지에서 지정되었다. 이 날에는 북극곰의 멸종 위기와 기후변화의 실태를 알리기 위한 다양한 행사가 [북극해 주변의 기온 상승으로 인한 빙하 축소 및 생태계 변화에 따라 북극곰의 개체 수가 감소하고 있다.] 개최된다.

㉠은 지구 온난화에 해당한다. 지구 온난화가 지속되면 북극해의 해수 염도가 낮아지고, 영구 동토층의 분포 범위가 축소되며, 북극 항로의 항해 가능 일수가 증가할 것으로 예상된다.

677 지속가능한 발전

지속가능한 발전을 위해 국제적·국가적·개인적 차원에서 많은 노력이 이루어지고 있다. 국제적 차원에서는 국가 간 환경 협약이 체결되고 있는데, 온실 가스 배출량 감축을 위한 ⊙ 교토 의정서와 ⓒ 파리 협정을 예로 들 수 있다.

1997년에 체결되었으며, 선진국의 온실가스 감축 목표를 구체적으로 제시하고 탄소 배출권 거래제를 도입하였다(2020년 만료).

2015년에 체결되었으며, 선진국과 개발 도상국 모두 온실 가스 감축을 포함한 포괄적 대응에 동참하도록 규정하였다.

국가적 차원에서는 환경적·경제적·ⓒ 사회적 측면에서 다양한 제도가 수립

취약 계층을 위한 사회 보장 제도 확대, 재난·안전 지원 시스템 강화, 국제적 연대와 협력 등을 위해 노력하고 있다.

되고 있다. 마지막으로 개인적 차원에서는 ⓐ 윤리적 소비를 실천하고, 자원

로컬푸드 구매와 공정 무역 제품 이용 등이 있다.

재활용에 동참하고자 하는 의식이 확대되고 있다.

ㄴ. 지구 온난화에 대응하기 위한 환경 협약인 교토 의정서는 1997년, 파리 협정은 2015년에 체결되었다. ㄷ. 지속가능한 발전을 위한 국가적 차원의 사회적 측면에서는 재난·안전 지원 시스템 강화 등을 위해 노력하고 있다.

바로잡기 ㄱ. 교토 의정서(⊙)의 체결로 탄소 배출권 거래제가 도입되었다. ㄹ. 윤리적 소비를 실천하기 위해서는 해외 농산물보다 인근 지역에서 생산되는 로컬푸드 소비를 확대해야 한다.

678 신·재생 에너지

일사량이 풍부한 지역에 입지한다.

빙하 지형과 산지가 발달한 지역, 유량이 풍부한 지역에 입지한다.

판의 경계부와 같이 지열이 풍부한 지역에 입지한다.

(단위: %)

(가) 태양광(열)		(나) 수력		(다) 지열	
A 중국	32.3	A 중국	30.1	B 미국	23.5
B 미국	15.6	브라질	9.9	인도네시아	14.6
일본	7.7	캐나다	9.2	필리핀	12.0
인도	7.2	B 미국	6.0	튀르키예	10.4
독일	4.6	러시아	4.6	뉴질랜드	6.4

(영국 국영 석유 회사, 2022)

신기 조산대에 위치하여 화산 활동이 활발한 국가이다.

(가)는 태양광(열), (나)는 수력, (다)는 지열에 해당하고, A는 중국, B는 미국이다. ② 수력(나)은 낙차가 크고 유량이 풍부한 지역이 생산에 유리하다.

바로잡기 ① 지열(다)에 대한 설명이다. ③ 지열(다)은 태양광·태양열(가)보다 세계 총 발전량에서 차지하는 비율이 낮다. 세계 총 발전량에서 차지하는 비율은 수력 > 태양광(열) > 지열 순으로 높다. ④ 중국(A)은 미국(B)보다 총 인구가 많다. ⑤ 중국(A)은 아시아, 미국(B)은 아메리카에 위치한다.

선택지 더 보기

⑥ (다)는 판의 경계 부근에서 개발 잠재력이 높다.　(○)
⑦ (가)는 (다)보다 발전 시 기상 조건의 영향을 많이 받는다.　(○)
⑧ (가)~(다)는 모두 고갈의 우려가 낮고 오염 물질의 배출이 적다.　(○)

679 미래 사회의 모습

(가) 주인공의 뇌가 슈퍼컴퓨터에 업로드되고 ⊙ 인공지능(AI)을 바탕으로

인간의 인지·추론·판단 등의 능력을 컴퓨터로 구현하기 위한 기술 혹은 그 연구 분야 등을 총칭하는 용어이다.

유전학, 나노 기술, 로봇 공학 등을 더욱 발전시킨다. 주인공은 이러한

인공지능을 활용한 기술의 발전

기술을 이용하여 시각 장애인의 눈을 뜨게 하고, 훼손된 자연을 회복시키는 등 신과 같은 모습을 보여 준다.

(나) 자신을 파괴된 지구에서 생존한 인류로 믿는 주인공은 부족함이 없는 유토피아에서 빈틈없는 통제와 보호를 받으며 산다. 어느 날 주인공은

사생활 침해 문제가 발생한다.

자신을 포함한 그곳의 모든 사람이 다른 인간에게 장기와 신체 일부를 제공하고 사망할 ⓒ 복제 인간이라는 사실을 알고 탈출을 시도한다.

유전 공학 기술로 인한 윤리적 문제를 야기할 수 있다.

(가) 영화는 미래 사회의 긍정적인 모습을, (나) 영화는 미래 사회의 부정적인 모습을 보여 준다. (나) 영화는 과학기술의 발달로 인한 사생활 침해 문제를 다루고 있으며, 복제 인간과 같은 유전 공학 기술로 인해 윤리적 문제가 발생할 수 있다.

바로잡기 ㄷ. 인공지능(⊙) 기술의 발달로 인간의 역할이 대체되면서 여러 직업이 사라지고 실업이 증가할 수 있다.

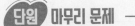

14 세계의 인구 현황과 문제

680 ④　　**681** ①　　**682** ①　　**683** ②　　**684** ④

685 인구 과잉　　**686** [예시답안] 인구 과잉 문제를 해결하기 위해서는 경제 발전과 식량 증산으로 인구 부양력을 높이고, 빈곤 해결과 일자리 창출을 위해 노력해야 한다. 또한 인구의 빠른 증가세를 둔화하기 위한 출산 억제 정책도 시행해야 한다.　　**687** ④

15 자원의 분포와 소비 실태

688 ①　　**689** ②　　**690** ⑤　　**691** ①　　**692** 자원 민족주의

693 [예시답안] 수입국을 다변화하여 자원을 안정적으로 확보하고, 지속 가능한 신·재생 에너지 개발을 위해 노력해야 한다.

694 그린 택소노미(green taxonomy)

695 [예시답안] 인류의 자원 소비량 급증으로 인한 환경 오염이 심각해지면서 지속가능한 발전 및 친환경 정책의 필요성이 대두되었기 때문이다.

16 지속가능한 발전과 미래 사회

696 ⑤　　**697** ⑤　　**698** ②　　**699** 사물 인터넷(IoT)

700 [예시답안] 인공지능 기술과 유전 공학의 발달로 인해 인류의 통제를 벗어나는 다양한 윤리적 문제가 발생할 수 있다.

───────────────────────────

680

(가)는 유소년층 비율이 높고 노년층 비율이 낮은 개발 도상국이고, (나)는 유소년층 비율이 낮고 노년층 비율이 높은 선진국이다. ㄴ. 개발 도상국(가)은 선진국(나)보다 유소년 부양비가 높다. ㄹ. 인구 과잉으로 인한 문제는 선진국(나)보다 개발 도상국(가)에서 뚜렷하게 나타난다.

[바로잡기] ㄱ. 개발 도상국(가)은 선진국(나)보다 중위 연령이 낮다. ㄷ. 선진국(나)은 개발 도상국(가)보다 1차 산업 종사자 비율이 낮다.

681

(가)는 (나)보다 출생률이 높으므로 (가)는 개발 도상국에 해당하는 나이지리아이고, (나)는 선진국에 해당하는 일본이다. ㄱ. 2020년 일본(나)은 출생률보다 사망률이 높으므로 인구가 감소하였다. ㄴ. 1970년 출생률에서 사망률을 뺀 인구의 자연 증가율은 나이지리아(가)가 일본(나)보다 높다.

[바로잡기] ㄷ. 2020년 기대 수명은 일본(나)이 나이지리아(가)보다 길다. ㄹ. (가)는 나이지리아, (나)는 일본이다.

682

세계의 인구는 과거 오랜 기간 천천히 증가하다가 산업 혁명 이후 의료 기술이 발달하고 생활 수준이 향상되면서 사망률이 낮아져 급격히 증가하였다.

[바로잡기] ② 세계의 인구 분포는 불균등하게 분포한다. ③ 전 세계 인구는 대부분 북반구에 거주한다. ④ 세계의 인구는 인도와 중국이 위치한 아시아에 절반 이상이 분포한다. ⑤ 개발 도상국은 유소년층의 비율이 높고, 선진국은 노년층의 비율이 높게 나타난다.

683

제시된 그래프를 보면 시리아, 아프가니스탄, 남수단, 미얀마 등 최근 전쟁이나 분쟁이 발생한 지역에서 수치가 높게 나타나고 있다. 따라서 (가)는 난민 발생자 수에 해당한다.

684

지역별 인구 순이동을 나타낸 그래프에서 유출 인구 규모가 가장 큰 (가)는 아시아이다. (나)와 (다) 중에서 유입 인구보다 유출 인구가 많은 (나)는 라틴 아메리카이고, 유출 인구보다 유입 인구가 많은 (다)는 앵글로아메리카이다. ④ 경제 수준이 높은 앵글로아메리카(다)는 아시아(가)보다 1인당 국내 총생산이 많다.

[바로잡기] ① 아시아(가)는 라틴 아메리카(나)보다 총인구가 많다. ② 라틴 아메리카(나)는 아시아(가)보다 크리스트교 신자 비율이 높다. ③ 라틴 아메리카(나)는 앵글로아메리카(다)보다 국가 수가 많다. ⑤ 라틴 아메리카(나)와 앵글로아메리카(다)는 서로 맞닿아 있다.

685

인구 성장이 인구 부양력의 한계를 넘은 상태를 인구 과잉이라고 한다.

686

개발 도상국에서는 경제 성장보다 인구 증가 속도가 빨라 일자리 부족, 기아, 빈곤 문제가 나타나고 있으며 일자리를 찾아 도시로 이동하는 인구가 늘어나면서 주택과 사회 기반 시설이 부족해지는 도시 문제도 발생하고 있다.

채점 기준	수준
인구 부양력 향상, 빈곤 해결, 일자리 창출, 출산 억제 정책 중 두 가지 이상 바르게 서술한 경우	상
인구 부양력 향상, 빈곤 해결, 일자리 창출, 출산 억제 정책 중 한 가지만 바르게 서술한 경우	하

687

㉠은 저출생, ㉡은 고령화이다. 저출생으로 전체 인구 중 유소년층 인구 비율이 높아지고, 고령화로 노년층 인구 비율이 높아지고 있다.

[바로잡기] ④ 고령화를 해결하기 위해서는 정년을 연장하여 노년층의 경제적 기반을 마련해야 한다.

688

제시된 글은 기술 발달로 인해 석유의 가치가 향상되었다는 내용으로, 자원의 가변성과 관련이 있다.

[바로잡기] 유한성은 대부분의 자원 매장량이 한정되어 있다는 특성을, 편재성은 자원이 일부 지역에 편중되어 분포하는 특성을 의미한다.

689

(가)는 중국에서 가장 많이 소비되는 석탄이고, (나)는 미국, 중국에서 많이 소비되는 석유이며, (다)는 미국, 러시아에서 많이 소비되는 천연가스이다. ② 석유(나)는 세계 에너지 소비량에서 차지하는 비중이 가장 높다.

바로잡기 ① 천연가스(다)에 대한 설명이다. ③ 석탄(가)에 대한 설명이다. ④ 석탄(가)은 석유(나)보다 국제 이동량이 적다. ⑤ 석유(나)는 천연가스(다)보다 연소 시 대기 오염 물질의 배출량이 많다.

690

㉠은 천연가스이고, 가정용 및 상업용으로 많이 이용되므로 (다)에 해당한다. ㉡은 석탄이고, 산업용으로 이용되는 비중이 가장 높으므로 (나)에 해당한다. 수송용 이용 비중이 높은 (가)는 석유이다.

691

지도와 같이 미국, 프랑스, 중국, 러시아, 대한민국, 일본 등에서 발전량이 많은 (가) 에너지 자원은 원자력이다. ① 원자력 에너지를 이용한 발전은 방사성 폐기물 처리에 어려움이 크다.

바로잡기 ②는 석탄, ③은 지열, ④는 석유와 천연가스, ⑤는 천연가스에 대한 설명이다.

692

자원 민족주의는 천연자원은 산출 국가에 속한다는 인식에 따르는 주장과 행동으로, 자원 생산국은 자국의 이익을 위해 자원을 무기화한다.

693

자원 민족주의가 확산하면서 자원의 해외 의존도가 높은 국가들이 경제적으로 어려움을 겪기도 한다. 따라서 자원의 개발과 안정적인 확보를 위해 노력해야 한다.

채점 기준	수준
㉡에 대한 해결 방안을 두 가지 모두 바르게 서술한 경우	상
㉡에 대한 해결 방안을 한 가지만 바르게 서술한 경우	하

694

그린 택소노미는 녹색 산업을 의미하는 그린(green)과 분류학을 의미하는 택소노미(taxonomy)의 합성어로, 환경적으로 지속가능한 경제활동 분야를 정하는 분류 체계이다.

695

화석 에너지 자원 중심의 소비는 환경에 악영향을 줄 수 있어 환경적으로 지속가능한 경제활동 분야를 정하는 분류 체계인 그린 택소노미가 등장하게 되었다.

채점 기준	수준
제시어 두 가지를 모두 사용하여 바르게 서술한 경우	상
제시어 두 가지를 사용하여 대략적으로 서술한 경우	중
제시어 두 가지 중 한 가지만 사용하여 대략적으로 서술한 경우	하

696

㉠에 해당하는 환경 문제는 지구 온난화이다. ⑤ 지구 온난화가 지속되면 우리나라 주변 해역의 수온이 상승하여 한류성 어족의 어획량이 감소할 것이다.

바로잡기 지구 온난화로 인해 ① 겨울철이 짧아져서 봄꽃인 벚꽃의 개화 시기가 빨라질 것이다. ② 여름철이 길어져서 단풍의 절정 시기가 늦어질 것이다. ③ 열대야 발생 일수가 증가할 것이다. ④ 냉대림의 분포 면적이 축소될 것이다.

697

(가)는 중국, 브라질, 캐나다, 미국, 러시아 등에서 발전량 비중이 높은 수력이다. (나)는 미국, 인도네시아, 필리핀, 튀르키예, 뉴질랜드 등에서 발전량 비중이 높은 지열이다. (다)는 중국, 미국, 일본, 인도, 독일 등에서 발전량 비중이 높은 태양광(열)이다. ⑤ (가)~(다) 신·재생 에너지 중에서 전 세계 발전량이 가장 큰 것은 수력(가)이다.

바로잡기 ①은 태양광·태양열(다), ②는 수력(가), ③은 지열(나)에 대한 설명이다. ④ 발전 시 기상 조건의 영향은 태양광·태양열(다)이 지열(나)보다 많이 받는다.

698

지속가능한 발전을 위해 제도적 차원에서는 기후변화 협약을 체결하고 국제적 협력을 도모해야 한다. 또한 개인적 차원에서는 공정 무역 제품 이용 및 로컬푸드 구매 등 윤리적 소비를 실천해야 한다.

바로잡기 을. 개발 도상국과 저개발국의 빈곤 해결, 경제·사회 발전, 복지 증진 등을 위해 공적 개발 원조(ODA)가 필요하다. 정. 자원 절약을 위해 윤리적 소비를 실천하고, 자원의 재활용을 위해 노력해야 한다.

699

사물 인터넷(IoT)이란 사물에 센서를 부착해 실시간으로 데이터를 인터넷으로 주고 받는 기술이나 환경을 말한다.

700

과학기술이 발전하면 문제점도 발생한다. 인류 통제를 벗어나는 인공지능의 등장과 유전 공학 기술과 관련된 다양한 윤리적 문제도 발생할 수 있다.

채점 기준	수준
인공지능 기술과 유전 공학의 발달로 인한 문제점을 바르게 서술한 경우	상
인공지능 기술과 유전 공학의 발달로 인한 문제점을 썼으나 미흡한 경우	하

MEMO

www.mirae-n.com

학습하다가 이해되지 않는 부분이나 정오표 등의 궁금한 사항이 있나요?
미래엔 홈페이지에서 해결해 드립니다.

교재 내용 문의
나의 교재 문의 | 자주하는 질문 | 기타 문의

교재 정답 및 정오표
정답과 해설 | 정오표

교재 학습 자료
MP3

Contact Mirae-N
www.mirae-n.com
(우)06532 서울시 서초구 신반포로 321
1800-8890

실력 상승 문제집

파사쥬

대표 유형과 실전 문제로 내신과 수능을
동시에 대비하는 실력 상승 실전서

국어   국어, 문학, 독서
영어   기본영어, 유형구문, 유형독해, 20회 듣기모의고사,
       25회 듣기 기본 모의고사
수학   수학Ⅰ, 수학Ⅱ, 확률과 통계, 미적분

수능 완성 문제집

수능 주도권

핵심 전략으로 수능의 기선을 제압하는
수능 완성 실전서

국어영역   문학, 독서, 언어와 매체, 화법과 작문
영어영역   독해편, 듣기편
수학영역   수학Ⅰ, 수학Ⅱ, 확률과 통계, 미적분

수능 기출 문제집

N기출

수능N 기출이 답이다!

국어영역   공통과목_문학,
            공통과목_독서,
            선택과목_화법과 작문,
            선택과목_언어와 매체
영어영역   고난도 독해 LEVEL 1,
            고난도 독해 LEVEL 2,
            고난도 독해 LEVEL 3
수학영역   공통과목_수학Ⅰ+수학Ⅱ 3점 집중,
            공통과목_수학Ⅰ+수학Ⅱ 4점 집중,
            선택과목_확률과 통계 3점/4점 집중,
            선택과목_미적분 3점/4점 집중,
            선택과목_기하 3점/4점 집중

N기출 모의고사

수능의 답을 찾는 우수 문항 기출 모의고사

수학영역   공통과목_수학Ⅰ+수학Ⅱ
            선택과목_확률과 통계,
            선택과목_미적분

미래엔 교과서 연계 도서

미래엔 교과서 자습서

교과서 예습 복습과 학교 시험 대비까지
한 권으로 완성하는 자율학습서

[2022 개정]
국어   공통국어1, 공통국어2
영어   공통영어1, 공통영어2
수학   공통수학1, 공통수학2,
           기본수학1, 기본수학2
사회   통합사회1, 통합사회2, 한국사1, 한국사2
과학   통합과학1, 통합과학2
제2외국어   중국어, 일본어
한문   한문

[2015 개정]
국어   문학, 독서, 언어와 매체, 화법과 작문,
           실용 국어
수학   수학Ⅰ, 수학Ⅱ, 확률과 통계,
           미적분, 기하
한문   한문Ⅰ

미래엔 교과서 평가 문제집

학교 시험에서 자신 있게
1등급의 문을 여는 실전 유형서

[2022 개정]
국어   공통국어1, 공통국어2
사회   통합사회1, 통합사회2, 한국사1, 한국사2
과학   통합과학1, 통합과학2

[2015 개정]
국어   문학, 독서, 언어와 매체

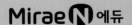